Corrupção e poder no Brasil

Uma história, séculos XVI a XVIII

Coleção
HISTÓRIA & HISTORIOGRAFIA

Adriana Romeiro

Corrupção e poder no Brasil
Uma história, séculos XVI a XVIII

autêntica

Copyright © 2017 Adriana Romeiro
Copyright © 2017 Autêntica Editora

Todos os direitos reservados pela Autêntica Editora. Nenhuma parte desta publicação poderá ser reproduzida, seja por meios mecânicos, eletrônicos, seja via cópia xerográfica, sem a autorização prévia da Editora.

COORDENADORA DA COLEÇÃO HISTÓRIA E HISTORIOGRAFIA
Eliana de Freitas Dutra

EDITORA RESPONSÁVEL
Rejane Dias

EDITORA ASSISTENTE
Cecília Martins

REVISÃO
Aline Sobreira

PROJETO GRÁFICO
Diogo Droschi

CAPA
Alberto Bittencourt (Sobre quadro de Marinus van Reymerswaele, cerca de 1540)

DIAGRAMAÇÃO
Larissa Carvalho Mazzoni

Dados Internacionais de Catalogação na Publicação (CIP)
(Câmara Brasileira do Livro, SP, Brasil)

Romeiro, Adriana
   Corrupção e poder no Brasil : uma história, séculos XVI a XVIII / Adriana Romeiro. -- 1. ed. -- Belo Horizonte : Autêntica Editora, 2017. -- (História & Historiografia)

   Bibliografia.
   ISBN 978-85-513-0268-2

   1. Brasil - História 2. Brasil - Política e governo 3. Corrupção na política - Brasil 4. Corrupção administrativa - Brasil I. Título II. Série.

17-05937   CDD-320.981

Índices para catálogo sistemático:
1. Corrupção política : Brasil 320.981

GRUPO AUTÊNTICA

Belo Horizonte
Rua Carlos Turner, 420
Silveira . 31140-520
Belo Horizonte . MG
Tel.: (55 31) 3465 4500

Rio de Janeiro
Rua Debret, 23, sala 401
Centro . 20030-080
Rio de Janeiro . RJ
Tel.: (55 21) 3179 1975

São Paulo
Av. Paulista, 2.073,
Conjunto Nacional, Horsa I
23º andar . Conj. 2301 .
Cerqueira César . 01311-940 São Paulo . SP
Tel.: (55 11) 3034 4468

www.grupoautentica.com.br

Para Diogo, pela paciência infinita…

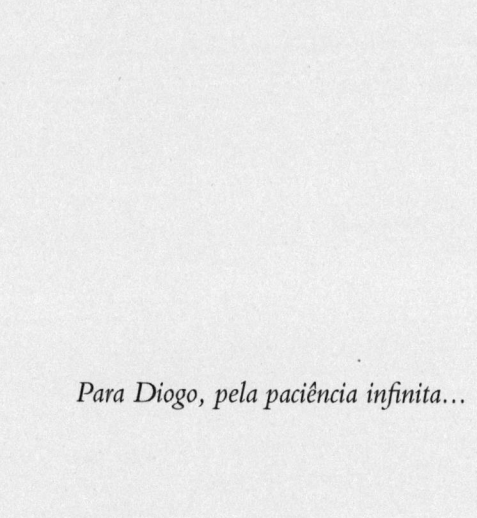

Poderoso caballero es Don Dinero.
Quevedo

Sumário

Introdução 11

Capítulo 1
A corrupção na história: conceitos e desafios metodológicos — 19

Corrupção e historiografia 33
Corrupção no Brasil 53
Corrupção e história 59
Os homens do Império 67
Corrupção e negociação 73
Corrupção e independência 76
Uma história cultural da corrupção 82

Capítulo 2
A tirania da distância e o governo das conquistas — 91

Índia, nova Roma 93
Mercenários da Índia 105
Vivo te lo doy 108
Unhas que furtam 114
Governo *in regionem longinquam* 122
O desgoverno do Fanfarrão Minésio 140
A corrupção do corpo místico 151

Capítulo 3
Ladrão, régulo e tirano: queixas contra governadores ultramarinos, entre os séculos XVI e XVIII 175

Perdulários, contrabandistas, luxuriosos..................................... 177
Enriquecimento ilícito 190
Fortunas e infortúnios.. 204
Como se queixar ao rei.. 214
Residências.. 218
Crime e castigo... 232
Covardes e traidores.. 239
Atropelos de jurisdição... 247
Negócios ilícitos e punição... 252
Ostracismo e desvalimento.. 256
O direito de defesa... 263
A quem serviam os governadores?.. 266
Considerações finais.. 272

Capítulo 4
A fortuna de um governador das Minas Gerais: testamento e inventário de D. Lourenço de Almeida......... 279

Questões de método 289
Negócios da Índia 295
O governo das conquistas: Pernambuco e Minas Gerais.......... 302
D. Lourenço às portas da morte 308
"Uma herança muito opulenta" 312
Luxo, ostentação e riqueza 321
Negócios e afetos 337
A morte como teatro 341
Trajetória de uma fortuna 346
Considerações finais 356

Fontes e bibliografia 363

Agradecimentos.. 397

INTRODUÇÃO

Definitivamente, a corrupção está na moda. Ela invadiu as redes sociais, o noticiário televisivo, a mídia impressa, as conversas informais, a cena política... Por todos os lugares, só se fala a seu respeito. É como se, pela primeira vez na história brasileira, esse inimigo insidioso da República fosse alvo de uma cruzada para arrancá-lo dos bastidores em que se ocultou durante tanto tempo, para finalmente expô-lo à luz do dia. Impressão bem enganosa! Há mais de cinco séculos a corrupção tem atraído a atenção dos que refletiram sobre a natureza dos valores políticos presentes no mundo colonial. Ainda em 1627, Frei Vicente do Salvador lamentava que "nenhum homem nesta terra é republico, nem zela, ou trata do bem comum, senão cada um do bem particular".[1] Não era esse, afinal, um dos traços que caracterizavam uma sociedade corrompida, segundo a cultura política da época, uma

---

[1] SALVADOR. *História do Brasil, 1500-1627*, p. 16. Um esclarecimento sobre o emprego do nome "Brasil" no título deste trabalho. Como bem notou Rodrigo Ricúpero, as expressões mais comumente usadas durante a Época Moderna para se referir ao que hoje entendemos por Brasil são "a costa do Brasil", "as terras do Brasil", "as partes do Brasil" ou simplesmente "Brasil" ou "Brasis". A expressão "América portuguesa", muito comum entre os historiadores hoje, raramente ou quase nunca é encontrada na documentação daquele período. O padre António Vieira, por exemplo, comenta: "esta parte da América em que estamos, a que vulgar e indignamente chamaram Brasil [...]" (Sermão do Espírito Santo). Evidentemente, o leitor não deve confundir o Brasil do período colonial com a realidade geográfica do século XX (RICÚPERO. A *formação da elite colonial*: Brasil (c. 1530-c. 1630), p. 13).

vez que nas verdadeiras repúblicas o bem comum deve ser posto à frente do bem particular?

Muito pouco sabemos a respeito da história da corrupção entre nós, no período que se estende do século XVI a fins do século XVIII. Ao contrário, porém, da opinião dominante, essa não é uma história linear que desembocaria no presente, como se a corrupção fosse um objeto imutável ao longo do tempo, cabendo ao historiador simplesmente a tarefa de capturá-la ali, em estado bruto. Supor a existência dessa linha de continuidade nos impede de entender o passado como ele realmente é – uma terra estrangeira na qual devemos adentrar com muita cautela. De fato, aquilo que homens e mulheres entendiam por corrupção, na Época Moderna, tem sentidos diversos – e muito mais amplos – daqueles que hoje emprestamos a essa palavra. Por trás da mesma terminologia, escondem-se universos culturais tão distintos que as aproximações muito imediatas parecem forçadas ou descabidas, e é precisamente essa imensa distância que o historiador tem de superar para reconstituir o conteúdo semântico dos conceitos e dos seus usos no passado.

Uma vez elidida a ideia da corrupção como categoria universal, aplicável a toda e qualquer sociedade, cabe então indagar sobre a operacionalidade desse conceito para os estudos históricos. Afinal, ele seria válido ou relevante como objeto de investigação? Tema vasto e complexo, situado na interseção de diferentes domínios, a corrupção levanta problemas relativos ao imaginário político – como as noções sobre o bom governo, sobre a natureza e a moralidade do serviço régio –, à administração e às práticas governativas – as formas de atuação dos agentes e a articulação das relações sociais no seio das instituições; à esfera econômica, como os mecanismos de acumulação e circulação dos capitais entre centro e periferia; ao campo jurídico – como os usos dos dispositivos legais para regulamentação dos comportamentos do oficialato régio.

Este livro é o resultado de uma primeira incursão pelo assunto. De certa forma, retoma e aprofunda questões abordadas em trabalhos anteriores, com as quais me deparei com uma surpreendente frequência ao longo dos últimos 20 anos. Durante a realização da pesquisa que deu origem ao livro *Paulistas e emboabas no coração das Minas: idéias, práticas e imaginário político no século XVIII*, chamaram a minha atenção as graves suspeitas de enriquecimento ilícito que então pairavam sobre os primeiros governadores das Minas Gerais. Mesmo um magistrado escolhido a dedo pela Coroa portuguesa, como era o superintendente José Vaz Pinto, tido por todos como modelo de retidão moral, acabaria por ser acusado de regressar a Portugal com uma grande fortuna em ouro. Não foram tanto as práticas em si, mas sim as denúncias que haviam suscitado, que me levaram a refletir sobre a existência de limites de tolerância a determinados comportamentos, o que parecia apontar para um repertório de noções daquilo que se considerava justo e injusto no ato de governar.

Na mesma época, chegaram às minhas mãos, por intermédio do colega Tiago dos Reis Miranda, alguns papéis satíricos que haviam sido escritos em Vila Rica em 1732, com o propósito de atacar ferozmente o então governador, D. Lourenço de Almeida, ao qual se atribuía uma cobiça desmedida. Durante anos, debrucei-me sobre esse rico material – do qual preparei uma edição crítica, a ser publicada em 2017 – e me dei conta de que a conduta desse governador foi mais a regra do que a exceção. Como ele, seus antecessores e sucessores estiveram mergulhados nos negócios coloniais, obtendo grandes lucros, com os quais puderam remediar a situação financeira de suas casas e aumentar o próprio patrimônio. Não tardou muito para que eu constatasse que práticas dessa natureza são relativamente comuns na documentação do período colonial, recobrindo um arco temporal longo. Mais que isso, como havia notado Charles R. Boxer, todo o Império português parecia engolfado em atos ilícitos, transgressões e abusos, para os quais os contemporâneos possuíam não só um vocabulário específico, mas também um repertório de tópicas – fórmulas ou clichês da retórica – com raízes nos textos bíblicos e antigos. Sem querer, eu havia tropeçado num objeto imenso, vasto e complexo, que desafiava a minha compreensão: como abordar a corrupção da Época Moderna sem incorrer numa visão anacrônica, contaminada pelos padrões de funcionamento do Estado contemporâneo? Como conciliar as críticas contundentes aos maus governantes, desferidas desde Diogo do Couto até Tomás Antônio Gonzaga, passando por António Vieira, Gregório de Matos e tantos outros, com a tão propalada indistinção entre público e privado, típica da sociedade do Antigo Regime? Teria eu, afinal, construído um falso problema, levada por um grosseiro erro de anacronismo, imperdoável a qualquer historiador?

Em vez de ir diretamente às fontes documentais, caminho aparentemente mais óbvio e acertado, tomei a resolução de explorar a fascinante literatura moral e política produzida na Península Ibérica entre os séculos XVI e XVIII, em busca das formulações então correntes sobre o tema da corrupção. Graças a ela, pude perceber não só que a corrupção existia como um conceito bem-fundamentado na tradição político-moral da época, mas também que havia um enorme consenso sobre as suas consequências para a saúde das repúblicas. E, como a organização do livro reflete com fidelidade todo o percurso da investigação, é esse, em linhas gerais, o conteúdo do primeiro capítulo, "A corrupção na história: conceitos e desafios metodológicos". Ele é sobretudo uma espécie de acerto de contas com uma parcela ampla da historiografia sobre o Antigo Regime, que rechaça firmemente a possibilidade de se falar em corrupção para aquele período, sob a alegação de que a indistinção entre público e privado tornava legítimas as práticas tidas hoje como espúrias e ilegais. Nesse capítulo, busco mostrar que, a despeito dessas particularidades, o conceito de corrupção não só circulava no imaginário político da Época Moderna, mas também recobria condutas identificadas ao mau governo das gentes, consideradas como desvio das suas formas ideais. Há, sem dúvida, uma distância entre o conceito atual de corrupção – e as práticas a ela associadas – e o conceito e as práticas que, entre os séculos XVI e XVIII, foram identificadas como as responsáveis pela corrupção do corpo da República. Aliás, os significados da palavra são tão distintos que, ao contrário do que acontece hoje, a corrupção em si não se confundia com as práticas que a ensejavam. Recorrer aos dicionários, aos textos, aos tratados foi o primeiro passo para afastar os riscos do anacronismo. Assim, o que está em jogo nesse exercício genealógico é, sobretudo, evidenciar que, a despeito daquelas diferenças, categorias como corrupção remetiam diretamente às noções de bom governo, bom governante e bem comum, que, por sua vez, assentavam-se sobre um sistema ético-normativo derivado das tradições antigas e cristãs. Vale notar que o debate sobre a pertinência – e até mesmo a validade teórica – de um estudo sobre a história da corrupção tem como pano de fundo um debate mais amplo sobre a natureza da instituição política que floresceu na Europa a partir de meados do século XVI. Se durante mais de um século impôs-se a imagem de um Estado absolutista, altamente centralizado, responsável pela emergência de uma sofisticada máquina administrativa, hoje essa imagem deu lugar a uma organização política mais fluida, concebida como uma rede de teias em que afetos como amizade, amor e fidelidade articulavam o conjunto das relações políticas.

Num segundo momento, selecionei uma pequena, mas significativa, amostra de textos produzidos no espaço luso-brasileiro entre os séculos XVI e XVIII, mais diretamente relacionados ao problema da corrupção no universo colonial. A ideia central desenvolvida no Capítulo 2, "A tirania da distância e o governo das conquistas", teve origem na leitura de Diogo do Couto. Em diversas passagens de *O soldado prático*, ele expressou a convicção de que a distância do centro político – um fenômeno novo que se tornaria a realidade dos impérios modernos – teria sido a responsável pela autonomia excessiva dos governantes da Índia e, consequentemente, pela difusão de toda sorte de vícios no governo desse Estado. Laura de Mello e Souza, inspirada por um sermão de António Vieira, dedicou todo um livro ao problema, constatando que "se em princípio as diretrizes metropolitanas deviam ser seguidas, a distância distendia-lhes as malhas, as situações específicas coloriam-na com tons locais".[2] Optei por refletir sobre como os autores daquela época elaboraram o problema da distância da perspectiva das suas consequências morais e políticas no governo dos impérios modernos. Ou, em outras palavras, como vícios que resultavam na corrupção da República – a exemplo da cobiça e da tirania – teriam proliferado nesses espaços longínquos, tornando-os particularmente vulneráveis ao mau governo. Acompanhar esse debate nos escritos dos séculos XVI ao XVIII põe em evidência aquilo que bem poderíamos chamar de imaginário da corrupção, um conjunto relativamente estável de formulações sobre a natureza, as causas e as consequências do comportamento iníquo dos governantes – objeto sobre o qual venho trabalhando ultimamente.

Se o Capítulo 2 aborda os enunciados sobre as práticas delituosas, privilegiando escritos como crônicas, sermões e poemas, com o intento de mapear aquele imaginário da corrupção, o Capítulo 3, "Ladrão,

---

[2] SOUZA. *O sol e a sombra*: política e administração na América portuguesa do século XVIII, p. 11.

régulo e tirano: queixas contra governadores ultramarinos, entre os séculos XVI a XVIII", assinala uma inflexão: é nele que a investigação se volta para o rés-do-chão, para as práticas cotidianas, a partir de um mergulho nas fontes documentais de natureza administrativa. Descobri ali um robusto manancial de queixas contra os governadores de capitania, encaminhadas por vassalos, câmaras e autoridades locais a instâncias como o Conselho Ultramarino e ao próprio rei. Do ponto de vista metodológico, essas queixas, além de permitirem identificar a natureza dos delitos mais comuns, revelam a existência de limites entre práticas lícitas e ilícitas, o grau de tolerância – ou não – em relação a elas, as formas como se articulava o discurso de condenação a determinados comportamentos, tanto quanto os valores e as noções que legitimavam tais acusações. Movendo-se do discurso erudito – analisado no capítulo anterior – aos textos produzidos por vassalos descontentes, pelas câmaras e por autoridades locais, essas representações são documentos preciosos para a compreensão do imaginário político da Época Moderna.

No Capítulo 4, "A fortuna de um governador das Minas Gerais: testamento e inventário de D. Lourenço de Almeida", reduzo ainda mais o foco de análise, debruçando-me sobre uma personagem que há muito tempo tem me absorvido. Depois de ter governado a capitania das Minas Gerais por quase 12 anos, D. Lourenço de Almeida desembarcou em Lisboa em 1732, com a honra enxovalhada e a reputação destruída. Sobre ele pesava a suspeita de ter juntado uma fortuna fabulosa por meio de expedientes ilegais, oprimindo os vassalos e furtando a Fazenda Real. Viveria, a partir de então, uma espécie de ostracismo, tendo, em suas palavras, "todo um Reino alto abaixo contra mim". Para seus contemporâneos, ele encarnou a imagem do mau governante, que, dominado pela cobiça, teria sucumbido ao brilho do ouro e dos diamantes, esquecendo-se do serviço régio. Ele, porém, jamais admitiu a culpa e, pouco antes de morrer, negou todas as acusações e jurou inocência. Teria ele sido vítima da maledicência dos adversários, como declarou, ou, ao contrário, teria ultrapassado as tênues fronteiras entre o aceitável e o condenável? Um conjunto documental inédito, do qual fazem parte o seu testamento e o seu inventário, permite submeter ao crivo das fontes o jogo das versões sobre D. Lourenço, e, num plano mais amplo, refletir sobre o problema do enriquecimento ilícito entre os governadores coloniais.

Em face da enormidade do tema, meu propósito é bem modesto. Limitei-me a explorar algumas frentes de investigação, levantando problemas, propondo questões, indicando caminhos... E, como não poderia deixar de ser, também ensaio algumas hipóteses de trabalho, dialogando intensamente com os estudos existentes e com um considerável *corpus* documental.

Como dizia Sérgio Buarque de Holanda, inspirado por Goethe, é missão do historiador exorcizar os fantasmas do passado. Nestes tempos em que a corrupção está no centro das nossas atenções, o conhecimento histórico pode nos libertar das ideologias do presente, dos sentidos atribuídos ao passado, e também de nós mesmos...

CAPÍTULO 1

A corrupção na história: conceitos e desafios metodológicos

Objeto de intenso debate, a aplicação do conceito de corrupção às sociedades do Antigo Regime impõe problemas teóricos e metodológicos complexos, obrigando o estudioso a um esforço de conceptualização, para elidir os riscos de anacronismo. Riscos como o de aplicar noções próprias da burocracia do Estado liberal a contextos caracterizados pela indistinção entre as esferas pública e privada, nos quais práticas hoje condenadas gozavam de legitimidade, sendo socialmente aceitas. Ou, ainda, o risco de confundir os padrões de recrutamento e atuação dos agentes de uma administração baseada na lógica de serviço régio com os padrões de racionalização do funcionalismo moderno.[3] Em razão dessas particularidades, muitos autores, como James Scott, mostram-se céticos quanto à existência do conceito de corrupção naquelas sociedades, e, rechaçando as suas possibilidades de investigação, advertem que o Antigo Regime não só ignorava esse conceito, como também sancionava e legitimava as práticas hoje associadas a ela.

O primeiro passo, então, consiste em buscar as acepções da palavra em seu próprio tempo, indagando a realidade que ela recobria. Derivada do latim *corruptione*, que significa putrefação, decomposição e adulteração, a palavra conservou nas línguas vernáculas a acepção

---

[3] Sobre a discussão sobre a aplicabilidade do conceito de corrupção às sociedades do Antigo Regime, ver TORRES ARANCIVIA. El problema historiográfico de la corrupción en el Antiguo Régimen: una tentativa de solución; BERTRAND. *Grandeza y miseria del oficio*: los oficiales de la Real Hacienda de la Nueva España, siglos XVII y XVIII, p. 21-24.

original latina, como mostra, por exemplo, Raphael Bluteau em seu *Vocabulario portuguez & latino*, de 1728, que a define como "suspensão do concurso conservativo, e introdução de qualidades alterantes, e destrutivas". A esse caráter físico ele acrescenta outro, metafórico, aludindo à corrupção dos costumes, à corrupção do juiz ou da justiça; e à corrupção de palavras.[4] Décadas depois, Antonio de Moraes Silva, em seu *Diccionario da lingua portugueza*, de 1789, sintetizaria tais acepções – "o estado da coisa corrupta ou corrompida" ou "alteração do que é reto ou bom, em mau e depravado" –, associando-a, porém, ao ato de "perverter, subornar, peitar".[5] Na verdade, o uso da palavra num sentido metafórico, aplicada ao campo da moral, da justiça e dos costumes, encontra-se disseminado nos tratados políticos e morais da época, remontando a um período muito anterior, como se pode observar nas *Ordenações afonsinas*: uma lei de 1314, por exemplo, estabelecia as penas aos que tentavam influenciar o julgamento das causas, recorrendo às peitas,[6] "para corromper e impedir o andamento legal do pleito".[7]

Até o final do século XVIII, o emprego da palavra em sua acepção física ou biológica dividiu espaço com a sua acepção política, como se observa na obra *Agricultor instruído*, de 1730, destinada a oferecer conselhos práticos sobre a agricultura, discorrendo sobre "as virtudes das sementes, e de como se preservarão da corrupção".[8] Ou, ainda, no *Thesouro apollineo, galenico, chimico, chirurgico, pharmaceutico ou compendio*

---

[4] CORRUPÇÃO. In: BLUTEAU. *Vocabulario portuguez & latino*, v. 2, p. 572.

[5] SILVA. *Diccionario da lingua portugueza*: recompilado dos vocabulários impressos até agora, e nesta segunda edição novamente emendado e muito acrescentado, p. 479.

[6] Segundo Bluteau (v. 6, p. 369), peita é "qualquer cousa que se dá para subornar o juiz e corromper a justiça".

[7] Lei pela qual se estabelecem as penas que devem ser aplicadas a procuradores e advogados que recebam das partes quaisquer ofertas ou os seus honorários antes da sentença definitiva, bem como às partes que se tenham servido desse meio para os corromper e impedir o andamento legal do pleito (ano 1314). Disponível em: <http://www.iuslusitaniae.fcsh.unl.pt>. Acesso em: 5 maio 2014.

[8] MARIA. *Agricultor instruido com as prevençoens necessarias para annos futuros, recupilado de graves autores e dividido em tres partes; na primeira se trata das sementeiras, virtudes das sementes, e de como se prezervaraõ da corrupção; na segunda dos arvoredos, e vinhas; Breve tratado da cultura dos jardins; na terceira de todo o gado maior; e menor; e mais animaes domésticos, suas virtudes, e cura de suas infernidades, e das colméas etc.*, [s.p.].

de remedios para ricos & pobres, de 1714, em que se descrevia a corrupção dos ossos: "a esta corrupção de osso chamam os Latinos cáries. Corrompe-se ou faz-se carioso qualquer osso, ou por diuturno fluxo de humores, ou por sua acrimônia".[9] Muito disseminado foi também o emprego da palavra em sua conotação moral, para se referir, por exemplo, aos costumes, como se pode notar numa passagem sobre o luxo, a respeito do qual o autor escreve que se devia apartar "da sociedade tudo o que pode corromper os costumes".[10]

Na língua castelhana, a palavra guarda idênticas acepções, como se constata no *Tesoro de la lengua castellana o española*, de 1611, em que Covarrubias Orozco ensina que "corrupção" origina-se da raiz latina *corrumpo, contamino, vitio, destruo*, apresentando 10 acepções, relacionadas à degradação biológica (*pudrimiento*) e à moral, como o suborno, os costumes, a defloração de mulher virgem, a falsificação de documentos, além da corrupção das palavras.[11] No *Thresor de la langue francoyse, tant ancienne que moderne*, publicado em 1606, Jean Nicot, à semelhança de Covarrubias, distingue tanto um sentido biológico – *corruption totale d'aucun membre* – quanto um sentido moral – *juger sans corruption*.[12] Quase um século depois, Antoine Furetière, em seu *Dictionnaire de l'Académie française*,[13] de 1694, manteria intactas as definições de Nicot,

---

[9] THESOURO apollineo, galenico, chimico, chirurgico, pharmaceutico ou compendio de remedios para ricos & pobres, por Joam Vigier, p. 418.

[10] SILVA. Memória das verdadeiras causas porque o luxo tem sido nocivo aos portugueses, p. 210.

[11] COVARRUBIAS OROZCO. *Tesoro de la lengua castellana o española*, p. 359. São 10 as acepções que Covarrubias apresenta: "*1. Corromper las buenas costumbres, estragarlas. 2. Corromper los jueces, cohecharlos. 3. Corromper los licores, estragarse, y ellos suelen corromperse. 4. Corromperse las carnes, dañarse. 5. Corromper las letras, falsarlas. 7. Corromper la doncella, quitarle la flor virginal. 8 Corrupta, la que no está virgen. 9. Corrupción, pudrimiento. Corrupción de huesos, cuando se pudren hasta los huesos; enfermedad gravísima y mortal. 10. Corruptela, término forense*".

[12] NICOT. *Thresor de la langue francoyse, tant ancienne que moderne*, [s.p.]. Nicot fornece os seguintes exemplos: "*Corruption totale d'aucun membre, Sideratio; la corruption et ruïne de toute innocence, Labes innocentiae, et ruina; par corruption, Corrupte; par corruption de dons, Per sordes; sans corruption, Inuiolate; juger sans corruption, Incorrupte iudicare*".

[13] FURETIÈRE. *Dictionnaire de l'Académie Française*, [s.p.]: "*Corruption. s. f. v. Alteration dans les qualitez principales, dans la substance d'une chose qui se gaste. La corruption de la viande. la corruption de l'air. cela tend à corruption. la corruption du sang, des humeurs. Il*

acrescentando, porém, que a corrupção biológica também designava o processo de geração e produção de um novo corpo – conforme diziam os filósofos.[14] A corrupção moral abrangia, portanto, o campo dos costumes, da justiça, da fidelidade e do pudor.

Pode-se concluir que poucas foram as flutuações semânticas da palavra ao longo da Época Moderna, prestando-se ela a designar também os comportamentos morais ilícitos. Na verdade, a conotação mais explicitamente política remontava à tradição clássica, em particular aos textos de Platão e Aristóteles, assumindo neles o significado de perversão de um regime político, entendida como o desvio de um modelo ideal, como a tirania, que correspondia à degeneração da monarquia.[15]

É com essa acepção – a degradação política – que a palavra aparece na obra *O soldado prático*, de Diogo do Couto. Escrito em fins do século XVI, o livro é um verdadeiro compêndio das mazelas que governantes e homens comuns praticavam na Índia portuguesa – nas palavras de um comentador, seu propósito era descrever "diferentes traças que a ambição dos particulares havia inventado para tirar lucro do Estado da Índia à custa do Estado".[16] Em mais de uma passagem, Couto recorre às metáforas da doença e da degeneração para caracterizar a situação política e moral daquele lugar, onde já "não há cousa sã; tudo está podre e afistulado, e muito perto de herpes, se se não cortar um membro, virá a enfermar todo o corpo, e a corromper-se".[17] É, sobretudo, no sentido de corrupção física – como degeneração física – que ele emprega

---

se dit aussi dans le Dogmatique, de l'Alteration qui arrive dans un Corps physique pour la generation & la production d'un autre. Les Philosophes disent que la corruption d'une chose est la generation d'une autre. l'espi ne se forme que par la corruption du grain. Il se dit fig. de toute dépravation dans les moeurs, & principalement de celle qui regarde la justice, la fidelité, la pudicité. La corruption des moeurs. la corruption du siecle. la corruption de la jeunesse. la corruption du coeur de l'homme. le peché a laissé un fond de corruption dans toute la nature humaine. le monde n'est que corruption. un Juge soupçonné de corruption".

[14] *Corruptio unius est generatio alterius* – ou seja, a corrupção de um ser é a geração de outro.

[15] FRIEDRICH. Corruption concepts in historical perspective, p. 17-18.

[16] COUTO. *Observações sobre as principaes causas da decadência dos portugueses na Ásia, escritas por Diogo do Couto, em forma de diálogo com o título de Soldado Prático, publicadas de ordem da Academia Real das Sciencias de Lisboa por Antonio Caetano do Amaral*, p. XII.

[17] COUTO. *O soldado prático*, p. 90.

o termo aplicado ao corpo político, entendendo-a como resultado da subversão da função por excelência do governante: assim, se a este cabe distribuir a justiça, de sorte a dar a cada um o que é seu, concorrendo assim para o bem público – o verdadeiro objetivo do governo político –, a degradação da justiça, viciada pelos interesses particulares, leva à degradação da República. Para Diogo do Couto, o governo justo é, por definição, o governo cristão, e o príncipe justo é aquele que se orienta pelas virtudes cristãs. Quando o princípio da justiça não é respeitado, tem lugar o processo de corrupção, o que, por sua vez, configura uma situação de tirania, que é uma forma de injustiça.[18] A corrupção é, portanto, um vício moral e uma ofensa a Deus.

Uma das representações mais comuns do processo de corrupção era aquela que descrevia o corpo místico da República tomado pela enfermidade, corroído até as entranhas por governantes tirânicos que sugavam as forças dos vassalos. Na Espanha, por exemplo, floresceu, nas primeiras décadas do século XVII, um ciclo de sátiras e pasquins que atribuía ao conde-duque de Olivares a responsabilidade pela decadência política da monarquia, no qual o valido do rei é associado a um monstro hidrópico, de ambição insaciável.[19] Num desses pasquins, a Espanha aparece como corpo agonizante, à beira da morte: "*Desahauciada ya de su esperanza,/España se lamenta enferma y pobre,/ya mortal, que no hay remedio que obre,/más el un crecimiento al otro alcanza*".[20] Ou, ainda, numa vertente mais escatológica: "*Qué tienes, España? – Muero:/Tanta evacuación me apura...*".[21]

É porque se concebe a sociedade como corpo, em analogia com o corpo humano, que se pode falar em degradação biológica. De acordo com as teorias corporativas de poder, a corrupção colocava em risco a saúde do corpo místico, subvertendo o princípio da justiça, que garantia

---

[18] Em suas palavras, "porque para os pequenos, há de estar o rei, e governador sempre aparelhado para os favorecer, e lhes fazer justiça, que os poderosos e soberbos, todo o mundo é seu e não tem porque haverem mister quem olhe por eles, nem quem lhes faça justiça, que a estes costumam fazer tanta, que ficam sendo injustiças contra os pobres" (COUTO. *O soldado prático*, p. 61).

[19] CASTRO IBASETA. *Monarquía satírica*: poética de la caida del Conde Duque de Olivares, p. 522.

[20] EGIDO. *Sátiras políticas de la España moderna*, p. 126.

[21] Citado por PICON. *La caricatura política en España*: época de Felipe IV, p. 21.

o equilíbrio das diferentes partes, caracterizando assim um regime de tirania. De fato, noções como governo justo, bom governante, limites do exercício do poder, entre outras, figuravam como pedra de toque do pensamento político que se desenvolveu em torno da Segunda Escolástica. Esse conjunto de doutrinas de cunho teológico-político – as teorias corporativas do poder que prevaleceram na Península Ibérica até o século XIX – postulava que o Estado deriva de um pacto social, que, celebrado pelo povo, considerado o detentor do poder originado de Deus, visava acima de tudo à realização do bem comum. A violação do princípio do bem comum, o objetivo por excelência do Estado, caracterizaria a tirania, pois transgredia o direito natural e divino.[22] O Estado seria, assim, um "corpo místico" – isto é, *pactum subjectionis*, "unidade de uma vontade coletiva que se aliena do poder e o transfere para a 'pessoa mística' do Rei, que se torna a 'cabeça' do corpo político do Estado subordinado, submetido ou súdito".[23] Segundo Velasco de Gouveia, um dos teóricos da Segunda Escolástica, "a instituição dos Reis, e a transladação do poder régio neles, se fez entre os homens por modo de pacto, transferindo neles o poder, com pacto, e condição de os governarem, e administrarem com justiça, e tratarem da defensão, e conservação, e aumento dos próprios Reinos".[24]

Em sua obra, António Manuel Hespanha mostra o forte enraizamento da concepção corporativa da sociedade no imaginário ibérico durante Época Moderna, notando que "o poder era, por natureza, repartido; e, numa sociedade bem governada, esta partilha natural deveria traduzir-se na autonomia político-jurídica *(iurisdictio)* dos corpos sociais". Assim, a função da cabeça – isto é, do monarca – não implicava a supressão da autonomia do corpo social, mas, ao contrário, mantinha a harmonia entre todos os seus membros – atribuição que se confunde com a realização da justiça, definida como "vontade constante e perpétua de dar a cada um o que é seu".[25] É esse, pois, o único fim do poder político, ou seja, a manutenção da ordem social e

---

[22] As reflexões sobre a Segunda Escolástica presentes neste texto foram extraídas de TORGAL. *Ideologia política e teoria do Estado na Restauração*, 2 v.

[23] HANSEN. Teatro da memória: monumento barroco e retórica, p. 44.

[24] Citado por TORGAL. *Ideologia política e teoria do Estado na Restauração*, v. 2, p. 27.

[25] HESPANHA. *História de Portugal moderno político e institucional*, p. 29.

política, mediante a distribuição da justiça. A violação desse princípio conduziria necessariamente à tirania, dando lugar a um regime de abusos e violência contra os vassalos, ao mesmo tempo que colocaria em xeque os equilíbrios de poder.

Em suma, a corrupção decorre do afastamento da conduta reta e justa, o que, por sua vez, põe em risco o bem comum. É precisamente esse sentido de corrupção como desvio da justiça que aparece nos tratados políticos da Época Moderna. Antonio de Guevara, autor da obra *Reloj de príncipes*, assim define a corrupção: "*porque la corrupción que tiene un cuerpo sin alma, aquélla tiene una república sin justicia*".[26] Como observa Eduardo Torres Arancivia, nesses escritos, a corrupção relaciona-se a um sentido corpóreo, isto é, como putrefação do corpo, denotando um desvio da conduta reta, fonte de injustiça e do mau governo.[27]

Se a noção de corrupção, no sentido de desvio moral ou político, não era estranha ao imaginário político da Época Moderna, é de se notar, porém, que, ao contrário do uso atual da palavra, que recobre as práticas, confundindo-se com elas, as práticas não eram consideradas em si corruptas: elas desencadeavam o processo de corrupção da República. É a partir do final do século XVIII que a palavra sofre um crescente deslizamento semântico, tornando-se, aos poucos, sinônimo de práticas corruptoras, como mostra o dicionário de Antonio de Moraes Silva.

Sobre tais práticas, consideradas espúrias e delituosas, condenadas socialmente e que suscitavam a indignação moral, recaía uma legislação rigorosa: conforme diz Bluteau, "segundo as Ordenações do Reino, peita prometida, aceitada, e não recebida, basta para fazer perder o ofício, e demais paga-se o tresdobro para a Coroa". Também conforme as leis da mesma ordenação, "o julgador, que receber peita perde para a Coroa todos os seus bens, e o ofício que del Rei tiver, passando a peita de cruzado, ou sua valia, além das sobreditas penas, é condenado a perpétuo degredo para o Brasil; e sendo a peita de valia de dous marcos de prata, tem pena de morte".[28]

---

[26] GUEVARA. *Reloj de príncipes*, livro III, cap. II.
[27] TORRES ARANCIVIA. El problema historiográfico de la corrupción en el Antiguo Régimen: una tentativa de solución.
[28] ORDENAÇÕES afonsinas, livro III, título 128. Dos juízes que recebem peita por julgar, e da parte que lhe dá ou promete.

Ações que resultassem em corrupção política eram designadas por delitos, desordens, práticas delituosas ou ilícitas, maus procedimentos, violências, abusos. Assim, o que está em jogo nos textos políticos e jurídicos do Antigo Regime não é tanto a corrupção, e sim as ações que a originam. E, de fato, como aponta Michel Bertrand, aquelas expressões são relativamente abundantes na época;[29] em vez de "corromper", preferia-se o verbo "delinquir", a exemplo de um parecer do Conselho Ultramarino, datado de 1703, em que, desvanecidas as suspeitas de envolvimento do governador Francisco Naper de Lencastre no contrabando de madeira e breu na região platina, os conselheiros observaram que ele "de nenhuma maneira delinquiu", acrescentando ainda que tais denúncias eram "gravíssimas".[30] As palavras "delinquir", que Bluteau explica como "cometer um delito, uma falta, um pecado",[31] e "delinquente"[32] eram mais comuns para designar ato de corromper e o indivíduo que corrompe, respectivamente.

No imaginário político da Época Moderna, um vasto e variado conjunto de práticas resultava na corrupção da República. De muitas formas diferentes, o bem comum e a justiça podiam ser violentados, configurando uma situação de tirania. Nem sempre, porém, tais práticas assumiam uma feição estritamente econômica, envolvendo algum tipo de vantagem material, mas, ao contrário, podiam se referir a questões morais e religiosas, como a heresia, a falta de caridade para com os pobres, o uso de violência contra os governados, entre outras.

---

[29] BERTRAND. *Grandeza y miseria del oficio*: los oficiales de la Real Hacienda de la Nueva España, siglos XVII y XVIII, p. 24.

[30] AHU, Rio de Janeiro, C.A., doc. 2630. Consulta do Conselho Ultramarino, sobre as diligências que se tinham ordenado para obter informações acerca do patacho que D. Francisco Naper de Lencastre mandara para Buenos Aires, por sua conta, carregado de madeiras e outras mercadorias. Lisboa, 6 mar. 1703.

[31] DELINQUIR. In: BLUTEAU. *Vocabulario portuguez & latino*, v. 3, p. 50.

[32] A palavra "delinquente" aparece, por exemplo, num parecer do Conselho Ultramarino sobre a situação de Tristão da Cunha, após a sua expulsão de Angola. Comprovada a honestidade do governador, os conselheiros sugeriram que se lhe devia dar um posto à altura como recompensa, para que não "haja de ficar como delinquente" (FIGUEIREDO. O império em apuros: notas para o estudo das alterações ultramarinas e das práticas políticas no Império Colonial Português séculos XVII e XVIII, p. 211.

No caso do governo político, uma das causas da corrupção residia, sem dúvida, no amor excessivo às riquezas. Tratadistas e moralistas condenaram, em uníssono, os homens que, levados pela cobiça, antepunham as próprias conveniências aos interesses da sociedade – vício de que não escapavam nem mesmo os príncipes, como dizia Luís Mendes de Vasconcelos, para quem "a demasiada riqueza, estando nos Príncipes, arruína os Estados, e nos súditos corrompe a República".[33] Furió Ceriol não hesitava em afirmar que *"todo hipócrita y todo avariento, es enemigo del bien público"*.[34]

Na literatura política popular, como nas sátiras, nos pasquins e nas *coplas*, a corrupção também aparece associada à ambição e à avareza, vícios privados que maculavam o governo político, levando os vassalos à pobreza. No inesgotável caudal de queixas contra os governantes, a paixão pelo dinheiro é, sem dúvida, a mais condenada – e isso se explica pelo fato de a tradição cristã ter fixado, ainda muito cedo, a ideia de que a avareza é a mãe de todos males. Um documento anônimo, de 1712, dizia, por exemplo, que os males que afligiam o Peru "brotam da infame raiz da avareza do ouro e prata [...] paixão entronizada no mando e acompanhada do poder, transforma de tal modo aos vice-reis, juízes e governadores [...] não têm mais movimento que seja o próprio interesse [...] nem conhecem mais bondade que o dinheiro, nem mais mérito que o regalo, nem mais justiça que os subornos".[35]

Nem todos comportamentos ilícitos, porém, tinham sua origem na cobiça e na avareza: abuso de poder e favorecimento, noções correntes no Antigo Regime, gozavam de ampla reprovação, sendo associados a vícios como a soberba e a vaidade. Desde o século XV, uma farta literatura, da qual faziam parte os espelhos de príncipe, mobilizou a tópica que opunha, de um lado, o merecimento, e de outro, o favor. Segundo Furió Ceriol, em seu tratado *El concejo y consejeros del príncipe*, de 1559, *"es regla muy cierta que los cargos se dan por una de tres maneras, conviene a saber, o por merecimiento, o por favor, o por poder"*. A concessão de cargos como favor era considerada por Furió Ceriol um abuso:

---

[33] VASCONCELOS. *Do sítio de Lisboa*: diálogos, p. 58.
[34] FURIÓ CERIOL. *El concejo y consejeros del príncipe*, p. 72.
[35] Citado por MORENO CEBRIÁN; SALA I VILA. *El "premio" de ser virrey*: los intereses públicos y privados del gobierno virreinal en el Perú de Felipe V, p. 100.

segundo ele, *"una de las más ciertas reglas para diferenciar un buen Príncipe de un tirano es ésta: que el Príncipe da los cargos por suficiencia, y el tirano solamente los da por favor o poder"*. O bom conselheiro deveria "despojar-se de todos os interesses de amizade, parentesco, parcialidade, bandos e outros quaisquer respeitos".[36] No século XVII, o padre António Vieira seria um crítico implacável das práticas de favorecimento: "A porta por onde legitimamente se entra ao ofício, é só o merecimento. [...] Uns entram pelo parentesco, outros pela amizade, outros pela valia, outros pelo suborno, e todos pela negociação".[37]

É a partir do século XVI que começa a aparecer na Península Ibérica uma série de tratados sobre a moralidade e os deveres dos funcionários régios, nos quais se exaltam a imparcialidade e a honestidade como virtudes essenciais à conduta desses indivíduos, ao mesmo tempo que se condenam os desvios e abusos. Segundo Horst Pietschmann, nesses textos, é possível detectar um esforço de disciplinarização do serviço régio, que se traduz na tentativa de fornecer um quadro de referências ético-morais capaz de abarcar todas as esferas de atuação, desde o exercício das funções propriamente dito até as relações com a sociedade. Essa literatura moralizante insere-se nos escritos sobre a arte de governar e, segundo Michel Foucault, difere dos conselhos ao príncipe da Antiguidade e da Idade Média, na medida em que apresenta um novo olhar sobre o problema do governo. Certamente, o tema do comportamento do aparato burocrático e o esforço normativo-legal que resulta dele articulam-se ao "problema do governo de si mesmo" formulado a partir da filosofia neoestoica, coincidindo, portanto, com a publicação das obras de Sêneca em fins do século XV e com os debates que se seguiram em torno da questão da virtude.[38]

Um exemplo disso é a obra *Republica y policia christiana*, publicada em 1615, em que frei Juan de Santa María reflete sobre os abusos praticados

---

[36] FURIÓ CERIOL. *El concejo y consejeros del príncipe*, p. 117-118, 73.

[37] VIEIRA. Sermão do bom ladrão. In: VIEIRA, Pe. António. *Obras escolhidas:* Sermões (III), v. XII, p. 166-167.

[38] PIETSCHMANN. Corrupción en las Indias españolas: revisión de un debate en la historiografía sobre Hispanoamérica colonial, p. 35; FOUCAULT. A governamentalidade. In: *Microfísica do poder*, p. 163; SCHMIDT. Neoestoicismo y disciplinamiento social en Iberoamérica colonial (siglo XVII).

pelos que servem ao rei, observando que "*los oficiales entran con poco y salen con mucho*". Segundo ele, isso deveria ser remediado com a criação de um decreto inspirado numa lei do imperador Antoniano Pio, que obrigaria os oficiais do Estado a declararem, quando entrassem e saíssem dos seus cargos, o montante de seu patrimônio – como casas, terras, rendas e morgados. Tal medida viria a ser implementada pouco depois, em 1622, por Felipe IV.[39] Frei Juan de Santa María dedica ainda todo um capítulo às "qualidades dos ministros e conselheiros", notando que a cobiça – que compara a uma peste incurável e contagiosa – é um dos piores vícios, pois ela perverte a justiça, deplorando os que se deixam contaminar por ela – "extremada e lamentável miséria, que seja sua avareza e cobiça tanta, que venda a sua alma pelo interesse do dinheiro".[40]

Em seu *Politica para corregidores y señores de vasallos*, publicada em 1597, Castillo de Bobadilla examinou temas delicados acerca da conduta dos corregedores, como a parcialidade, o suborno e a fraude, sustentando que, nas "causas capitais e graves", a exemplo de "venalidade e suborno", eles deveriam ser destituídos do cargo e castigados com penas pecuniárias. Bobadilla atribuía à imparcialidade do corregedor a sua razão de ser, dado que, num mundo em que "todas as coisas militam em contenda umas com as outras", competia a ele ser "fiel e medianeiro entre os súditos, de maneira que não seja notado de favorável nem parcial".[41] Inserida no movimento de disciplinarização do corpo de funcionários do Estado, a obra de Bobadilla contempla, por exemplo, o tema da "limpeza de mãos", ao qual dedicou todo um capítulo, tida por ele como necessária ao bom desempenho de suas funções, porque dela dependia, em suas palavras, "a boa governação das Repúblicas".[42]

---

[39] SANTA MARÍA. *Republica y policia christiana para reyes y principes y para los que en el gouierno tienen sus vezes, compuesto por Fray Iuan de Santa Maria, religioso descalço, de la Provincia de San Joseph, de la orden de nuestro glorioso padre San Francisco*, p. 52.

[40] SANTA MARÍA. *Republica y policia christiana*, p. 47-48.

[41] BOBADILLA. *Politica para corregidores y señores de vasallos, en tiempo de paz, y de guerra, para prelados en lo espiritual, y temporal, entre legos, juezes de comision, regidores, abogados, y otros oficiales públicos: y de las jurisdicciones, preeminencias, residencias, y salarios de ellos; y de lo tocante a las Ordenes, y Caballeros de ellas*, libro III, cap. IX, p. 235.

[42] BOBADILLA. *Politica para corregidores y señores de vasallos*, t. 1, p. 21. Sobre a limpeza das mãos, escreveu ele: "E certo é coisa monstruosa, os juízes que hão de refrear as

Escritos como o de Juan de Santa María e Castillo de Bobadilla ancoravam-se tanto na tradição clássica quanto na tradição cristã para condenar os abusos e excessos dos maus funcionários, e ambos proporcionaram não só um sólido quadro de referências e conceitos morais, mas também um variado repertório de exemplos históricos. Segundo Bobadilla, o próprio Jesus Cristo havia discorrido sobre as virtudes necessárias ao bom ministro. Dos pensadores da Antiguidade ele cita sobretudo Cícero – particularmente os textos sobre a corrupção em Roma[43] – como o guia para a atuação dos magistrados, reproduzindo uma de suas ideias centrais: "coisa de louco é (disse Cícero) que encarreguem de corrigir os delitos o que de emendar os seus está esquecido".[44] Frei Juan de Santa María recorre a Platão para observar que "perdendo o medo a suas leis, e respeito aos reis, o temor a Deus e a vergonha ao mundo, bem certo (diz Platão) se pode ter suspeita do ministro público que no ofício se faz rico".[45]

Para ambos, ações como suborno e venalidade constituíam vícios, praticados por homens dominados por paixões violentas, e situavam-se entre os pecados que, por ofenderem a Deus, exigiam condenação e castigo. Trata-se, portanto, de um problema moral do indivíduo – e não da sociedade como um todo –, que tinha efeitos nocivos sobre o Estado, da mesma forma que a depravação dos costumes.[46] O que está

> cobiças alheias e dar exemplo, ter sempre as mãos abertas para as utilidades próprias, devendo ter por espelho a liberdade, pois quanto fossem menos codiciosos, tanto serão mais livres, porque com a raiva da cobiça se diminui a retidão da justiça, e os que tem cobiça e paixão, sempre vivem com pena, e nos negócios alheios sempre terão apaixonados os corações, e os juízos suspensos, e depois ali encaminharam a justiça alheia donde virem a utilidade própria; e por isto os tebanos, segundo refere Pierio e outros, pintavam os juízes sem mãos, porque não haviam de receber dons" (BOBADILLA, *Politica para corregidores y señores de vasallos*, t. 1, cap. XI, p. 334).

[43] DICKINSON. *Death of a republic*: politics and political thought at Rome (59-44 B.C.).
[44] BOBADILLA. *Politica para corregidores y señores de vasallos*, libro I, cap. III, p. 43.
[45] SANTA MARÍA. *Republica y policia christiana*, p. 51-52. Também Bluteau se refere à limpeza de mãos como a "virtude do juiz, que não toma peitas, que não se deixa corromper com dinheiro" (verbete limpeza de mãos), citando *"sancta jura reddere, fide incorrupti"*, trecho de Fedro, de Platão (LIMPEZA. In: BLUTEAU. *Vocabulario portuguez e latino*, v. 5, p. 134).
[46] WAQUET. *De la corruption*: morale et pouvoir à Florence aux XVIIe. et XVIIIe. siècles, p. 115-117.

em jogo, nessas obras, é fundamentalmente o tema do bom governo, e não é por acaso que uma de suas principais fontes de inspiração são os espelhos de príncipe.

Esse movimento de disciplinarização dos agentes da administração, no sentido de se estabelecer um conjunto de normas e regras legais para o exercício de suas funções, encetado principalmente por letrados e juristas, coincide com difusão das obras de Sêneca no final do século XV e com o alastramento da influência do neoestoicismo. Herdeira do estoicismo tardio de Sêneca e Tácito, essa doutrina constitui uma das principais referências para o modelo político dos Estados modernos, baseado num poder estável, numa burocracia eficaz e num exército disciplinado.[47] Para tanto, postula uma técnica especializada e rigorosa em matéria de governo e administração, que resultaria em um novo modelo de *homo politicus*, assentado na educação moral e política dos burocratas e funcionários.[48]

Para Peer Schmidt, a recepção das obras de Tácito e Sêneca, através de Justo Lipsio, a partir de fins do século XVI, e o elogio de valores como *constantia, patientia* e *firmitas* tiveram um forte impacto não só nas obras políticas sobre a América, mas também na *práxis* da administração colonial.[49] Estudos posteriores, desenvolvidos por Salvador Cárdenas Gutiérrez, apontaram o papel decisivo das ideias neoestoicas no combate às mais diferentes formas de corrupção, por parte dos pensadores da Nova Espanha, responsáveis pela produção de uma literatura áulica, empenhada em refletir sobre a dimensão moral do governo dos povos.[50]

A robusta literatura sobre a arte de governar, dedicada tanto ao príncipe quanto aos seus servidores, acabou por ser incorporada à legislação sobre a conduta necessária aos agentes da administração. Na Espanha, por exemplo, foram criados mecanismos para evitar os abusos

---

[47] OESTREICH. *Neostoicism and the early modern State*, p. VII.
[48] CÁRDENAS GUTIÉRREZ. La lucha contra la corrupción en la Nueva España según la visión de los Neoestoicos, p. 717-765, 724.
[49] SCHMIDT. Neoestoicismo y disciplinamiento social en Iberoamérica colonial (siglo XVII), p. 181-203.
[50] CÁRDENAS GUTIÉRREZ. La lucha contra la corrupción en la Nueva España según la visión de los Neoestoicos, p. 717-765, p. 717.

e as desordens: em 1500, os *Capítulos para corregidores y jueces de residencia* estabeleceram o juízo de residência, ou seja, procedimento de controle e averiguação da conduta dos funcionários. Depois, vieram o inventário e a visita general, criados pelo conde-duque de Olivares para, entre outras coisas, impedir o enriquecimento ilícito: os indivíduos nomeados para cargos importantes ficavam obrigados a registrar todos os seus bens, antes e depois do exercício de suas funções; e estariam sujeitos à supervisão de um magistrado, encarregado de investigar os seus procedimentos.[51]

É no bojo da Ilustração que a palavra "corrupção" começa a se disseminar, abrangendo as práticas delituosas e não tanto os efeitos dela, mas mantendo a ideia de doença do corpo político, como em Montesquieu e Rousseau.[52] De acordo com Fernando Filgueiras, o nascimento da ciência moderna resultou numa alteração fundamental no sentido da palavra "corrupção", desvinculando o plano da moral do plano da lei. Montesquieu, por exemplo, irá se interessar pela corrupção em Roma, escrevendo *Considérations sur les causes de la grandeur des romains et de leur décadence*. Segundo Filgueiras, com Montesquieu, a "corrupção, desse modo, passa a ser concebida como qualquer forma de uso arbitrário do poder, relevando mais os aspectos formais do plano jurídico do que os aspectos morais presentes na esfera pública, confundindo, muitas vezes, corrupção com ilegalidade, além do fato de essa concepção prescindir da idéia de que a corrupção seja um problema de vícios do político".[53] Com Rousseau, por exemplo, já não é mais a corrupção do homem que destrói a ordem política, mas é esta

---

[51] PHELAN. *El Reino de Quito en el siglo XVII*: la política burocrática en el Imperio Español, p. 241-243. Como argumenta Arrigo Amadori, "resulta paradoxal que, enquanto que ao longo dessas duas décadas [1620 a 1640] se elaborou um volumoso conjunto normativo para regular as múltiplas instâncias de poder da monarquia, assistindo-se ao amadurecimento do Direito Indiano, no terreno das práticas, se constatou um alto grau de incumprimento da legislação e uma capacidade de imposição muito atenuada da norma escrita. Diante desse panorama, o esforço realizado para estreitar o controle sobre a administração se concentrou em buscar o cumprimento da legislação já existente, em incrementar as disposições que regulavam o exercício dos servidores reais e em multiplicar os mecanismos de averiguação" (AMADORI. *Negociando la obediencia*: gestión y reforma de los virreinatos americanos en tiempos del conde-duque de Olivares (1621-1643), p. 462).

[52] FRIEDRICH. Corruption concepts in historical perspective, p. 18.

[53] FILGUEIRAS. Montesquieu e a corrupção da República, p. 2, 9.

que corrompe e destrói o homem, o que estabelece novos referências teóricas para o desenvolvimento do conceito moderno de corrupção.[54]

Dessas considerações, pode-se concluir que o vocabulário do Antigo Regime registrava uma rica gama de comportamentos ilícitos, identificados por palavras como "abuso", "violência", "excesso" e "ilicitude", que recobriam, por sua vez, práticas como contrabando, vendas de ofício e sentenças, favorecimento de particulares, entre outras. Tais práticas ultrapassavam a dimensão meramente econômica para abarcar também seus aspectos políticos, como eram os abusos ou o atropelo das jurisdições.[55] É, portanto, legítimo o uso do conceito de corrupção para a sociedade da Época Moderna, mas como sinônimo dos seus efeitos desagregadores sobre a República e, é claro, desde que se leve em consideração a sua íntima relação com uma visão orgânica da sociedade, concebida como análoga ao corpo humano. É, aliás, curioso observar que o conceito de corrupção se aplica melhor àquela sociedade do que ao mundo contemporâneo, e o uso corrente da palavra em nossos dias é uma apropriação anacrônica de um conceito que pouco se adéqua a uma sociedade que já não se concebe mais como corpo e, portanto, já não é mais passível de degradação física.

Corrupção e historiografia

A corrupção ainda não foi objeto de investigação sistemática por parte dos historiadores da época colonial brasileira. E, de fato, as inúmeras referências às práticas ilícitas – das quais as fontes oficiais são particularmente pródigas – não suscitaram estudos que privilegiassem a corrupção como um problema histórico relevante. Apesar disso, três obras clássicas sobre a colonização portuguesa nos trópicos estabeleceram, ainda que indiretamente, alguns dos marcos teóricos desse campo de investigação. Seus autores são Caio Prado Júnior, Charles R. Boxer e Fernando Novais.

Foi de uma perspectiva pouco alentadora que Caio Prado Júnior, em *Formação do Brasil contemporâneo*, de 1942, analisou a administração

---

[54] FRIEDRICH. Corruption concepts in historical perspective, p. 19.

[55] Sobre a linguagem e o vocabulário da corrupção: NORRIS. Historia de la corrupción en el Perú: ¿es factible su estudio?, p. 685.

colonial, descrevendo-a de forma negativa – e um tanto preconceituosa. Dela destacou a falta de organização, de eficiência e de agilidade, submersa na confusão de competências e funções, redundando numa "máquina burocrática emperrada, ineficiente, monstruosa" – quadro que resultava, segundo ele, da excessiva centralização em Lisboa. A corrupção seria uma das faces dessa máquina monstruosa: "numa palavra, e para sintetizar o panorama da sociedade colonial: incoerência e instabilidade no povoamento; pobreza e miséria na economia; dissolução nos costumes; inércia e corrupção nos dirigentes leigos e eclesiásticos".[56] Recentemente, Laura de Mello e Souza chamou a atenção para o viés anacrônico desse juízo, notando que Caio Prado Júnior "reconhece que se está diante de um sistema distinto, mas desconsidera que esse tenha uma lógica própria".[57]

Não seria muito diferente a opinião de Boxer. Nos últimos tempos, a obra do historiador britânico vem sofrendo uma significativa revalorização: tida como uma das principais influências teóricas das novas abordagens, a ela se credita tanto um olhar original sobre a dinâmica do Império português, mais atento à escala horizontal do que à vertical, quanto uma percepção pioneira sobre a homogeneidade institucional nos diferentes domínios ultramarinos. Pouco se falou, porém, a respeito do peso da corrupção em suas formulações sobre a Índia, o Brasil e a África, e as ressonâncias que se percebem nelas da obra de Diogo do Couto, de quem era leitor devotado.[58] Assim, se é verdade que Boxer soube integrar as diferentes regiões do Império, num esforço de síntese, elaborando uma sofisticada interpretação sobre um vasto espaço numa longa duração, é também certo que ele não via com bons olhos um Império que considerava corroído pela negligência e pela ambição dos funcionários

---

[56] PRADO JR. *Formação do Brasil contemporâneo*, p. 356. Para uma análise da obra de Caio Prado Júnior, à luz dos dilemas da sociedade contemporânea, ver VIEIRA. *Interpretações da colônia*: leitura do debate brasileiro de inspiração marxista.

[57] SOUZA. *O sol e a sombra*: política e administração na América portuguesa do século XVIII, p. 37.

[58] Boxer publicou alguns estudos sobre Diogo do Couto, entre outros: BOXER. Camões e Diogo do Couto: irmãos em armas e nas letras; Three historians of Portuguese Asia: João de Barros, Diogo do Couto and António Bocarro; Diogo do Couto (1543-1616), controversial chronicler of Portuguese Asia. António Coimbra Martins observa: "a quem deverá Diogo do Couto tanto como ao professor Boxer?" (MARTINS. *Em torno de Diogo do Couto*, p. 48).

régios. Aliás, tal opinião não é de se estranhar, se lembrarmos o quanto o historiador britânico insistiu no tema do atraso cultural português, endossando a opinião corrente entre os autores quinhentistas; e mesmo o quadro desanimador que desenha sobre a generalização da corrupção na Índia filia-se, sob muitos aspectos, à literatura sobre a decadência da Ásia, da qual Diogo do Couto é, sem dúvida, a maior expressão.[59]

Para Boxer, a administração – não só na Índia, mas em todas as conquistas – pode ser descrita como corrupta e venal, contaminada pelo ambiente de lassidão moral que teria caracterizado a colonização portuguesa em todos os seus domínios.[60] A participação dos agentes régios em atividades econômicas – alvo constante das queixas dos habitantes, sobretudo as práticas de monopólio e açambarcamento – teria decorrido, segundo ele, dos baixos salários pagos pela Coroa – em suas palavras, "como aconteceu com outros impérios mais ricos durante o Antigo Regime, a Coroa portuguesa nunca conseguiu pagar salários adequados a uma grande parte dos seus funcionários e servidores com resultados que foram referidos atrás [...]". Assim, como forma de compensação, a Coroa os autorizou – e até mesmo estimulou – a lançar mão das possibilidades econômicas à disposição no universo colonial.[61] Essa fórmula – que Laura de Mello e Souza chamou de *spoil system*[62] – fundava-se

---

[59] Sobre os portugueses que construíram o Império, Boxer escreveu: "Uma nobreza e uma fidalguia turbulentas e traiçoeiras; um clero ignorante e lasso; camponeses e pescadores trabalhadores, mas imbecis; e uma ralé urbana de artífices e empregados diaristas, como a plebe lisboeta descrita pelo maior dos romancistas portugueses, Eça de Queiroz, como 'beata, suja e feroz'; tais eram as classes sociais de que advieram os descobridores pioneiros". Citado por CAVALCANTE. O império marítimo português para aquém da cultura, [s.p.]. Sobre a literatura de decadência, ver MACHADO. *O mito do Oriente na literatura portuguesa*.

[60] Boxer se referiu, por exemplo, ao problema da depravação sexual, que, segundo ele, seria "inevitavelmente uma característica de qualquer sociedade baseada no trabalho escravo". Também não tinha uma visão muito positiva da moral dos que povoaram o Império: "a chegada frequente de tantos degredados, patifes, vagabundos e mendigos profissionais dissolutos exilados de Portugal para os portos coloniais como Recife, a Baía, Luanda, Moçambique e Goa, agravou inevitavelmente uma situação social já difícil" (BOXER. *O império marítimo português*: 1415-1825, p. 295, p. 303).

[61] BOXER. *O império marítimo português*: 1415-1825, p. 311-312.

[62] SOUZA. *O sol e a sombra*: política e administração na América portuguesa do século XVIII, p. 18.

num princípio de reciprocidade: se era consentido que os funcionários régios enriquecessem por meios lícitos e também ilícitos, esperava-se, em contrapartida, que pudessem desembolsar parte dos próprios recursos para fazer frente às necessidades da Coroa.[63] Porque a nobreza, como aponta Domingos Ortiz, constituía "uma reserva de pessoal e de riqueza que os reis podiam utilizar caso fosse necessário, e um meio de suprir a insuficiência da estrutura burocrática".[64]

Para Boxer, porém, a regra geral foram o abuso, a rapacidade e a venalidade. Frequentemente, transgredia-se o limite do aceitável, a exemplo de D. Álvaro de Noronha, capitão de Ormuz, famoso pelos seus negócios clandestinos, que teria sido mais a regra do que a exceção – "muitos governadores eram quase tão ambiciosos como ele e os francamente honestos foram poucos e intervalados".[65] Contrabando, má administração dos recursos da Fazenda Real e apropriação indevida constituíam práticas profundamente arraigadas nas sociedades coloniais, alimentadas pela "psicose da fraude", contra as quais nada puderam os esforços de erradicação encetados pela Coroa.[66]

Diferente seria a posição de Fernando Novais sobre o assunto. Publicado pela primeira vez em 1979, o livro *Portugal e Brasil na crise do antigo sistema colonial* não se propunha a estudar a administração colonial. Apesar disso, o autor se deparou, ao longo de sua investigação, com uma das ilicitudes mais generalizadas daquele tempo, o contrabando, vindo então a lhe dedicar algumas poucas, porém brilhantes páginas. Ao explicar os mecanismos de exploração ultramarina no cenário mundial, ele se antecipou aos críticos e rebateu as objeções dos que concebiam as "tensões da concorrência, a luta das potências e o contrabando"

---

[63] BOXER. *Salvador de Sá and the struggle for Brazil and Angola*: 1602-1686, p. 349. Segundo Boxer, o caso de Sá e Benevides ilustra com perfeição o princípio que regia as relações entre enriquecimento e serviço régio: aos funcionários era permitido – e até desejável – que enriquecessem "às custas do público e não da Coroa", desde que, nos tempos de necessidade, eles abrissem a bolsa em prol do rei. Assim o fizera Sá e Benevides: se, em 1648, despendeu grandes quantias para armar a expedição para Angola, logo depois ele tratou de reaver os seus gastos.

[64] ORTIZ. *Las clases privilegiadas en la España del Antiguo Régimen*, p. 142.

[65] BOXER. *O império marítimo português*: 1415-1825, p. 312-313.

[66] A expressão "psicose da fraude" foi formulada por Huguette e Pierre Chaunu: CHAUNU, H.; CHAUNU, P. *Séville et l'Atlantique (1504-1650)*, p. 97, 121.

como realidades que negavam – ou, ao menos, perturbavam – a lógica do sistema colonial. Para Novais, tais fenômenos não punham em xeque a estabilidade do sistema nem eram exteriores a ele: ao contrário, eram "processos que operavam dentro do mesmo sistema básico" – isto é, o que estava em jogo, na verdade, era a disputa, fosse entre as potências europeias, fosse entre os habitantes das conquistas, pelo "usufruto de suas vantagens [do sistema de exploração colonial], na redistribuição dos lucros comerciais e coloniais, ultramarinos em suma". Nessa perspectiva, a mera existência do contrabando pressupunha "o mecanismo de exploração colonial gerador de superlucros", dado que a alta lucratividade do sistema é que tornava o comércio ilegal uma prática tão disseminada, compensando os riscos inerentes a uma atividade clandestina e perigosa, ainda que oferecesse preços inferiores aos dos mercadores metropolitanos. Em suas palavras: "assim parece certo que o contrabando envolvesse um abrandamento do sistema, mas não sua supressão".

É bem verdade que Novais minimizou o impacto do contrabando na economia colonial, ao defender que a criação de uma companhia especial para as Índias Ocidentais, por parte dos Países Baixos, seria a prova de que o contrabando tinha condições de "atender às forças de expansão da economia neerlandesa".[67] Apesar da lucidez com que compreendeu a integração do contrabando à economia colonial e europeia, ele subestimou as suas reais dimensões, reduzindo-o a um fenômeno sem maiores implicações na articulação e no funcionamento do sistema colonial. É esse, aliás, o limite do seu modelo teórico: empenhado em estabelecer as linhas gerais do funcionamento do antigo sistema colonial, a partir da perspectiva da inserção do Brasil no processo de transição do capitalismo comercial para o capitalismo industrial, ele pouco explorou a dinâmica interna da economia colonial, na qual o contrabando se estendia como uma rede suficientemente ampla para envolver diversos setores sociais, com sólidas ramificações na Europa, na África e na Índia.[68] Além disso, como argumenta Ernst Pijning, nesse

---

[67] NOVAIS. *Portugal e Brasil na crise do antigo sistema colonial (1777-1808)*, p. 88-92.

[68] Sobre o problema da dinâmica interna no modelo teórico do antigo sistema colonial, ver MAGALHÃES. *O reinventar da colônia*: um balanço das interpretações sobre a economia colonial brasileira.

modelo de interpretação, o contrabando surge como um mecanismo de acumulação primitiva de capital nas nações europeias, operando, dessa forma, sob a mesma lógica do pacto colonial – ou seja, por meio do contrabando, a produção colonial foi drenada para fora, em direção às nações europeias.[69]

Esses autores – três das mais importantes referências nos estudos sobre a história colonial brasileira – apontaram, quase consensualmente, o caráter sistêmico das práticas ilícitas na sociedade colonial. Mas, apesar dessas pistas promissoras, a corrupção como um fenômeno histórico permaneceu um objeto praticamente ignorado pelos historiadores, incapaz de suscitar um esforço de síntese no sentido de inseri-la num marco teórico mais amplo.

Apesar de não situarem a corrupção no centro de suas preocupações, muitos foram os estudos que tangenciaram o tema, sobretudo a partir dos anos 1990, quando a reflexão sobre o hiato entre a norma e a prática, a lei e a realidade, ganhou fôlego nas análises sobre a administração – um dos campos de investigação mais produtivos das últimas décadas. A renovação teórico-metodológica sobre as dinâmicas do Império português inaugurou linhas de pesquisa originais, reunidas em torno da falência da noção tradicional de um Estado absolutista centralizado, responsável pela conformação da realidade colonial; e orientadas por conceitos como monarquia compósita, corporativa ou pluricontinental.[70]

As novas perspectivas teóricas – tributárias, em parte, dos trabalhos de Michel Foucault – voltaram-se para o estudo dos mecanismos informais de exercício e reprodução do poder, relativizando categorias como centro e periferia, colônia e metrópole, para substitui-los por uma percepção mais dinâmica e fluida das relações entre os poderes central e locais.

---

[69] PIJNING. Contrabando, ilegalidade e medidas políticas no Rio de Janeiro no século XVIII.

[70] Sobre as novas interpretações, ver principalmente o "manifesto" assinado por FRAGOSO; BICALHO; GOUVÊA. Uma leitura do Brasil colonial: bases da materialidade e governabilidade no Império; FRAGOSO; BICALHO; GOUVÊA (Org.). O Antigo Regime nos trópicos: a dinâmica imperial portuguesa (séculos XVI-XVIII). Para a crítica do conceito de Antigo Regime, ver SOUZA. Política e administração colonial: problemas e perspectivas. In: O sol e a sombra: política e administração na América portuguesa, p. 27-77.

É bem significativo que esse esforço de renovação tenha aparecido pela primeira vez num estudo sobre administração, publicado em 1973, por Stuart Schwartz: *Sovereignty and society in colonial Brazil: the high court of Bahia and its judges, 1609-1751*. A inspiração desse trabalho é, sem dúvida, a obra pioneira de John Leddy Phelan sobre a Audiência de Quito no século XVIII, apesar de Schwartz rejeitar categoricamente o modelo weberiano proposto por Phelan, por considerá-lo ineficaz para explicar as mudanças das formas de organização, e insuficiente para o entendimento das relações informais e pessoais entre os agentes da burocracia.

Schwartz elegeu como objeto o Tribunal da Relação da Bahia, o ápice da estrutura administrativa colonial, tido pela Coroa como o mais zeloso guardião dos interesses régios. Suas conclusões, porém, apontaram em outra direção: ao fim e ao cabo, também essa instituição sucumbiu às pressões da sociedade local, tendo se enraizado profundamente no seio dela. A despeito das normas rigorosas destinadas a impedir o envolvimento local desses magistrados, como a proibição de matrimônio sem licença especial, ou a limitação do período de permanência, eles não se abstiveram de construir sólidas redes com a elite local – por meio de negócios, casamentos, relações de compadrio, entre outros –, partilhando dos seus interesses e estratégias. Ao contrário da imagem de funcionários austeros e inatingíveis, os magistrados da Bahia subverteram não só os padrões de isenção e imparcialidade a que estavam obrigados, mas também os interesses da própria Coroa, a qual serviam e representavam. Para Schwartz, esse paradoxo – ou, conforme a sua expressão, esse processo de "abrasileiramento" da burocracia – era o que "dava vida ao regime ao conciliar os interesses da metrópole com os da colônia".[71]

Foi só a partir dos anos 1990 que o estudo de Schwartz – que, inexplicavelmente, pouco repercutiu na historiografia brasileira, por ocasião de sua publicação nos Estados Unidos – viria a inspirar uma série de novos trabalhos sobre a administração colonial. Multiplicaram-se então os enfoques, desde os prosopográficos, voltados para o perfil social dos funcionários, as suas formas de recrutamento, as trajetórias

---

[71] SCHWARTZ. *Sovereignty and society in colonial Brazil*: the high court of Bahia and its judges, 1609-1751, p. 363.

profissionais, as estratégias de ascensão social, até os mais institucionais, empenhados em entender o funcionamento das diferentes instâncias do aparato administrativo, as suas jurisdições e competências, os seus regimentos. Não se tratava apenas de indagar sobre a inserção da burocracia na sociedade colonial, mas também, e sobretudo, de refletir sobre a natureza do poder, as suas formas de exercício, os seus mecanismos de reprodução, no âmbito dos impérios da Época Moderna.

Depois da obra de Schwartz, seria a vez dos estudos de António Manuel Hespanha, referências das mais importantes no movimento de renovação dos estudos históricos, em razão das suas formulações teóricas originais sobre o Império português, a constituição política das sociedades do Antigo Regime, a natureza das relações de poder entre centro e periferia... Incorporando a noção de microfísica do poder, de Michel Foucault, Hespanha pôs em causa a imagem tradicional do "Império centrado, dirigido e drenado unilateralmente pela metrópole", preferindo antes pensá-lo como espaço descentralizado, submetido à tensão das forças centrífugas;[72] e, seguindo as novas tendências teóricas em curso na Europa,[73] relativizou – se não descontruiu – a noção de Estado absolutista altamente centralizado, como o havia caracterizado Alexis de Tocqueville, em seu *L'Ancien Régime et la Révolution*.[74] Em seu lugar, impôs-se o entendimento das monarquias modernas como um agregado de organizações políticas, com um alto grau de fragmentação e também de negociação, que se manteve unido por força de mecanismos políticos informais. Nelas, o poder central partilhava o espectro político com os poderes concorrentes, encarnados em instituições políticas e sociais, que, dotadas de grande autonomia, limitavam o poder do monarca, a exemplo do costume jurídico local, das obrigações morais, das representações políticas sobre a pessoa régia, entre outros.

---

[72] HESPANHA. A constituição do Império português: revisão de alguns enviesamentos correntes, p. 188.

[73] Um quadro geral dessa historiografia pode ser visto em PUJOL. Centralismo e localismo? Sobre as relações políticas e culturais entre capital e territórios nas Monarquias europeias dos séculos XVI e XVII.

[74] Uma interpretação sobre conceito de Antigo Regime na obra de Tocqueville encontra-se em JASMIN. Historiografia e liberdade em *L'Ancien Régime et la Révolution*. Sobre os conceitos clássicos de Absolutismo e Antigo Regime, ver BOBBIO; PASQUINO; MATTEUCCI. *Dicionário de política I*, p. 1-2, 30.

As teses sobre a pulverização das estruturas políticas do Império, em favor de um arcabouço mais delicado e fluido, porém dinâmico, nutriram-se, em grande parte, de dois conceitos correlatos: de um lado, a economia do dom, assentada na lógica da mercê como retribuição; de outro, o conceito de rede, por meio da qual o poder se reproduz no corpo social. Derivada do conceito de dádiva de Marcel Mauss,[75] a economia do dom compreende os atos de dar, receber e retribuir, que pautavam não só as relações entre os vassalos e o monarca, mas praticamente todas as instâncias da existência pública e privada, atuando, na interpretação de Hespanha, como um limite ao poder do soberano – posição contrária, por exemplo, à de Norbert Elias, para quem o ato de dar e remunerar teria constituído um dos principais mecanismos de afirmação do poder, na França de Luís XIV.[76]

Para melhor situar a ruptura trazida por essa "viragem historiográfica" – de um Império atravessado verticalmente por um poder absoluto e centralizador a um Império concebido como uma teia de redes horizontais e verticais –, é necessário lembrar que os estudos tradicionais sobre a corrupção na Época Moderna inscreviam-se num debate mais amplo sobre a emergência do Estado moderno, entendido como a organização política que teria levado ao grau máximo o controle sobre os indivíduos e os recursos econômicos de um território. Para sucessivas gerações de historiadores, a máquina administrativa criada para atender às novas necessidades políticas teria se caracterizado pela multiplicação das estruturas institucionais e pelo aparecimento de um corpo de funcionários altamente especializado.[77]

Os novos marcos teóricos questionaram não só a noção de Estado moderno, mas também as concepções correlatas sobre a administração – termo que Hespanha rejeita, por considerá-lo anacrônico no contexto do Antigo Regime, uma vez que nem se encontrava disseminado nem possuía o significado de hoje. Mais apropriado, o termo

---

[75] MAUSS. Ensaio sobre a dádiva: forma e razão da troca nas sociedades arcaicas.

[76] ELIAS. *A sociedade de corte*. Em Elias, a corte é o lugar onde o rei manipula o tênue equilíbrio das tensões existentes no seio da nobreza, distribuindo prestígio e poder segundo as suas prerrogativas.

[77] Um exemplo dessa concepção encontra-se em BORREGO PÉREZ. La crítica de una nobleza irresponsable: un aspecto de los Memoriales del Conde Duque.

"governo" – ou governação –, derivado do governo doméstico, com o qual partilhava a natureza, as técnicas e os saberes, estava longe de pressupor a Coroa como o centro irradiador de uma ação governativa destinada a intervir no corpo social. Pelo contrário, o poder central era formado por "um agregado de órgãos e de interesses pouco articulados entre si", conformando "muitas administrações".[78] Além disso, aquela imagem de uma administração ativa viria a ser substituída por uma administração passiva, de natureza jurisdicionalista, que só seria superada em fins do Antigo Regime, quando a imagem do príncipe como *caput reipublicae* – isto é, pessoa pública – assume relevo sobre as demais, e o governo se torna então uma atividade orientada pelas razões do Estado, amparada numa máquina administrativa complexa.[79]

No Antigo Regime, segundo Hespanha, os oficiais régios gozavam de elevada autonomia, a começar pelos vice-reis e governadores, que conseguiram, em suas palavras, "criar um espaço de poder autônomo efetivo".[80] É nesse espaço atravessado por forças centrífugas – compartilhado também pelos poderes locais – que ele situa "o sistemático incumprimento ou descaso da lei e do direito, o contrabando generalizado, os abusos e usurpação dos poderes dos locais etc.".[81] No entanto, para Hespanha, tais comportamentos não caracterizariam a corrupção da República – e o estudioso que assim interpretar incorrerá em anacronismo. E isso por três razões. Em primeiro lugar, porque a autonomia desses funcionários não contrariava a lei, mas, ao contrário, resultava da própria concepção corporativa da sociedade, isto é, do pluralismo político que a caracterizava. Em segundo, porque as relações clientelares e de fidelidade – inseridas na economia do dom e regidas pela amizade e pelos afetos[82] – estruturavam o imaginário político da Época Moderna, configurando um sistema normativo que se impunha também na esfera institucional e jurídica. Para esse autor,

[78] CARDIM. "Administração" e "governo": uma reflexão sobre o vocabulário do Antigo Regime, p. 54.
[79] HESPANHA. *O direito dos letrados no império português*, p. 357.
[80] HESPANHA. A constituição do Império português: revisão de alguns enviesamentos correntes, p. 178.
[81] HESPANHA. Por que é que foi "portuguesa" a expansão portuguesa?, p. 46.
[82] HESPANHA; XAVIER. As redes clientelares, p. 381-393.

é só a partir do advento do Estado contemporâneo que tais aspectos "são positivamente reprimidos, como sinais de corrupção e de perversão".[83] E, por último, porque Hespanha rejeita a ideia de um Estado pautado por estratégias de racionalização e de disciplina, que seria próprio, segundo ele, da organização política surgida a partir dos finais do Antigo Regime, quando a administração assume um caráter ativo e técnico.[84] Nessa perspectiva, a realidade política da Época Moderna pouco diferiria, assim, da medieval, com a qual partilhou traços como o pluralismo político, o senhorialismo e o patriarcalismo – conforme a tese de Otto Brunner sobre a permanência entre os sistemas medieval e moderno.[85]

Mais amplo que a economia do dom, o conceito de rede ensejou uma metodologia afinada com as novas formulações sobre a descentralização política do Império, tendo como eixo central a reconstituição das relações – sociais, políticas, econômicas, culturais, religiosas, etc. – tecidas pelos grupos, pelos indivíduos e pelas instituições. Do ponto de vista analítico, as novas abordagens favoreceram o estudo dos poderes locais – em sua dimensão centrípeta e também centrífuga –, seguindo a pista luminosa de Pujol de que "entre o poder central e o poder local havia uma densa rede de relações", o que fez o exercício do poder, por parte da Coroa, depender do apoio dos grupos locais, implicando, segundo ele, "o florescimento de clientelas e de redes de intermediários sociais".[86]

---

[83] HESPANHA. As estruturas políticas em Portugal na Época Moderna, p. 7.

[84] HESPANHA, António M. História de Portugal Moderno político e institucional. Lisboa: Universidade Aberta, 1995, p. 168.

[85] Segundo Ivan Furmann e Sandro Luís Tomás Ballande Romanelli, "António Manuel Hespanha apresenta uma periodização da história das instituições portuguesas que propõe um olhar amplo do chamado sistema feudal entre os séculos III D.C. até o primeiro terço do século XIX (1982, p. 42). Esse longo período feudal estaria dividido em três fases: a) sistema feudal inicial até metade do séc. XVI; b) Sistema corporativo até a segunda metade do século XVIII; c) Estado absoluto até o primeiro terço do séc. XIX. Não é possível delimitar com datas fechadas a existência do Antigo Regime, porém não é absurdo, como referência um pouco mais ampla, indicar que esse modelo vai da metade do século XVII às primeiras décadas do século XIX" (FURMANN; ROMANELLI. Um sentido jurídico para o Antigo Regime (Ancien Régime), [s.p.]).

[86] PUJOL. Centralismo e localismo? Sobre as relações políticas e culturais entre capital e territórios nas monarquias europeias dos séculos XVI e XVII, p. 129.

A atenção dos estudiosos deslocou-se então da tradicional história da administração pública para áreas como os dispositivos informais de ordenação política e "as relações clientelares e de fidelidade, o imaginário e organização domésticos, a disciplina informal".[87] Multiplicaram-se os estudos sobre a corte, entendida como o centro da organização político-social da Época Moderna, dos quais a obra de José Martínez Millán é, sem dúvida, uma das mais importantes referências.[88] A corte deixou, assim, de ser apenas a residência do príncipe, para, à semelhança de um fulcro, reunir um conjunto de relações políticas, econômicas, religiosas e artísticas, organizando um universo pautado por uma lógica própria.[89] Nesse universo, que teria sobrevivido do século XIII até o século XIX, a vida política não se estruturava em torno das instituições ou do aparato administrativo, mas em redes sociais disseminadas em todos os níveis da sociedade.

É sobre esse campo teórico-conceitual que se assentam os novos estudos sobre a história luso-brasileira, os quais também se beneficiaram do investimento maciço em pesquisa documental, tanto quanto da valorização da escala microscópica – que nem sempre se confunde com a micro-história –, da adoção de métodos prosopográficos, da reconstrução de redes, entre outros.

Com essa breve apresentação do atual estágio dos estudos históricos, o que se quer argumentar é que a problemática da corrupção ou das práticas ilícitas se articula com as perspectivas teóricas de um Império descerebrado – para usar a expressão de Hespanha – e conectado, horizontal e verticalmente, por redes e fluxos de natureza variada, nos quais atuavam os poderes locais e se forjava a autonomia dos funcionários régios. E, de fato, os historiadores se aperceberam

---

[87] HESPANHA. As estruturas políticas em Portugal na Época Moderna, p. 7.

[88] MARTÍNEZ MILLÁN. La sustitución del "sistema cortesano" por el paradigma "estado nacional" en las investigaciones históricas; La vida cotidiana en la corte durante el siglo XVIII; La articulación de la Monarquía Hispana a través del sistema de cortes.

[89] *"For in the period between the Renaissance and the French Revolution, 'the court' defined not merely a princely residence —a lavish set of building and their pampered occupants— but a far larger matrix of relations, political and economic, religious and artistic, the converged in the ruler's household"* (ADAMSON (Ed.). *The Princely Courts of Europe 1500-1750*. Citado por MARTÍNEZ MILLÁN. La sustitución del "sistema cortesano" por el paradigma "estado nacional" en las investigaciones históricas, p. 6).

do caráter profundamente "interiorizado" da administração, submetida também à lógica clientelar, segundo a qual as relações de favor e amizade se sobrepunham aos deveres e às obrigações do ofício.[90] No entanto, a procedência do conceito de corrupção para essas sociedades não é consensual entre os historiadores – e o próprio Hespanha, como dito anteriormente, refuta a sua validade teórica, na medida em que descarta a ideia de um centro político.

Filiado às novas perspectivas, João Fragoso também deu grande ênfase às dissensões das elites – divididas em facções ou bandos[91] – em torno da disputa pelos cargos e postos da República, notando que o que estava em jogo, muitas vezes, não eram os salários, mas as possibilidades de ganho lícito e ilícito.[92] Assim o denunciou o abade do Mosteiro de São Bento, para quem a causa da ruína do comércio do Rio de Janeiro residia no "poder dos ministros e governadores", que buscavam unicamente usufruir dos recursos "do juízo dos órfãos e da provedoria dos defuntos e ausentes", praticando também o estanco das mercadorias como "refinados mercadores".[93] Se um dos argumentos desenvolvidos por Fragoso em seus trabalhos diz respeito à relação direta existente entre a obtenção de postos na República e a constituição de fortunas, parece ser legítimo então concluir que os ganhos lícitos e ilícitos obtidos no exercício dessas funções eram mais um mecanismo de acumulação interna para as elites fluminenses.[94]

Em artigo sobre as redes governativas, Maria de Fátima Silva Gouvêa se defrontou com o problema do envolvimento dos gover-

---

[90] HESPANHA. Por que é que foi "portuguesa" a expansão portuguesa?, p. 45.

[91] Sobre o conceito de bando, Fragoso observa: "antes de tudo, deve-se atentar para um termo medieval luso: bandos. Resultavam dos embates entre as facções nobres. E, portanto, referia-se à teia de alianças que tais famílias criavam entre si e com outros grupos sociais, tendo por objetivo a hegemonia política ou a sua manutenção" (FRAGOSO. A nobreza vive em bandos: a economia política das melhores famílias da terra do Rio de Janeiro, século XVII, p. 11-35).

[92] FRAGOSO. A formação da economia colonial no Rio de Janeiro e de sua primeira elite senhorial (séculos XVI e XVII), p. 46.

[93] AHU, Rio de Janeiro, Avulsos, cx. 4, doc. 48. Carta do procurador-geral do Estado do Brasil José Moreira de Azevedo ao príncipe regente [D. Pedro]. Lisboa, 1 ago. 1669.

[94] FRAGOSO. A formação da economia colonial no Rio de Janeiro e de sua primeira elite senhorial (séculos XVI e XVII), p. 45-46.

nadores-gerais em negócios ilícitos – no caso, D. João de Lencastre, tido como um dos maiores contrabandistas de jeribita no comércio com a África. Para burlar a proibição desse comércio, decretada pela Coroa em 1690, o governador-geral, que encabeçava a rede governativa tecida em torno do negócio, empenhou-se ativamente pela revogação da medida. Para a autora, não havia conflito entre os interesses comerciais dessas autoridades e os "interesses gerais da coroa e do império português", na medida em que a ação governativa delas entrelaçou a enorme multiplicidade de interesses e agentes mais ou menos instituídos nos cenários político e econômico da época. Em suas palavras, "dominação e negociação assim se articulavam através do equilíbrio instável gerado pela imbricação entre os interesses gerais e particulares".[95] Mais preocupada, porém, em apontar a articulação entre poder e conhecimento, e o seu papel na governabilidade imperial – pois a circulação de oficiais régios no âmbito do Império possibilitou a formação de uma elite versada no conhecimento das suas particularidades, concorrendo, dessa forma, para a governabilidade do sistema –, Gouvêa pouco se aprofundou nas atividades ilícitas dessa elite imperial.[96]

Mais recentemente, num denso estudo sobre a trajetória do conde de Assumar, Marcos Aurélio Pereira dedicou algumas páginas ao tema do enriquecimento ilícito desse governador durante a sua passagem pela capitania de Minas Gerais e, depois, pela Índia. A partir de uma pesquisa exaustiva nos arquivos portugueses, Pereira contabilizou os

---

[95] GOUVEA. Trajetórias administrativas e redes governativas no Império Português (1668-1698), p. 407.

[96] O conceito de rede, por exemplo, sofreu um refinamento teórico na obra de Maria de Fátima Gouvêa, que particularizou as redes governativas, formadas pelos administradores do Império: segundo ela, a governabilidade do império dependeu da constituição dessas redes que abrangiam funcionários e autoridades régios, que se transformavam em centros de produção e transmissão de poderes e saberes, ampliando e otimizando os mecanismos de governança do Império. Ao contrário de um Império esvaziado de um projeto ou de uma orientação política, a autora destaca a existência de políticas imperiais tecidas por esses funcionários régios, que tinham uma visão pragmática dos diferentes domínios da Coroa, articulando um conjunto de conhecimento sobre eles, capaz de assegurar a soberania portuguesa (GOUVÊA. Trajetórias administrativas e redes governativas no Império português).

volumosos ganhos advindos dos negócios realizados na região mineradora, e o seu impacto positivo nas exauridas finanças familiares. Do ponto de vista analítico, ele privilegiou uma abordagem centrada no conceito de rede, focalizando sobretudo a teia de relações pessoais e comerciais que o governador construiu em seu entorno, na qual se fundiam os interesses particulares e os interesses políticos da Coroa, num emaranhado difícil de deslindar. Sobre a atitude da Coroa em relação aos governadores que incorriam em algum tipo de delito, Pereira observa que "inexistia uma política clara e definida de punir os governantes envolvidos em comércios ou outras redes de interesse que concorressem – especialmente, na arrecadação do fisco e provimento de cargos estratégicos – direta ou indiretamente com a Coroa".[97] Para ele, a punição dependia, em última instância, da força das redes clientelares de apoio no Reino.[98]

Laura de Mello e Souza, em seu estudo sobre as trajetórias dos governantes ultramarinos, retomou algumas das considerações de Boxer sobre a complacência da Coroa diante dos desvios cometidos pelas autoridades, uma vez que tais desvios eram vistos como uma forma de compensação a salários insuficientes. Em sua análise, o enraizamento dessas autoridades no nível local, por meio das redes clientelares tecidas desde Lisboa, articulava-se ao *spoil system* identificado por Boxer. Um exemplo da fusão entre as estratégias de ascensão social e a participação em negócios escusos é a trajetória de Sebastião da Veiga Cabral, que fez de tudo para obter o governo de uma capitania, com vista ao enriquecimento pessoal.[99]

Da variedade das práticas delituosas que culminavam na corrupção do corpo místico, segundo a cultura política do Antigo Regime, a que nos interessa neste livro é o enriquecimento ilícito praticado pelos governadores ultramarinos. Que essa era uma conduta reprovável, carregada de um teor moral negativo, dá-nos prova Diogo do Couto,

---

[97] PEREIRA. *Vivendo entre cafres*: vida e política do conde de Assumar no ultramar 1688-1756, p. 151-152.

[98] PEREIRA. Fortunas e infortúnios ultramarinos: alguns casos de enriquecimento e conflitos políticos.

[99] SOUZA. *O sol e a sombra*: política e administração na América portuguesa do século XVIII, p. 18.

que identifica no amor à riqueza a origem de todos os vícios, pois ele arrasta consigo o amor a Deus e ao rei. Couto acusa os vice-reis da Índia de agir como "inimigos da Fazenda del rei", porque só se ocupam em enriquecer às custas dela: nas suas palavras, "vereis um Governador ou Vice-rei chegar àquele Estado tão zeloso do serviço del Rei, e do proveito da sua Fazenda, que parece a todos, que vem remir a Índia, e que tomará as capas aos homens para lhe acrescentar em sua Fazenda, mas daí a quatro dias se muda isto, porque a má natureza da terra, e infernal inclinação dos homens muda-o de feição, que se lhes toma as capas assim a El Rei como aos homens, é para si, e para os seus".[100] A bem dizer, a tópica do governante que enriquece às custas dos vassalos parece se disseminar com grande vigor a partir do século XVI, apesar de circular com alguma frequência nos escritos político-morais da Idade Média. Nos primeiros anos do século XVI, um memorial anônimo endereçado ao rei D. Carlos trazia críticas contundentes aos ministros que enriqueciam no desempenho de suas funções: dizia o autor que muitos chegavam à Casa Real com "pouca fazenda" e que, postos em ofícios, em quatro a cinco anos, "lavravam grandes casas, compravam fazendas, faziam morgados". Para o autor, consentir nesse roubo ao Reino implicava um grande peso na consciência do príncipe.[101]

Em 1961, a historiadora portuguesa Virgínia Rau publicou um breve estudo sobre a constituição de fortunas pelos governantes do além-mar, no qual desenvolveu a tese de que "os cargos ultramarinos foram sempre apetecidos pela melhor nobreza, não só porque no seu desempenho se alcançavam honras e mercês públicas, como também se granjeavam, e rapidamente, boas fortunas".[102] Para comprovar essa ideia, ela examinou a evolução patrimonial de Antônio Teles da Silva, governador-geral entre 1642 e 1647, constatando que, nesse período, ele acumulou uma fortuna extraordinária. Para Rau, os negócios coloniais proporcionaram um influxo ultramarino

---

[100] COUTO. *O soldado prático*, p. 27.

[101] MEMORIAL anónimo dirigido al rey don Carlos después de la muerte del cardenal Cisneros por persona muy allegada suya. Citado por PÉREZ. El Estado Moderno y la corrupción, p. 123-124.

[102] RAU. Fortunas ultramarinas e a nobreza portuguesa no século XVII, p. 29.

às casas nobres de Portugal, impedindo que fossem à ruína, ao mesmo tempo que garantiram os quadros humanos necessários à administração do Império.

À exceção do ensaio pioneiro e instigante de Virgínia Rau, muito pouco se avançou no entendimento dos mecanismos de enriquecimento ilícito no Brasil, em franco contraste com a historiografia hispano-americana, que, desde meados do século XX, consolidou um campo de investigação dos mais fecundos, responsável pela abertura de novas frentes de pesquisa. É um tanto surpreendente que a historiografia luso-brasileira tenha permanecido à margem desse processo, o que se constata pelo número escasso de estudos sobre o assunto.

Talvez uma das razões que levaram a esse desinteresse em nossos dias seja a centralidade do sistema de mercês – ou economia do dom, como prefere Hespanha – na explicação das dinâmicas sócio-políticas dos universos europeu e colonial, e, por extensão, das concepções sobre o Império português que circulam hoje na historiografia. Ao se privilegiar demasiadamente a expectativa, por parte dos agentes régios, de recompensa pelas vias institucionais, sob a forma de mercês concedidas pelo monarca, como cargos, tenças, comendas, entre outros, tende-se a subestimar o atrativo das vantagens financeiras situadas fora desse espaço. Em um estudo sobre os governadores ultramarinos, Nuno Monteiro expressou a sua convicção sobre a lealdade desses indivíduos, observando, a respeito do envolvimento de "vice-reis, governadores-gerais e governadores das capitanias" em "formas locais (e eventualmente ilícitas) de acumulação de capital econômico", que "essa não foi uma prática universal, tendo a ela escapado, pelo que se conhece, boa parte dos governos mais destacados, designadamente, dos vice-reis do Brasil".[103] Em outro trabalho, acrescentou, a respeito dos vice-reis: "em síntese, convém destacar que, ao nível dos vice-reis, a que nos situamos, por ora, a primeira e mais indiscutível remuneração que a generalidade dos governadores coloniais retirava do desempenho dos seus cargos consubstanciavam-se nas honras e proventos que a Coroa lhes concedia em remuneração dos seus

---

[103] MONTEIRO. Governadores e capitães-mores do Império Atlântico português no século XVIII, p. 113.

serviços".[104] Postos os termos assim, a questão parece ficar reduzida a dois polos excludentes: ou se almejavam as mercês concedidas pelo rei – que se traduziam também em proventos significativos –, ou se buscavam os ganhos lícitos e ilícitos. A princípio, pode-se argumentar que ambas as possibilidades eram atraentes aos vice-reis e governadores, sem que uma excluísse necessariamente a outra. Não é demasiado lembrar que o serviço régio – o caminho mais rápido até as mercês – exigia, por vezes, um elevado investimento financeiro por parte dos governadores – e seus escritos são especialmente abundantes em queixas sobre o impacto desses gastos nas finanças da casa, frequentemente combalidas. O que permite concluir que, sem recursos financeiros, não se podia servir ao rei e alcançar, assim, as mercês. Uma pesquisa realizada por Karina Paranhos sobre os homens mais ricos da capitania de Minas Gerais, na primeira metade do século XVIII, mostra que esses homens costumavam destinar parte de seus capitais ao investimento no serviço régio[105] – Garcia Rodrigues Pais e a abertura do Caminho Novo são um exemplo paradigmático.[106] Não importa discutir aqui se o investimento visava a um retorno financeiro ou meramente simbólico; o que interessa é sublinhar o fato de que enriquecer às custas da Fazenda Real era um mecanismo eficiente para a obtenção das mercês régias. Além disso, pode-se ainda mencionar o fato de que a ascensão social – obtida via mercês – dependia também de um modo de vida compatível, o que significava um padrão de consumo luxuoso e dispendioso, que só podia se sustentar com recursos vultosos. Assim, parece correto afirmar que as mercês cobravam o seu alto preço – e, para muitos, os negócios lícitos ou ilícitos proporcionaram os recursos necessários para consumá-las.

Não se trata, é claro, de postular a tese de que os homens são, em todos os tempos, movidos pela busca do ganho material – o que

---

[104] MONTEIRO. Trajetórias sociais e governo das conquistas: notas preliminares sobre os vice-reis e governadores-gerais do Brasil e da Índia, nos séculos XVII e XVIII, p. 279.

[105] MATA. *Riqueza e representação social nas Minas Gerais*: um perfil dos homens mais ricos (1713-1750).

[106] ROMEIRO. Honra e ressentimento: a trajetória de Garcia Rodrigues Pais em busca das mercês régias.

equivaleria a afirmar não só a existência de uma natureza humana, mas também a existência de uma natureza humana dominada pelo *animus lucrandi*. Trata-se, antes, de sublinhar, como alerta Maravall, a dimensão histórica da percepção da riqueza, procedimento que, em termos analíticos, exige que o historiador se indague sobre a existência de limites morais para a acumulação de bens, a natureza dos meios que cada sociedade considera legítimo para alcançar tal fim, o tipo de investimentos que são tidos por lícitos, entre outras questões.[107]

Talvez um risco inerente a abordagens centradas exclusivamente no sistema de mercês seja a tendência a se incorrer numa visão um tanto áulica do passado, reproduzindo a perspectiva dos atores históricos. Nem sempre – ou quase nunca – essa perspectiva expressa as intenções em jogo. Afinal, esse era um universo altamente ritualizado, no qual o ato de pedir, as formas de fazê-lo, a linguagem que se utilizava e também aquilo que se pedia eram determinados por fórmulas sancionadas pela tradição. Mas não é só isso. Como observa Rosario Villari, no imaginário do Antigo Regime, a política era o terreno da "intriga, duplicidade, astúcia, dissimulação, crueldade, ambição pessoal"; aquilo que hoje chamaríamos de hipocrisia não só era uma das virtudes necessárias ao cortesão, mas também funcionava como método político, caracterizando o *habitus* aristocrático.[108]

Explicar a cultura política de toda uma época a partir do sistema de mercês pode significar, por vezes, sancionar a visão que os contemporâneos construíram a respeito de si, confinando as análises ao plano das representações forjadas com vistas a determinados efeitos políticos. O sistema de mercês foi, acima de tudo, um sistema de representações – representações construídas, inventadas, manipuladas... – em que se articulavam discurso e poder. Tais representações fazem circular imagens de como uma determinada sociedade se vê, e nem sempre, ou quase nunca, são a sociedade em si.[109] Avaliar o discurso das petições de mercês como prova cabal da lealdade dos

---

[107] MARAVALL, José Antonio. *Estado moderno y mentalidad social*: siglos XV a XVII, t. II, p. 103-104.

[108] VILLARI. *Elogio della dissimulazione*: la lotta politica nel Seicento, p. 3-4.

[109] RIVERO RODRÍGUEZ. *La edad de oro de los virreyes*: el virreinato en la Monarquía Hispánica durante los siglos XVI y XVII, p. 176.

vassalos pode nos levar a uma visão equivocada e distorcida da realidade histórica, em que se confunde a representação – formações discursivas – com a realidade, negligenciando as suas conotações estratégicas. Aliás, estratégia também é um dos conceitos fundamentais para se entender a dinâmica das relações humanas sob o Antigo Regime. A esse respeito, vale lembrar a obra de James C. Scott, que não tem por cenário a Época Moderna, mas um povoado malaio, cuja observação o conduz a um argumento fecundo: as disparidades entre o discurso público e o discurso oculto dos grupos submetidos ao regime de escravidão, servidão e subordinação de castas. O foco de Scott é mostrar como determinados grupos subordinados adotam uma atitude estratégica, ou seja, uma tática que não corresponde à realidade das estruturas de poder naquela sociedade, construindo um discurso que escamoteia as suas verdadeiras motivações, adaptando-se às expectativas do grupo dominante.[110]

É bem verdade que o sistema de mercês está hoje no centro de nossa interpretação sobre as sociedades da Época Moderna – inclusive a colonial –, funcionando ali como um dispositivo informal de exercício de poder e, ao mesmo tempo, e por isso mesmo, como o principal elemento articulador desse Império descerebrado – afinal, a noção de império supõe necessariamente algum tipo de coesão, sob

[110] SCOTT. *Los dominados y el arte de la resistencia*: discursos ocultos. Segundo esse autor, "meu objetivo consiste em mostrar como poderíamos melhorar nossa leitura, interpretação e compreensão da conduta política, muitas vezes quase inapreensível, dos grupos subordinados. Como podemos estudar as relações de poder, quando os que carecem dele se veem obrigados, com frequência, a adotar uma atitude estratégica em presença dos poderosos, e quando estes, por sua vez, entendem que lhes convém sobreatuar sua reputação e seu poder? Se aceitarmos tudo isso literalmente, correríamos o risco de confundir o que talvez seja só uma tática com toda a estrutura das relações de poder. Meu propósito é outro: trato de dar-lhe sentido a um estudo diferente do poder que descobre contradições, tensões e possibilidades imanentes. Cada grupo subordinado produz, a partir de seu sofrimento, um discurso oculto que representa uma crítica do poder pelas costas do dominador. O poderoso, por seu lado, também elabora um discurso oculto donde se articulam as práticas e as exigências de seu poder que não se podem expressar abertamente. Comparando o discurso oculto dos fracos com o dos poderosos, e ambos com o discurso público das relações de poder, acedemos a uma maneira fundamentalmente distinta de entender a resistência ante o poder" (p. 20-21).

o risco de já não ser mais império. Ainda que a sua relevância seja indiscutível para a compreensão da cultura política dessa época, é necessário evitar leituras que tendem tanto a subestimar sua natureza retórica quanto a superestimar a sua abrangência social, generalizando para o conjunto da sociedade um repertório de práticas que estava à disposição de muito poucos.

Corrupção no Brasil

O contrabando foi, sem dúvida, a prática ilícita por excelência no mundo colonial. Objeto de uma legislação rigorosa,[111] sobre ele recaía o estigma de equivaler ao furto do patrimônio régio; do ponto de vista moral, era tido por "pernicioso" à saúde da República.[112]

Um dos primeiros estudiosos a se dedicar ao assunto, Ernst Pijning voltou-se para o comércio ilegal praticado no Rio de Janeiro no século XVIII, e, seguindo as pistas de Zacarías Moutoukias, chegou à conclusão de que "o contrabando foi incorporado pela organização jurídica, econômica e social do Império",[113] argumentando, como havia sugerido Fernando Novais, que, ao contrário de um desvio pontual, ele estava plenamente integrado à dinâmica da sociedade colonial. Para sintetizar a sua tese, Pijning recorre a uma metáfora visual, o *chiaroscuro*, ou seja, um fenômeno fluido, repleto de ambiguidades, que se desenvolve numa zona imprecisa.[114] Ambíguas eram as fronteiras entre o comércio legal e o ilegal; ambígua também era a posição da Coroa, que, a despeito das reiteradas proibições, autorizava-o e até mesmo favorecia-o, desde que atendesse aos seus interesses econômicos e políticos, como sucedeu na Colônia do Sacramento.[115] Ambígua ainda

---

[111] ANTONIL. *Cultura e opulência do Brasil por suas drogas e minas*, p. 416.

[112] PIJNING. Contrabando, ilegalidade e medidas políticas no Rio de Janeiro no século XVIII, p. 399.

[113] PIJNING. Contrabando, ilegalidade e medidas políticas no Rio de Janeiro no século XVIII, p. 399.

[114] PIJNING. *Controlling contraband*: mentality, economy and society in eighteenth-century Rio de Janeiro, p. 366.

[115] Pijning explora a posição ambígua da Coroa portuguesa em relação ao contrabando, mostrando que ele era praticado quando isso atendia aos seus interesses econômicos e políticos, como no caso da Colônia de Sacramento, onde era abertamente

era a postura das autoridades locais, que oscilavam entre a repressão e o envolvimento ativo nos negócios clandestinos.

De fato, os estudos de Zacarías Moutoukias sobre o comércio ilegal na rota entre Potosí e Buenos Aires, ao longo do século XVII, já haviam mostrado que o contrabando não era uma transgressão isolada ou uma excrescência do comércio atlântico, sendo, ao contrário, um fenômeno normal e regular, perfeitamente integrado aos fluxos comerciais do Atlântico Sul, e estruturalmente ligado à vida econômica da região. Mais do que isso, ele foi, para Moutoukias, "um fenômeno essencial da vida comercial em Buenos Aires", superando, em volume, o comércio legal. Além disso, era "semitolerado" pelas autoridades, que alternavam a cumplicidade e a repressão, de acordo com os interesses em jogo. Diante desse quadro, esse historiador chega mesmo a questionar a pertinência do emprego da palavra "contrabando" para o período. O fato é que tanto o termo "corrupção" quanto o termo "contrabando", correntes à época, não incidem sobre a frequência ou a tolerância às práticas que designam, mas apenas caracterizam determinadas modalidades de transgressão. Aceitos socialmente, praticados em larga escala, inseridos na dinâmica comercial local, corrupção e contrabando continuavam a ser o que eram: corrupção e contrabando – o que a própria legislação da época reforçava, ao estabelecer um conjunto de normas com vistas a combatê-los.[116]

A dificuldade enfrentada por Moutoukias foi melhor contornada por Pijning, ao sustentar que a caracterização do crime de contrabando dependia essencialmente do status social de quem o praticasse. Ou seja, tênues e subjetivos, os limites da tolerância variavam de acordo não só com o contexto histórico, as circunstâncias mais imediatas, mas também com a posição social dos envolvidos. E, para reforçar ainda mais a sua natureza fluida, a legislação mostrava-se imprecisa, arcaica e contraditória. Depois de atravessar o oceano, as políticas e diretrizes emanadas da Coroa tendiam, por sua vez, a ser interpretadas e

---

incentivado, pois dava acesso à prata – e proporcionava uma espécie de "ocupação virtual" que precederia a ocupação efetiva (PIJNING. Contrabando, ilegalidade e medidas políticas no Rio de Janeiro no século XVIII).

[116] MOUTOUKIAS. Power, corruption, and commerce: the making of the local administrative structure in seventeenth-century Buenos Aires, p. 799.

executadas com grande flexibilidade, num processo de acomodação com as práticas locais, no qual o aparato administrativo desempenhou um papel decisivo. Ao contrário de um panorama de instabilidade crônica, Pijning conclui que "as ambiguidades e imprecisões tornaram-se a força, em vez da fraqueza, da administração colonial brasileira".[117]

A trilha inaugurada por Pijning seria percorrida por Paulo Cavalcante, num estudo sobre os descaminhos do ouro e dos diamantes nas primeiras décadas do século XVIII, nas capitanias de Minas Gerais e Rio de Janeiro, particularmente sob o governo de Luís Vahia Monteiro, governador responsável por uma rigorosa política de repressão aos contrabandistas. Influenciado também por Novais e Moutoukias, Cavalcante compõe um quadro denso e rigoroso da mecânica do descaminho, sustentando a tese de que, como prática social, ele fazia parte das "contradições constitutivas do universo colonial".[118] E não só isso: a hipótese central que desenvolve é que o descaminho, como prática social, era "instituinte e constitutivo da sociedade colonial", na medida em que envolvia todos os estratos sociais, dos mais altos escalões até os escravos, passando pelas autoridades locais e pelos homens livres. Sensível às implicações do estatuto colonial, Cavalcante chama a atenção para o fato que, num contexto de forte exploração econômica, o contrabando tende a assumir maiores proporções, pois atuava "moldando, integrando e harmonizando essas relações". A indistinção entre público e privado, bem como a fragilidade militar e fiscal do Estado português, incapaz de fazer frente à nova realidade americana depois da descoberta dos metais preciosos, foram fatores que contribuíram para a generalização dos descaminhos.[119]

Deslocando o cenário geográfico do contrabando, os estudiosos da história da Colônia do Sacramento – território descrito por Capistrano de Abreu como "ninho, antes de contrabandistas que de soldados"[120] – o

---

[117] PIJNING. Controlling contraband: mentality, economy and society in eighteenth-century Rio de Janeiro, p. 364-370.

[118] CAVALCANTE. *Negócios de trapaça*: caminhos e descaminhos na América Portuguesa (1700-1750), p. 29.

[119] CAVALCANTE. *Negócios de trapaça*: caminhos e descaminhos na América Portuguesa (1700-1750), p. 43, 230-231.

[120] ABREU. *Capítulos de história colonial (1500-1800)*, p. 251.

instalaram no centro de suas atenções, a exemplo dos trabalhos mais recentes de Fábio Kuhn.[121] Esse autor investigou o envolvimento do governador Luiz Garcia de Bivar numa série de negócios ilícitos com os espanhóis, particularmente a venda de escravos africanos para a região platina. A partir de uma análise das redes, Kuhn argumenta que "as ações corruptas não eram praticadas somente pelos governantes, mas também por aqueles que se serviam desses funcionários para obter benefícios econômicos ou sociais, como alguns membros das elites locais". Segundo ele, esse quadro, que se explica, em grande parte, pela indistinção entre o público e o privado, aponta para a complexidade do universo do contrabando, que não pode ser reduzido a um fenômeno delituoso, tendo funcionado como "uma espécie de fronteira social em relação às representações jurídicas, com suas regras bem estabelecidas e aceitas. Assim, as práticas descritas podem revelar uma lógica social global partilhada pelos súditos dos Impérios ibéricos que somente nosso olhar contemporâneo dissocia".[122]

A participação dos governadores ultramarinos no comércio ilegal foi também objeto dos autores que, como Roquinaldo Ferreira, estudaram as relações comerciais entre o Brasil e o continente africano. Num ensaio publicado em 2010,[123] Ferreira retomou e aprofundou questões abordadas em trabalho anterior, focalizando sobretudo o tráfico negreiro e as práticas de contrabando que o sustentavam – ambos consolidaram uma rede de fluxos mercantis que conectava a América portuguesa, a África e a Índia, por onde circulavam produtos como ouro, tabaco e panos indianos.[124] Três aspectos merecem aqui destaque: a constatação da disseminação do contrabando no comércio atlântico, sem o qual o tráfico negreiro não teria condições de enfrentar a

---

[121] Entre os estudos de Fábio Kuhn sobre o contrabando, destacam-se: KÜHN. A Gibraltar do Prata: o contrabando de escravos na Colônia do Sacramento (1740-1777); Clandestino e ilegal: o contrabando de escravos na Colônia do Sacramento (1740-1777); Governadores e negociantes nas franjas dos Impérios: a praça mercantil da Colônia do Sacramento (1750-1777).

[122] KÜHN. Os interesses do governador: Luiz Garcia de Bivar e os negociantes da Colônia do Sacramento (1749-1760, p. 38.

[123] FERREIRA. "A arte de furtar": redes de comércio ilegal no mercado imperial ultramarino português (1690-1750).

[124] FERREIRA. Dinâmica do comércio intracolonial: geribitas, panos asiáticos e guerra no tráfico angolano de escravos (século XVIII).

concorrência das outras nações europeias; a estruturação do comércio ilegal em vastas redes que se estendiam pelos continentes americano, africano, europeu e asiático, alimentando circuitos transnacionais; e a participação, em todas as etapas, dos agentes e funcionários régios, dos governadores aos oficiais de alfândega. Para Roquinaldo Ferreira, o contrabando não só deslocou o eixo do comércio legal, atuando como um fator de dinamização, mas também gerou uma economia autônoma em relação a Portugal e ao regime de monopólio. Em suas palavras, "o contrabando não só se tornou pedra angular das relações comerciais – sangrando continuamente o erário – mas também contribuiu significativamente para o surgimento de centros de comércio fora da metrópole e das relações comerciais diretas entre colônias".[125]

Recentemente, vieram à luz dois artigos sobre a corrupção no período colonial, publicados na coletânea *Corrupção: ensaios e crítica*, organizada por Newton Bignotto, Leonardo Avritzer, Juarez Guimarães e Heloisa Maria Murgel Starling. Num deles, Luciano Raposo Figueiredo alerta para os riscos de anacronismo, em razão da prevalência de visões equivocadas sobre a natureza e o funcionamento da sociedade da Época Moderna. Apesar disso, não descarta de todo o conceito, e conclui que "no giro permissivo da administração da América portuguesa os recursos que o Estado deixou de receber irrigaram o patrimônio de grupos sociais, redes, famílias que o Novo Mundo atraiu".[126]

Outro artigo é assinado por Evaldo Cabral de Mello, autor de uma extensa obra em que abundam as alusões a escândalos, abusos e violências praticados por autoridades vorazes e gananciosas. De modo geral, o autor revisita questões importantes, desenvolvidas em trabalhos anteriores, como os negócios ilícitos das autoridades locais, principalmente dos governadores, a grande autonomia dos agentes da administração, as tensões entre estes últimos e a elites, a atuação decisiva das redes clientelares na dinâmica colonial, a ineficácia da Coroa no combate e na repressão das práticas ilícitas, entre outros. Retomando Boxer, ele afirma que a corrupção serviu como mecanismo de compensação aos parcos salários pagos pela Coroa, que, em troca, só impunha duas condições: o respeito

---

[125] FERREIRA. "A arte de furtar": redes de comércio ilegal no mercado imperial ultramarino português (1690-1750), p. 222.

[126] FIGUEIREDO. A corrupção no Brasil Colônia, p. 215.

às receitas régias e a discrição no agir. Um dos atrativos mais eficientes para persuadir a nobreza do Reino a se passar para as distantes conquistas do Império foram, segundo Mello, as promessas implícitas de polpudos ganhos financeiros, capazes de justificar os riscos inerentes à aventura ultramarina – talvez ainda mais sedutoras do que a remuneração sob a forma de mercês. No caso dos governadores, benefícios como ajuda de custo, cota de gêneros alimentícios, aposentadoria, comissão sobre os contratos de arrecadação de impostos e, por fim, a remuneração sob a forma de soldos e emolumentos visavam impedir que a tênue linha entre a idoneidade e a rapacidade fosse transposta, oferecendo vantagens materiais suficientes para desestimular a participação direta em atividades lucrativas ilícitas. Ainda segundo Mello, a prática da corrupção jamais esteve fora do horizonte das preocupações da Coroa, sendo, ao contrário, considerada uma ameaça real ao bom governo dos povos.[127]

Num esforço para sistematizar brevemente algumas das conclusões dos estudos referidos aqui, é possível elencar quatro aspectos comuns a todos. Em primeiro lugar, os riscos de anacronismo, inerentes às análises que ignoram a natureza peculiar das organizações políticas da Época Moderna, projetando padrões de funcionamento da burocracia liberal para sistemas de governo em tudo diferentes. Abordagens desse tipo tendem a ignorar que a vida política e social se pautava por outras racionalidades, estruturando-se em torno de aspectos hoje tidos por privados, como os afetos e a amizade.[128] Em segundo, mesmo que inócua, a atuação da Coroa põe em evidência o empenho para erradicar os abusos e delitos no exercício do serviço régio, o que remete à existência de uma distinção entre comportamentos aceitáveis e outros inaceitáveis – muitos desses, aliás, previstos pela legislação do Reino – e, talvez o mais importante, a consciência generalizada das graves implicações dos problemas suscitados por tais comportamentos. Em terceiro lugar, nem sempre as noções sobre o lícito e o ilícito, partilhadas pelos vassalos, coincidiam com os textos jurídicos, situando-se num espaço de tolerância que tendia a esfumaçar as fronteiras entre ambas. E, por fim, a generalização da corrupção nos negócios coloniais, em praticamente todas as esferas da administração colonial, indica que

---

[127] MELLO. Pernambuco no período colonial, p. 220.
[128] CARDIM. Amor e amizade na cultura política dos séculos XVI e XVII.

não se tratava de um mero desvio ou uma aberração, mas sim de um componente essencial do seu funcionamento.

Corrupção e história

Foi sobretudo no campo das ciências sociais que o fenômeno da corrupção se impôs como objeto de investigação, tendo como principal orientação teórica a elaboração de um conceito amplo o suficiente para abarcar as suas mais diferentes manifestações na história e, ao mesmo tempo, capaz de indicar linhas de ação eficazes para a sua erradicação nos tempos atuais.[129] Por essa razão, o estudo da corrupção ao longo da história visou, acima de tudo, identificar as continuidades – tais como os traços recorrentes, os *modi operandi* dos envolvidos, as motivações e os interesses em jogo – para se chegar a um conceito teórico "duro", de grande operacionalidade nos diferentes contextos históricos. De acordo com Arnold Heidenheimer, é possível distinguir, nos conceitos de corrupção mais correntes entre os cientistas sociais, a seguinte tipologia: definições centradas na função pública, na atividade mercantil e no interesse público. O primeiro tipo privilegia as definições da esfera pública, compreendendo os desvios das normas praticados por funcionários públicos, tais como suborno, extorsão, nepotismo, favoritismo ou clientelismo, malversação dos recursos públicos, entre outros. Já o segundo tipo remete ao mercado, e ocorre quando o funcionário atua com a intenção de maximizar os ganhos pessoais mediante a mercantilização dos serviços públicos. E, finalmente, a conduta corrupta referida ao interesse público é aquela que incorre na violação, por parte dos funcionários, dos interesses da comunidade em favor dos interesses de poucos indivíduos.[130]

Se a força desses modelos teóricos reside no seu caráter generalizante, proporcionando um instrumento útil aos estudiosos empenhados

---

[129] Segundo Fernando Filgueiras, a partir da década de 1990, os estudos sobre a corrupção sofreram uma mudança significativa, em razão da liberalização econômica e política, privilegiando "uma perspectiva essencialmente econômica, preocupada com os custos e com as externalidades geradas em contextos de corrupção alargada" (FILGUEIRAS. A corrupção na política: perspectivas teóricas e metodológicas, p. 1).

[130] HEIDENHEIMER; JOHNSON; LEVINE (Ed.). *Political corruption*: a handbook, p. 8-11.

em estabelecer um padrão comum à variedade dos comportamentos ilícitos, é precisamente nessa pretensão que repousa também a sua fraqueza, sobretudo para os historiadores, que, diferentemente dos cientistas sociais, estão mais interessados em perceber as particularidades desse fenômeno nos diferentes contextos históricos. A isso se somam os riscos de anacronismo que comportam, uma vez que noções como funcionário, função pública e interesse público não se aplicam *tout court* a todas as sociedades. A noção de público no imaginário do Antigo Regime, por exemplo, abrangia aspectos que hoje pertencem à esfera privada, como as opiniões filosóficas e religiosas;[131] o funcionário, por sua vez, atuava como uma espécie de *alter ego* do príncipe – como dizia Saavedra Fajardo, "*son los ministros unas imágenes de la Majestad, la cual no pudiéndose hallar en todas partes, se representa por ellos*".[132] Para um número significativo de cargos e postos, o principal atrativo em jogo não se traduzia nos seus rendimentos, mas no prestígio e na distinção que conferiam aos seus detentores. E, coisa privada em muitos casos, o ofício podia também ser alienado, arrendado ou ainda explorado ao bel-prazer dos oficiais.[133]

Objeções como essas exigem um retorno à história como campo de reflexão sobre a natureza, os conteúdos e as flutuações do conceito de corrupção ao longo do tempo. Alguns dos mais relevantes estudos orientados por um enfoque propriamente histórico elegeram como cenário a América hispânica, a propósito de uma investigação centrada em duas problemáticas distintas, mas correlatas: o aparecimento do Estado moderno na Espanha entre os fins do século XV e o século XVI; e a montagem da máquina administrativa destinada à gestão colonial. Tratava-se então de indagar sobre os mecanismos de implantação e consolidação das estruturas políticas no mundo colonial, a partir de um enfoque predominantemente institucional, voltado para o problema do poder sob o Estado absolutista. Importava sobretudo refletir sobre a emergência de um fenômeno novo, o sistema burocrático-administrativo,

---

[131] DEDIEU; ARTOLA RENEDO. Venalidad en contexto: venalidad y convenciones políticas en la España moderna, p. 30.

[132] SAAVEDRA FAJARDO, Diego. *Idea de un príncipe político christiano, representada en cien empresas*. Monaco: por Nicolao Enrico, 1640, p. 416.

[133] PÉREZ. El Estado moderno y la corrupción, p. 129.

responsável pela administração e pela aplicação das normas legais no âmbito dessa nova configuração política.[134]

Esse debate esteve atrelado, em grande parte, à polêmica questão da venalidade dos cargos nos diferentes níveis do aparato burocrático, em torno da qual gravitavam duas hipóteses opostas: em que medida existiria correlação entre a proliferação de práticas ilícitas e a venda de ofícios e cargos, ou, ao contrário, teria sido a venalidade um dos antídotos mais eficazes contra os abusos?[135] Tratava-se, em suma, de discutir as implicações políticas da venalidade, concebida como fator de enfraquecimento ou fortalecimento do Estado moderno. Como é sabido, na Espanha do final do século XVII, como meio de contornar as necessidades econômicas da *Hacienda Real*, os cargos políticos e de justiça do governo americano passaram a ser vendidos, isto é, concedidos em troca de donativo pecuniário. Tal forma de provisão, já utilizada para os cargos fiscais, começou então a ser aplicada para o preenchimento de cargos das audiências, e, em alguns casos, até mesmo para o cargo de vice-rei; o mesmo processo ocorreu com os altos postos militares, a tal ponto que "em fins do século XVII a nomeação dos ofícios estatais em Índia com presença de dinheiro era fórmula dominante".[136]

Para alguns autores, como Ots Capdequí[137] e Santos Madrazo,[138] a corrupção, que inicialmente aparecia como fenômeno pontual e

---

[134] PIETSCHMANN. Burocracia y corrupción en Hispanoamérica colonial: una aproximación tentativa, p. 11-12.

[135] Um dos primeiros estudos a questionar as teses sobre a corrupção como decorrência da venalidade dos cargos é MOUSNIER. *La vénalité des offices sous Henri IV et Louis XIII*.

[136] SANZ TAPIA. *¿Corrupción o necesidad?*: la venta de cargos de gobierno americanos bajo Carlos II (1674-1700), p. 25.

[137] OTS CAPDEQUÍ. *El Estado español en las Indias*.

[138] MADRAZO. *Estado débil y ladrones poderosos en la España del siglo XVIII*: historia de un peculado en el reinado de Felipe V. O texto de Madrazo é uma diatribe contra a monarquia absolutista, que ele caracteriza como débil e assaltada pela cobiça dos funcionários gananciosos. Sua tese é que, na Espanha, nos séculos XVII e XVIII, "não estamos diante de um Estado reforçado nem uma administração fortemente centralizada, senão ante a realidade de um funcionamento político que se assenta na repartição de funções entre os poderes públicos e os interesses privados". Segundo ele, existe todo um setor da atividade política que não é controlado pelo Estado, mas por pessoas e grupos privados: "é, portanto, nos limites do Estado e em todo um leque de práticas admitidas, legitimadas ou não pela lei, donde adquirem seu

episódico, atingiria, no século XVIII, proporções gigantescas, vindo a comprometer o funcionamento da administração até culminar no declínio do Estado espanhol nas Índias.[139] A venalidade, para eles, teria tido, portanto, efeitos danosos, dos quais o mais fatal foi a generalização da corrupção e a desorganização do aparato administrativo.[140]

Essa linha de interpretação, à qual aderiram trabalhos posteriores, limitou-se a um olhar exterior sobre o problema da corrupção, pois não se propôs a investigar as acepções dessa palavra na cultura política do Antigo Regime. Suas premissas ancoravam-se nas suas definições modernas, aplicáveis a um sistema administrativo altamente burocratizado, para o qual práticas como clientelismo, nepotismo e uso privado do ofício público constituem efetivamente um desvio. Não é por outro motivo, aliás, que a inexistência de separação entre as esferas pública e privada, concebida por esses autores como uma disfuncionalidade, explicaria a generalização da corrupção nas sociedades da Época Moderna, imensamente favorecida pela venda dos ofícios e cargos.

A clássica obra de Jacob van Klaveren, filiada à teoria econômica, assinalou o primeiro esforço de síntese da história da corrupção no mundo colonial hispânico. Seu ponto de partida, porém, trazia um conceito de corrupção bastante discutível, identificado à conduta do agente público que, desprovido de uma ponderação ética sobre o bem

---

significado as ineficácias, disfunções, malversações, fraudes, corrupção e, em última instância, o roubo puro e duro" (p. 17).

[139] Um estudo recente sobre a corrupção e venalidade é ANDÚJAR CASTILLO. *Necesidad y venalidad*: España e Indias, 1704-1711. Segundo ele, "uma questão é o exercício corrupto dos cargos por parte de quem os havia comprado e outro problema bem distinto é o da 'corrupção da monarquia' quando aliena seus principais cargos. De partida, pode-se afirmar que mais que de uma monarquia corrupta, deve-se falar de uma monarquia débil, de um rei que exerce o poder absoluto quando se vê obrigado a nomear os agentes da monarquia não por mérito nem por serviços, mas sim por dinheiro. A venalidade é ao mesmo tempo signo do poder absoluto do monarca e de sua própria debilidade ante a necessidade de arrecadar dinheiro por esse meio extraordinário. O soberano não nomeia a quem quer, mas a quem paga para que o nomeie, e, portanto, não ao mais qualificado servidor, mas ao que dispõe de mais capital como principal aval para a consecução do posto" (p. 318).

[140] Sobre essa abordagem, ver TOMÁS Y VALIENTE. Las ventas de oficios de regidores y la formación de las oligarquías urbanas en Castilla (siglos XVII y XVIII).

comum, explora o ofício como um negócio, com vistas a maximizar os seus rendimentos.¹⁴¹ Para o agente público corrupto, portanto, dominado por uma visão de mercado, o cargo nada mais é do que um tipo de empresa, destinada à produção de serviços públicos em escala comercial, para o consumo de uma clientela – de modo que juízes vendem suas sentenças; fiscais aduaneiros barganham licenças e isenções de importação; governadores negociam cargos e postos no aparato administrativo; e assim por diante. E, como todo negócio, os níveis dos lucros dependem não só das leis de mercado, mas também da habilidade do indivíduo para identificar corretamente o grau da demanda pelos serviços oferecidos por ele.¹⁴²

Para Klaveren, a corrupção só pode ser entendida à luz do processo de constituição de cada Estado, uma vez que ela pressupõe duas condições: em primeiro lugar, uma grande autonomia por parte dos funcionários; em segundo, a inexistência de um conjunto definido de obrigações relativas à atuação desses funcionários. Nos regimes democráticos e despóticos, tais condições não se verificariam, uma vez que a autonomia dos agentes públicos tende a ser solapada tanto pelo processo de centralização política quanto pelo estabelecimento de normas definidas e claras sobre a obrigação de integridade por parte dos funcionários. Evidentemente, isso não exclui por completo a corrupção, mas ela assume um caráter marginal, como acidentes isolados atribuídos à natureza humana e julgados pela esfera judiciária. Como bem observa Jean-Claude Waquet, um dos problemas desse modelo teórico é estabelecer como premissa a existência de um *homo economicus* que se inclinaria naturalmente a obter ganhos ilícitos por meio do desempenho de suas funções. Só não o faria se tivesse sua autonomia limitada por uma autoridade efetiva, e se fosse constrangido por um sistema de normas legais.¹⁴³

Menos que o modelo teórico proposto por Klaveren, o que interessa aqui são as suas conclusões sobre esse fenômeno na América hispânica: a corrupção, que se apresentou, na maior parte das vezes,

---

¹⁴¹ KLAVEREN. The concept of corruption.
¹⁴² KLAVEREN. The concept of corruption, p. 26.
¹⁴³ WAQUET. *De la corruption*: morale et pouvoir à Florence aux XVIIe. et XVIIIe. siècles, p. 10-11.

sob a forma do contrabando, havia se enraizado profundamente no cotidiano colonial, a ponto de ser o "terceiro elemento" na história econômica da Espanha. Tal fenômeno, cuja origem repousava na fragilidade do Estado, escancarou a acirrada disputa entre a Coroa, a burocracia e as elites locais pelo controle dos recursos coloniais.[144]

A linha de interpretação inaugurada por Klaveren seria retomada por Jaime Vicens Vives, num curto texto publicado em 1968, no qual estabeleceria um novo patamar para a questão. Seu ponto de partida foram os trabalhos desse autor e de Roland Mousnier[145]: ao comparar a corrupção em sistemas administrativos que praticavam a venalidade com os que não a praticavam, ambos haviam constatado que os primeiros foram mais bem-sucedidos no freio aos abusos, ao contrário dos segundos, mais vulneráveis às ilicitudes. Essas conclusões levaram Vives a indagar se a origem da corrupção não residiria antes nos "defeitos de uma organização administrativa", isto é, na existência, numa dada sociedade, de "diferenças estruturais que tornariam bastante atrativos os benefícios materiais à disposição da burocracia, e não em um maior ou menor controle dos cargos públicos pela monarquia". De inspiração weberiana, ele situa em fins do século XVII a emergência da corrupção como um "sistema administrativo" – em suas palavras, "a fraude erigida como sistema" – quando deixaria de ser episódica para se integrar à lógica do funcionamento do próprio sistema. E isso em razão da percepção dos ofícios e cargos orientada cada vez mais por critérios de rentabilidade, e não mais de dignidade.[146]

Para Vicens Vives, a corrupção resultaria, portanto, da ineficácia de uma legislação arcaica, incapaz de abranger a transbordante complexidade econômica do mundo colonial: diante de uma legislação ineficiente que visava estrangular o fluxo comercial entre a América e a Europa, por meio de uma rígida política de monopólios, aos funcionários e agentes instalados no continente americano não restou outra alternativa senão lançar mão da corrupção, porque, afinal, "a

---

[144] Sobre os estudos de Van Klaveren, ver PIETSCHMANN. Burocracia y corrupción en Hispanoamérica colonial: una aproximación tentativa, p. 14-15.

[145] MOUSNIER. *La vénalité des offices sous Henri VI et Louis XIII.*

[146] VICENS VIVES. *Coyuntura económica y reformismo burgués y otros estudios de historia de España,* p. 140, 133-135.

administração tinha que fazer funcionar o mecanismo do comércio americano, apesar das leis". Ou seja, corrupção se originaria de uma defasagem estrutural entre uma nova realidade e uma legislação obsoleta e caduca, funcionando assim como "um sistema imposto pela necessidade de remediar as falhas dos aparatos administrativos antiquados".[147]

As matrizes weberianas também forneceriam as referências teóricas para o estudo de John Leddy Phelan sobre o funcionamento da burocracia colonial, a partir do estudo de caso da Audiência de Quito, no século XVII. Com o propósito de deslindar "toda essa intricada rede de autoridade, obrigações, atribuições e tomada de decisões no labirinto governamental", para entender o jogo complexo entre o direito e a realidade social, Phelan esbarrou no problema da corrupção.[148] Dedicou-lhe então todo um capítulo, argumentando que se tratava de uma prática generalizada em todos os níveis da burocracia colonial, para a qual concorria a baixa remuneração dos funcionários. Aduzia como prova o fato de que os indivíduos mais bem remunerados, como os vice-reis, mostravam-se menos propensos às práticas de enriquecimento ilícito, ao contrário dos ouvidores, os oficiais do tesouro real e os funcionários inferiores das províncias. Apesar dos contínuos esforços da Coroa e do Conselho de Índias, a corrupção se generalizou em todos os níveis da burocracia.

Na verdade, as teses de Phelan sobre a corrupção no seio da magistratura colonial inscrevem-se num quadro mais amplo sobre a natureza, por assim dizer, da administração espanhola, na qual ele identifica uma combinação peculiar de traços feudais, carismáticos e patrimoniais e também de traços da forma tradicional de dominação jurídica, segundo a tipologia de Weber. Em suas palavras, "a burocracia imperial espanhola encontrava-se a meio caminho entre uma burocracia patrimonial, na qual os funcionários recebem a remuneração em espécie, propina e peculatos; e uma administração moderna com salários periódicos e

---

[147] VICENS VIVES. *Coyuntura económica y reformismo burgués y otros estudios de historia de España*, p. 138, 133-135.

[148] PHELAN. *El Reino de Quito en el siglo XVII*: la política burocrática en el imperio español, p. 13. Ver também PHELAN. Authority and flexibility in the Spanish imperial bureaucracy.

monetários pagos pelo Estado".¹⁴⁹ As semelhanças com a dominação patrimonial, de origem medieval, em que a autoridade dos funcionários derivava da confiança e do favor do governante, manifestavam-se, por exemplo, na percepção dos cargos como coisa privada, o que permitia aos funcionários atuar de forma voluntariosa e arbitrária, explorando os próprios ofícios como meio de enriquecimento.

Assim, o alastramento da corrupção na burocracia colonial resultava tanto dos baixos salários quanto da mentalidade patrimonial dos funcionários, agravada pelo ambiente de "decadência moral" reinante entre homens que se sentiam "exilados em terra estrangeira" e, portanto, estavam mais vulneráveis a vícios como a "avareza e a libertinagem". Para além do relevo dado à mentalidade tradicional dos ocupantes dos ofícios públicos — fundando assim uma linha de investigação que influenciaria os estudos posteriores —, a maior contribuição de Phelan ao debate historiográfico foi, sem dúvida, a interpretação original sobre a natureza da administração colonial, que teria se caracterizado por um "certo equilíbrio entre os princípios de autoridade e flexibilidade". Tal equilíbrio, ele explicava recorrendo à dialética hegeliana: a política emanada pela Espanha, por meio de instruções aos magistrados do ultramar, deparava-se, no ambiente colonial, com as pressões exercidas pela sociedade local sobre a burocracia real — pressões que não poderiam ser rejeitadas ou ignoradas. O resultado, isto é, a síntese foi "uma transação, poucas vezes satisfatória para todas as partes mas geralmente funcional, entre o que se propunham as autoridades centrais e o que permitiam as pressões locais". Autoridade, flexibilidade, transação e equilíbrio seriam conceitos que, mais tarde, estariam na origem da noção de Império negociado, desenvolvida por Jack P. Greene, e mudariam profundamente o entendimento das relações políticas entre centro e periferia.¹⁵⁰

Para Phelan, o jogo entre autoridade e acomodação explicaria, portanto, a enorme distância que separava a lei da sua observância. E nisso a burocracia teve um papel decisivo, em razão de ocupar uma posição intermediária entre o centro e os diversos grupos sociais locais:

---

[149] PHELAN. *El Reino de Quito en el siglo XVII*: la política burocrática en el imperio español, p. 472-474, p. 479.

[150] GREENE. *Negotiated authorities*: essays in colonial political and constitutional history.

em suas palavras, ela conservou "assim uma certa independência de ambos, contribuiu enormemente para o funcionamento eficaz de todo o sistema".[151] O fracasso dos esforços da monarquia Habsburgo no sentido de "criar uma burocracia composta por guardiães platônicos" permitiu que esses indivíduos estabelecessem, por meio das relações de amizade e de negócios, profundas raízes na sociedade colonial, atuando como "perspicazes políticos práticos, sensíveis e conhecedores dos especiais interesses das comunidades nas quais prestavam serviços. Converteram-se, efetivamente, em agentes intermediários cuja complexa responsabilidade era a de tratar de conciliar uma interminável série de diferenças entre o que propunham a distante Coroa e o conselho em Madrid e o que permitiam as pressões locais nas Índias".[152]

Weberiano convicto, Phelan via, assim, a Época Moderna como um período de transição entre diferentes formas de dominação, às voltas com mentalidades distintas sobre os usos e o funcionamento da administração. Antes dele, porém, Federico Chabod havia sugerido esse enfoque, ao estudar a trajetória um tanto paradoxal de Ferrante Gonzaga, governador do Ducado de Milão, sob Carlos V. Nessa personagem, Chabod divisou as ressonâncias tardias de uma mentalidade medieval, impregnada pelos valores da cavalaria, em franco contraste com os novos tempos, quando entrava em cena um Estado despersonalizado, assentado sobre uma burocracia em crescente processo de racionalização e disciplinarização.[153]

Os homens do Império

A obra de Phelan não só fundaria um novo modelo de interpretação sobre a burocracia imperial – e, por extensão, das relações entre a Monarquia católica e suas colônias –, mas também fixaria a tese weberiana sobre a associação entre a corrupção e a baixa remuneração, depois retomada por outros estudiosos, a exemplo do estudo

---

[151] PHELAN. *El Reino de Quito en el siglo XVII*: la política burocrática en el imperio español, p. 477, 239, 492.

[152] PHELAN. *El Reino de Quito en el siglo XVII*: la política burocrática en el imperio español, p. 270, 236.

[153] CHABOD. Usi e abusi nell'amministrazione dello Stato di Milano a mezzo il '500, p. 181.

de Anne-Marie Brenot sobre os *corregidores de índios* do Peru do século XVIII. Num livro instigante, essa autora mostra como esses magistrados, mal remunerados, tanto quanto os juízes e administradores de província, viam-se às voltas com os elevados custos de instalação e deslocamento até os lugares onde tinham de servir, assumindo as suas funções na mais completa penúria financeira. As manobras fraudulentas seriam, portanto, um recurso para saldar essas dívidas, por parte de funcionários cuja carreira não oferecia possibilidades de promoção, surpreendidos pelas dificuldades da realidade colonial – o que explicaria também a elevada taxa de demissão ao longo de todo o século XVIII. Para esses homens, os *repartimientos* converteram-se na principal fonte de ganho ilícito, e, assim que eles chegavam a Lima, empenhavam-se para adentrar nas redes locais, graças às quais podiam contar com a cumplicidade de caciques, padres, *cabildos*, negociantes e ouvidores – protegendo-se assim da oposição das comunidades indígenas. Baseada principalmente em relatos de viajantes, Brenot disseca as práticas fraudulentas e abusivas dos *corregidores*, das quais a mais comum consistia em registrar um número mínimo de índios nos *repartimientos*, jogando com as receitas dos tributos e, ao mesmo tempo, dissimulando parte de seus ganhos ilícitos.[154]

Além da questão da baixa remuneração, os estudos associariam a corrupção ao perfil social dos homens que desembarcaram no continente americano. Os "homens do império", como os chamou Horst Pietschmann,[155] foram também objeto de um estudo de Stafford Poole sobre a magistratura da Audiência do México, no século XVI. Para esse autor, a corrupção generalizada na máquina administrativa colonial tinha origem no fato de que, ao contrário de burocratas impessoais, os funcionários descendiam espiritualmente dos conquistadores espanhóis: fortes e assertivos, dotados de personalidade combativa, mostravam-se dispostos a violar as leis de um governo distante, para se enriquecer com as oportunidades da nova terra. A partir de um detalhado estudo de caso – a trajetória de Pedro Farfán, ouvidor da Audiência do México,

---

[154] BRENOT. *Pouvoir et profits au Pérou colonial au XVIIIe. siècle*: governeurs, clientèles et ventes forcées, p. 144-147.

[155] POOLE. Institutionalized corruption in the letrado bureaucracy: the case of Pedro Farfán (1568-1588).

desde a formação universitária até o seu envolvimento numa série de negócios ilegais e clandestinos –, Poole sustenta que a sua personagem não era um caso excepcional, sendo, ao contrário, um exemplo bem ilustrativo do perfil dos letrados espanhóis que atuaram nas Índias: *hidalgos* empobrecidos, eles viam o Novo Mundo como oportunidade de ascensão social. Nas palavras do autor, "a sociedade emergente da Nova Espanha tinha obsessão por ganho financeiro, segurança econômica e *status* social". No Novo Mundo, esses letrados articularam uma teia de relações – por meio do casamento, de parentesco, comunidade de interesses, negócios – com o propósito de ascender na sociedade local, sem que isso violasse os seus princípios morais, uma vez que "a teoria legal romana e a prática espanhola haviam ensinado que a lei era um conjunto de princípios que podiam ser aplicados de formas diferentes de acordo com os casos particulares".[156]

Em chave semelhante, outros estudiosos sublinharam a influência do imaginário do Novo Mundo sobre o comportamento dos funcionários da administração americana. Em estudo recente, Nuria Sala i Vila e Alfredo Moreno Cebrián investigaram a trajetória de dois vice-reis do Peru, no século XVIII, a partir da problemática do enriquecimento ilícito. Mediante um maciço aporte documental, reconstituíram as finanças desses indivíduos e identificaram o aumento do patrimônio durante a passagem de ambos pelo vice-reinado. Relativizando as teses que consideram a corrupção como um fator de consolidação dos grupos *criollos*, Sala argumenta que os negócios escusos dos vice-reis organizavam-se em redes familiares e clientelares que envolviam não só *criollos*, mas também os peninsulares, a exemplo dos agentes situados em cidades como Cádis, Sevilha e Madrid. Em suas palavras, "para o marquês de Castelldosrius foi tão importante sua clientela europeia e catalã, seus agentes e familiares na corte, como sua associação com comerciantes *criollos*, tanto para drenar recursos em seu benefício como para evitar as armadilhas do poder". Para ela, tais atividades ilegais – que não eram exceção, mas a regra – evidenciam a incapacidade da Coroa para "impor um Estado forte, absolutista e centralizado", visto que seus recursos foram tomados de assalto por "amplos setores da nobreza ou de funcionários com expectativas de

---

[156] POOLE. Institutionalized corruption in the letrado bureaucracy, p. 170-171.

ascensão social e econômica". A destituição de vice-reis em razão da participação nesses negócios, prossegue ela, deve ser entendida à luz dos conflitos com os grupos locais e do fracasso em acionar as redes de apoio na corte.

Para Sala e Moreno, o enriquecimento de ambos os vice-reis deita raízes na mentalidade então corrente de *hacerse su Perú*, ou seja, na expectativa de acumulação de fortuna mediante o envolvimento em negócios lícitos e ilícitos – prática comum entre as autoridades coloniais, para as quais o cargo representava a oportunidade de solucionar as dificuldades financeiras da família.[157] A esse respeito, o marquês de Castelldosrius assim se expressou: "*yo sé muy poco o nada de Indias [...] y espero lograr la misma fortuna según los acostumbrados ejemplares de otros*".[158]

É de se notar que, nos estudos clássicos sobre a colonização portuguesa, não estiveram ausentes as implicações sociais e políticas daquele imaginário do Novo Mundo como terra de oportunidades – e que Gândavo sintetiza, ao afirmar: "todos aqueles que nestes Reinos vivem em pobreza não duvidem escolhê-la para seu amparo: porque a mesma terra é tal, e tão favorável aos que a vão buscar, que a todos agasalha e convida com remédio por pobres e desamparados que sejam".[159] Sérgio Buarque de Holanda, por exemplo, concedeu-lhe grande relevância no magistral *Visão do paraíso*, distinguindo a mentalidade de anglo-saxões e ibéricos: "os (colonos) da América Latina se deixavam atrair pela esperança de achar em suas conquistas um paraíso feito de riqueza mundanal e beatitude celeste, que a eles se ofereceria sem reclamar labor maior, mas sim como um dom gratuito".[160] Mais particularmente sobre a questão da burocracia, Caio

---

[157] MORENO CEBRIÁN; SALA I VILA. *El "premio" de ser virrey*: los intereses públicos y privados del gobierno virreinal en el Perú de Felipe V, p. 13.

[158] MORENO CEBRIÁN; SALA I VILA. *El "premio" de ser virrey*: los intereses públicos y privados del gobierno virreinal en el Perú de Felipe V, p. 23.

[159] GÂNDAVO. *História da Província de Santa Cruz*: tratado da Terra do Brasil, p. 23.

[160] Esse aspecto não tem sido suficientemente destacado nos novos estudos, sobretudo aqueles dedicados à história de Minas Gerais no século XVIII, que foi, certamente, a região que mais se prestou a alimentar esse imaginário de enriquecimento fácil e rápido (HOLANDA. *Visão do paraíso*: os motivos edênicos no descobrimento e colonização do Brasil, p. XVII).

Prado Júnior chamou a atenção para a visão predatória que animava os funcionários régios, que, segundo ele, traduziria o espírito geral de toda a colonização portuguesa nos trópicos, orientada pela busca do lucro a qualquer custo.[161]

Nas últimas décadas, as novas interpretações sobre os impérios da Época Moderna têm reelaborado e aprofundado essa problemática, enfatizando dois aspectos centrais: a constituição das elites locais, favorecida pelas oportunidades que se abriram no universo ultramarino, que iam desde a participação no processo de conquista e povoamento até a exploração das atividades econômicas; e a articulação das novas sociedades aos padrões e códigos do Antigo Regime, reproduzindo, na periferia, a sua dinâmica interna, como as redes de clientelismo, a busca de status social, a manutenção de padrões de consumo elevados, entre outros.

Um estudo importante sobre as expectativas pecuniárias dos agentes da administração colonial é de autoria de Horst Pietschmann. Num artigo publicado em alemão, ele sustenta a tese de que os valores cobrados para a concessão dos postos de *alcaldes mayores*, *corregidores* e *subdelegados* estavam fixados, na Espanha, de acordo com a hierarquia dos lucros que pudessem ser auferidos com as atividades comerciais proibidas. Afinal, os preços pagos pela nomeação aos cargos no continente americano não podiam ser recuperados por meio dos salários legalmente recebidos pelos beneficiados, o que os estimulava – e até mesmo obrigava – a recorrer a práticas ilegais. Concorria para agravar essa situação o fato de que, quando chegavam ao Novo Mundo, os nomeados já se encontravam endividados, em razão dos elevados custos de deslocamento – o que leva o autor a afirmar que "a Coroa se fez cúmplice dos procedimentos fraudulentos", tolerando assim que a sua legislação fosse transgredida. Ao colocar os cargos de justiça e governo à venda, a partir do século XVII, a Coroa visava participar dos lucros advindos dos negócios ilícitos, reconhecendo o fracasso dos mecanismos que buscavam erradicar a corrupção. Com a suspensão da venalidade, por volta de 1750, a Coroa passou a tolerar oficialmente as atividades comerciais dos seus funcionários, enquadrando-as, porém, numa rigorosa regulamentação, baseada num sistema de cotas. Diante

---

[161] PRADO JR. *Formação do Brasil contemporâneo*, p. 336.

do fracasso desse sistema, a Coroa suprimiu os cargos de *alcaldes mayores* e *corregidores*, substituídos pelo regime de intendentes, e proibiu a participação dos seus funcionários em atividades econômicas.[162]

Alguns aspectos das análises de Pietschmann merecem um exame mais detido, uma vez que oferecem uma síntese dos estudos que, antes dele, haviam problematizado o tema da corrupção na burocracia colonial. O primeiro aspecto se refere à extensão vertical e horizontal da transgressão: ao contrário de Klaveren, cujo conceito tende a privilegiar a figura do agente público, Pietschmann observa que a transgressão das normas e leis não se restringiu à burocracia, mas, ao contrário, "estendeu-se ao público em geral que requereu os serviços dela", enraizando-se em todas as categorias sociais, inclusive nos escalões da hierarquia eclesiástica. Outro aspecto interessante é o fato de que, quando envolvidos em delitos como o contrabando, esses funcionários não agiam por conta própria; ao contrário, faziam isso, via de regra, em nome dos agentes das grandes casas comerciais locais ou europeias, inserindo-se numa ampla rede de homens de negócio e autoridades administrativas. Conclui Pietschmann que "o grupo mais numeroso de funcionários reais em Hispano-América – incluindo muitos governadores e capitães generais – eram, na realidade, e contra a legislação vigente desde o século XVI, mais agentes comerciais que funcionários reais".[163]

Evocando as formulações sobre os "homens do Império", como os chama, Pietschmann traça o perfil dos funcionários que desembarcaram no Novo Mundo: ambiciosos, dispostos a melhorar a própria condição social, perseguiam ali as possibilidades de ascensão profissional que a Península não lhes permitia. Para aqueles que se encontravam estabelecidos na sociedade local, o cargo proporcionava a chance de consolidar a posição conquistada. Em ambos os casos, "os funcionários na América formavam um corpo unido pelo interesse comum de avançar econômica e socialmente na sociedade colonial". Mal remunerados, endividados

---

[162] PIETSCHMANN. Corrupción en las Indias españolas: revisión de un debate en la historiografía sobre Hispanoamérica colonial, p. 42-43; PIETSCHMANN. Burocracia y corrupción en Hispanoamérica colonial: una aproximación tentativa, p. 23-26.

[163] PIETSCHMANN. Burocracia y corrupción en Hispanoamérica colonial: una aproximación tentativa, p. 20-21.

com os custos do deslocamento até os novos postos, dominados por uma mentalidade de conquista, esses funcionários não hesitaram em se lançar em atividades econômicas legais e ilegais, praticando uma espécie de "capitalismo de butim".[164]

A contribuição teórica decisiva de Pietschmann reside no desdobramento desse último aspecto: para viabilizar seus planos de ascensão econômica e social, os funcionários tiveram de negociar com as elites locais, cedendo-lhes uma parte de suas atribuições, de acordo com o princípio do *do ut des*, isto é, uma troca de favores. As demandas dessas elites – nem sempre incorporadas à legislação e à política colonial – encontraram na burocracia um meio eficiente de negociação. O resultado é que a corrupção "fazia parte do sistema, pois cumpriu uma função política importante ao facilitar o equilíbrio de interesses entre a metrópole e as sociedades coloniais já formadas em princípios do século XVII".[165] Tal quadro explicaria, segundo ele, não só a generalização da corrupção, mas também a sua ampla aceitação social – esta última comprovada pela existência de inúmeros recursos legais à disposição daqueles que quisessem denunciar os abusos. Esse delicado equilíbrio entre os interesses locais e os metropolitanos entraria em colapso com a implantação das reformas bourbônicas, a partir de Carlos III, destinadas a submeter a administração americana a um controle mais efetivo. Conclui então Pietschmann que "a corrupção na América teve caráter de sistema e será preciso explicá-la em termos de uma tensão mais ou menos permanente entre o estado espanhol, a burocracia colonial e a sociedade colonial, como já intentou fazer van Klaveren".[166]

Corrupção e negociação

A superação das abordagens centradas no conceito de um Estado absolutista, em favor de perspectivas mais afinadas com o sentido de transformação constante das sociedades que se desenvolveram no

---

[164] PIETSCHMANN. Burocracia y corrupción en Hispanoamérica colonial: una aproximación tentativa, p. 18.

[165] PIETSCHMANN. Corrupción en las Indias españolas: revisión de un debate en la historiografía sobre Hispanoamérica colonial, p. 46.

[166] PIETSCHMANN. Burocracia y corrupción en Hispanoamérica colonial: una aproximación tentativa, p. 31.

Novo Mundo ao longo de mais de três séculos, tanto quanto com a heterogeneidade das realidades e das experiências históricas em seus diferentes quadros espaciais, refletiu-se na multiplicação dos estudos centrados no problema da interação entre a sociedade colonial e a estrutura burocrática imperial, sob a perspectiva dos equilíbrios políticos resultantes dos processos de negociação.

Formulações como a de Pietschmann – derivadas da obra pioneira de Phelan – sobre a corrupção como um sistema político que teria funcionado como uma válvula de escape para as tensões do mundo colonial, proporcionando o equilíbrio dos interesses de grupos divergentes, acabaram por fixar uma matriz interpretativa que repousa sobre a ideia de negociação.[167]

Em 1999, Michel Bertrand publicou *Grandeur et misère de l'office: les officiers de finances de Nouvelle-Espagne*, denso estudo prosopográfico sobre os oficiais da *Real Hacienda* da Nova Espanha, nos séculos XVII e XVIII, órgão administrativo dos mais estratégicos, responsável pela arrecadação e remessa das riquezas americanas para a Espanha.[168] Nessa obra, o autor incorpora algumas das principais vertentes teóricas em curso na historiografia sobre a corrupção, sistematizando-as numa abordagem extensiva do seu objeto de investigação. Ou seja, sob muitos aspectos, o livro é o ponto de chegada das análises inauguradas por Phelan e desenvolvidas depois por autores como Vicens Vives, Pietschmann e tantos outros.

Bertrand privilegia três níveis de análise: a identificação dos mecanismos que possibilitaram as ilicitudes – sobretudo o clientelismo

---

[167] Para o autor alemão, a máquina administrativa constitui um dos espaços de negociação dos conflitos entre o governo central e as sociedades americanas, visto que estas souberam atrair os seus agentes em favor de suas reivindicações – o que pressupõe a existência de conflito de interesses entre a metrópole e as elites coloniais. Nas palavras de Pietschmann, "este mecanismo só pode funcionar se havia grupos poderosos naquela sociedade que, em razão da política da Coroa, coalhada na legislação, não viram satisfeitos seus interesses próprios, isto é, se havia conflitos latentes de interesse entre a metrópole do império e as sociedades coloniais, já que, de outra forma, não teria havido motivo para entrar em negociação com os funcionários" (PIETSCHMANN. Corrupción en las Indias españolas: revisión de un debate en la historiografia sobre Hispanoamérica colonial, p. 46).

[168] BERTRAND, Michel. *Grandeur et misère de l'office:* Les officiers de finances de Nouvelle-Espagne (XVIIe. – XVIIIe. siècles).

e a apropriação de recursos públicos; a identificação dos limites de tolerância a tais práticas; a análise das formas e dos objetivos da repressão. A primeira etapa consiste em empreender um mapeamento rigoroso dos delitos mais frequentemente praticados nas aduanas do México, que iam desde a falta de rigor até a estreita cumplicidade com os contrabandistas.[169] Tais práticas, explica ele, ocorriam no interior do funcionamento administrativo legal, ou seja, "a extorsão se limitava a uma sobretaxa que se impunha a cada direito legalmente estabelecido"; o que garantia, além da discrição, "uma estimação mais ampla da base dos recebimentos – possibilitando a imposição de taxas mais baixas – e, por conseguinte, uma menor resistência das vítimas".[170]

Para Bertrand, mais importante do que constatar a generalização da fraude é situar as estruturas administrativas – em suas regras e normas de funcionamento – que contribuíram para a sua ocorrência e sua perpetuação. A começar pela distância entre a Cidade do México – o centro político e administrativo do vice-reinado – e os polos vitais da *Real Hacienda*, as chamadas *cajas reales*; depois, a inexistência de uma noção de serviço público numa sociedade assentada sobre as redes pessoais e familiares, estimulando os oficiais dessa instituição a colocar os próprios postos a serviço de parentes e amigos – atitude muito mais vantajosa do que a opção por ser um fiel servidor –, o que, na prática, traduzia-se no uso do prestígio das próprias funções como meio para consolidar posições sociais nas comunidades em que viviam. Outro aspecto, ligado a este último, diz respeito ao caráter patrimonial dos ofícios que, impregnando a rotina administrativa, reforçou uma postura de afirmação, por parte dos oficiais, das próprias atribuições frente às tentativas de ingerência dos demais poderes administrativos. Diante das ameaças à própria autoridade, os oficiais se articularam para repelir medidas que, de alguma forma, limitassem os seus poderes e privilégios. E, por último, e não menos importante, a inserção dos funcionários

---

[169] BERTRAND. *Grandeza y miseria del oficio*: los oficiales de la Real Hacienda de la Nueva España, siglos XVII y XVIII, p. 56.

[170] Segundo Bertrand, os tipos de extorsão mais comuns na aduana de Veracruz, entre 1765 e 1766, eram: exigência de presentes a autoridades; venda dos direitos de entrada, desembarque e carregamento no porto; cobrança abusiva dos gastos de documentação; entre outros (BERTRAND. *Grandeza y miseria del oficio*: los oficiales de la Real Hacienda de la Nueva España, siglos XVII y XVIII, p. 58).

em "sólidas redes relacionais", graças às quais puderam contar com o apoio decisivo das elites locais em sua luta contra o poder central.

O argumento de Bertrand leva em consideração também o fato de, que na sociedade do Antigo Regime, onde o dinheiro e a ostentação determinavam a reputação do indivíduo, o ofício oferecia um enriquecimento sem grandes riscos ou maiores investimentos, franqueando o caminho para a rápida integração ao mundo das elites econômicas.[171]

Do ponto de vista teórico-metodológico, a história da corrupção como proposta por Bertrand permite entender o funcionamento da sociedade colonial, a tessitura das relações sociais no marco das instituições, e sobretudo as formas como os comportamentos sociais se adaptavam às complexas realidades do mundo colonial, cuja eficiência dependia da possibilidade de negociação. Em suas palavras, "frente a um Estado incapaz ou não interessado em impor à força uma visão única ou unívoca, as regras do jogo social estavam por essa razão fundadas sobre os espaços de negociação de que dispunham todos os atores".[172]

Corrupção e independência

Negociação, flexibilidade, equilíbrios políticos – eis os conceitos centrais das análises da corrupção como uma estratégia no interior de um espaço de negociação, onde os atores conciliam interesses diferentes e, por vezes, contraditórios, num esforço para adaptar o funcionamento das instituições e influenciar a atuação dos agentes responsáveis por elas.

Nem todos, porém, concordam com essa linha de interpretação. As objeções mais comuns repousam na ausência de uma explicação coerente para o processo das independências latino-americanas: se a corrupção atuou como um fator de coesão do império espanhol, argumentam eles, conferindo-lhe flexibilidade e contribuindo para a sua manutenção, não teria então ela desempenhado um papel relevante no processo de sua desintegração, isto é, nos movimentos de emancipação política?

---

[171] BERTRAND. *Grandeza y miseria del oficio*: los oficiales de la Real Hacienda de la Nueva España, siglos XVII y XVIII, p. 70, 518- 520.

[172] BERTRAND. *Grandeza y miseria del oficio*: los oficiales de la Real Hacienda de la Nueva España, siglos XVII y XVIII, p. 61.

É com certa ironia que Kenneth Andrien chama a atenção para o paradoxo entre as visões do passado e as atuais interpretações, estranhando que aquilo que se mostrava ao centro político como um obstáculo a ser superado seja visto hoje, pelos estudiosos revisionistas – revisionistas em relação à vertente analítica que associou a ineficiência administrativa ao declínio do Império –, como "as forças ocultas do sistema". Para ele, tal interpretação inspira-se na noção weberiana de sistema patrimonial, segundo a qual a administração teria carecido de uma definição precisa de funções, resultando em relações verticais que se caracterizavam pela informalidade e pela imprecisão legal, o que, na prática, contribuiu para a descentralização política do governo colonial, uma vez que a autoridade se encontrava fragmentada nas estruturas administrativas públicas e privadas. Esse quadro, completa ele, seria ainda reforçado pela natureza da legislação espanhola, que se apresentava como um "corpo flexível, abstrato ou de princípios contraditórios", passível de ser instrumentalizado de forma casuística.

Para Andrien, as interpretações revisionistas, ao enfatizarem a ideia da burocracia como um *broker* político, mediando os interesses dos grupos em competição no âmbito da sociedade colonial, tendem a subestimar o impacto político da corrupção e da ineficiência administrativa no funcionamento do sistema. Para ele, não se pode negligenciar o fato de que tais comportamentos eram ainda mais graves pelo fato de operarem num contexto político fortemente conflituoso, caracterizado pela intensa competição entre os grupos locais, que souberam manejá-los como instrumento político para fazer pender a balança do poder em seu benefício.

Assim, o que interessa a esse autor é sustentar que, ao contrário do que defendem os revisionistas, os abusos praticados pelos funcionários coloniais foram antes um fator de desagregação política, minando as bases do sistema imperial no vice-reinado do Peru, cenário de suas análises. Ali, sob a influência das elites locais, os oficiais responsáveis pela execução da política fiscal usaram a ineficiência burocrática para solapar a política de elevação da receita fiscal, ao longo do século XVIII.[173]

De modo geral, as teses de Andrien não invalidam ou rechaçam por completo as formulações correntes, como as de Pietschmann e

---

[173] ANDRIEN. Corruption, inefficiency, and imperial decline in the seventeenth-century viceroyalty of Peru, p. 2-4.

Bertrand; pelo contrário, ele concorda com a ideia de que o corpo burocrático lançou mão da corrupção e da fraude como mecanismos para estreitar os laços com os grupos locais, alcançando, dessa forma, riqueza e projeção social no meio em que atuava, ao mesmo tempo que se esforçou para manter a ineficiência em níveis aceitáveis. E, ao fazê-lo, a corrupção desempenhou um papel positivo, conciliando os interesses da Coroa, da burocracia e das elites locais num sistema eficiente e estável. Mas esse quadro, em vigor nos séculos XVI e XVII, teria entrado em colapso a partir do século XVIII, segundo ele, quando a corrupção evoluiu como uma ferramenta, nas mãos dos oficiais da *Hacienda Real*, para bloquear e solapar as políticas do governo central. Em suas palavras: "a corrupção e a ineficiência eram simplesmente as ferramentas que esses burocratas usaram para promover seus próprios interesses e responder às necessidades da elite na colônia. O que a Coroa via como corrupção ou suborno era simplesmente considerado pelos oficiais reais e pelas elites peruanas como meios para satisfazer suas próprias necessidades legítimas, frequentemente às custas da debilitada Coroa espanhola". É, portanto, quando a fiscalidade – que ele considera um dos principais índices dos equilíbrios políticos – entra em colapso pela atuação dos oficiais da *Hacienda Real* que se inicia o processo de decadência do "imperialismo hispânico".[174]

Em chave semelhante à de Andrien, e, como ele, partindo de um referencial teórico de inspiração marxista, Eduardo Saguier argumenta que, em vez de garantir os equilíbrios políticos, a corrupção exerceu um papel contrário, comprometendo seriamente a estabilidade do Império espanhol. Para ele, tal efeito deletério ocorreu porque a fraude, o contrabando e as práticas ilícitas em geral subverteram os mecanismos fiscais responsáveis pela arrecadação dos recursos destinados à defesa militar das colônias, ao mesmo tempo que contribuíram para a emergência de uma "burguesia comercial local" que depois iria protagonizar o processo de emancipação política.[175]

A tese sobre a disfuncionalidade da corrupção, ou seja, de que, quando praticada acima de determinados níveis, destruiria o equilíbrio

---

[174] ANDRIEN. *Crisis y decadencia*: el virreinato del Perú en el siglo XVII, p. 244.

[175] SAGUIER. La corrupción administrativa como mecanismo de acumulación y engendrador de una burguesía comercial local, p. 6.

entre os grupos locais e o poder central, está presente no estudo do historiador peruano Eduardo Torres Arancivia. Na obra *Corte de virreyes: el entorno del poder en el Perú del siglo XVII*, ele argumenta que o espírito revolucionário do século XVIII – responsável pela deflagração dos movimentos de emancipação política – teve origem no descontentamento das elites com a corrupção generalizada nos altos escalões de poder. Foram principalmente as práticas de favorecimento – bastante disseminadas entre os vice-reis do Peru, por meio das quais eles beneficiavam os próprios criados e amigos na concessão de ofícios e mercês, em detrimento dos *criollos* – que levaram ao limite o conflito entre os peninsulares e a sociedade *criolla*. Ao privilegiarem as próprias redes clientelares, vice-reis como o príncipe de Esquilache e o conde de Chinchón acabaram por romper o delicado equilíbrio que, desde o século XVI, havia caracterizado as relações entre o governo e a sociedade local, baseado na aceitação tácita e formal da *prelación*, isto é, do direito de exclusividade aos cargos, ofícios, honras e mercês, reivindicado pelos descendentes dos primeiros conquistadores e povoadores. As práticas de favorecimento, contrárias às inúmeras disposições legais que concediam aos *criollos de Indias* a prioridade no acesso aos postos da administração e na concessão de honras e privilégios, geraram uma profunda insatisfação nas elites locais, formadas pelos "beneméritos de Índias", para os quais a quebra daquele acordo firmado com a Coroa era uma injustiça. Tal injustiça chocava-se com a tradicional imagem do príncipe cristão, cuja principal atribuição era precisamente a distribuição da justiça – ou seja, a remuneração do benemérito e o castigo do malfeitor. Desse modo, segundo Torres Arancivia, a exclusão dos *criollos de Indias* do aparato político contribuiu, no século XVIII, para a emergência de uma consciência *criolla*, na qual se fundiam o descrédito da imagem real e o sentimento de injustiça. Em suas palavras, "na corte, o mal-estar, a raiva e a queixa surgem quando o príncipe propicia um desequilíbrio na entrega do prêmio. Isso simplesmente não podia ocorrer em torno do governante, pois a justiça se veria desvirtuada".[176]

---

[176] TORRES ARANCIVIA. *Corte de virreyes*: el entorno del poder en el Perú del siglo XVII, p. 165, 163. Segundo Arancivia, os "beneméritos de Indias" eram descendentes dos primeiros conquistadores e povoadores da América que reivindicavam um

Diante dessas críticas às vertentes revisionistas, entre as quais se inclui, Pietschmann argumenta que um dos limites das posições teóricas de autores como Andrien, Saguier e Torres Arancivia encontra-se na perspectiva teleológica que adotam, uma vez que a corrupção se situa no centro do quadro explicativo para o processo que teria culminado nas independências americanas – que é, em última instância, aquilo que está em jogo, ou seja, as origens da América Latina moderna. Ao privilegiarem o desfecho do processo – a formação das nações latino-americanas –, esses autores incorreriam numa perspectiva regional e/ou nacionalista, aferrada à tese, já superada, sobre a contradição fundamental entre os interesses da Península e os das sociedades coloniais – em contraste com os revisionistas, mais afinados com uma perspectiva do império, dos seus mecanismos de funcionamento ou de sua desintegração.[177]

Ainda que tal historiografia se ressinta dos problemas apontados por esse autor, é preciso reconhecer que ela tem, ao menos, o mérito de colocar em questão as causas do desmantelamento do mundo colonial, causas que as formulações centradas nas ideias de negociação e equilíbrio de poderes elidem aprioristicamente, na medida em que explicam a permanência do Império, mas não o seu colapso. Além disso, a ênfase excessiva na ideia de negociação – que pressupõe, por definição, a resolução harmoniosa dos conflitos – pode induzir à percepção de uma sociedade desprovida de conflitos – o que descreve mal a natureza do mundo colonial e dos Impérios, que, como lembra Bartolomé Yun Casalilla, tem sempre um "forte componente de domínio e coerção".[178] Na verdade, não é só o ponto de chegada dessas análises – o desfecho da negociação – que tende a despolitizar as relações sociais, mas é também a abstração de um dado histórico irrefutável: a negociação – como qualquer outro tipo de relação – ocorre sempre no interior de contextos caracterizados por grande desequilíbrio de

---

tratamento diferenciado, sob a forma de monopólio na obtenção de mercês, ofícios e dignidades – reivindicação que a Coroa sempre reconheceu como legítima.

[177] PIETSCHMANN. Corrupción en las Indias españolas: revisión de un debate en la historiografía sobre Hispanoamérica colonial, p. 51.

[178] YUN CASALILLA. *Marte contra Minerva*: el precio del Imperio español, c. 1450-1600, p. 573.

poderes, nos quais os agentes históricos atuam – e negociam – em condições desiguais, isto é, em meio a relações de poder. Além disso, é necessário evitar generalizações apressadas como a noção de império negociado, indagando a quais grupos sociais ela se presta como efetivo instrumento de análise, uma vez que os estudos, em sua grande maioria, têm explorado os mecanismos de que as elites – e quase que exclusivamente elas – se valeram para se defender da ingerência excessiva do centro. Nas palavras de Jack P. Greene, nos Estados moderno "a autoridade não tinha fluído do centro para a periferia, mas tinha sido construída através de uma série constante de negociações, de barganhas recíprocas, entre o centro e as periferias".[179] Ora, se a ideia da "construção da autoridade" como um processo de caráter consensual aplica-se bem à descrição da natureza das relações entre as elites e os governos centrais, ela está longe de explicar a natureza da relação do restante da sociedade com o centro, nem tampouco com as próprias elites. O relevo exagerado à ideia de que a autoridade teria se construído por meio da transação entre os agentes históricos tem por corolário a negação dos mecanismos de dominação política, em favor de uma visão excessivamente consensual da sociedade. Por vezes, ignora-se o fato de que tal dominação – pois o governo significava também dominação, visto que relações políticas são necessariamente relações de dominação[180] – não pode prescindir de instrumentos ideológicos capazes de assegurá-la e legitimá-la socialmente, e que um desses instrumentos é precisamente a ilusão da negociação.

Por outro lado, não há dúvida de que os enfoques nacionalistas se apoiam num *parti pris* teórico já superado, segundo o qual todas as relações entre centro e periferia se explicariam pela existência de uma contradição fundamental entre eles. Contra tal premissa, há que se lembrar que a política das metrópoles em relação à América não se restringiu apenas ao pacto colonial, ou à imposição de uma rigorosa política fiscal destinada a incrementar os excedentes ali gerados e estabelecer e ampliar os dispositivos de controle social e político – e ver a história do continente

---

[179] GREENE. Tradições de governança consensual na construção da jurisdição do Estado nos impérios europeus da Época Moderna na América, p. 111.

[180] LARA. Conectando historiografias: a escravidão africana e o Antigo Regime na América portuguesa, p. 35.

americano por essa perspectiva implica reduzir a complexidade e a diversidade das interações culturais, sociais, políticas, biológicas entre centro e periferia. De modo geral, essas análises estão presas a uma visão muito redutora das elites coloniais, marcada pela oposição – ou contradição – de interesses em relação à metrópole, que se traduziria, na prática, pela tendência a boicotar ou frear as diretrizes políticas do centro. Muito mais complexas se revelaram essas relações: se havia conflito de interesses, havia também convergência, graças à qual as elites puderam atuar como instrumento de governabilidade dos impérios modernos, como vêm demonstrando os estudos mais recentes.[181]

Por outro lado, enfocar essa relação a partir daquilo que o centro transferiu para a periferia, como as instituições, os códigos sociais, os valores políticos, apresenta outro risco, o de se restringir a uma perspectiva exclusivamente europeia, que rejeita uma perspectiva local, capaz de explicar as formas como esse processo de transferência se adaptou a uma realidade completamente nova. Como bem notou Pietschmann, a solução metodológica para esses dilemas é constatar que não se pode escapar de uma dupla perspectiva, sob pena de se perder de vista o caráter dialético da construção do mundo americano, em favor de uma visão ora europeia, ora colonial.[182]

Uma história cultural da corrupção

Com raras exceções, os estudos históricos mais tradicionais sobre a corrupção se voltaram para dois objetivos específicos: examinar as suas

---

[181] Sobre a negociação entre centro e periferia, escreve Arrigo Amadori: "a política em relação à América não se identificava necessariamente com o conjunto de disposições emanadas de Madrid, mas é forçoso adotar uma visão complexa que enfatize o fato de que as decisões reais eram questionadas, acordadas, transmutadas ou diretamente ignoradas no longo caminho que percorriam entre a corte e o âmbito local. Também fica claro que a relação entre a Coroa e os grupos de poder local teve um caráter ambíguo, visto que a atuação destes últimos pode ser contemplada como um elo necessário à cadeia de poder que favorecia a governabilidade do espaço virreinal, ou como um freio para as aspirações de Madrid" (AMADORI. Negociando la obediencia: gestión y reforma de los virreinatos americanos en tiempos del conde-duque de Olivares (1621-1643), p. 460).

[182] PIETSCHMANN. El desarrollo estatal de Hispanoamérica: enfoques metodológicos, p. 475.

causas e explicar os seus efeitos nos sistemas políticos. Causa e efeito: eis as diretrizes desse modelo sociológico funcionalista, herdeiro da sociologia das organizações, que acabou sendo incorporado ao campo da história política num sentido mais estrito.[183] Grande parte dos trabalhos privilegiou o estudo do seu impacto no quadro da administração colonial, com vistas a refletir sobre a natureza das relações políticas entre a Monarquia católica e os domínios americanos. Poucos foram os que se dedicaram a investigar as suas implicações na vida social e política da sociedade colonial, ou ainda que se empenharam em entender o fenômeno da corrupção de uma perspectiva dos imaginários, das visões de mundo e dos sistemas de valores.[184]

A omissão é tanto mais desconcertante quando se constata que a natureza desse objeto impõe problemas que remetem diretamente aos objetos e métodos da história cultural. Se aceitarmos a definição de corrupção como transgressão de normas e regras, então é preciso reconhecer que estas se inserem em determinados sistemas de valores, articulando-se com o horizonte mais amplo dos padrões, códigos e representações de uma dada sociedade.[185]

Como sinônimo de transgressão, o conceito se reveste de uma forte conotação moral, apresentando-se como uma armadilha aos incautos, que, ao reproduzirem o juízo de valor do passado, acabam por endossar o sistema de valores então dominante, ao mesmo tempo que reduzem a transgressão à sua natureza meramente negativa. Exemplo disso é o sugestivo título do livro de Santos Madrazo, *Estado débil y ladrones poderosos en la España del siglo XVIII: historia de un peculado en el reinado de Felipe V*, no qual o autor se propõe a trazer à luz "os roubos e as trapaças descaradas dos poderosos", sem se dar ao trabalho de explorar os usos semânticos desses termos.[186]

---

[183] Exemplo disso é o paradigma funcional de Robert Merton, cujos conceitos de função manifesta, função latente e disfunção se aplicam ao estudo da corrupção (MERTON. *Sociologia*: teoria e estrutura). Sobre as abordagens da corrupção na sociologia, ver FILGUEIRAS. O problema da corrupção e a sociologia americana.

[184] PIETSCHMANN. Burocracia y corrupción en Hispanoamérica colonial: una aproximación tentativa, p. 14.

[185] PIETSCHMANN. Corrupción en las Indias españolas: revisión de un debate en la historiografía sobre Hispanoamérica colonial, p. 38.

[186] MADRAZO. *Estado débil y ladrones poderosos en la España del siglo XVIII*: historia de un peculado en el reinado de Felipe V. O objetivo da obra, segundo o autor,

Inversamente, os novos estudos privilegiam uma perspectiva cultural do fenômeno da corrupção, esforçando-se por reconstituir as suas múltiplas acepções nos diferentes contextos históricos. E aqui o aporte teórico da história cultural tem um papel decisivo: nas últimas décadas, objetos como transgressões, comportamentos ilícitos, crenças heterodoxas e heresias conduziram a um refinamento dos instrumentos de análise, permitindo ver, para além da mera negação da norma, visões de mundo, formas de sentir e pensar partilhados pelos grupos sociais. Para algumas vertentes analíticas, como é o caso de E. P. Thompson, a transgressão tem o seu valor heurístico para o entendimento das formas de resistência cultural, articulada pelos grupos em defesa de sua identidade social contra o avanço do capitalismo.[187]

Um bom exemplo das dificuldades metodológicas enfrentadas pelos historiadores pouco familiarizados com os procedimentos da história cultural é o debate em torno da legitimidade de se aplicar o conceito de corrupção aos casos em que a transgressão à norma não traduz um ato voluntário. Num estudo sobre a corrupção na Inglaterra do século XVII, James Scott chegou a uma conclusão inusitada: apesar da disseminação generalizada das práticas ilegais, não se pode afirmar que a sociedade inglesa fosse corrupta, pelo simples fato de os vassalos de Sua Majestade não terem consciência de sê-lo. E, uma vez que não sabiam o que faziam, eles simplesmente não incorriam em corrupção.[188]

De modo semelhante, Pietschmann argumentou que só se pode falar em corrupção quando ela se apresenta como uma transgressão voluntária e deliberada das normas, de modo que seu estudo só tem sentido no interior de sociedades em que estas foram aceitas e interiorizadas coletivamente. O conceito de corrupção, em suas palavras, pressupõe "um funcionamento administrativo regular e pacífico em uma sociedade que compartilha em grande medida os mesmos valores e normas". Dessa forma, em sociedades onde convivem sistemas de valores distintos e concorrentes, resultando em diferentes normas de conduta, como era o mundo colonial hispânico no século XVI, o fenômeno da corrupção deve ser relativizado.

é trazer à luz "os roubos e as trapaças descaradas dos poderosos" (p. 14).
[187] THOMPSON, E. P. *Costumes em comum*. Estudos sobre a cultura popular tradicional.
[188] SCOTT. *Comparative political corruption*.

Na verdade, as conclusões de Pietschmann soam um tanto ingênuas, quando se sabe que é um velho consenso entre os historiadores da cultura a coexistência de diferentes padrões morais nas sociedades da Época Moderna. Talvez a sua melhor contribuição ao debate seja a constatação de que esses padrões tendem a ser manejados de forma seletiva, de acordo com os interesses dos grupos sociais, sob determinadas circunstâncias.[189] De fato, as evidências documentais apontam para a existência de um dissenso em relação aos sentidos da corrupção: para além das definições correntes e "oficiais" – que, derivadas das teorias políticas, consubstanciavam-se na legislação e nos textos morais e políticos –, circulavam, no imaginário político, noções alternativas sobre o justo/injusto e lícito/ilícito que, em vez de sinalizarem apenas a transição de sistemas de valores, como quer Pietschmann, revelam um dinâmico processo de apropriação e ressignificação desses conteúdos.

Em trabalhos posteriores, Pietschmann voltaria ao assunto, convencido da relevância de uma perspectiva cultural para a história da corrupção. Afinal, por que determinadas práticas reconhecidamente ilegais não suscitaram a censura da opinião pública? Ou, ainda, por que, repentinamente, elas deixaram de ser toleradas para se tornar alvo de denúncia? Ele então tentou explicar esses fenômenos, reforçando o argumento anteriormente exposto, de que os valores inscritos nas regras morais e jurídicas são apropriados pelos grupos de acordo com as suas conveniências: segundo ele, "o mais importante parece haver sido a solidariedade de grupo com a sua clientela [...], ou seja, enquanto o indivíduo se atém à solidariedade do grupo clientelar, não importa que as suas ações sejam ilícitas ou delituosas". Ele ilustra essa tese sobre a "manipulação alternativa e seletiva" com o exemplo do duque de Albuquerque, vice-rei da Nova Espanha, no início do século XVIII: enfronhado em um sem-número de práticas ilegais, jamais suscitou escândalo, para indignação do seu sucessor, que se queixou da imoralidade reinante e da complacência generalizada perante os abusos do antecessor.[190] Para Pietschmann, casos como esse evidenciariam um

---

[189] PIETSCHMANN. Corrupción en las Indias españolas: revisión de un debate en la historiografía sobre Hispanoamérica colonial, p. 47, 50.

[190] PIETSCHMANN. Estado colonial y mentalidad social: el ejercicio del poder frente a distintos sistemas de valores, siglo XVIII, p. 433-434.

traço do comportamento das populações americanas, ou seja, "a possibilidade de poder permanentemente atuar com grande flexibilidade, acolhendo, segundo os interesses, distintos sistemas de valores ou várias alternativas de moral".[191]

Essas considerações abrem uma rica e fecunda senda de pesquisa, situada na confluência entre uma abordagem cultural e aquela centrada na problemática das redes. A primeira permitirá rechaçar posturas moralizantes em que o historiador assume o lugar de juiz, de modo a emitir retrospectivamente julgamentos sobre a idoneidade dos sujeitos históricos. É preciso lembrar que o juízo proferido pelo passado nunca é consensual e definitivo; ao contrário, o historiador se vê às voltas com um jogo de versões conflitantes e contraditórias, que elaboram diferentes leituras sobre os eventos em causa, desenhando uma realidade cinzenta, repleta de matizes e nuances sutis, que parece se desvanecer diante da rigidez dos juízos absolutos. É precisamente aí que o estudioso encontra a matéria-prima para uma história da corrupção, ao recuperar os discursos invocados para legitimar determinados comportamentos, ao examinar como certos grupos acionam um dado repertório de crenças e concepções morais, para expressar assim diferentes percepções sobre a lógica do funcionamento da administração.[192]

A segunda abordagem trará à luz a complexidade do universo normativo das sociedades da Época Moderna, que não se esgota no direito oficial e nas instituições jurídicas formais, mas é construído por ordenamentos menos formais e por vezes mais decisivos, como a tradição, os costumes, os acordos tácitos, os privilégios, as clientelas.[193] Obrigações de natureza política e social, como as fidelidades clientelares, envolvem os indivíduos em uma teia de constrangimentos — constrangimentos que frequentemente estão em contradição com os deveres formais, inerentes às suas funções e obrigações, e que são objeto de regulamentação dos discursos jurídicos. Como adverte Michel Bertrand, aquilo que, à primeira vista, parece uma conduta ilícita, estranha à

---

[191] PIETSCHMANN. Estado colonial y mentalidad social: el ejercicio del poder frente a distintos sistemas de valores, siglo XVIII, p. 436.

[192] BERTRAND. Viejas preguntas, nuevos enfoques: la corrupción en la administración colonial española, p. 53.

[193] HESPANHA; XAVIER. As redes clientelares.

lógica do Estado moderno, encontra-se legitimada de uma perspectiva das estratégias familiares ou das lógicas clientelares. Enfoques dessa natureza apresentam ainda a vantagem de recuperar a complexidade das práticas efetivas dos atores históricos no seio das instituições — práticas que remetem a outras dimensões, igualmente constitutivas dos modos de funcionamento dessas últimas.[194] Jean-Pierre Dedieu explicitou brilhantemente a pluralidade dessas instâncias de legitimação: "eu entendi melhor o Antigo Regime a partir do momento em que o considerei como um conjunto estruturado de convenções, de regras arbitrárias relativas ao governo dos homens, que guiam a ação sem que os atores tenham necessidade de se referir a ele explicitamente [...] Não é na letra dos textos normatizadores que reside a chave, mas nos esquemas subjacentes que lhes dão sentido".[195]

Uma incursão bem-sucedida pela história cultural da corrupção foi realizada por Jean-Claude Waquet num estudo sobre as práticas ilícitas em Florença nos séculos XVII e XVIII. Sua análise gira em torno de dois eixos distintos, mas articulados: a função da corrupção; os discursos sobre ela e o seu lugar na cultura política da época. A partir de uma série de casos bem documentados, esse autor chega à conclusão de que a corrupção, originada no interior da máquina administrativa, prejudica o seu funcionamento e subverte as suas funções. Esse aspecto disfuncional é, porém, compensado pelo fato de ela atender às necessidades econômicas e políticas de determinados grupos sociais, equilibrando, por assim dizer, os poderes no interior do aparelho de Estado. A corrupção teria, nesse sentido, proporcionado um *superplus* de autoridade a funcionários que pertenciam a uma classe social com demandas políticas frustradas. Cumpre notar que Waquet refuta a existência de uma relação causal entre as práticas ilícitas e os baixos salários, ou a ideia de que teria atuado como fator de mobilidade social ou como instrumento de satisfação de uma demanda política formulada no exterior das instituições. Para ele, ecoando as teses de Van Klaveren, a corrupção teria a sua origem na debilidade do Estado, em cujo âmbito se instala uma série de contrapoderes que representam os interesses

---

[194] BERTRAND. Viejas preguntas, nuevos enfoques: la corrupción en la administración colonial española, p. 54.

[195] DEDIER. *Après le roi, essai sur l'effondrement de la monarchie espagnole*, p. 2.

dos agentes da administração. Em suas palavras, ela faz prosperar uma "nebulosa de elementos autônomos, mais ou menos desconectados do poder central", resultando na subutilização do estado.[196]

O foco da investigação de Waquet, porém, diz respeito ao domínio dos discursos sobre a corrupção. Interessa-lhe examinar como as suas definições, as estratégias de repressão e punição se inscrevem no âmbito da moral, o que joga luzes sobre as formulações correntes sobre as relações entre a moral e o poder. A percepção eminentemente moral desse fenômeno não só o tornou mais suportável, mas também o destituiu de uma dimensão política. É precisamente essa percepção da corrupção como um problema individual, como um desvio moral de conduta, originado pelo vício e pelo pecado, que impediu que ela fosse considerada uma ameaça política ao poder monárquico. Nas palavras do autor, "a corrupção não era vista como um fenômeno social mas como uma falha individual, não era vista como um perigo político mas como um problema moral".[197]

Do ponto de vista de uma abordagem cultural do fenômeno da corrupção, a investigação histórica tenderá a privilegiar o campo da cultura política, a partir de uma dupla perspectiva: a das práticas e dos discursos que configuram a corrupção como um delito, tanto no plano moral quanto no religioso e político; a das práticas e dos discursos que sancionam os comportamentos tidos socialmente por corruptores.

Assim, no primeiro nível, o estudioso deve buscar as noções que orientam determinadas interdições, a genealogia desses noções num arco temporal de longa duração, as suas diferentes apropriações nos contextos históricos específicos; as formas de difusão e circulação das proibições, de acordo com as diferentes categorias sociais, etc. No segundo nível, a partir de que noções determinadas práticas são legitimadas; como essas noções se relacionam com determinados modos de pensar e elaborar o universo da política; como se articulam num sistema fechado e coerente; como se confrontam – ou não – com as normas institucionalizadas de uma dada sociedade.

---

[196] WAQUET. *De la corruption*: morale et pouvoir à Florence aux XVIIe. et XVIIIe. siècles, p. 107, 111.

[197] WAQUET. *De la corruption*: morale et pouvoir à Florence aux XVIIe. et XVIIIe. siècles, p. 111.

Um enfoque cultural das práticas ilícitas tem ainda a vantagem de ultrapassar análises muito centradas na ideia de um *homo economicus*, que, se se ajustam bem às sociedades liberais, não explicam a complexidade das motivações humanas sob o Antigo Regime, das quais faziam parte valores bem menos ponderáveis, como honra, prestígio e reputação.[198] Do mesmo modo, uma abordagem cultural tenderá a questionar as teorias que postulam uma associação muito imediata entre os comportamentos ilícitos e as estratégias de ascensão social ou econômica, redundando na afirmação mitigada do mesmo *homo economicus*. É, aliás, esse homem dominado pela esfera econômica que se encontra na origem dos estudos baseados nas noções de estratégia e cálculo, cuja principal premissa é a ideia de que não só os homens agem sempre de acordo com uma racionalidade, mas também que essa racionalidade é aplicada ao gerenciamento calculado da própria existência – transformada em carreira. Semelhante conduta, muito disseminada atualmente nos manuais destinados ao mundo corporativo, está bem longe de refletir o imaginário dos homens da Época Moderna, orientado, de resto, pelos afetos e pelas paixões.[199] Se as teses de Fredrik Barth sobre a noção de estratégia parecem acertadas, elas não podem, contudo, ser generalizadas indiscriminadamente para todos os contextos históricos, sob pena de se sacrificar a história em nome da ideia de natureza humana.[200] E, o que é pior, uma natureza humana identificada ao homem pós-moderno e neoliberal.

---

[198] WAQUET. *De la corruption*: morale et pouvoir à Florence aux XVIIe. et XVIIIe. siècles, p. 11.

[199] CARDIM. *Amor e amizade na cultura política dos séculos XVI e XVII*.

[200] BARTH. *O guru, o iniciador e outras variações antropológicas*.

CAPÍTULO 2

A tirania da distância e o governo das conquistas

Em torno de que noções teria se articulado, na Época Moderna, a crítica aos governantes ultramarinos, no contexto do Império português? De que forma as exigências impostas pelo governo à distância suscitaram um conjunto de formulações sobre os limites morais do ato de governar, alimentando o debate sobre os riscos da corrupção nas conquistas ultramarinas?

A opção por privilegiar a questão da distância não é arbitrária nem fortuita. Ela apenas reflete uma tópica disseminada nos escritos que, a partir do século XVI, dedicam-se a esclarecer as implicações morais e políticas do governo da periferia, onde a distância tendia a favorecer o surgimento das práticas ilícitas, convertendo esses lugares em cenários de opressão e tirania.

A distância não é, aqui, uma realidade geográfica objetiva e em "estado bruto", passível de ser mensurada e expressa em valores matemáticos, e que se apresentaria como uma novidade aos homens dos inícios dos tempos modernos. É antes uma representação e, como tal, é construída a partir de sentidos que pertencem ao plano dos imaginários, no interior dos quais os quadros geográficos se formam, mudam e se transformam.[201]

O propósito deste capítulo é indagar sobre os sentidos e o lugar da distância na atuação dos que, como representantes do rei, tinham por missão governar as conquistas, segundo a literatura político-moral produzida entre os séculos XVI e XVIII. Teria a distância, afinal,

---

[201] LE GOFF. *L'imaginaire médiéval*: essais, p. VI.

agravado a autonomia desses governantes, esgarçando as delicadas e frágeis teias que os ligavam ao centro do Império? E, nesse caso, como o problema da distância incorporou-se ao imaginário tradicional sobre o mau governo, a tirania e a corrupção, prestando-se a novas interpretações, à luz da experiência histórica dos portugueses?

Questões complexas que demandam uma investigação dos imaginários políticos, orientada no sentido de se identificar a permanência de determinadas linhas de força – num sentido muito semelhante ao da tópica de Curtius[202] – e suas diferentes configurações ao longo do tempo. Para além das permanências, tal empreendimento deve ser sensível também aos deslocamentos, capturando, por exemplo, as descontinuidades, as mudanças de ênfase, a emergência de novas formulações... Trata-se, pois de uma abordagem diacrônica, que, sem sacrificar os quadros referenciais específicos de cada contexto, põe em questão as matrizes teóricas da corrupção na Época Moderna.

Para isso, foram escolhidos seis textos, recobrindo um arco temporal que se estende de meados do século XVI até aproximadamente o ano 1789, por volta do qual foram redigidas as *Cartas chilenas*. Os critérios que presidiram à seleção das obras privilegiaram os textos que intentaram refletir sobre os vícios e pecados dos governantes ultramarinos, à exceção da *Arte de furtar*, que não se prende ao mundo colonial, ainda que lhe faça referências. Em graus e de modos variados, todos esses escritos elegem como objeto de reflexão a natureza e as implicações do mau governo, os vícios próprios do mau governante, os limites entre o lícito e o ilícito, enfim, a dimensão moral da arte de governar. O fio condutor que lhes confere unidade é, portanto, o problema da corrupção, conforme os sentidos que esse conceito adquiriu na cultura política da Época Moderna, o que torna esse conjunto de textos uma chave para o entendimento do imaginário das ilicitudes, ilegalidades e transgressões, e de suas permanências e descontinuidades ao longo do tempo.

A primeira obra escolhida, *O soldado prático*, é, sem dúvida, um escrito pioneiro sobre a moralidade dos funcionários régios na Índia, a que se seguiram outras, também escritas por soldados com larga experiência naquela região, como *Reformação da milícia e governo do*

---

[202] CURTIUS. *Literatura européia e Idade Média Latina*.

Estado da Índia Oriental e *Primor e honra da vida soldadesca*. Juntas, essas três obras desenham um painel perturbador daquilo que seus autores denominam "corrupção". Outro texto é a tão célebre quanto desconhecida *Arte de furtar* – obra-prima do gênero literário seiscentista que, apesar de não ter sido escrita por Vieira, como muitos supuseram, bem poderia ser de sua autoria. Tendo como questão central o problema do furto na República, ela fornece uma síntese excepcional dos princípios políticos oriundos das teorias corporativas de poder, refletindo sobre a realidade de um Império mais vasto geograficamente, pois não se reduz à Índia, como os textos anteriores. A parenética de Vieira foi particularmente sensível ao problema do mando nas conquistas, tendo discorrido sobre as violências sofridas pelos povos que viviam distantes do monarca, expostos aos abusos dos maus governantes. Finalmente, as *Cartas chilenas*, atribuídas a Tomás Antônio Gonzaga, que têm como personagem central o Fanfarrão Minésio, inspirado no *Miles Gloriosus*, de Plauto, ao qual se atribui um comportamento vicioso e tirânico.

Índia, nova Roma

A Índia se firmará, a partir do século XVI, como o lugar por excelência dos vícios e da corrupção política, sobre os quais escreveram viajantes, cronistas e poetas, empenhados em denunciar os abusos protagonizados por vice-reis ambiciosos e venais. A distância geográfica teve aí um papel decisivo. Nas fímbrias do mundo conhecido, os tradicionais padrões de interpretação da realidade pareciam esgarçar-se – experiência que António Vieira soube descrever tão bem, indagando-se: "Que será naquelas regiões remotíssimas, onde o rei, onde as leis, onde a justiça, onde a verdade, onde a razão, e onde até o mesmo Deus parece que está longe?".[203] Também o jesuíta João de Azpilcueta Navarro confessou que o seu entendimento do mundo, nos sertões distantes da América portuguesa, havia se tornado confuso e embaçado, ao contrário do que lhe sucedia na Europa: "a letra, que por essas partes me parecia clara, cá se me torna obscura...".[204]

---

[203] VIEIRA. Sermão da terceira dominga da quaresma. In: *Sermões*, Parte I, p. 197.

[204] Carta do padre João de Azpilcueta Navarro aos irmãos de Coimbra. Porto Seguro, 19 set. 1553. In: LEITE. *Novas cartas jesuíticas*: de Nóbrega a Vieira, p. 155.

Ao mesmo tempo, investidos de um poder ilimitado, os vice-reis gozavam ali de grande autonomia – que Diogo do Couto sintetizava, com ironia, na expressão "que sobre tudo façais o que vos parecer mais meu serviço".[205] Como resultado, esses governantes encarnaram o modelo do tirano, prestando-se a comparações com os tiranos bíblicos – dos quais o mais célebre era o faraó do Egito –, os tiranos da Antiguidade, Nero e Calígula, além dos tiranos da Sicília. Numa palavra, governo próprio de príncipes pagãos e não de príncipes cristãos.

Desses escritos nascerá a legenda negra dos portugueses, a versão lusitana da célebre *leyenda negra* dos espanhóis, que ocupará um lugar central no debate sobre as causas da decadência do Estado da Índia, fixando um modelo de interpretação calcado numa perspectiva moral acerca da atuação dos portugueses na Ásia.[206] É de se notar que a versão portuguesa guarde alguma semelhança com a hispânica, cujo caráter político se expressou na ideia de que o desgoverno e a opressão que teriam caracterizado os governos instituídos nos domínios da Monarquia católica deitavam raízes na cobiça desenfreada dos conquistadores.[207] Ambas conheceram uma ampla difusão por toda a Europa, ultrapassando as fronteiras da Península Ibérica: no caso da legenda negra de Portugal, ela consolidaria a imagem do Estado português da Índia como um "padrão de corrupção, de miscigenação errada, de consumo conspícuo orientando para valores nobres centrais, ortodoxia e intolerância

---

[205] COUTO. *O soldado prático*, p. 32.

[206] Ao contrário do que afirma George Davison Winius, para quem a legenda negra da Índia portuguesa foi criada pelos historiadores dos séculos XIX e XX, com o propósito de explicar a derrocada do Império português na Índia, as narrativas que associam a corrupção à decadência, como *O soldado prático*, por exemplo, elaboraram, ainda nos séculos XVI e XVII, um conjunto de formulações que autorizam a identificar, naquele período, tal legenda negra (WINIUS. *A lenda negra da Índia portuguesa*: Diogo do Couto, os seus contemporâneos e o Soldado Prático, p. 10-11).

[207] A definição da legenda negra espanhola dada por Rómulo D. Carbia é: "*todo se reduce a un juicio inexorable ordinariamente aceptado sin indagar su origen y según el cual España habría conquistado a América primero y la habría gobernado después, durante más de tres siglos, haciendo alarde de una crueldad sangrienta y de una opresión sin medida, cosas ambas que podrían considerarse como únicas en la historia de todo el Occidente moderno*" (CARBIA. *Historia de la leyenda negra hispano-americana*, p. 38).

religiosa e falta de racionalidade comercial".[208] Com efeito, relatos de viagem, de autoria de europeus, escritos entre o final do século XVI e a primeira metade do século XVIII, forneceriam inúmeras descrições da corrupção política entre os portugueses na Índia, a exemplo das obras de Jan Huygen van Linschoten,[209] Pyrard de Laval,[210] Jean Mocquet,[211] Charles Dellon[212] e Jean Baptiste Tavernier.[213]

Parece legítimo afirmar, como fez Maria Leonor García da Cruz, que uma das questões centrais da literatura quinhentista sobre a expansão europeia no Oriente dizia respeito à conduta moral dos portugueses nas diferentes partes do Império.[214] Tendo como *leitmotif* os "fumos ou desenganos da Índia", tal literatura ocupou-se em desvelar, para além das promessas de riqueza e prosperidade, a face sombria e inquietante dos vícios e pecados, sobrepondo à imagem de uma Índia paradisíaca aquela de uma Índia infernal – imagens que, em muitos casos, estavam lado a lado. Autores como Camões, Garcia Resende,[215]

---

[208] CURTO. Uma tipologia compósita do conhecimento imperial, p. 31.

[209] LINSCHOTEN. *Description de l'Amérique et des parties d'icelle comme de la Nouvelle France, Floride, des Antilles, Jucaya, Cuba, Jamaica, etc.* Sobre a corrupção na obra de Van Linschoten, ver BOOGAART. *Civil and corrupt Asia*: image and text in the Itinerario and the icones of Jan Huygen Van Linschoten.

[210] LAVAL. *Voyage de François Pyrard de Laval, contenant sa navigation aux Indes Orientales, aux Moluques et au Brésil*: ses divers accidens, adventures et dangers qui lui sont arrivez en ce voyage en allant et retournant mesme pendant un long séjour, avec la description des païs, moeurs, loix, façons de vivre, police et gouvernement, du trafic et commerce qui s'y fait,..

[211] MOCQUET. *Voyages en Afrique, Asie, Indes orientales et occidentales faits par Jean Mocquet.*

[212] DELLON. *Voyages de M. Dellon, avec sa Relation de l'Inquisition de Goa, augmentée de diverses pièces curieuses et l'Histoire des dieux qu'adorent les gentils des Indes. Tome Ier. – Relation de l'Inquisition, reveüe, corrigée et augmentée, par M. Dellon. (Tome II.) – Histoire des dieux qu'adorent les gentils des Indes, avec une addition considérable à l'histoire de l'Inquisition de Goa. Tome III.*

[213] TAVERNIER. *Les six voyages de Jean Baptiste Tavernier,... en Turquie, en Perse et aux Indes... Première partie, où il n'est parlé que de la Turquie et de la Perse.*

[214] CRUZ. *Os "fumos da Índia"*: uma leitura crítica da expansão portuguesa, p. 48.

[215] ROCHA. *Garcia de Resende e o Cancioneiro Geral.* Segundo essa autora, "Verberando, por exemplo, novos modos de viver, de adquirir e ostentar riquezas, de se comportar em relação à Igreja, etc., traduzem esses poetas a sua perplexidade e mágoa ao consciencializarem os efeitos duma viragem da sociedade, e abrem caminho aos desabafos menos superficiais de Sá de Miranda. Como ele, certos poetas condenam

Gil Vicente[216] e Fernão Mendes Pinto,[217] entre outros, elaboraram uma profunda reflexão sobre o dilema central da época: conseguiriam os portugueses manter-se fiéis ao ideal espiritual elevado que animava a conquista, ou, ao contrário, sucumbiriam ao interesse vil – que "tudo o mais fez vil, sendo ele vil", nas palavras de Sá de Miranda?[218]

Em comum, esses escritos vão identificar na cobiça e na ambição não só a razão de todas as desordens, mas também a explicação mais convincente para a decadência da Índia.[219] A condenação da cobiça – que um autor quinhentista, inspirado em Cassiodoro, comparou ao mal da hidropisia, em que quanto mais se bebe, maior é a sede[220] – corresponde à condenação das riquezas, ao elogio da virtude, à exaltação da honra, contrapondo-se a busca das riquezas ao ideal de fama e glória, numa censura implacável àqueles governantes que, esquecidos da honra, cuidavam apenas de enriquecer, colocando os próprios interesses acima

---

implícita ou explicitamente a aventura ultramarina, a cobiça que a acompanha, a desmoralização que reina na corte, e, como ele ainda, só encontram solução na fuga para o sossego e a paz da vida rural" (p. 43-44).

[216] É o caso do *Auto da Índia*, no qual Gil Vicente narra um caso de adultério, cometido por uma mulher cujo marido se encontrava na Índia, mostrando a degradação moral da família no contexto da expansão ultramarina (VICENTE. *Antologia do teatro de Gil Vicente*). Se o tema do adultério é atemporal, as circunstâncias desse adultério em particular são as da primeira década do século XVI, quando, por trás da glória e da fachada épica da expansão ultramarina, já era possível perceber as profundas alterações, nem todas positivas, que essa expansão estava provocando na sociedade portuguesa. A mesma ideia foi expressa 60 anos mais tarde por Camões, no episódio do Velho do Restelo.

[217] Sobre a tópica da cobiça dos governantes na Índia, na obra *Peregrinação*, de Fernão Mendes Pinto, ver o estudo de Rebecca Catz, *Fernão Mendes Pinto: sátira e anti--cruzada na Peregrinação*.

[218] MIRANDA. Carta à maneira italiana a d. Fernando de Meneses, em resposta do que lhe escreveu de Sevilha, p. 112.

[219] A condenação moral da ambição dos que protagonizaram a expansão portuguesa – uma tópica bastante difundida nos autores dos séculos XVI e XVII – ancora-se na ideia de um "código ético", cujo eixo é a denúncia dos que priorizavam os próprios interesses aos interesses do bem comum e da Coroa (SILVA (Coord.). *Dicionário de Luís de Camões*).

[220] PRIMOR e honra da vida soldadesca no Estado da Índia. Livro excellente, antigamente composto nas mesmas partes da Índia Oriental, sem nome de autor, & hora posto em ordem de sair à luz, com hum Elogio sobre elle, pello P.M. Fr. Antonio Freyre, p. 39v.

dos interesses do monarca. É a tópica do nobre sem honra, aviltado pela ambição de bens materiais. Nas palavras de Maria Leonor García da Cruz, "no agitado e inquietante mundo quinhentista, nomeadamente no meio português, havia, desta forma, que optar [...] ou pela glória e pela honra – verdadeiras, ganhas com o suor e sangue pelas armas – ou pelo dinheiro – difundindo sentimentos baixos e vis que respondiam favoravelmente às tentações de uma Índia, de uma Guiné e de um Brasil".[221]

Sombra negra a ofuscar o brilho da façanha heroica dos portugueses, não se furtaram da denúncia dos vícios e pecados nem mesmo os que se empenharam em exaltar a expansão, a exemplo de Camões e Antônio Ferreira, para quem as riquezas da Índia haviam introduzido um cortejo de males na sociedade portuguesa, alinhando-se assim à literatura de desenganos. A Índia aparece aí como um antro de vícios e sorvedouro de vidas,[222] dando origem à célebre expressão "fumos da Índia", sobre os quais advertia D. Afonso de Albuquerque: "se nestas terras se não guardar verdade e humanidade, a soberba nos derrubará quantos muros tivermos, por mais fortes que sejam. Portugal é muito pobre, e os pobres cobiçosos se converterão em tiranos. As coisas da Índia fazem grandes fumos: hei medo que pelo tempo em que diante o nome que agora temos de guerreiros se torne em tiranos cobiçosos".[223] Subjugados pela *auri imperiosa fame*, homens comuns, soldados, aventureiros e mercadores renunciavam ao amor a Deus e ao rei, para mergulhar num ambiente de podridão moral – para Diogo do Couto, inspirado no rio Lete da Antiguidade, era como se, depois de transpor o Cabo da Boa Esperança, deixassem para trás a fé e os valores morais.[224]

É pela boca do Velho do Restelo que Camões expressará a visão cética e desencantada da expansão portuguesa:

> Dura inquietação d'alma e da vida,
> Fonte de desamparos e adultérios,

---

[221] CRUZ. Os *"fumos da Índia"*: uma leitura crítica da expansão portuguesa, p. 49.

[222] CRUZ. Os *"fumos da Índia"*: uma leitura crítica da expansão portuguesa, p. 52.

[223] Citado por CRUZ. Os *"fumos da Índia"*: uma leitura crítica da expansão portuguesa, p. 11.

[224] Na mitologia grega, Lete, que significa esquecimento, é um dos rios do Hades. Aqueles que bebessem ou até mesmo tocassem na sua água experimentariam o completo esquecimento.

> Sagaz consumidora conhecida
> De fazendas, de reinos e de impérios:
> Chamam-te ilustre, chamam-te subida,
> Sendo digna de infames vitupérios;
> Chamam-te Fama e Glória soberana,
> Nomes com quem se o povo néscio engana![225]

Também nos *Disparates da Índia* o poeta português se detém, em tom satírico, nos vícios políticos nascidos da cobiça desenfreada:

> Achareis rafeiro velho
> que se quer vender por galgo.
> Ó vós que sois secretários
> das consciências reais,
> que entre os homens estais
> por senhores ordinários:
> porque não pondes um freio
> ao roubar, que vai sem meio,
> debaixo de bom governo?[226]

É em outro lugar, no entanto, que Camões compara a Índia a uma nova Babilônia, verdadeiro berço da tirania, onde as virtudes da honra são sobrepujadas pela cobiça:

> Cá nesta Babilônia, donde mana
> matéria a quanto mal o mundo cria;
> cá onde o puro Amor não tem valia,
> que a Mãe, que manda mais, tudo profana;
>
> cá, onde o mal se afina e o bem se dana,
> e pode mais que a honra a tirania;
> cá onde a errada e cega Monarquia
> cuida que um nome vão a desengana;
>
> cá neste labirinto, onde a nobreza
> com esforço e saber pedindo vão
> às portas da cobiça e da vileza;
>
> cá neste escuro caos de confusão,

---

[225] CAMÕES. *Os Lusíadas*, IV, 95.
[226] CAMÕES. *Rimas*, p. 116.

cumprindo o curso estou da natureza.
Vê se me esquecerei de ti, Sião.²²⁷

Em chave semelhante, Fernão Mendes Pinto também condenou os desenganos da Índia, mostrando que a missão de conversão religiosa mal ocultava a ambição desmedida, o verdadeiro móvel da ação portuguesa na Ásia. Sua narrativa põe em xeque a ideologia cruzadista, solapada pela ganância de sacerdotes e funcionários régios, que buscavam somente a "ilha do ouro" – o símbolo das riquezas materiais. Segundo Rebecca Catz, é toda a sociedade portuguesa, metropolitana e ultramarina, o alvo de Mendes Pinto, que não poupa nem mesmo o rei, também envolvido na busca de vantagens econômicas.²²⁸ É nessa literatura que ganhará força a tópica do mau governante, daquele que, movido apenas pela cobiça, despreza a honra e as virtudes, para se lançar na busca desenfreada de fortuna.²²⁹ Ainda que acusações dessa natureza tenham sido lançadas contra toda a administração do Estado da Índia, dos mais altos até os mais baixos escalões, foram os vice-reis que encarnaram o modelo do fidalgo esquecido do serviço régio, do nobre decaído pela venalidade, daquele que abriu mão da glória alcançada pela honra, em nome da mesquinhez do dinheiro. É curioso notar, a esse respeito, que também na *leyenda negra* dos espanhóis foram os vice-reis da América colonial que personificariam o modelo de corrupção política.²³⁰

---

²²⁷ CAMÕES. *Lírica completa*, v. 2, p. 268. Álvaro Manuel Machado fala numa visão infernal do Oriente (MACHADO. *O mito do Oriente na literatura portuguesa*, p. 55).

²²⁸ CATZ. *Fernão Mendes Pinto*: sátira e anti-cruzada na Peregrinação, p. 27. Segundo esta autora: "Na filosofia de Mendes Pinto, a missão de conquistar era inspirada pela cobiça, e mascarada (encoberta) pela hipocrisia; e a missão de converter estava condenada desde o começo ao fracasso porque os Portugueses tiveram plena consciência de que pecavam contra Deus, violando os seus mandamentos" (p. 9).

²²⁹ Segundo Carlos Ascenso André, "a medida que se caminhava para o fim do século, as notícias vindas da Índia não abonavam grandemente o comportamento dos agentes da administração portuguesa" (ANDRÉ. *Luz e penumbra na literatura humanista dos Descobrimentos*, p. 241).

²³⁰ Sobre a legenda negra e a má fama dos vice-reis nos domínios espanhóis: "*En México los trescientos años desde la conquista (1521) hasta la independencia (1821), y en Sicilia los cuatro siglos desde las* Vespri siciliani *(1282) hasta la guerra de sucesión española (1700-1714), fueron años que quedaron impresos en la imaginación histórica y popular como eras despóticas y negativas, de corrupción y mal gobierno. En México a*

Uma das narrativas mais influentes sobre a corrupção moral e política da Índia é de autoria de Diogo do Couto, responsável por traçar um retrato sombrio e assustador da rapacidade e da venalidade das autoridades locais, particularmente dos vice-reis, aos quais atribui a causa da decadência.[231] Escrito em dois momentos diferentes, primeiro entre 1560 e 1570,[232] e depois reelaborado sob os reinados de Filipe II e III, *O soldado prático* narra, sob a forma de diálogo, as desventuras de um militar na Índia, tendo como eixo central, como bem apontou Antonio Caetano do Amaral, "as diferentes traças que a ambição dos particulares havia inventado para tirar lucro do Estado da Índia à custa do Estado".[233] Na origem do texto – o que explica, em certa medida, o seu tom corrosivo e virulento – está o ressentimento nutrido por aqueles que falharam em obter a remuneração régia, em razão tanto dos despachos e requerimentos que se perdiam pelos caminhos labirínticos que iam da Índia a Lisboa quanto dos caprichos dos administradores e vice-reis, que lhes colocavam mil obstáculos.[234]

A Índia que emerge de suas páginas é um Estado carcomido pela corrupção generalizada em todos os estratos sociais, a começar pelos vice-reis, que viam no cargo unicamente a oportunidade de

---

este largo periodo se le llamó la «época de la colonia»; en Sicilia, tiempo aún más largo, la expresión usada fue la de dominazione spagnola. *Aunque los términos utilizados fueron y son diferentes, el sentido es idéntico: se refiere al abuso de poder de los gobernantes, y sobre todo del virrey. Ello contribuyó al mito de la leyenda negra de España, que alude a la causa del presunto origen de las injusticias de la época actual*" (CIARAMITARO. Virrey, gobierno virreinal y absolutismo: el caso de la Nueva España y del Reino de Sicilia, p. 236).

[231] Antônio Martins Coimbra filia *O soldado prático* à literatura arbitrista de traço espanhol, que floresceu em Portugal sob a União Ibérica (MARTINS. *O primeiro soldado prático*, p. 286).

[232] Sobre as diferentes versões *de O soldado prático*, ver COIMBRA. *Em torno de Diogo do Couto*. (Sobre o estabelecimento do texto, problemas de autoria, fortuna crítica da obra, etc.).

[233] AMARAL. Introdução. In: COUTO. *Observações sobre as principaes causas da decadência dos portugueses na Ásia, escritas por Diogo do Couto, em forma de diálogo com o título de Soldado Prático, publicadas de ordem da Academia Real das Sciencias de Lisboa por Antonio Caetano do Amaral*, p. XII.

[234] Sobre o funcionamento da economia das mercês na Índia, ver OLIVAL. Mercês, serviços e circuitos documentais no Império português.

acumular fortuna, lançando mão de expedientes lícitos e ilícitos. E por se dedicarem tão intensamente a tal empresa, durante o prazo de três anos em que serviam no cargo, mal tinham tempo para se ocupar dos assuntos do governo. Mas não era só isso: "inimigos da Fazenda del rei", desviavam os recursos dela para fins pessoais, deixando de acudir às necessidades do Estado, a exemplo do provimento das armadas e fortalezas.[235] Governada sucessivamente por homens venais, o Estado da Índia ruía em franca decadência, transfigurando a idade de ouro do passado – quando fora governada por indivíduos virtuosos e leais ao serviço régio – numa idade de ferro sombria, na qual os princípios do governo justo e cristão haviam sido solapados pelo interesse particular.

Na distante idade de ouro,[236] que principiara nos tempos de D. Francisco de Almeida e Afonso de Albuquerque e se encerrara com D. Constantino de Bragança, os governantes só pensavam em dilatar a fé católica, aumentar o patrimônio real e enriquecer o Estado.[237] A ela se seguiu, porém, a idade de ferro, quando os vice-reis, esquecidos do bem comum, passaram a se ocupar apenas de "meter a fouce na messe alheia", deixando-se naufragar num inferno de vícios. A perda da Índia – que Diogo do Couto considerava iminente – nada mais era do que o castigo da Providência – "em que há anos que vai usando do rigor do seu juízo, que foi sempre castigar gerais, e públicos pecados com gerais, e públicos pecadores...".

Texto inquietante e surpreendente, pela linguagem crua e atrevida, O soldado prático não se limita, porém, a arremessar críticas genéricas, repisando os clichês tradicionais da legenda negra portuguesa. Seu vigor e sua força residem, antes de tudo, no "prático conhecimento" do seu autor sobre a realidade que descreve, forjado ao longo de mais de uma década como soldado. Sem modéstia, o soldado se apresenta como "figura tão rústica, mal ordenada", mas que apesar disso possui,

---

[235] COUTO. O soldado prático, p. 16.

[236] Para Boxer, "a nostalgia de Couto de uma geração passada de conquistadores era largamente anacrónica. Mesmo nos tempos de Albuquerque, havia tanto comércio como luta – ou talvez mais. Assim, o próprio Couto comerciava discretamente, como toda a gente, do vice-rei ao grumete" (BOXER. A Índia Portuguesa em meados do século XVII, p. 62).

[237] COUTO. O soldado prático, p. 142, 150.

por baixo "daquela rusticidade", "muita doutrina política, moral".[238] Graças a esse conhecimento, Diogo do Couto ultrapassa o caráter impressionista e moralizante da literatura de desenganos e se aproxima da literatura de arbítrios, pois se propõe a identificar problemas e apontar soluções.

Em sua avaliação, o amor à riqueza é a origem de todos os males da Índia, pois que arrasta consigo o amor a Deus e ao rei, e os que não buscam o bem comum não podem merecer o nome de governantes cristãos. Uma das melhores passagens a esse respeito está num diálogo entre um capitão de fortaleza e um religioso, quando aquele assim se justifica: "Padre meu, eu hei de fazer o que os outros capitães fizeram; se eles foram ao inferno, lá lhe hei de ir ser companheiro; porque eu não vou à minha Fortaleza senão para vir rico". É a indignação diante da conduta movida pelo amor ao dinheiro que atravessa todas páginas de *O soldado prático*: em vez do amor à honra, à virtude e ao heroísmo, os homens perseguem somente a fortuna.[239]

Em outra passagem, o Soldado Prático põe-se a refletir sobre as consequências políticas mais profundas dessa ambição desmedida, formulando uma das ideias mais brilhantes da obra. Ele argumenta que os vice-reis, governadores e "mais ministros" deveriam se comportar como "um outro rei", isto é, "hão de ser outro ele, hão de administrar, governar e despender como o mesmo rei o fizera, que isto é ser verdadeiro amigo". Em vez disso, "quando a cousa vai por outro rumo, que o Governador e Ministro não pretende mais que governar para si, e para os seus, então não sinto eu maior inimigo do Rei que este, porque então poderá ele dizer pelo tal Governador: este que aqui está é outro si, e outro para si". Concluía então, melancólico, que a Índia é o mais terrível pesadelo do Império, pois ali se corrompia o amor a Deus e ao rei: "por onde afirmo que em nenhuma parte é o Rei obedecido menos que na Índia; porque cousas que faz um Governador, o mesmo Rei não houvera de fazer".[240]

Fiel ao espírito de denúncia, o Soldado Prático descreve pormenorizadamente os inúmeros expedientes de que se valiam os

---

[238] COUTO. *O soldado prático*, p. 1-2.
[239] COUTO. *O soldado prático*, p. 14-15.
[240] COUTO. *O soldado prático*, p. 27, 29.

governantes para assaltar a Fazenda Real, exibindo uma extraordinária familiaridade com a rotina administrativa na Índia. E da sua pena virulenta não escapa nem mesmo o rei, pois uma das origens daqueles abusos era a excessiva autonomia – ou, nas palavras do autor, no "ilimitado poder"[241] – que aquele delegava aos vice-reis, os quais seguiam para a Ásia com uma carta branca para agir conforme "o que vos parecer mais meu serviço", isentando-os, ao mesmo tempo, de ser citados ou demandados judicialmente.[242] Em pouco tempo, esses governantes instauravam um verdadeiro regime de tirania, em tudo contrário às leis do príncipe cristão, assemelhando-se aos tiranos da Sicília. Mas, afinal, o que caracteriza a tirania para Diogo do Couto? A injustiça. E é precisamente isso a que conduz a grande autonomia dos vice-governadores da Índia: escudados pelo rei, gozavam da faculdade de praticar todo tipo de injustiça, isentos de qualquer tipo de controle.[243] A liberalidade excessiva do príncipe – isto é, dar mais autoridade do que seria justo, ou renunciar a tomar o que lhe pertencia – redundava em injustiça e, consequentemente, na tirania dos vassalos, mas também do próprio rei, tiranizado que era pela ação dos maus governantes.

A distância tem um papel decisivo no argumento de Diogo Couto, pois autonomia e tirania decorrem do afastamento do olhar vigilante do rei: em suas palavras, "para um estado tão apartado do rei, e onde os vice-reis e ministros da justiça e Fazenda são tão livres, parece injustiça quando uma pessoa escreve agravos ao vice-rei...".[244] Aqui, o autor introduz um novo aspecto à governança no Império: é precisamente onde a distância é maior que se avolumam os vícios, a corrupção e a tirania.

Ecoando uma tópica comum às formulações sobre corrupção e tirania, que certamente deitava raízes na tradição clássica e nos textos bíblicos, Diogo do Couto advertia que a conduta iníqua dos governantes atingia com mais força os pobres, pois eram eles os que mais necessitavam de justiça, por estarem mais expostos à opressão dos

---

[241] COUTO. *O soldado prático*, p. 32.
[242] COUTO. *O soldado prático*, p. 32, 34.
[243] COUTO. *O soldado prático*, p. 35.
[244] COUTO. *O soldado prático*, p. 110.

poderosos e soberbos: "porque para os pequenos, há de estar o rei, e governador sempre aparelhado para os favorecer, e lhes fazer justiça...".[245] A tirania revestia-se assim de um sentido moral mais profundo: contrária às leis de Deus, ela equivalia a uma injustiça contra os pobres. E a justiça havia se corrompido, porque se convertera em negócio para os vice-reis, que barganhavam os cargos da justiça.[246]

Para Diogo do Couto, a decadência da Índia repetia o exemplo histórico da queda de Roma[247]: em ambas, a crise moral selou o destino político do Império.[248] A associação entre declínio e ambição desmedida constituía uma tópica bastante disseminada nos escritos da Época Moderna, derivada dos textos clássicos de Salústio, Tácito e Políbio sobre a queda de Roma. Especialmente a partir da Renascença, esses textos clássicos inspiraram uma série de comentários sobre a natureza política do ocaso dos impérios, nos quais a corrupção moral se destacava como a chave explicativa por excelência.[249] Nesse sentido, queda, decadência, corrupção política e dissolução moral conformavam um esquema que, independentemente do tempo e do espaço, oferecia um modelo interpretativo para todos os impérios.

Em sua obra, Salústio identificou como causa da perdição de Roma a crise de valores, contrapondo os tempos de decadência a um passado orientado pela *uirtus* e pela *nobilitas*, corrompido depois pela

---

[245] COUTO. *O soldado prático*, p. 61.

[246] COUTO. *O soldado prático*, p. 58.

[247] COUTO. *O soldado prático*, p. 58. Bem antes de Gibbon ter consolidado, em seu livro *Ascensão e queda do Império Romano*, a tese segundo a qual a queda de Roma tinha origem na crise moral, a legenda negra da Índia portuguesa apontava a venalidade como a origem do declínio da região. Para Diogo do Couto, era sobretudo o fato de os vice-reis venderem os cargos de justiça, "porque nunca o Império Romano começou a declinar, senão depois que o imperador Commodo Antonino XIX [...] começou a vender os Magistrados e ofícios públicos por dinheiro, que foi o primeiro que ensinou este caminho para seus Reinos se perderem" (p. 36).

[248] Um estudo de *O soldado prático* é WINIUS. *A lenda negra da Índia portuguesa*. Ao contrário de Winius, cujo propósito é averiguar a veracidade das afirmações contidas em *O soldado prático*, o que me interessa aqui é entender como o tema do mau governante ultramarino se constitui, a partir do século XVI, como uma tópica, no sentido de Curtius (CURTIUS. *Literatura européia e Idade Média latina*).

[249] GRAFTON; MOST; SETTIS. *The classical tradition*, p. 783.

ambitio e pela *auaritia*.²⁵⁰ Outra matriz repousaria em Platão, como se vê na *Miscellanea*, de Miguel Leitão de Andrada, que o cita para sustentar a tese de que o amor às riquezas conduz à ruína política: "que quando nas cidades são honradas as riquezas, se desestima a virtude, com o que a República vem a perder-se".²⁵¹

Mas, afinal, diante de um diagnóstico tão desalentador, que remédios propunha Diogo do Couto? Para ele, tudo se resumia a privilegiar o merecimento como o principal critério de recrutamento das autoridades na Índia. Experiência, virtude e valor deveriam se sobrepor ao sangue e à fidalguia, a exemplo do que ocorria na Antiguidade, quando avultaram os homens de valor, amantes da virtude.²⁵²

Mercenários da Índia

Outra obra praticamente contemporânea de *O soldado prático* viria a engrossar a crítica à corrupção reinante na Ásia. O livro *Primor e honra da vida soldadesca*,²⁵³ de autoria desconhecida, foi redigido supostamente na Índia em 1578, mas só publicado em 1630. De caráter militar, o livro é uma espécie de manual sobre o governo de soldados, assemelhando-se muito ao gênero dos espelhos de príncipe e aos tratados destinados aos juízes e magistrados.²⁵⁴ Demonstrando um conhecimento excepcional

---

²⁵⁰ "*Pero al principio más estrago que la avaricia hizo en aquellos ánimos la ambición, que, aunque vicio, no dista tanto de la virtud, porque el bueno y el malo desean para sí igualmente la gloria, el honor y el mando. La diferencia está en que aquél se esfuerza a conseguirlo por el camino verdadero; éste, como se halla destituido de mérito, pretende por rodeos y engaños. La avaricia, al contrario, consiste en afición y deseo de dinero, que ningún sabio apeteció jamás; y este vicio, como empapado en mortal veneno, afemina el cuerpo y el ánimo de los varones fuertes, es siempre insaciable y sin término, ni se disminuye con la escasez ni con la abundancia*" (SALÚSTIO. *De Catilinae coniuratione*. Versão castelhana disponível no www.dominiopublico.es). Segundo Laura Ribeiro da Silveira, "além da corrupção política e econômica que grassava em Roma, Salústio enfatiza a crise de valores por que passava a *Urbs*, onde outra passado saudoso, calcado na *uirtus* e na *nobilitas*, contrastava com um presente deplorável, corrompido pela *ambitio* e pela *auaritia*" (SILVEIRA. *O retrato de Catilina em Salústio*, p. 24).

²⁵¹ ANDRADA. *Miscellanea*, p. 404-405.

²⁵² COUTO. *O soldado prático*, p. 132.

²⁵³ PRIMOR e honra da vida soldadesca no Estado da Índia.

²⁵⁴ Sobre o lugar desse livro na literatura militar portuguesa do século XVII, ver BEBIANO. *Literatura militar da Restauração*.

da realidade militar na Ásia, o autor contempla, com grande desenvoltura, desde as questões mais práticas – a exemplo do uso de armas nos tempos de paz – até as mais eruditas – como o soldado pode atingir a perfeição cristã –, elaborando uma coerente reflexão sobre a natureza do mando político, a partir dos textos antigos e das narrativas históricas.

À semelhança de *O soldado prático*, a obra tem como ponto de partida a constatação da ruína do Estado da Índia, que o autor atribui à imoralidade e à inexperiência dos governantes portugueses, desprovidos das qualidades necessárias ao comando militar. Essa crítica – o centro gravitacional do texto, por assim dizer – atinge em cheio os padrões de recrutamento dos vice-reis da Índia: escolhidos entre a nobreza portuguesa, de acordo com critérios de sangue, em detrimento dos de experiência ou merecimento, esses homens careciam de formação militar. Assim, os cargos da Índia eram dados de "olhos fechados" a indivíduos que gozavam unicamente de "privanças, aderências e parentes poderosos", sem que se exigisse virtude deles.[255] E o resultado é sempre prejudicial à Coroa: pois como um sapateiro que, com a sua ignorância, pode estragar uma bota, assim também um governante, com sua malícia e ignorância, pode prejudicar um Estado.[256] Daí o sugestivo título do capítulo que fala da escolha dos que vão governar a Índia: "Que para o serviço del rei se fazer perfeitamente, é necessária muita experiência aos que nele procedem". Para atalhar tal situação, o autor defende que se empreguem homens com prudência e experiência, pois a falta dessas virtudes é como um corpo sem olhos que necessita ser guiado. Afinal, livros não bastam para preparar um chefe militar para o governo dos soldados, pois, como diz um provérbio indiano: "Da orelha aos olhos há 100 jornadas de caminho".[257]

A experiência – um critério essencial na seleção dos governantes – remete à tradicional tópica do merecimento *versus* fidalguia, segundo a qual mais vale um homem prudente e virtuoso do que um fidalgo desonesto. Com base em Aristóteles, o autor argumenta que uma ação virtuosa faz com que um soldado seja tido por honrado, podendo desfrutar dos privilégios dessa condição. E acrescenta que

[255] PRIMOR e honra da vida soldadesca no Estado da Índia, p. 43v.
[256] PRIMOR e honra da vida soldadesca no Estado da Índia, p. 41.
[257] PRIMOR e honra da vida soldadesca no Estado da Índia, p. 43v.

"o verdadeiro louvor, diz Platão, é alcançar a pessoa honra por seu próprio valor".²⁵⁸

Escolhidos, porém, sem ter em conta a virtude nem o merecimento, os vice-reis não passam de nobres viciosos, ávidos por riquezas e tomados por uma "fome canina", pois partem para Índia com o único propósito de enriquecer rapidamente. Ali se entregam a uma vida luxuosa e dissoluta, dedicada aos prazeres carnais; e, como verdadeiros mercenários, esses homens de "ânimo apoucado e vil" desdenham da honra e da glória do serviço régio. Nas palavras do autor anônimo, esses governantes ambiciosos "quebram as leis, desrespeitam os regimentos, estragam a Justiça e destroem o Estado". Se o sangue e o nascimento ilustre não são suficientes para impedir o vício, só resta então concluir que mais vale um homem prudente e virtuoso do que um fidalgo vicioso.²⁵⁹

O argumento central desse autor, ou seja, de que o desapreço pelas virtudes bélicas e pela experiência dos chefes militares teria resultado na ruína da Índia – praticamente idêntica à tese de Diogo do Couto –, ao mesmo tempo que se alinha aos debates coevos sobre a precedência do merecimento sobre o sangue, parece evocar as interpretações então correntes sobre a corrupção moral do exército romano e o seu papel decisivo na queda do Império – do qual a obra *Epitoma Rei Militaris*, de Flávio Vegécio, fornece um bom exemplo.²⁶⁰

Também como Diogo do Couto, ele se filia às teorias corporativas de poder, das quais extrai as suas formulações sobre a corrupção da República, esta entendida como um corpo, cuja cabeça é o rei. Assim como a cabeça se sustenta no corpo, e o corpo depende da cabeça, segue-se que o serviço que se faz ao rei sustenta todo o povo. E cada um, conforme o seu estado, é obrigado ao serviço do rei para a felicidade da república. É, portanto, o bem comum o principal objetivo da República:

---

[258] Para José Antonio Berrendero, o recurso a Platão e a Aristóteles tem por objetivo oferecer uma definição de nobreza baseada na honra. Segundo ele, "inclusive quando se fala do valor dos soldados e da necessidade de premiar os comportamentos virtuosos, se retoma a autoridade desses autores clássicos" (BERRENDERO. Interpretaciones del héroe clásico: la genealogía de la idea de noble/honrado y su desarrollo en la tratadística nobiliaria luso castellana (1556-1640); algunos ejemplos, p. 121).

[259] PRIMOR e honra da vida soldadesca no Estado da Índia, p. 38v, 39, 38, 40.

[260] GIACOMONI. *Ecos de uma tradição*: a ideia de decadência na obra *Epitoma Rei Militaris*, de Flavius Vegetius Renatus.

e por essa razão o bem particular jamais pode se sobrepor a ele, sob pena de se incorrer num regime de tirania. Corrompida é toda a República em cujo seio se abrigou a tirania. É por essa razão que aquilo que o Estado mais deve temer são os que desejam enriquecer por meios ilícitos e desonestos, sob o manto do serviço do rei. Daí a condenação da cobiça como um vício moral de implicações políticas nefastas, pois é desse mal que padece o tirano, dominado por uma sede que jamais encontra saciedade.[261]

Vivo te lo doy

As formulações contidas no *Primor e honra da vida soldadesca* reapareceriam, à mesma época, e quase integralmente, numa obra também escrita por um ex-soldado com larga experiência na Índia. Redigida entre 1620 e 1621, a *Reformação da milícia e governo do estado da Índia oriental*, de Francisco Rodrigues Silveira,[262] pertence, portanto, à literatura militar sobre a decadência da Índia.[263] À semelhança das obras anteriores, esse livro faz um retrato implacável do descalabro administrativo ali reinante, atribuindo aos capitães de armada e fortaleza, e mesmo aos vice-reis, toda sorte de roubo – situação que o autor resume numa frase lapidar: a Índia é "mãe piedosíssima de velhacos, e cruel madrasta de homens de bem".[264]

Assim como no *Primor e honra da vida soldadesca*, a tese que o autor defende é que a ignorância da arte militar, por parte das autoridades portuguesas, evidente na forma desordenada e caótica como se portavam no campo de batalha, não só custou a perda de muitas vidas, mas também levou ao enfraquecimento da presença portuguesa na Ásia.[265] Ao contrário, porém, dessa obra anônima, a caótica situação

---

[261] PRIMOR e honra da vida soldadesca no Estado da Índia, p. 35, 37, 39v.

[262] O manuscrito da *Reformação*, guardado na coleção dos Manuscritos Adicionais do Museu Britânico, permaneceu inédito até a publicação na íntegra, em 1996, sob o título *Reformação da milícia e governo do Estado da Índia Oriental*.

[263] FARIA. Mais soldados e menos padres: remédios para a preservação do Estado da Índia (1629-1636), p. 359.

[264] REFORMAÇÃO da milícia e governo do Estado da Índia Oriental, p. 163.

[265] Sobre a questão militar na Índia e as reformas propostas pela chamada "literatura de remédios", ver FARIA. Mais soldados e menos padres: remédios para a preservação do Estado da Índia (1629-1636).

militar devia-se antes à índole dos indivíduos do que à incompetência ou ao despreparo. E nisso o clima desponta como fator explicativo: a natureza indiana, sujeita aos influxos das estrelas, destila nos homens uma presunção cega, que os impede de discernir os próprios erros.[266] É por essa razão que, dominados pelo "particular interesse", os vice-reis acabavam por se descuidar das próprias obrigações[267] – ideia longamente desenvolvida num capítulo de título bem sugestivo: "Prova-se com um exemplo notável o grande descuido que sobre o governo da Índia têm os Vice-reis dela, por não pretenderem mais que seu particular interesse".[268] Se a Índia estava prestes a ir "de cabeça abaixo", era porque ali os negócios particulares haviam corrompido o "zelo do bem público".[269]

A centralidade da problemática militar nas teses desenvolvidas por Francisco Rodrigues Silveira levou um autor como Winius a observar com muita propriedade que era ele, e não Diogo do Couto, o verdadeiro soldado prático, dado que ele "argumenta que a corrupção, a ganância insaciável do vice-rei e seus funcionários estiveram na base da impotência militar dos portugueses".[270] É em torno da associação entre a cobiça dos vice-reis e a negligência dos assuntos militares que gravita o texto de Silveira. Mal chegados à Índia, esses governantes só buscavam defraudar a Fazenda Real, e, para fazê-lo, era necessário que ela não estivesse empenhada em grandes gastos; assim, limitavam-se apenas a conservá-la como a haviam encontrado, para depois, ao final de um triênio, entregá-la tal e qual a seu sucessor, num gesto muito parecido com o jogo de *vivo te lo doy* – a tradicional brincadeira em que se vai passando uma vela acesa de mão em mão, e paga prenda a pessoa em cuja mão ela se apaga.[271] Retomando a velha dicotomia

---

[266] REFORMAÇÃO da milícia e governo do Estado da Índia Oriental, p. 11.
[267] REFORMAÇÃO da milícia e governo do Estado da Índia Oriental, p. 233.
[268] REFORMAÇÃO da milícia e governo do Estado da Índia Oriental, p.145.
[269] REFORMAÇÃO da milícia e governo do Estado da Índia Oriental, p. 232.
[270] WINIUS. *A lenda negra da Índia portuguesa*: Diogo do Couto, os seus contemporâneos e o Soldado Prático, p. 95.
[271] REFORMAÇÃO da milícia e governo do Estado da Índia Oriental, p. 77. Sobre o jogo *vivo te lo doy*: "*El que dirige el juego toma un pequeño rollo de papel, lo enciende, y se lo da a la persona inmediata diciéndola: Siempre vivo te lo doy; y si muerto*

entre honra e ambição, o autor nota que, subjugados pela cobiça, a esses homens não importavam os valores da honra e da fama, essas, sim, as verdadeiras virtudes do bom governante: "julgando não consistir tanto a honra em haver governado bem a Índia, como em chegar a governá-la; e que melhor é tornar a Portugal com muito dinheiro e pouca ou nenhuma fama, que pelo contrário...".[272]

Profundo conhecedor da realidade do governo português na Índia, Silveira arrisca-se mesmo a conjecturar sobre os ganhos ilícitos obtidos pelos vice-reis no período de três anos, chegando à enorme soma de 500 a 600 mil cruzados – valor que, segundo ele, constituía o preço da vida dos soldados, as principais vítimas do descaso com a disciplina militar.[273] Por muitos "canos" escoava o dinheiro extorquido por eles, a exemplo do estratagema de lançar nomes-fantasma na folha de pagamento dos soldados, ou de incluir nela o nome dos "criados de fidalgos, alcoviteiros, malsins, pajens e semelhantes", para que estes se apropriassem, de forma indevida, do dinheiro destinado aos soldos.[274] Tomando de empréstimo a tópica tradicional do desengano das riquezas ilícitas, Silveira observa que poucos são os que logram desfrutar das fortunas amealhadas de forma pecaminosa, já que a origem viciosa delas as converte em sofrimento e morte, pairando como uma terrível maldição sobre os seus donos. Assim, segundo ele, muitos sucumbiam ao naufrágio quando retornavam a Portugal, ou, quando chegavam ali seguros, encontravam precocemente a morte, ou, ainda, viam seus bens desaparecerem por entre os dedos: "de sorte lhe consome o Diabo,

---

me lo das, tú, me lo pagarás: aquella persona debe entregar el mismo papel encendido a su inmediata, repitiendo las mismas palabras; y aquel en cuyas manos se encuentra apagado el rollo de papel antes de haberlo podido entregar a su vecino, paga prenda" (https://goo.gl/KCwzpd).

[272] REFORMAÇÃO da milícia e governo do Estado da Índia Oriental, p. 77.

[273] REFORMAÇÃO da milícia e governo do Estado da Índia Oriental, p. 77: "Deixando aparte o carecerem os Portugueses de ordem e disciplina militar, que esta é a fonte perenal donde nascem todas suas desventuras, porque se a tiveram, ela lhes mostrara bem ao olho os remédios mais seguros; digo que ainda assim como não terem alguma notícia de governo nem disciplina em suas guerras, se aos Vice-reis da Índia deste tempo e aos capitães das armadas os não cegara o particular interesse, e puseram os olhos na obrigação que a seus cargos têm; cousa facilíssima sem maior despesa, antes com muito menos da que em cada um ano em as armadas se faz".

[274] REFORMAÇÃO da milícia e governo do Estado da Índia Oriental, p. 163.

que com a boca se poderão contar os morgados e lucros que vice-reis e capitães da Índia deixassem a seus herdeiros".[275]

Semelhantes práticas ilícitas inscrevem-se a um só tempo nos planos político, moral e religioso: são tanto uma ofensa a Deus quanto uma ofensa ao rei, cuja autoridade incorre em descrédito, contribuindo para o enfraquecimento do Estado da Índia.[276] Ofensa a Deus porque a corrupção generalizada é a causa da miséria em que vivem os soldados, abandonados à própria sorte, obrigados a mendigar ou mesmo a se colocar ao serviço de algum príncipe mouro, inimigo dos portugueses, porque os vice-reis "são de tanta impiedade e desenfreada cobiça que, para satisfazer com sua infernal sede de dinheiro, todo o remédio, ainda que infame, tentam para não largaram da mão a moeda".[277] Tratados com rigor excessivo, eles são ainda vítimas de violência e injustiça, embarcados muitas vezes à força nas armadas, depois de terem sido caçados pelas casas e ruas como se fossem ladrões. Vale notar que Silveira particulariza a tópica tradicional relativa à opressão dos ricos sobre os pobres, no contexto das relações entre comandantes e soldados – temática, de resto, comum aos autores militares analisados aqui e que, muito possivelmente, remetia à tradição clássica.

Todos esses abusos – nascidos do vício da cobiça – extravasavam o plano moral para se revestir de um significado político mais profundo, atingindo diretamente a fonte de toda autoridade e poder: a partir de sua experiência pessoal, Silveira deduz que o monarca português é "o príncipe mais enganado e que com menos fidelidade se servia no Estado da Índia que quantos tinha no mundo".[278]

Para demonstrar essa tese, ele expõe a lógica em que operava o sistema de remuneração em Portugal: ali, o rei não premia o valor, pois "nem tem nele lugar ou prêmio algum", o que desestimula os vassalos a se empregarem em seu serviço. Ao conceder os maiores prêmios à "fidalguia sem serviços nem merecimentos próprios", com base apenas nos feitos dos antepassados, desprezando os merecimentos dos homens, "não há para que uns nem outros se trabalhem nem ponham

---

[275] REFORMAÇÃO da milícia e governo do Estado da Índia Oriental, p. 103.
[276] REFORMAÇÃO da milícia e governo do Estado da Índia Oriental, p. 103.
[277] REFORMAÇÃO da milícia e governo do Estado da Índia Oriental, p. 26, 97.
[278] REFORMAÇÃO da milícia e governo do Estado da Índia Oriental, p. 173.

o peito aos perigos em serviço de seu Rei, nem em benefício de sua pátria; que uns sem se arriscar têm sempre o ganho certo, e outros, por mais que se arrisquem, não podem nunca lançar nada".[279] Assim, como o autor do *Primor e honra da vida soldadesca*, para Silveira o "mau governo" caracteriza-se precisamente pelo desprezo à virtude e ao merecimento, em nome de critérios como sangue e fidalguia, permitindo assim a eleição dos pecadores e viciosos, o que subverte os princípios do governo cristão e acaba por atrair a ira de Deus. Se a Providência havia castigado os portugueses, permitindo que se submetessem ao jugo de Castela, assim também a perda da Índia seria o preço a pagar pelos pecados que se cometiam em Portugal.[280]

E não faltavam exemplos históricos de reinos que se perderam quando o amor às riquezas se sobrepôs ao amor à virtude. A associação entre prosperidade e vício, tão comum nas interpretações sobre a queda de Roma, é evocada pelo autor quando lembra que os governos "se começaram a corromper de tal maneira que de todo ficaram sujeitos a mil vícios, para também o poderem ser daquelas nações que com próprio valor haviam já assenhoreado".[281]

Assim como em Roma, as riquezas da Ásia foram a causa da perdição dos portugueses, inaugurando uma época sombria, bem diferente daquele passado não muito distante, quando viviam satisfeitos com a própria sorte, contentando-se com "aquilo que conforme a seu estado lhe era necessário". Viviam em paz e conservavam a justiça e a caridade, sem ofender a Deus ou tiranizar o próximo; porém, depois que as riquezas orientais começaram a afluir em Portugal, tal como a caixa de Pandora,

---

[279] REFORMAÇÃO da milícia e governo do Estado da Índia Oriental, p. 174.

[280] REFORMAÇÃO da milícia e governo do Estado da Índia Oriental, p. 174: "E hé cousa esta de tanta importância, e têm sucedido a Portugal tantos reveses e sinistros acontecimentos por sua causa, que se pode muito bem crer ser esta huma das principais por onde Deus Nosso Senhor permitisse que este reyno se tornasse outra vez a unir com a coroa de Castela, pera que Vossa Majestade como Rey potentíssimo e grande zelador da justiça pudesse com mayor facilidade desterrar este e outros semelhantes abusos, tão prejudiciais e contrários ao que convém ao bom governo deste reyno, que de longo tempo nele estavam introduzidos, não permitindo que a nação portuguesa – apta por natura pera poder superar outras muitas, sendo favorecida e premiada – se venha per meo de tão mal considerado costume a fazer inútil e de nenhum valor".

[281] REFORMAÇÃO da milícia e governo do Estado da Índia Oriental, p. 199.

tudo se alterou: começaram a cobiçar "o estranho, incerto e trabalhoso", pois aquelas mercadorias traziam consigo "os injustos meios por onde as haviam adquirido", o que acabou por contaminar e "infeccionar" a conduta virtuosa que os portugueses tinham até então. O resultado foi trágico: "e apoderando-se esta maldita peste de todo ponto dos ânimos portugueses, se foi logo desterrando deles a justiça, a caridade, o temor de Deus e amor ao próximo, dando de cada vez maiores velas ao vento de sua imoderada cobiça". Para curar o "corpo enfermo de Portugal", só havia uma solução drástica: rezar para que Deus queira "cortar-lhe o membro podre e corrupto de nossa Índia, para que de todo se não acabe de infeccionar com ela, e que permita perder-se aquela província, para que esta outra que mais importa, se salve".[282]

Para além da escolha dos funcionários régios de acordo com critérios de virtude e merecimento, o autor recomendava mecanismos de limitação do poder de que gozavam – "justa coisa é que se lhes ponha termo e limite donde passar não possam" –, por meio da criação de um conselho formado por mais quatro indivíduos. Nenhuma providência surtiria efeito se não fosse acompanhada pelo fim da impunidade dos vice-reis, da qual nascia o regime tirânico vigente na Índia, o que equivalia, na prática, à aplicação de castigo àqueles que haviam enriquecido de forma ilícita.[283] E é bem reveladora a indignação do autor diante da indiferença com que as denúncias eram recebidas pelo rei, que nada fazia, porque "é sempre muito mais em aparências que em efeito". As devassas, por sua vez, não passavam de farsas, porque as testemunhas convocadas para depor omitiam a verdade, compradas com as riquezas angariadas pelos vice-reis. Cético, Silveira concluía: "Tenha-se por cousa indubitável que, por

---

[282] REFORMAÇÃO da milícia e governo do Estado da Índia Oriental, p. 200.

[283] REFORMAÇÃO da milícia e governo do Estado da Índia Oriental, p. 232-233. "Mas visto como se não faz pelos respeitos que se sabem, nem hé possível aver emenda pera que nossas cousas não vão tanto de cabeça abaixo, como vemos à causa de terem os negócios particulares corrompido de todo ponto o zelo do bem público, apontaremos agora aqui um meio não para se castigarem erros já acometidos neste particular, senão para se evitar que se não acometam com tanta facilidade como ate agora se usa; o que, certamente, se deve procurar mui de proposito como cousa mais proveitosa ainda pera a republica do que é o castigo, por ser de maior excelência saber atalhar aos males antes que venham, que não remediá-los depois de vindos" (REFORMAÇÃO da milícia e governo do Estado da Índia Oriental, p. 232).

mais diligências que se façam para alcançar a verdade, se não vem nunca a saber a sexta parte dos excessos que muitos destes senhores Vice-reis em seu governo a cometem, por onde fora muita justiça castigarem-se irremissivelmente esses poucos de que se tem notícia".[284]

Infelizmente, não se conhece a recepção dessas ideias em seu tempo. *O soldado prático* só seria publicado em 1790, a *Reformação* ficaria esquecida até o final do século XX, e o *Primor e honra da vida soldadesca*, ainda que publicado em 1630, permaneceria praticamente ignorado. Diferente sorte teria, porém, outra obra sobre o furto.

Unhas que furtam

Publicada sob o nome de António Vieira, mas atribuída hoje ao jesuíta Manuel da Costa, que a teria escrito por volta de 1652, a *Arte de furtar* é um verdadeiro tratado sobre as mais variadas formas de furto existentes na República.[285] Considerada por Luís Torgal "uma das obras de crítica mais interessantes da literatura portuguesa", cuja vivacidade e originalidade só são comparáveis, no tempo, ao sermonário de Vieira e a algumas obras literárias de D. Francisco Manuel de Melo,[286] a *Arte de furtar* permanece, inexplicavelmente, pouco estudada, tendo os seus comentadores se concentrado quase que exclusivamente na controversa questão da autoria.[287] Aliás, o anonimato explica-se pelas características do texto, pois, como observa Pedro Vilas Boas Tavares, "se apresentava com irreverência satírica tão universal e tão livremente sacudida que dificilmente poderia deixar de produzir polémica, reação e brado, pelo que o autor se defendeu – e bem – com o anonimato e, prescindindo outrossim de qualquer pedido de *imprimatur*, se limitou a deixá-la correr manuscrita".[288]

---

[284] REFORMAÇÃO da milícia e governo do Estado da Índia Oriental, p. 232.

[285] Sobre o estabelecimento da autoria da obra, consultar RODRIGUES. *O Autor da Arte de Furtar:* resolução de um antigo problema; RODRIGUES. O Padre Manuel da Costa, autor da Arte de Furtar.

[286] TORGAL. *Ideologia política e teoria do estado na Restauração*, v. 1, p. 158.

[287] Sobre a obra, destacam-se os seguintes estudos: OLIVEIRA. *Problemas morais do homem e da sociedade nos "Tempos de agora" e "Arte de furtar"*; EMERY. Littérature, morale et politique dans la "Arte de Furtar".

[288] TAVARES. Manuel da Costa (S.J.) e as polémicas do seu tempo: para novas leituras da Arte de Furtar, p. 259-260.

Sugestivo, o ponto de partida da obra é a afirmação, inspirada em Ovídio, de que o mundo é um "covil de ladrões, porque tudo vive nele de rapinas".[289] O propósito do autor é, em suas palavras, apontar "os canos por onde se desbarata a fazenda do rei e a de seus vassalos".[290] Nos 70 capítulos que compõem a obra, é apresentada ao leitor uma vasta e variada tipologia das "unhas" que furtam: unhas farpantes, pacíficas, temidas, tímidas, disfarçadas, maliciosas, descuidadas, ignorantes, mimosas, agudas, singelas, dobradas, postiças, bentas, domésticas, verdadeiras, fartas, vagarosas, apressadas, visíveis, ocultas, toleradas, etc.

Desse mundo povoado de ladrões não escapa nem mesmo o rei, que pode roubar de três formas diferentes: quando rouba a si, gastando em coisas inúteis; quando rouba dos vassalos, pedindo tributos excessivos e inúteis; quando rouba aos estranhos, fazendo-lhes guerra sem causa.[291] São os reis, no entanto, as maiores vítimas dos que roubam, pois os ladrões de uma República furtam a Fazenda Real. Em suas palavras, "porque os reis são os a quem mais neste mundo se furta, porque tem mais de seu, ou porque não se resguardam por isso tanto como os que tem menos".[292] Por essa razão, a *Arte de furtar* destina-se aos príncipes; graças a ela, eles conhecerão as traças de que se valem os ladrões para "meter a unha" em seu patrimônio. Desvendando os artifícios e as artes dos ladrões, o autor pretende "mostrar seus enganos, como em espelho, e minhas verdades como em teatro", do que depende a "conservação total de seu Império".[293] E, a julgar pelo conteúdo da

---

[289] Como bem observou Afonso Pena Júnior, "a tese central da Arte de Furtar é a da universalidade do roubo, que está em Ovídio, que afirma que 'vive-se de rapina'" (PENA JR. *A Arte de Furtar e o seu autor*, v. 2, p. 487). Este autor defendeu a autoria de Antônio de Sousa Macedo, a partir das convergências entre a *Arte de furtar* e a *Armonia política*.

[290] ARTE de furtar, espelho de enganos, theatro de verdades, mostrador de horas minguadas, gazua geral dos Reynos de Portugal. Offerecida a ElRey Nosso Senhor D. João IV, composta no anno de 1652, pelo padre Antonio Vieyra, de novo reimpressa e oferecida ao Ilmo. Sr. F.B. Targini, ex-thesoureiro mor do Erário do Rio de Janeiro, p. 404.

[291] ARTE de furtar, p. 70

[292] ARTE de furtar, p. 404.

[293] ARTE de furtar, p. IX, X.

obra, o furto encontrava-se generalizado em toda a sociedade portuguesa, difundindo-se de alto a baixo em todos os estratos sociais: ricos e pobres, nobres e plebeus.

A origem de todos os furtos repousa na cobiça – verdadeira peste que arruína a República e a leva à corrupção. Em suas palavras, "a cobiça de riquezas é como o fogo que nunca diz basta. Quanto mais pasto damos ao fogo, tanto mais se acende, e mais fome mostra de mais pasto, acrescentando-a com aquilo que a pudera fartar e extinguir".[294] Numa das passagens mais interessantes do livro, o autor explica que uma das coisas que Deus proibiu ao Diabo foi dar dinheiro. Caso ele tivesse esse poder, segundo o jesuíta, isso bastaria para fazer do demônio o senhor do mundo, pois "famoso invento foi o do dinheiro, pois com ele se alcança tudo, e não há cousa, que se lhe não renda [...] tudo se lhe sujeita, nada lhe resiste".[295]

Se o furto está disseminado por toda a sociedade, ele é ainda mais profundamente radicado entre aqueles que se colocam a serviço do príncipe – são os que furtam com unhas confidentes –, objeto de todo o Capítulo LXI. Bem engenhosa é a explicação que o jesuíta dá para essa modalidade de unha: "que tenha a minha mão confiança comigo para me servir, e coçar, lisonja é, que bem ser permite; mas que a tenham as minhas unhas para me darem uma coça, que me esfolem a pele, não se sofre". Esquecidos da confiança depositada pelo rei, esses indivíduos empregam suas unhas para esfolar o bem comum, fazendo-se "proprietários do alheio, alienam o que não é seu, e dão através com os tesouros alheios".[296] Ainda que o autor tenha como objeto os funcionários régios em geral, nos exemplos arrolados ele se refere explicitamente aos que serviam na Casa da Índia e nas alfândegas, onde se armazenavam os produtos vindos das conquistas, e, por essa razão, onde se cometiam os maiores furtos e desvios.

---

[294] ARTE de furtar, p. 415-416.

[295] ARTE de furtar, p. 383-384. Roger Bismut chama a atenção para as convergências entre a *Arte de furtar* e a poesia camoniana. Ele identifica nos *Lusíadas* elementos comuns entre ambas as obras: em suas palavras, "oficiais insubmissos, exércitos corruptos, juízes venais, amigos ou amantes perjuros, mulheres pródigas de seus favores em troca de dinheiro – nada lhe falta" (BISMUT. La présence de Camões dans l'Arte de Furtar, p. 385).

[296] ARTE de furtar, p. 368-369.

Diferentemente dos autores militares examinados anteriormente, o autor da *Arte de furtar* não se fixa nos abusos cometidos pelos governantes da Índia. Mas a legenda negra dos portugueses não lhe é estranha, e ele chega mesmo a comentar, a respeito dos vice-reis, que, no passado, "os que lá não furtavam, para cá remirem sua vexação, morriam no Castelo com ruim nomeada; e os que traziam milhões furtados, de tudo se escoimavam galhardamente com nome de muitos inteiros".[297] Percebe-se também que alguns exemplos se aplicam a governantes das conquistas, como o caso daquele indivíduo que, para se apoderar de um trancelim de diamantes, não hesitou em meter na prisão o dono dele. De qualquer modo, os vice-reis da Ásia já não são aqui os únicos representantes de um governo corrupto e venal – e se há exemplos de diamantes, também há os de açúcar.[298] Aliás, não são poucas as passagens em que o autor menciona a má fama dos "ministros ultramarinos", alvos de muitas queixas por parte dos vassalos, que os descrevem como viciosos e ambiciosos.[299] Tais alusões sugerem que, em meados do século XVII, a Índia já não era mais considerada o reduto por excelência da corrupção e da lassidão moral, tendo cedido espaço para outras regiões do Império português. E, efetivamente, do vasto rol das diferentes formas de furto, o padre Manuel da Costa apresenta as mais comuns entre os "governantes das conquistas", onde a distância do centro político estimula práticas específicas, como é o caso do estratagema do benefício – "por esta arte, fazendo benefício da maldade, que urdiram, chupam em satisfação, quanto há precioso em ricos e pobres".[300] Ela funciona assim: quando de partida para o Reino, os governantes aproximam-se dos que têm requerimentos e pleitos na corte, apresentando-se diante deles como "validos e poderosos com os Ministros de todos os Conselhos, e até com as Altezas, e Majestades", prometendo-lhes defender a causa na corte, favorecendo-os por meio de amizades tão poderosas, em troca, porém, de algum donativo. Voltam então gordos e ricos para a corte, levando consigo "papos de almíscar em Macau, bocetas de bazares em

---

[297] ARTE de furtar, p. 151.
[298] ARTE de furtar, p. 345.
[299] ARTE de furtar, p. 60.
[300] ARTE de furtar, p. 45.

Malaca, bisalhos de diamantes em Goa, alcatifas de seda em Cochim, barras de ouro em Moçambique, pinhas de prata em Angolas, caixas de açúcar no Brasil".[301] O autor dedica dois capítulos a essa modalidade de furto, notando que, nas conquistas, os governantes usam de "mãos de gato façanhosas", e nada mais querem do que retornar ricos a suas casas, sem escândalo.[302]

É curioso notar que, a despeito da conduta pouco lícita desses administradores ultramarinos, nos exemplos apontados não aparece jamais caracterizado o furto à Fazenda Real, somente à fortuna dos vassalos. Daí a ideia, recorrente aqui e em outros textos, de que "o rico se faz à custa do pobre", lançando mão de mil meios para espoliá-lo, pois "a opulência é esponja que se ceva na substância da pobreza", de modo que "daí vem arrebentarem uns de gordos com a abundância, e em ficarem outros de magros com a esterilidade".[303] É precisamente essa tópica – da cobiça do rico contra o pobre, do poderoso sobre o desvalido – que circulará nos escritos sobre o mau governante, ao longo de toda a Época Moderna. George Foster atribui essa tópica à permanência da mentalidade típica de uma economia agrária e tradicional, segundo a qual a escassez de recursos impede o aumento dos rendimentos, do que resultaria a noção de que o enriquecimento de um só se alcança por meio do empobrecimento do outro, ou seja, o lucro de um supõe o prejuízo de outro.[304] A ideia de que "mais do que criar riqueza, o que os poderosos fazem é despojar os pobres dela", muito disseminada nesses

---

[301] ARTE de furtar, p. 255.

[302] ARTE de furtar, p. 253.

[303] ARTE de furtar, p. 43.

[304] Segundo Foster, a escassez de recursos e o estágio rudimentar das técnicas de produção são responsáveis pela estagnação da produção, que tende, inclusive, a diminuir ao longo do tempo. Assim, por mais que o camponês trabalhe, não consegue aumentar os seus rendimentos. "A tradição de cada aldeia determinou, mais ou menos, o que uma família pode esperar tirar de suas pequenas disponibilidades. Não deve ter ilusão de obter mais, e tem de se empenhar afanosamente para não tirar menos. As consequências dessa situação são evidentes: se alguém prospera, somente pode ser, logicamente, às expensas dos demais aldeões. A participação tradicional da riqueza fica alterada, e os direitos de todos são objeto de uma ameaça potencial. Embora o indivíduo não veja que padece com o progresso do outro, sabe perfeitamente que assim tem de ser: a premissa lógica em que se baseia sua propriedade o assegura" (FOSTER. *Las culturas tradicionales y los cambios tecnicos*, p. 57-58).

escritos, funcionará como um influente argumento sobre a natureza anticristã do mau governo, em tudo contrário às obrigações morais de caridade e misericórdia. Nele, a liberalidade – virtude necessária aos mais ricos – dá lugar à rapacidade dos governantes, que, como sanguessugas e esponjas, chupam o pouco de que os pobres dispõem. Aliás, a noção do governante-esponja, que se manteria intacta por séculos, encontra-se, por exemplo, em Plínio, para quem tal palavra era o hieróglifo com que os antigos designavam "os homens que, sendo secos de virtudes, chupam e atraem para si com a brandura de suas palavras, o humor e a substância alheia, como esponja, e, ficando eles inchados e cheios, deixam os outros secos, pobres e vazios".[305] Tiradentes, em fins do século XVIII, compararia a Europa a uma esponja que chupava "toda a substância" da América, pois os governadores, "depois de comerem a honra, a fazenda e os ofícios que deviam ser dos habitantes, se iam rindo deles para Portugal".[306]

Se o presente lhe parecia tão desalentador, Manuel da Costa, o autor da *Arte de furtar*, lançava os seus olhos para o passado, em busca de uma espécie de idade de ouro distante, quando, entre os funcionários e ministros zelosos que viviam nas conquistas, havia aqueles "tão fidalgos, que estimando mais a honra que tesouros, trataram só de dar o seu a seu dono; e assim tornaram para suas casas ricos, só de bom nome, que é melhor, que muitas riquezas, como diz o Sábio". Porém, com a mudança dos tempos, os valores da honra e da fama se desvaneceram, e os governantes, "antepondo as leis da cobiça aos respeitos da nobreza, não só se fazem chatins, mas estendendo as redes até pelo alheio, se fazem ricos à custa dos pobres...".[307] A palavra "chatim" se tornaria um insulto contra aqueles que se ocupavam do comércio, aviltando-se no trato mercantil.[308] Diogo do Couto foi talvez o primeiro a empregar o termo em sua acepção original, para designar os ricos mercadores da

---

[305] ESPONJA. In: COVARRUBIAS OROZCO. *Tesoro de la lengua castellana o española*, p. 511.

[306] AUTOS de devassa da Inconfidência Mineira. Inquirição de Inácio José de Alvarenga, v. 5, p. 118.

[307] ARTE de furtar, p. 44- 45.

[308] SUBRAHMANYAM. O efeito *Kagemusha*: as armas de fogo portuguesas e o Estado no sul da Índia no início da Época Moderna, p. 135.

Índia, tal como aparece em *O soldado prático*. Não tardou, porém, para que a palavra ganhasse uma conotação pejorativa, empregada para se referir a todo aquele que visasse tão-somente ao lucro, dando origem depois ao verbo "chatinar", sinônimo de "atender só ao lucro".[309] Com efeito, um texto do início do século XVII, sob o título *Romance indiático*, listou os empréstimos lexicais que haviam se processado entre as línguas orientais e a portuguesa, observando que "agora da conquista de Ásia, tomamos chatinar, por mercadejar".[310]

Não resta dúvida de que a problemática do enriquecimento ilícito atravessa todas as páginas da *Arte de furtar*, sobretudo como pano de fundo para o desenvolvimento da tópica honra *versus* riqueza. Ao contrário das obras anteriores, o jesuíta português não postula a superioridade do merecimento sobre o sangue e a nobreza, limitando-se apenas a distinguir os que são movidos pelo desejo de honra daqueles que são movidos pelo desejo de riquezas – a estes últimos ele acusa de não levarem em consideração "os respeitos da nobreza", por sucumbirem ao vício, agindo como chatins.[311]

Problema moral e religioso, o furto é também um problema político, cujas consequências para a República são nefastas: "tomar o seu a seu dono", que é contrário às leis de Deus e da natureza, constitui uma forma de tirania, e não há maior violência que se possa fazer a alguém.[312] Como exemplo, o autor observa que a maior violência cometida por Castela contra Portugal foi o furto – esse é, aliás, o contexto em que foi escrita a *Arte de furtar*: a condenação do jugo castelhano e a defesa da Restauração portuguesa.

Em várias passagens, o texto alude explicitamente ao conceito de corrupção, empregado no sentido de degradação resultante das paixões

---

[309] COUTO. *O soldado prático*, p. 239: "são mercadores que não falavam senão por bares de ouro, que tem cada bar quatro quintaes". Raphael Bluteau define a palavra, citando Diogo do Couto, como "uma das quatro célebres castas da Índia, que são mercadores grossos de ouro, prata, pedrarias, sedas, roupas & outras fazendas de preço". A palavra viria a adquirir um sentido pejorativo, designando aquele "homem atento em tudo a ganhar uma coisa", segundo o mesmo Bluteau. (CHATIM; CHATINAR. In: BLUTEAU. *Vocabulario portuguez & latino*, v. 2, p. 278-279).

[310] Citado por TOMÁS. A viagem das palavras, p. 431-458, 465.

[311] ARTE de furtar, p. 45.

[312] ARTE de furtar, p. IX.

e dos interesses particulares – "e se não queria juízes portugueses, por considerar neles alguma paixão, que ele lhe daria Juízes desinteressados e incorruptos";³¹³ ou "ministros há incorruptos, e que fazem obrigação nesta parte";³¹⁴ ou "famoso invento foi o do dinheiro, pois com ele se alcança tudo, e não há cousa que se lhe não renda, do mais incorrupto Juiz alcança sentença...".³¹⁵ Ou ainda, com a acepção explícita de venalidade, como se depreende aqui: "que o sindicante fosse homem venal e não incorrupto".³¹⁶

Em meio ao mundo dominado pela rapina, qual seria o remédio mais eficaz? Ou, melhor dizendo, que tesoura poderia cortar tanta diversidade de unhas? A resposta, bastante simples, articula a problemática da distância com a da vigilância, assemelhando-se ao proposto pelos autores militares: maior controle através da multiplicação dos "olhos do rei", colocando-se nas quatro partes do mundo vice-reis que sejam "grandes sujeitos", pois esse título "mete veneração, terror, e obediência até nos corações mais rebeldes". Além de vigilância, o jesuíta defendia ainda o degredo e a incorporação dos ladrões às milícias, como os exércitos de fronteiras e as armadas das conquistas, para que pudessem empregar "suas unhas e garras em nossos inimigos, e ficarão livres de suas invasões nossas fazendas".³¹⁷

De modo geral, a *Arte de furtar*, ainda que fortemente vinculada ao pensamento político seiscentista, partilha das tópicas quinhentistas sobre a corrupção, identificando no furto – "tomar o seu a seu dono" –, nascido da ambição, a origem da tirania e, por conseguinte, da corrupção.³¹⁸ Em relação à literatura militar, a principal inovação é a filiação às teorias da Segunda Escolástica e a oposição ferrenha à noção de razão

---

[313] ARTE de Furtar, p. 97.

[314] ARTE de Furtar, p. 307.

[315] ARTE de Furtar, p. 383.

[316] ARTE de Furtar, p. 61.

[317] ARTE de furtar, p. 405-406, p.408.

[318] Como observou Pedro Vilas Boas Tavares, o autor da *Arte de furtar* "revela-se em sintonia com marcantes formas de pensamento, prevalecentes na Companhia, desde quinhentos propagadas às mais ilustres cátedras peninsulares, e a Évora nomeadamente, relativas à origem e limites do poder, ao direito natural e ao direito das gentes" (TAVARES. Manuel da Costa (S.J.) e as polêmicas do seu tempo: para novas leituras da Arte de Furtar, p. 260).

de Estado – "peçonha vomitada pelo diabo no ano em que Herodes ordenou o massacre dos inocentes"[319] –, que, na opinião do autor, equivale à validação moral do furto como forma de política.

A influência da Segunda Escolástica aproximaria a obra de Manuel da Costa das formulações de outro jesuíta, seu contemporâneo, responsável por fundi-las com os princípios morais e políticos da literatura militar quinhentista.

Governo *in regionem longinquam*

Se a *Arte de furtar* deslocou o espaço geográfico da corrupção da Índia para as conquistas, refletindo sobre a dimensão moral da conduta dos funcionários régios no âmbito do Império português, coube a António Vieira privilegiar a América portuguesa como cenário dos abusos praticados pelos governantes. Não é de se surpreender que o problema da corrupção tenha ocupado um homem que, como poucos, circulou intensamente no universo luso-brasileiro, dos sertões da América às cortes europeias. Graças à proximidade com os centros de poder, na condição tanto de confessor e conselheiro de D. João IV quanto de diplomata em Roma e em Amsterdã, ele pôde desfrutar de uma visão muito privilegiada do complexo e multifacetado universo português, desde o centro até a periferia e vice-versa.[320]

É precisamente desse lugar privilegiado que Vieira fala sobre os vícios que rondavam a administração nos dois lados do Atlântico, motivado pelo propósito de estabelecer uma orientação ético-religiosa capaz de harmonizar os preceitos religiosos com as necessidades políticas do Império. Mais do que um exercício impressionante de "ágil acrobacia da dialética", como descreveu Hernâni Cidade, a parenética vieiriana estava a serviço de uma obra de doutrinação e ação política, visando influenciar e persuadir os contemporâneos a intervirem decisivamente em seu tempo.[321] E, de fato, ele fez do púlpito um espaço

---

[319] ARTE de furtar, p. 365.

[320] AZEVEDO. *História de António Vieira*.

[321] "Não subia ao púlpito pelo mero prazer de deslumbrar o auditório com a ágil acrobacia da sua dialética – se bem isso lhe não fosse indiferente e mais de uma vez constituísse o seu principal objetivo. Falava e escrevia sobretudo no intuito de, pela eficiência da palavra, intervir na vida dos seus contemporâneos; e não

– ainda que não o único – de defesa apaixonada de suas ideias políticas, discorrendo ali sobre temas que lhe eram particularmente caros, a exemplo da abolição do confisco dos bens dos judeus, da entrega de Pernambuco aos holandeses, da criação das Companhias de Comércio, do problema da liberdade dos índios e da denúncia das mazelas da Inquisição, entre outros. Em seus sermões, Vieira tratou de uma grande variedade de assuntos políticos, com uma liberdade e veemência que surpreendem ainda hoje, e não são poucos aqueles que, em razão do caráter virulento e ácido, causavam constrangimento e mal-estar. Sua combatividade, protegida pelo apoio do rei, expressava-se nos golpes certeiros e duros que lançava do púlpito a uma plateia estupefata; como notou Hernâni Cidade, "alegrava-o com embriaguez de orgulho o surdo rumor dos inimigos".[322] Ele se defendia de tudo, retrucando com as palavras de Santo Hilário: "o que se não pode calar com boa consciência, ainda que seja com repugnância, é força que se diga".[323]

Para João Francisco Marques, a atualidade dos sermões de Vieira em seu tempo tinha a ver com o perfil de sua audiência, composta por uma elite social privilegiada, diante da qual ele aproveitava, "na sinceridade audaciosa da sua crítica, para ventilar a problemática coeva, abrangendo o que se passava no continente e ultramar, em particular no seu Brasil".[324] Posição idêntica é partilhada por Pedro Cardim, para quem "no vasto patrimônio literário legado pelo padre António Vieira não é difícil encontrar passos onde o jesuíta faz referência ao processo político do seu tempo", não se eximindo de denunciar "os ministros que considera pouco idôneos".[325] Para Hernâni Cidade, ele convertia

apenas na vida em seus aspectos moral e religioso, senão também nos aspectos social e político, mais diretamente suscitadores de ação, e por isso objeto da preferência de quem, por natureza, no exercício e no espetáculo da ação principalmente se havia de comprazer" (CIDADE. *Padre António Vieira – a obra e o homem*, p. IX).

[322] CIDADE. *Padre António Vieira: a obra e o homem*, p. 61.
[323] VIEIRA. Sermão do bom ladrão. In: VIEIRA, Pe. António. *Obras escolhidas:* Sermões (III), v. XII, p. 192.
[324] MARQUES. A crítica de Vieira ao poder político na escolha de pessoas e concessão de mercês, p. 216.
[325] CARDIM. "Governo" e "política" no Portugal do Seiscentos: o olhar do jesuíta António Vieira, p. 59.

o púlpito num "mirante da vida pública, porte de piloto, cadeira de conselheiro de Estado, quando não de deputado da oposição".[326]

Não foram poucos os sermões em que Vieira abordou o problema da administração pública, a partir de uma dimensão a um só tempo moral e política, tão característica de sua obra. Com efeito, a moralidade dos funcionários parece ter sido uma de suas preocupações recorrentes, a julgar pela frequência com que a matéria aparece nos sermões ao longo de um arco temporal bem amplo, compreendido entre 1640 e 1670. São, ao menos, seis sermões em que o assunto é tratado diretamente, sendo, porém, retomado, de forma indireta, em outros tantos: o "Sermão da visitação de Nossa Senhora", pregado na Bahia, em 1640; o "Sermão da dominga vigésima-segunda depois de Pentecostes", pregado na Sé de Lisboa, em 1649; o "Sermão da terceira quarta-feira da quaresma", de 1651; o "Sermão da terceira dominga da quaresma", de 1655; o "Sermão da terceira quarta-feira da quaresma", de 1669; e o "Sermão da terceira quarta-feira da quaresma", de 1670 – os quatro últimos pregados na Capela Real.

Hernâni Cidade chama a atenção para o fato de que coincidem com a quaresma de 1651, quando Vieira está em missão para cuidar da situação dos índios do Maranhão, os "seus mais notáveis sermões de repreensão aos nobres e grandes da Corte, pelo abuso do poder, pela acumulação de empregos, pela dissipação que levava à rapina", dentre os quais se destaca o conhecidíssimo "Sermão do bom ladrão".[327]

Muito antes, porém, ele vinha se dedicando àquelas questões, a exemplo de um dos seus sermões mais inflamados e contundentes: o "Sermão da visitação de Nossa Senhora", pregado na Bahia, em 1640, para comemorar a chegada do novo vice-rei, o marquês de Montalvão. É aqui que ele introduzirá um núcleo de formulações que viria a ser desenvolvido e aprofundado em outras ocasiões. Como era seu costume, ele adaptava o sermão ao lugar onde pregava: assim, no Hospital da Misericórdia da Bahia, propôs-se a "representar" a enfermidade que assolava o Brasil, discorrendo sobre as causas e o remédio dela. Por que padecia o Brasil? A causa primeira – o verdadeiro pecado original – encontrava-se na rapacidade dos seus governantes: "tomar

---

[326] CIDADE. *Padre António Vieira* – a obra e o homem, p. 118.
[327] CIDADE. *Padre António Vieira* – a obra e o homem, p. 80.

o alheio, cobiças, interesses, ganhos e conveniências particulares, por onde a justiça se não guarda, e o Estado se perde. Perde-se o Brasil, Senhor, (digamo-lo em uma palavra) porque alguns ministros de S. Majestade não vêm cá buscar o nosso bem, vêm cá buscar nossos bens". Tais vícios tinham consequências fatais para a República, pois prejudicavam as suas partes vitais, atingindo em cheio o "nervo dos exércitos e das repúblicas", isto é, os seus recursos financeiros. Como resultado, o corpo da República adoecia e se corrompia, arrastando consigo tanto a justiça punitiva, que castiga os maus, quanto a justiça distributiva, que premia os bons – os dois alicerces sobre os quais se sustenta a monarquia.[328] É nesse sermão também que ele desenvolve o argumento de que são os ministros os responsáveis pela pobreza da terra, comparando-os a nuvens, numa das suas mais geniais metáforas:

> Com terem tão pouco do céu os ministros que isto fazem, temo-los retratados nas nuvens. Aparece uma nuvem no meio daquela baía, lança uma manga ao mar, vai sorvendo por oculto segredo da natureza grande quantidade de água, e, depois que está bem cheia, depois que está bem carregada, dá-lhe o vento, e vai chover daqui a trinta, daqui a cinqüenta léguas. Pois, nuvem ingrata, nuvem injusta, se na baía tomaste essa água, se na baía te enchaste, por que não choves também na Bahia? Se a tiraste de nós, por que a não despendes conosco? Se a roubaste a nossos mares, por que a não restituis a nossos campos? Tais como isto são muitas vezes os ministros que vêm ao Brasil, e é fortuna geral das partes ultramarinas.[329]

Ao contrário de uma interpretação protonativista, como sabiamente adverte Hernâni Cidade, o propósito de Vieira não era defender os interesses do Brasil contra a sanha predatória de portugueses ou

---

[328] VIEIRA. Sermão da visitação de Nossa Senhora. In: *Obras completas do padre António Vieira*: Sermões, v. 3, t. IX, p. 343. Nas palavras de Vieira sobre a República: "fica tomado todo o corpo, e tolhido de pés e mãos, sem haver mão esquerda que castigue, nem mão direita que premie, e, faltando a justiça punitiva para expelir os humores nocivos, e a distributiva para alentar e alimentar o sujeito, sangrando-o por outra parte os tributos em todas as veias, milagre é que não tenha expirado".

[329] VIEIRA. Sermão da visitação de Nossa Senhora. In: *Obras completas do padre António Vieira*: Sermões, v. 3, t. IX, p. 345.

espanhóis; sua intenção era "guardar da cobiça rapace do alto funcionalismo, que a corte de Filipe IV para lá mandava".[330] E nisso não havia originalidade, limitando-se o pregador a adaptar uma tópica consagrada nos textos político-morais da Idade Média ao contexto da união das coroas ibéricas.

Bem reveladoras são, por outro lado, as inúmeras aproximações com a literatura militar quinhentista, sobretudo a perspectiva predominantemente militar com que formula o problema da atuação dos maus governadores. Não é de se admirar tal preferência, considerando as circunstâncias em que pregava: pouco antes, mais de 1.300 soldados haviam chegado a Salvador, comandados pelo conde da Torre, ao cabo de uma marcha longa e dramática, depois do desbaratamento da armada diante dos holandeses, na costa do Recife – eventos que haviam impressionado vivamente o jesuíta. Convenceu-se então de que a derrota militar fora provocada pela sucessão de ilicitudes praticadas pelos ministros, tais como o desvio dos recursos destinados à guerra, a exemplo dos mantimentos doados ao rei, depois vendidos; o furto do soldo dos combatentes, obrigados depois a exercer algum ofício; ou, ainda, a venda dos equipamentos, mantimentos e munições dos navios. Percebe-se aqui um eco das formulações presentes em *O soldado prático*, na *Reformação* e também no *Primor e honra da vida soldadesca*, sobretudo quando ele estabelece a tradicional contraposição entre a remuneração injusta dos soldados e a ambição excessiva dos ministros – tendência que partilha com os autores dos séculos XVI e XVII, como se pode ver, por exemplo, no Quixote, cuja triste realidade, como lembra Maravall, "não é outra [...] senão a daqueles que se entregam às armas com o alto ideal heroico e conseguem somente ficar na miséria". Se o universo militar havia sido tradicionalmente o cenário onde se buscava o acrescentamento por meio da ação heroica, o fato é que ele estava então reduzido a propósitos menos elevados, como a obtenção de riquezas.[331]

É nesse sermão que Vieira desenvolve, pela primeira vez, a ideia de que o enriquecimento ilegítimo dos governantes ultramarinos não só resulta na pobreza da população, mas também enfraquece e adoece

---

[330] CIDADE. *Padre António Vieira* – a obra e o homem, p. XII.
[331] MARAVALL. *El humanismo de las armas en don Quijote*, p. 36-38.

o corpo da República, porque corrompe a justiça. Tais princípios constituiriam o centro da reflexão vieiriana sobre o problema da moralidade dos funcionários públicos, a exemplo do "Sermão do bom ladrão", no qual ele retoma a ideia de que o mau governante é aquele que "toma o alheio", furtando aos vassalos e corrompendo a justiça – o que se aplicaria também ao próprio príncipe. Baseando-se em São Tomás de Aquino, ele distingue a ação orientada para o bem comum da extorsão pura e simples: "Respondo – diz Santo Tomás – que se os príncipes tiram dos súditos o que segundo justiça lhes é devido para conversação do bem comum, ainda que o executem com violência, não é rapina ou roubo. Porém, se os príncipes tomarem por violência o que se lhes não deve, é rapina e latrocínio".[332]

Também no "Sermão do bom ladrão", Vieira evoca a velha tópica segundo a qual a fortuna dos maus governantes se faz à custa da pobreza dos vassalos – ideia presente tanto em *O soldado prático*, na *Reformação* e no *Primor e honra*, quanto na *Arte de furtar*. Nesse sermão, porém, a tópica adquire um sentido original: ela já não se aplica apenas aos dois polos da sociedade – isto é, aos pobres e ricos –, mas se generaliza para explicar a natureza das relações entre Portugal e suas conquistas, descrita por ele em termos de oposição: de um lado, as conquistas pobres e miseráveis, de outro, Portugal enriquecido pelos cabedais tomados daquelas. Em suas palavras: "E quando eles têm conjugado assim toda a voz ativa, e as miseráveis províncias suportado toda a passiva, eles, como se tiveram feito grandes serviços, tornam carregados de despojos e ricos, e elas ficam roubadas e consumidas".[333] Para caracterizar o governante-esponja, ele introduz o exemplo histórico do imperador Maximino,[334] sobre o qual um texto antigo dizia que costumava enviar governadores para as diversas províncias, onde, como esponjas, chupavam a riqueza dos súditos; no regresso a Roma, Maximino então os espremia para lhes tomar o que tinham roubado:

---

[332] VIEIRA. Sermão do bom ladrão. In: VIEIRA, Pe. António. *Obras escolhidas:* Sermões (III), v. XII, p. 158.

[333] VIEIRA. Sermão do bom ladrão. In: VIEIRA, Pe. António. *Obras escolhidas:* Sermões (III), v. XII, p. 172.

[334] Trata-se do Imperador Gaio Júlio Vero Maximino, que ficou conhecido pela alcunha de Trácio, sobre quem escreveu Capitolino.

uma coisa fazia mal este imperador, outra bem, e faltava-lhe a melhor. Em mandar governadores às províncias homens que fossem esponjas fazia mal; em espremer as esponjas quando tornavam, e lhes confiscar o que traziam, fazia bem, e justamente; mas faltava-lhe a melhor, como injusto e tirano que era, porque tudo o que espremia das esponjas não o havia de tomar para si, senão restituí-lo às mesmas províncias donde se tinha roubado.[335]

"Chupar", "adquirir", "ajuntar", "encher-se por meios ocultos" são alguns dos verbos que descrevem a ação de "tomar o alheio" no âmbito das relações entre Portugal e suas conquistas. Semelhante tópica circulará também na poesia de Gregório de Matos, não para descrever a atuação dos governantes e ministros régios, mas para explicar o enriquecimento vertiginoso – e também ilícito – dos que aportavam pobres e miseráveis à Bahia – "saltando no meus cais descalço, roto e despido" – e que, tempos depois, regressavam ricos para o Reino.[336] São os "maganos" e "unhates", cujo prodígio se devia a Santo Unhate[337] – significativamente,

---

[335] VIEIRA. Sermão do bom ladrão. In: VIEIRA, Pe. António. *Obras escolhidas*: Sermões (III), v. XII, p.189-190.

[336] "Queyxa-se a Bahia por seu bastante procurador, confessando que as culpas, que lhe increpão, não são suas, mas sim dos viciosos moradores que em si alverga" (MATOS. *Gregório de Matos: obra poética*, v. 2, p.39).

[337] A palavra "unha" aparece várias vezes na obra de Gregório de Matos, como se vê em "Torna a definir o poeta os maus modos de obrar na governança da Bahia, principalmente naquela universal fome, que padecia a cidade" " (MATOS. *Gregório de Matos: obra poética*, v. 2, p. 57):

"Valha-nos Deus, o que custa,
o que El-Rei nos dá de graça,
que anda a justiça na praça
Bastarda, Vendida, Injusta.

Que vai pela clerezia? .... Simonia
E pelos membros da Igreja? .... Inveja
Cuidei, que mais se lhe punha?........................ Unha."

Segundo João Adolfo Hansen, aqui ele ataca o "arrivismo, a ruptura das convenções hierárquicas e a fidalguia comprada pelo dinheiro" (HANSEN. *A sátira e o engenho*: Gregório de Matos e a Bahia do século XVII, p. 476).

irmão de Caco, que, na mitologia clássica, representa o ladrão.[338] Indaga Gregório de Matos:

> Pode haver maior portento,
> nem milagre encarecido,
> como de ver um Mazombo
> destes cá do meu pavio,
> que sem ter eira, nem beira
> engenho, ou juro sabido
> tem amiga, e joga largo
> veste sedas, põe polvilhos?[339]

À semelhança dos demais autores, para quem não bastava apenas a condenação dos furtos cometidos pelas autoridades, Vieira se detém nos estratagemas mais comumente utilizados para espoliar os vassalos e a Fazenda Real, emprestando às suas palavras o lastro da experiência nas conquistas. O conhecimento da realidade colonial, forjado ao longo de anos de observação, também o aproxima daquela literatura militar, cuja pedra de toque reside na subversão das distâncias geográficas por meio de um olhar capaz de circular por entre a periferia e o centro do Império. Se graças a homens como Diogo do Couto e Francisco Rodrigues Silveira o remoto universo indiano desvelou-se à percepção do rei e dos seus ministros, exibindo os bastidores sombrios de um cotidiano administrativo dominado por abusos e excessos, coube a Vieira exercer papel idêntico em relação ao Brasil, deslocando o eixo de observação para a realidade do continente americano.

A confluência entre os autores militares e a parenética de Vieira explica-se, em grande parte, pelo fato de se dedicarem ao tema comum da decadência, sobre o qual haviam se consolidado modelos de explicação histórica partilhados por pensadores e moralistas desde os tempos antigos. Se a decadência da Índia era um castigo pelas violências praticadas pelos seus governantes – tal como sucedera com Roma –, para Vieira as nações estrangeiras eram a "vara da ira divina": "Pois, se

---

[338] Idêntica acepção se encontra em Bluteau, para quem Caco é o "famoso ladrão de que fala Virgílio no livro 8. Dahi vem que quando queremos que alguém he ladrão, velhaco & destro em esconder o que rouba, dizemos grande caco he fullano" (MAGANO. In: BLUTEAU. *Vocabulario portuguez & latino*, v. 5, p. 245).

[339] MATOS. *Gregório de Matos: obra poética*, v. 2, p. 39.

por injustiças se perdem os estados do mundo, se por injustiças os entrega Deus a nações estrangeiras, como poderíamos nós conservar o nosso, ou como o poderemos restaurar depois de perdido, senão fazendo justiça?".[340] Também para os teóricos da Segunda Escolástica as nações estavam sujeitas ao castigo divino em resposta aos pecados dos seus governantes, inclusive do próprio príncipe, como advertiu Francisco de Vitoria, para quem *"toda la república puede ser lícitamente castigada por el pecado del rey [...] ja que después que el rey es constituido por la República, a la república se imputan las insolencias de él"*.[341]

A decadência – isto é, a corrupção – tinha a sua origem na injustiça. E a injustiça, por sua vez, resultava de um conjunto bastante heterogêneo de práticas e comportamentos. Para Vieira, a cobiça estava longe de ser o único vício que grassava entre os maus governantes; talvez pior ainda que ela fossem os favorecimentos, as dependências e as amizades:

> Muitos ministros há no mundo, e em Portugal mais que muitos, que por nenhum caso os peitareis com dinheiro. Mas estes mesmos deixam-se peitar da amizade, deixam-se peitar da recomendação, deixam-se peitar da independência, deixam-se peitar do respeito. E não sendo nada disto ouro nem prata, são os porquês de toda a injustiça do mundo. [...] Que importa que o ministro seja limpo de mãos, se não é limpo de respeitos? A maior peita de todas é o respeito.[342]

Não era esta, de modo algum, uma crítica original. O autor anônimo de *Primor e honra* também condenou a lógica da sociedade de corte, observando que nela se dava mais valor "àqueles que tem privanças, aderências e parentes"[343] do que aos virtuosos, sobretudo no processo de escolha dos governantes. Vieira partilha da mesma opinião: no "Sermão do bom ladrão" ele chega a atribuir ao príncipe a responsabilidade pelo comportamento ilícito dos seus representantes,

---

[340] VIEIRA. Sermão da visitação de Nossa Senhora. In: *Obras completas do padre António Vieira*: Sermões, v. III, t. IX, p. 331.

[341] VITÓRIA. *Relecciones teológicas del P. Fray Francisco de Vitoria*, t. II, p. 12.

[342] VIEIRA. Sermão da terceira dominga da quaresma. In: *Obras completas do padre António Vieira*: Sermões, v.1, t. III, p. 200-201.

[343] PRIMOR e honra da vida soldadesca no Estado da Índia, p. 40-40v.

visto que foram escolhidos por ele, de acordo com critérios baseados em afetos e não na experiência ou no mérito.³⁴⁴ Para se livrar desse tipo de acusação – e também da lei da restituição –, o rei deveria se abster de nomear ministros segundo os critérios de amizade, parentesco ou dependência, privilegiando apenas os de merecimento: "A porta por onde legitimamente se entra ao ofício, é só o merecimento. [...] Uns entram pelo parentesco, outros pela amizade, outros pela valia, outros pelo suborno, e todos pela negociação. E quem negocia não há mister outra prova: já se sabe que não vai a perder. Agora será ladrão oculto, mas depois ladrão descoberto...".³⁴⁵

A convicção de que os cargos não deveriam ser dados em razão de favores, dependências e aderências, ou seja, por questões de amizade e afeto, e de que nem os governantes poderiam governar de acordo com eles, encontrava-se firmemente estabelecida na cultura política daquela época. A esse respeito, escreveu Diogo do Couto que a Índia estava à beira da ruína "porque se não davam os cargos senão a quem os merecia e trabalhava; e hoje dão-se a quem tem mais valias e aderências, e não sei se por outros meios...".³⁴⁶ Ao definir a palavra "aderência", identificando-a a "valimento e proteção dos afeiçoados", Bluteau cita o comentário de Duarte Nunes de Leão, extraído da *Origem da língua portuguesa*, segundo o qual essa prática é um "grande mal da República", pois "impede fazer-se justiça e executarem as leis", de modo que "os prêmios das virtudes se dêem aos indignos, e se tirem a quem os merece".³⁴⁷

---

³⁴⁴ VIEIRA. Sermão do bom ladrão. In: VIEIRA, Pe. António. *Obras escolhidas*: Sermões (III), v. XII, p. 166. Sobre a lei da restituição, diz ele: "A restituição que igualmente se deve fazer aos particulares parece que não pode ser tão pronta nem tão exata, porque se tomou a fazenda a muitos e a províncias inteiras. Mas como estes pescadores do alto usaram de redes varredouras, use-se também com eles das mesmas. Se trazem muito, como ordinariamente trazem, já se sabe que foi adquirido contra a lei de Deus, ou contra as leis e regimentos reais, e por qualquer destas cabeças, ou por ambas, injustamente. Assim se tiram da Índia quinhentos mil cruzados, de Angola duzentos, do Brasil trezentos, e até do pobre Maranhão mais do que vale todo ele".

³⁴⁵ VIEIRA. Sermão do bom ladrão. In: VIEIRA, Pe. António. *Obras escolhidas*: Sermões (III), v. XII, p.166-167.

³⁴⁶ COUTO. *O soldado prático*, p. 152.

³⁴⁷ ADERÊNCIA. In: BLUTEAU. *Vocabulario portuguez & latino*, v. 1, p. 123.

A prática do favorecimento foi objeto de duras críticas por parte de Gil Vicente, que, em seu *Romance de aclamação de D. João III*, fortemente influenciado pelos *speculum principis*,[348] põe na boca do bispo do Funchal as seguintes palavras ao novo rei:

> Pois conselho aqui vos dão,
> O conselho que eu daria,
> Que perdessem a valia
> As aderências, pois são
> As que dão vida ao ladrão
> Cada dia.[349]

A ele também é atribuído o auto intitulado *Aderência do Paço*, que consta entre os livros defesos de 1551, e que está desaparecido.[350]

Em seu *Consejo y consejero de príncipes*, Lorenzo Ramírez de Prado lembrava que o príncipe deve acomodar as pessoas aos cargos, e não os cargos às pessoas – fórmula que reaparecia num dos sermões de Vieira. Nas palavras de Ramírez de Prado, é necessário "prover o ofício sem entregar-se ao favor, rogo ou aflição", pois disso decorria grande dano universal.[351] Descrevendo as virtudes necessárias ao bom conselheiro do rei, Fadrique Furió Ceriol notou que ele deveria dispensar tratamento igual a todos os vassalos, cuidando de "ouvir a todos, favorecer a todos sem diferença alguma", despojando-se dos "interesses de amizade, parentesco, parcialidade, bandos e outros quaisquer respeitos".[352]

Quanto aos imperativos da amizade, o Soldado Prático responde ao seu interlocutor, que argumenta que é obrigação dos amigos favorecer uns aos outros: "não podes usar comigo de amigo e lisonjeiro; porque o amigo não pede a outro senão o que é justo; e o lisonjeiro tudo o que quer".[353] Tal concepção inspirava-se nas formulações de

---

[348] *Speculum principis*, ou espelhos de príncipes, constituíam um gênero literário dedicado a oferecer instruções de natureza moral e religiosa a príncipes, reis e nobres.

[349] *Romance à aclamação de D. João III*. In: *Obras de Gil Vicente*: correctas e emendadas pelo cuidado e diligência de J. V. Barreto Feio e J. G. Monteiro, p. 363.

[350] CAMÕES. *Aclamação de João III*, p. 17.

[351] RAMÍREZ DE PRADO. *Consejo y consejero de príncipes*, p. 46-47.

[352] FURIÓ CERIOL. *El concejo y consejeros del príncipe*, p. 73.

[353] COUTO. *O soldado prático*, p. 75.

Cícero sobre a amizade, segundo as quais esse afeto deveria se inscrever num estrito código de virtudes, só podendo existir entre os bons. A verdadeira amizade nasce do impulso amoroso da alma e despreza toda forma de recompensa, pois encontra a sua plena satisfação no amor que une os amigos. Nos tratados morais que vieram à luz na Península Ibérica, durante a época medieval, os afetos nascidos dos interesses, em razão de alianças, benefícios e pactos políticos, não podiam ser reputados por amizade verdadeira. Dom Juan Manuel, em seu *Tractado de la amiçiçia*, chama esse tipo de vínculo de "*amor de provecho*", descrevendo-o como uma amizade egoísta, sujeita a interesses de qualquer tipo.[354]

Vieira defendia a punição rigorosa àqueles que roubassem aos vassalos: "Tire, pois, o rei executivamente a fazenda a todos os que a roubaram, e faça as restituições por si mesmo", emendando que "em matéria de furtar não há exceção de pessoas, e quem se abateu a tais vilezas, perdeu todos os foros". Intransigente, condenava toda forma de dissimulação ou complacência em respeito à alta posição social dos que agissem ilicitamente: "E quanto à dissimulação que se diz devem ter os reis com pessoas de grande suposição, de quem talvez depende a conservação do bem público, e são mui necessárias a seu serviço, respondo com distinção. Quando o delito é digno de morte, pode-se dissimular o castigo e conceder-se às tais pessoas a vida; mas quando o caso é de furto, não se lhes pode dissimular a ocasião, mas logo, logo devem ser privadas do posto".[355]

O remédio mais infalível para evitar o furto praticado pelos governantes contra os vassalos residia na escolha cuidadosa dos ministros, orientada por padrões de experiência – entendida como a fonte de toda a competência.[356] E não foram poucas as vezes em que Vieira promoveu a defesa apaixonada do merecimento sobre o sangue ou o nascimento – ecoando, mais uma vez, uma das tópicas

---

[354] VILLA PRIETO. La amistad en la mentalidad medieval: análisis de los tratados morales de la Península Ibérica, p. 201.
[355] VIEIRA. Sermão do bom ladrão. In: VIEIRA, Pe. António. *Obras escolhidas*: Sermões (III),v. XII, p. 179.
[356] MARQUES. A crítica de Vieira ao poder político na escolha de pessoas e concessão de mercês, p. 223.

consagradas nos escritos sobre a corrupção e o mau governo. Para ele, são as ações – e não a linhagem ou a nobreza – que conferem distinção ao homem:

> As cousas definem-se pela essência [...] as ações de cada um são a sua essência [...] cada um é suas acções e não é outra cousa [...] Quando vos perguntarem quem sois, não vades revolver o nobiliário de vossos avós, ide ver a matrícula de vossas acções. O que fazeis, isso sois, nada mais [...]. A verdadeira fidalguia é acção. Ao predicamento da acção é que pertence a verdadeira fidalguia. As acções generosas, e não os pais ilustres, são as que fazem fidalgos [...] cada um é suas acções, e não é mais, nem menos [...][357]

Crítico feroz de todos os critérios que não fossem o merecimento e a experiência no preenchimento dos cargos, ele chamou a atenção para as consequências funestas que a confusão entre o governo e os meios de enriquecimento podia resultar em uma República:

> Se é pobre, deem-lhe uma esmola honestada com o nome de tença, e tenha com que viver. Mas por que é pobre, um governo, para que vá desempobrecer à custa dos que governar? E para que vá fazer muitos pobres à conta de tornar muito rico? Isto quer quem o elege por este motivo. Vamos aos do prêmio, e também aos do castigo. Certo capitão mais antigo tem muitos anos de serviço: deem-lhe uma fortaleza nas conquistas. [...] Tal graduado em leis leu com grande aplauso no Paço; porém, em duas judicaturas e uma correição não deu boa conta de si: pois vá degradado para a Índia com uma beca. E se na Beira e Além-Tejo, onde não há diamantes nem rubis, se lhe pegavam as mãos a este doutor, que será na relação de Goa?[358]

---

[357] VIEIRA. Sermão da terceira dominga do advento. In: *Obras completas do padre António Vieira:* Sermões, v.1, p. 210. Para Luiz Carlos Villalta, a nobreza também era um critério importante para Vieira. Segundo ele, "De fato, o padre António Vieira advogou a necessidade dos representantes da Coroa reunirem competência e nobreza" (VILLALTA. *Usos do livro no mundo luso-brasileiro sob as luzes*: reformas, censura e contestações, p. 462).

[358] VIEIRA. Sermão do bom ladrão. In: VIEIRA, Pe. António. *Obras escolhidas:* Sermões (III), v. XII, p. 169.

Para Vieira, a reflexão sobre a natureza desses critérios vinculava-se diretamente ao problema das pretensões às mercês régias e aos cargos públicos[359] – objeto que mereceu especial atenção na quaresma de 1669, quando, em razão do governo recentemente estabelecido, assistiu-se a uma corrida às mercês por aqueles que haviam apoiado a causa vencedora.[360] Na verdade, o jesuíta dedicaria ao assunto um "espaço exclusivo em seu sermonário", convencido das graves implicações políticas e das paixões em jogo.[361] Menos que o provimento dos cargos na corte, interessava-lhe sobretudo a administração ultramarina – e não é à toa que grande parte de suas críticas à venalidade se concentrou precisamente nas autoridades da América portuguesa.[362] E isso porque, como ele mesmo expressou em inúmeras passagens, estava convencido de que era nas conquistas que os vassalos estavam mais expostos às adversidades: "Por mar padecem os moradores das conquistas a pirataria dos corsários estrangeiros, que é contingente; na terra suportam a dos naturais, que é certa e infalível".[363]

---

[359] Ele fez isso, por exemplo, em 1640, quando pregou diante do rei D. João III uma espécie de "memorial" para a concessão de um cargo governativo; também o sermão pregado na terceira quarta-feira da quaresma, na Capela Real, em 1669 (MARQUES. A crítica de Vieira ao poder político na escolha de pessoas e concessão de mercês, p. 219). Pode-se citar ainda o "Sermão da terceira quarta-feira da quaresma", pregado na Capela Real, em 1651, entre outros.

[360] Segundo João Lúcio de Azevedo, "neste mesmo ano de 1669 pela quaresma, duas vezes o jesuíta, como no tempo de D. João IV, fez a crítica dos costumes políticos. Um e outro discurso sobre os pretendentes. Era a chaga da ocasião. Com o governo recém-estabelecido havia muito quem pedisse recompensa de serviços actuais ou passados à causa vencedora. E como os não despachados se descontentassem, e descontentes ficassem os que não eram premiados à medida do que ambicionavam, tentava o pregador persuadi-los a conformarem-se. A estes pela comparação entre o que haviam ganho e seu estado antecedente. Aos outros, que nada tinham alcançado, consolava-os com a satisfação própria" (AZEVEDO. *História de António Vieira*, p. 97).

[361] MARQUES. A crítica sócio-política de Vieira na parénese quaresmal dos sermões dos pretendentes, p. 78.

[362] MARQUES. A crítica de Vieira ao poder político na escolha de pessoas e concessão de mercês, p. 222.

[363] VIEIRA. Sermão do bom ladrão. In: VIEIRA, Pe. António. *Obras escolhidas:* Sermões (III), v. XII, p. 172-173.

Para todos esses autores que refletiram sobre a decadência da Índia portuguesa, entre os séculos XVI e XVII, os abusos tendiam a se agravar com a distância geográfica, que potencializava os vícios dos ministros, num ambiente menos sujeito ao olhar vigilante do rei – ainda que, para alguns, o clima também levasse a sua parcela de culpa, como no caso de Francisco Rodrigues Silveira.[364] Também Vieira reputava à distância um lugar privilegiado na explicação da excessiva autonomia com que se conduziam os funcionários das conquistas, e não foram poucas as vezes em que se debruçou sobre as dificuldades de se conciliar o bom governo com as distâncias impostas pela realidade geográfica do Império – aquilo que chamou de governo *in regionem longinquam*.[365] No "Sermão da terceira dominga da quaresma", pregado na Capela Real, em 1655, ele indaga: "quem há de governar e mandar três e quatro mil léguas longe do rei, onde em três anos não pode haver recurso de seus procedimentos nem ainda notícias, que verdade, que justiça, que fé, que zelo deve ser o seu!". E acrescenta:

> Nos Brasis, nas Angolas, nas Goas, nas Malacas, nos Macaus, onde o rei se conhece só por fama e se obedece só por nome, aí são necessários os criados de maior fé e os talentos de maiores virtudes. Se em Portugal, se em Lisboa, onde os olhos do rei se vêem e os brados do rei se ouvem, faltam a sua obrigação homens de grandes obrigações, que será *in regionem longinquam*? Que será naquelas regiões remotíssimas, onde o rei, onde as leis, onde a justiça, onde a verdade, onde a razão, e onde até o mesmo Deus parece que está longe?[366]

---

[364] Segundo o autor da *Reformação*, "a terceira e última causa das que, como tenho dito, concorrem para nossos Portugueses procederem na guerra com a desordem que logo irei descrevendo, é a força e qualidade do clima, sujeito a tal influxo que por secreta propriedade de estrelas influi neles uma tão desordenada presunção que de tal maneira os cega, que lhes não deixa conhecer seu erro nesta parte" (REFORMAÇÃO da milícia e governo do Estado da Índia Oriental, p. 11).

[365] *Lucas*, 15, 13: "E, poucos dias depois, o filho mais novo, ajuntando tudo, partiu para uma terra longínqua, e ali desperdiçou os seus bens, vivendo dissolutamente".

[366] VIEIRA. Sermão da terceira dominga da quaresma. In: *Obras completas do padre António Vieira*: Sermões, v.1, t. III, p. 191.

Em estudo recente, Laura de Mello e Souza interpretou a bela passagem do "Sermão da dominga vigésima-segunda depois de Pentecostes" como metáfora do "mandar e governar no império português".[367] Nesse sermão, Vieira retorna ao mesmo problema, dando-lhe novo tratamento:

> E isto é o que se vê, como eu dizia, na Ásia, e na América, e nas Índias Orientais, onde nasce o sol, e nas Ocidentais, onde se põe. Não pode haver semelhança mais própria. A sombra, quando o sol está no zênite, é muito pequenina, e toda se vos mete debaixo dos pés; mas, quando o sol está no oriente, ou no ocaso, essa mesma sombra se estende tão imensamente que mal cabe dentro dos horizontes. Assim nem mais nem menos os que pretendem e alcançam os governos ultramarinos. Lá, onde o sol está no zênite, não só se metem estas sombras debaixo dos pés do príncipe, senão também dos de seus ministros. Mas, quando chegam àquelas Índias, onde nasce o sol, ou a estas, onde se põe, crescem tanto as mesmas sombras que excedem muito a medida dos mesmos reis, de que são imagens.[368]

Não há dúvida de que o jesuíta se referia, como bem notou Souza, às contradições e dificuldades do governo ultramarino, particularmente à grande autonomia de que esses homens, distantes do "bafo do rei", gozavam nas conquistas.[369] Essa parece ter sido uma preocupação constante em sua obra, tendo retornado ao assunto em inúmeras ocasiões. A bem da verdade, o pregador partilhava de uma visão pessimista – e essencialmente cristã – acerca do homem, convencido da natural inclinação humana ao vício: "somos os homens tão protervos, que nem por bem, nem por mal pode Deus conosco: os castigos não nos emendam, as misericórdias não nos abrandam. Barro, enfim. Assim como o barro se endurece com os raios do sol, assim nós com os favores do céu não nos abrandamos, antes nos endurecemos mais".[370] E, por essa razão,

---

[367] SOUZA. *O sol e a sombra*: política e administração na América portuguesa do século XVIII, p. 11.

[368] VIEIRA. Sermão da dominga vigésima-segunda depois de Pentecostes. In: *Obras completas do padre António Vieira*: Sermões, v. 2, t. VI, p. 236.

[369] SOUSA. *Anais de D. João III*, v. 2, p. 157.

[370] VIEIRA. Sermão de Dia de Ramos. In: *Obras completas do padre António Vieira*: Sermões, v. 2, t.1, p. 263.

ainda que fossem escolhidos os ministros mais experientes e preparados, nada dissiparia o receio de que eles viessem a se degradar em posse dos cargos. Afinal, o poder, por si só, tendia a corromper mesmo os mais virtuosos: "o Paço a ninguém fez melhor: a muitos, que eram bons, fez que o não fossem".[371]

Nesse sermão, pregado na Capela Real, em 1651, Vieira parecia preocupado com as mudanças a que estavam sujeitos os homens no poder, especialmente quando, distantes do príncipe, davam plena vazão à fogosidade que lhes era natural.[372] E, de fato, no "Sermão do bom ladrão", quando reflete sobre a responsabilidade do príncipe na escolha dos maus ministros, ele contempla a possibilidade de o ministro experiente e virtuoso vir a se tornar um ladrão, dado que o rei não faz a eleição dos homens "pelo que sabe que hão de ser, senão pelo que de presente são".[373]

Infelizmente, não se conhece o impacto dessas pregações na corte. O "Sermão do bom ladrão", por exemplo, foi proferido no Hospital da Misericórdia, em 1655, diante de D. João IV e dos mais altos dignatários do Reino – e o próprio Vieira chamou a atenção para a propriedade de suas palavras naquele lugar: "quanto vejo enobrecido o auditório presente com a autoridade de tantos ministros de todos os maiores tribunais, sobre cujo conselho e consciência se costumam descarregar as dos reis".[374] Um episódio aparentemente banal revela, porém, a profunda impressão que as críticas ali contidas causaram, e como elas se fixaram na memória dos ministros régios. Em 1711, o Conselho Ultramarino solicitou ao inquisidor Francisco Barreto uma consulta sobre se devia permitir aos governadores ultramarinos a prática do comércio. Em seu parecer, o inquisidor opôs-se firmemente à autorização, argumentando que "pregou livre e zelosamente o Padre

---

[371] VIEIRA. Sermão da terceira quarta-feira da quaresma. In: *Obras completas do padre António Vieira*: Sermões, v. 1, t. III, p. 242.

[372] MARQUES. A crítica de Vieira ao poder político na escolha de pessoas e concessão de mercês, p. 226.

[373] VIEIRA. Sermão do bom ladrão. In: VIEIRA, Pe. António. *Obras escolhidas*: Sermões (III), v. XII, p. 166.

[374] VIEIRA. Sermão do bom ladrão. In: VIEIRA, Pe. António. *Obras escolhidas*: *Sermões (III), v. XII, p. 151.*

António Vieira do Brasil, no púlpito da Capela Real" sobre "os danos irreparáveis que se seguiam da cobiça sem freio dos governadores", obrigando "os miseráveis povos com sangue das fazendas e com a escravidão das pessoas para o absoluto e despótico do seu governo". Tratava-se da passagem do "Sermão do bom ladrão" em que Vieira se refere à resposta dada por são Francisco Xavier a D. João III, sobre o estado da Índia: "o verbo *rapio* na Índia se conjugava por todos os modos".[375] De fato, o santo português, em carta escrita em Cochim, em 1545, havia recomendado que aqueles que seguissem para lá, providos com cargos e ofícios régios, fossem "riscados do livro dos vivos e não sejam inscritos na lista dos justos". Afinal, emendava ele, "não espereis que farão o que devem, porque está tanto em costume de cá fazer o que não se deve, que não vejo cura nenhuma: é que todos vão para o caminho de *rapio, rapis*. Estou espantado como, os que daí vêm, acham tantos modos, tempos e particípios a este verbo coitado de *rapio, rapis*".[376]

Para o inquisidor Francisco Barreto, o sermão de Vieira devia ser interpretado no contexto das grandes distâncias geográficas do Império português, cujas implicações políticas não só favoreciam toda sorte de vícios por parte dos governantes, mas também contribuíam para o completo desconhecimento sobre a atuação deles. Cético, dizia que a inexistência, na corte, de reclamações contra eles não significava que os povos não tivessem padecido. Se não se queixaram era apenas "porque os impede a distância e dificuldade do recurso, e sobre tudo porque os oprime e sufoca a força do poder".[377]

As formulações sobre o mau governante, a relação entre vício e distância, a opressão dos poderosos sobre os pobres, os efeitos políticos da cobiça e das "dependências", presentes na obra de Vieira, inspirariam, muitas décadas depois, um poeta também preocupado com a moralidade do governo das conquistas.

---

[375] BNP. Reservados. Arquivo Casa Tarouca, cota 185. Parecer de um ministro do Conselho Ultramarino, sobre se é lícito ou não o comércio feito pelos governadores ultramarinos. Lisboa, 12 de agosto de 1711.

[376] OBRAS Completas de São Francisco Xavier, [s.p.].

[377] Parecer de um ministro do Conselho Ultramarino, sobre se é lícito ou não o comércio feito pelos governadores ultramarinos. Lisboa, 12 de agosto de 1711.

O desgoverno do Fanfarrão Minésio

As *Cartas chilenas* são, talvez, uma das fontes mais privilegiadas para se refletir sobre as questões examinadas até aqui. Atribuídas a Tomás Antônio Gonzaga, os versos satíricos, compostos entre 1786 e 1789,[378] circularam intensamente em Vila Rica, de acordo com o relato do capitão José Lourenço Ferreira, constante nos autos de devassa da Inconfidência Mineira, sobre "uns pasquins que se tinham feito públicos".[379] Para Rodrigues Lapa, "aqueles pasquins são, não pode haver dúvida, as *Cartas chilenas*".[380]

A fortuna crítica consagraria o poema de Gonzaga como um monumento da denúncia do "desgoverno, as arbitrariedades e violências do governador Luís da Cunha Meneses", fazendo dele um libelo contra a corrupção colonial, numa gama de apropriações as mais diversas, por vezes embebidas de um certo anacronismo.[381] De fato, a tradição interpretativa que se fixou em torno das *Cartas chilenas* as concebeu como a evidência documental dos abusos cometidos pelo governador Cunha Meneses, a exemplo de José Pedro Xavier da Veiga, para quem ali está "um patriótico pregão de prepotências e escândalos governativos", daquele "execrando governo".[382] Mesmo um estudioso tão cético quanto às relações da sátira com a realidade como Joaci Furtado não deixou de observar, muito acertadamente, a respeito desse governador, que ele promoveu "de forma tão ampla, sistemática e arrogante o atropelamento de jurisdições, a quebra de normas, a subversão de etiquetas, o rompimento de convenções e acordos tácitos que afiançavam o equilíbrio entre a estrutura administrativa

---

[378] Para Joaci Furtado, as *Cartas chilenas* teriam sido compostas entre 1786 e maio de 1789 (FURTADO. *Uma república de leitores*: história e memória na recepção das Cartas Chilenas (1845-1989), p. 39).

[379] AUTOS de devassa da Inconfidência Mineira, v. 2, p. 85. Para Joaci Furtado, tal menção "é insuficiente para garantir tratar-se das Cartas Chilenas" (FURTADO. *Uma república de leitores*: história e memória na recepção das Cartas Chilenas (1845-1989), p. 75).

[380] LAPA. As *"Cartas Chilenas"*: um problema histórico e filológico, p. 18.

[381] FURTADO. *Uma república de leitores*: história e memória na recepção das Cartas Chilenas (1845-1989), p. 120.

[382] VEIGA. *Ephemerides mineiras (1664-1897)*, p. 414.

da capitânia e a elite local". Amparando-se em Kenneth Maxwell, Furtado também descreveu o governador como "um mandatário da Coroa [que] fizesse uso, como notável furor e despotismo, das estruturas administrativas, militares e fiscais das capitanias em proveito próprio e de seus protegidos".[383]

Apesar dos inúmeros estudos sobre as *Cartas chilenas*, ainda não se destacou suficientemente o quanto o amor ao dinheiro – numa palavra, a cobiça – constitui a tópica central em torno da qual se organizam todas as denúncias contra o Fanfarrão Minésio. Com minúcia de detalhes, Critilo descreve ali os meios ilícitos de que se valia o governador para enriquecer, praticando toda sorte de violência contra o povo. Nesse aspecto, o poema guarda algum parentesco com a *Arte de furtar*, que Gonzaga certamente conhecia. Não resta dúvida de que o principal vício do Fanfarrão fosse a ambição, ou, nas palavras de Critilo, o "sórdido interesse".[384] É ela a origem de sua conduta tirânica: "O chefe, Doroteu, só quer dinheiro".[385] Ou, por amar tanto o dinheiro, o Fanfarrão Minésio é um bruto: "Um bruto, que só quer a todo custo,/Entesourar o sórdido dinheiro". É, pois, este o vício capital do Fanfarrão Minésio: por amar o dinheiro, ele não respeita "as leis do seu monarca" nem as leis de Deus.[386]

Que um dos eixos centrais da sátira é a condenação da cobiça do governador, bem o percebeu Manuel Rodrigues Lapa, que chamou a atenção para o fato de que "a condenação da riqueza é realmente um lugar-comum da poesia de Gonzaga, e enquadra-se perfeitamente na linha geral do seu horacianismo".[387] À ambição desmedida do Fanfarrão Minésio se contrapõem a simplicidade e o despojamento de Critilo – "homem que vive contente na sua modéstia, condenando aqueles que vão atrás das falsas grandezas"[388] –, responsável, no poema, pelo elogio

---

[383] FURTADO. *Uma república de leitores*: história e memória na recepção das Cartas Chilenas (1845-1989), p. 56, 82.

[384] GONZAGA. *Poesias*: Cartas Chilenas, p. 267, carta 2ª, v. 277.

[385] GONZAGA. *Poesias*: Cartas Chilenas, p. 281, carta 9ª, v. 380.

[386] GONZAGA. *Poesias*: Cartas Chilenas, p. 283, carta 9ª, v. 403; p. 298, carta 10ª, v. 214.

[387] LAPA. As *"Cartas Chilenas"*: um problema histórico e filológico, p. 35.

[388] LAPA. As *"Cartas Chilenas"*: um problema histórico e filológico, p. 246.

da pobreza honrada. É a ambição, a busca de enriquecimento que leva o governante a negligenciar os interesses do monarca:

> Não quer que se descubra a ladroeira,
> Porque te favorece, ainda à custa
> Dos régios interesses, quando finge
> Que os zela muito mais que as próprias rendas.[389]

É esse tipo de governante que Critilo denuncia:

> Os chefes, Doroteu, que só procuram
> De barras entulhar as fortes burras.[390]

Em outra passagem, Critilo diz:

> Amigo Doroteu, o nosso chefe,
> Que procura tirar conveniência
> Dos pequenos negócios e despachos,
> Daria este contrato ao bom Marquésio.[391]

Vale a pena examinar mais atentamente alguns dos recursos usados pelo governador para alcançar o seu propósito, descritos por Gonzaga ao longo das cartas. Ainda no princípio da Carta 2ª, Critilo introduz o tema do roubo:

> Mas, nesta mesma cama, tosca e dura,
> Descanso mais contente, do que dorme
> Aquele, que só põe o seu cuidado
> Em deixar a seus filhos o tesouro
> Que ajunta, Doroteu, com mão avara,
> Furtando ao rico e não pagando ao pobre.[392]

É, no entanto, a partir da Carta 7ª que ele desenvolve mais sistematicamente a problemática, notando que, intrometendo-se nos assuntos da justiça, o Fanfarrão Minésio pratica todo tipo de arbitrariedades, como libertar os condenados e prender os inocentes, acusando

---

[389] GONZAGA. *Poesias*: Cartas Chilenas, p. 264, carta 8ª, v. 190-193.
[390] GONZAGA. *Poesias*: Cartas Chilenas, p. 263, carta 8ª, v. 138-139.
[391] GONZAGA. *Poesias*: Cartas Chilenas, p. 262, carta 8ª, v. 101-104.
[392] GONZAGA. *Poesias*: Cartas Chilenas, p. 204, carta 2ª, v. 21-26.

a muitos injustamente da "infame suspeita do contrabando".[393] Tudo com o propósito de extorquir dinheiro mediante a venda de seus despachos. É aqui que aparece, pela primeira vez, o verbo "largar" como sinônimo de subornar – que se repetirá nos versos seguintes:

> Todos largam, enfim, e todos entram
> No vedado distrito, sem que importe
> Haver ou não haver de crime indício.[394]

É, porém, na Carta 8ª que Critilo desfere as críticas mais ácidas ao Fanfarrão, acusando-o de beneficiar os amigos, como Marquésio, na arrematação dos contratos, em troca de dinheiro, e de se recusar a cobrar os devedores da Fazenda Real, com os quais dividia cabedais ilícitos; ou ainda de aceitar a "mesada" de Silverino, para tê-lo em "boa graça". Mais adiante, na Carta 9ª, Critilo menciona a venda de patentes militares aos que pagassem mais por elas. Todos esses desmandos tinham um objetivo estritamente econômico:

> Porque largas
> Porque mandas presentes, mais dinheiro[395]

Para manter as aparências, o Fanfarrão Minésio se abstinha de negociar diretamente os despachos, delegando tal tarefa à pequena corte de validos que o cercava, da qual faziam parte Robério e Matúsio,[396] este último responsável por recolher o dinheiro obtido de forma desonesta.

Nas *Cartas chilenas* também ecoa a tópica quinhentista da virtude *versus* sangue. Critilo compara o Fanfarrão a Nero, pois, como o imperador romano, ele teria fingido ser virtuoso, para logo depois exercer o poder com "mão de ferro". Aqui, Gonzaga se filia à longa tradição, presente nos autores clássicos e medievais, de associar a figura do imperador romano à tirania, recorrente depois nos escritos políticos da Época Moderna.

---

[393] GONZAGA. *Poesias*: Cartas Chilenas, p. 258, carta 7ª, v. 70-71.
[394] GONZAGA. *Poesias*: Cartas Chilenas, p. 258, carta 7ª, v. 74-76.
[395] GONZAGA. *Poesias*: Cartas Chilenas, p. 264, carta 8ª, v. 163.
[396] Rodrigues Lapa identificou o personagem Matúsio como o sargento-mor José Antônio de Matos, e Robério como o português Roberto Antônio de Lima (LAPA. As *"Cartas Chilenas"*: um problema histórico e filológico, p. X, 158).

Muito já se escreveu sobre as ideias conservadoras de Gonzaga a respeito da sociedade de seu tempo. Para Rodrigues Lapa, o que Critilo ataca "não é tanto a nobreza em si, mas sobretudo a embófia nobiliárquica de sujeitos indignos de sua condição; que eram fidalgos, sim, mas com ânimo de mochilas. As obras deviam condizer com o sangue".[397] Já não se trata de defender a virtude como o principal critério na escolha dos governantes, mas sim de protestar contra os nobres que não obedecem aos códigos de conduta virtuosa impostos pela sua origem social. Porque o nobre que age de forma viciosa acaba por embaralhar a hierarquia tradicional, subvertendo as suas normas, como se lê nos seguintes versos:

> É também, Doroteu, contra a polícia
> franquearam-se as portas, a que subam
> aos distintos empregos as pessoas
> que vêm de humildes troncos [...][398]

Para Ronald Polito, Gonzaga, "sem atribuir à nobreza de sangue méritos infalíveis, tampouco os desmerece",[399] o que ficaria claro na seguinte passagem:

> Do cavalo andaluz, é, sim, provável
> nascer também um potro de esperança [...]
> porém de um bom ginete também pode
> um catralvo nascer, nascer um zarco.[400]

Fanfarrão é, sob muitos aspectos, aquele que se encontra fora do seu lugar, ou melhor, que desestabiliza a ordem natural da sociedade, pois nega "todos os requisitos indispensáveis ao exercício do poder: apesar de ser um 'fidalgo', seus atos não condizem com sua condição".[401] É nesse aspecto que Polito identifica uma crítica aos padrões de recrutamento dos governantes; em suas palavras, "apenas o nascimento,

---

[397] LAPA. As *"Cartas Chilenas"*: um problema histórico e filológico, p. 27.
[398] GONZAGA. *Poesias*: Cartas Chilenas, p. 278, carta 9ª, v. 283-285.
[399] POLITO. *Um coração maior que o mundo*: Tomás Antônio Gonzaga e o horizonte luso-colonial, p. 140.
[400] GONZAGA. *Poesias*: Cartas Chilenas, p. 211, carta 2ª, v. 285-291.
[401] POLITO. *Um coração maior que o mundo*: Tomás Antônio Gonzaga e o horizonte luso-colonial, p. 143.

sem levar em conta a educação e as virtudes, não é suficiente".[402] Posição idêntica adota Joaci Furtado, para quem, entre as mudanças recomendadas pelo poeta, estaria a "conciliação entre nobreza e virtude nos que representam Sua Majestade". Para esse autor, essa ideia seria a "reforma mais inovadora" do poema.[403] Na verdade, nada há de original na ideia de conjugação da nobreza com a virtude; pelo contrário, trata-se de uma tópica bastante difundida entre os autores quinhentistas, que não só estavam convencidos da possibilidade do divórcio entre ambas, como também proclamavam a superioridade da virtude sobre o nascimento. Para Luiz Carlos Villalta, as formulações presentes nas *Cartas chilenas* – como a condenação do despotismo, entendido como "desrespeito às leis"; o elogio da virtude e da honra; a defesa da honra como a mola da república; a caracterização do déspota como aquele que é estúpido e expõe publicamente os próprios defeitos – remeteriam às formulações das Luzes, mais particularmente às concepções de Montesquieu em *Do espírito das leis*.[404]

Não são os princípios das Luzes as matrizes das *Cartas chilenas*: é, sobretudo, na tradição quinhentista de condenação moral dos vícios dos governantes, ancorada, por sua vez, num sólido repertório de tópicas clássicas e medievais, que reside a chave para a compreensão de suas críticas. Como visto aqui, mantendo-se mais ou menos estável ao longo dos séculos, esse repertório, bastante influente nos espelhos de príncipe, favoreceu a consolidação da imagem do mau governante, proporcionando os esquemas interpretativos para o debate sobre

---

[402] POLITO. *Um coração maior que o mundo*: Tomás Antônio Gonzaga e o horizonte luso-colonial, p. 142.

[403] FURTADO. *Uma república de leitores*: história e memória na recepção das Cartas Chilenas (1845-1989), p. 79. Segundo este autor, no que se refere à reivindicação de governantes virtuosos, "as Cartas Chilenas estão plenamente afinadas com o debate político de então, filiando-se à crítica reformista do Estado absolutista português que nasce pelo menos desde Antônio Vieira – passando, ironicamente, pela casa dos bisavós de Meneses – até culminar em Verney e Pombal, os referencias teóricos do poeta situam-se no passado" (p. 77).

[404] Em suas palavras, "as ideias presentes nas *Cartas Chilenas* também convergem com princípios das Luzes, com destaque para as concepções de Montesquieu, em *Do Espírito das Leis* (1748), a respeito da monarquia e do despotismo" (VILLALTA. As origens intelectuais e políticas da Inconfidência Mineira).

os limites morais do exercício do poder, inspirados tanto na tradição bíblica quanto na clássica.

O caráter conservador da crítica de Gonzaga fica ainda mais evidente quando se examina o tom patético de suas descrições a respeito dos soldados da capitania de Minas Gerais: despreparados e indisciplinados, são incapazes, em razão da origem humilde, de atender às exigências da arte militar:

> Meu caro Doroteu, os Sapateiros
> Entendem do seu couro; os Mercadores
> Entendem de fazenda; os Alfaiates
> Entendem de vestidos; enfim todos
> Podem bem entender dos seus oficios;
> Porém querer o Chefe que se formem
> Disciplinadas tropas de tendeiros,
> De moços de tabernas, de rapazes,
> De bisonhos roceiros, é delírio:
> Que o soldado não fica bom soldado,
> Somente porque veste curta farda,
> Porque limpa as correias, tinge as botas,
> E com trapos engrossa o seu rabicho.[405]

Ao contrário dos autores militares do século XVI, que afirmavam a primazia do merecimento sobre a origem, sobretudo na esfera militar, convencidos de que mesmo homens pobres e humildes podiam ser guerreiros valorosos e virtuosos – uma tópica, aliás, recorrente na literatura romana –, Gonzaga parece se inclinar à tradição medieval que postulava a arte militar como domínio por excelência da nobreza. Como mostra Francis Cotta, o sentido da crítica do poema só pode ser entendido no contexto de ascensão de negros e mulatos aos postos da oficialidade, que, iniciado muito antes, conheceu, sob o governo de Cunha Meneses, um forte incremento, ditado especialmente por questões estratégicas. Tal fenômeno subverteu as tradicionais prescrições sobre a exigência de limpeza de sangue e ascendência nobre para a promoção na área militar, o que explica, portanto, a crítica conservadora de Critilo.[406]

---

[405] GONZAGA. *Poesias*: Cartas Chilenas, p. 241, carta 5ª, v. 290-302.
[406] COTTA. Milícias negras na América Portuguesa: defesa territorial, manutenção da ordem e mobilidade social.

A situação colonial imprimiria outras marcas na poesia de Gonzaga, além das implicações morais e políticas de uma sociedade fortemente mestiça, às voltas com a ascensão de negros, pardos e mulatos. Afinal, até que ponto o tipo de despotismo praticado pelo Fanfarrão Minésio, com toda sorte de abusos e desmandos, seria uma especificidade dos governos ultramarinos ou, ao contrário, uma ameaça inerente a todos os governos e particularmente agravada nas regiões mais distantes? Em dois momentos, Critilo se refere às "conquistas" para indicar o cenário de atuação dos maus governadores, dando a entender que elas seriam o palco privilegiado desses vícios. A primeira vez, ainda na dedicatória, dirigida aos "Grandes de Portugal", que são "aqueles de quem os nossos soberanos costumam fiar os governos das nossas conquistas: são por isso aqueles a quem se devem consagrar todos os escritos, que os podem conduzir ao fim de um acertado governo".[407] Ou seja, a obra é dedicada não a todos os governadores, mas aos governadores das conquistas, o que delimita, muito significativamente, o campo sobre o qual discorre o poema. Daí que se pode concluir que são nelas que os governos desacertados têm lugar. E não é à toa que o Chile – uma metáfora de Vila Rica – também é conquista. A passagem seguinte reforça essa ideia:

> Eu lamento a conquista a quem governa
> Um chefe tão soberbo e tão estulto
> Que, tendo já na testa brancas repas,
> Não sabe, ainda, que nasceu vassalo.[408]

Em outra passagem, Critilo lamenta a tendência desses governadores em tomar como seu um poder do qual não passavam de meros representantes, assumindo uma independência incompatível com a sua condição de vassalos:

> Ah! meu bom Doroteu, que feliz fora
> Esta vasta conquista, se os seus chefes
> Com as leis dos monarcas se ajustaram!
> Mas alguns não presumem ser vassalos,
> Só julgam que os decretos dos augustos

---

[407] GONZAGA. *Poesias*: Cartas Chilenas, p. 189.
[408] GONZAGA. *Poesias*: Cartas Chilenas, p. 219, carta 3ª, v. 217-220.

> Têm força de decretos, quando ligam
> Os braços dos mais homens, que eles mandam.[409]

Avançando, Critilo sugere que a virtude é ainda mais decisiva naqueles que governam as "remotas terras", pois nelas são maiores os riscos de desgoverno:

> Ungiu-se, para rei do povo eleito,
> A Saul, o mais santo que Deus via.
> Prevaricou Saul, prevaricaram,
> No governo dos povos, outros justos.
> E há de bem governar remotas terras
> Aquele que não deu, em toda vida
> Um exemplo de amor à sã virtude?[410]
>
> O grande Salomão lamenta o povo
> Que sobre o trono tem um rei menino;
> Eu lamento a conquista a quem governa
> Um chefe tão soberbo e tão estulto
> Que, tendo já na testa brancas repas,
> Não sabe, ainda, que nasceu vassalo.[411]

Gonzaga expressa aqui, mais uma vez, a convicção de que a distância do rei favorece o despotismo reinante no governo das conquistas, como se pode perceber nos versos seguintes:

> Infeliz, Doroteu, de quem habita
> Conquistas do seu dono tão remotas!
> Aqui o povo geme e os seus gemidos
> Não podem, Doroteu, chegar ao trono.
> E se chegam, sucede quase sempre
> O mesmo que sucede nas tormentas,
> Aonde o leve barco se soçobra
> Aonde a grande nau resiste ao vento.[412]

Ou seja, a distância opera num duplo registro: à excessiva autonomia de que gozam os governadores nas conquistas se somam as

---

[409] GONZAGA. *Poesias*: Cartas Chilenas, p. 235, carta 5ª, v. 78-84.
[410] GONZAGA. *Poesias*: Cartas Chilenas, p. 210, carta 2ª, v. 274-280.
[411] GONZAGA. *Poesias*: Cartas Chilenas, p. 219, carta 3ª, v. 215-220.
[412] GONZAGA. *Poesias*: Cartas Chilenas, p. 236, carta 5ª, v. 114-121.

dificuldades enfrentadas pelos vassalos para serem ouvidos na corte. Mas não é só isso. Gonzaga introduz uma ideia interessante: mesmo quando as reclamações dos vassalos conseguem subir até o rei distante, elas tendem a ser desqualificadas e abafadas pelos poderosos. É, portanto, sobre a impotência dos vassalos ultramarinos de que fala Critilo, reelaborando a tradicional tópica da opressão dos poderosos sobre os fracos. Aliás, tal convicção encontrava-se bastante disseminada também nos textos de natureza administrativa, como dão a ver os pareceres do Conselho Ultramarino e as petições dos vassalos, nos quais a imagem do rei como pai se cruzava com a do filho distante, submetido aos caprichos e às violências das autoridades locais.

Ao contrário dos autores precedentes, Gonzaga é bastante econômico nas referências à figura régia, silenciando-se sobre a tópica do rei "enganado" pelo fidalgo adulador, ainda que se possa extrair do poema tal interpretação. De qualquer forma, a Gonzaga não é estranha a tópica do rei que escolhe mal os seus representantes, pois que, fiado apenas na nobreza e no sangue, negligencia as virtudes; e o peso dessa escolha equivocada recai precisamente sobre os vassalos, à mercê dos maus governantes.

Não é só o despotismo que parece florescer com mais vigor nas conquistas. São também as possibilidades de enriquecimento ilícito, favorecidas pela distância do olhar vigilante do rei, o que acaba por converter os postos do ultramar numa forma de remediar a pobreza, como se vê nos seguintes versos[413]:

> Na corte, algum fidalgo pobre e roto,
> Dize-lhe que procure este governo;
> Que, a não acreditar que há outra vida,
> Com fazer quatro mimos aos rendeiros,
> Há de à pátria voltar, casquilho e gordo.[414]

Muito já se falou sobre o ideal do bom governo presente nas *Cartas chilenas* e no fato de o Fanfarrão Minésio personificar a antítese

---

[413] A questão da distância também foi comentada por FERREIRA. As Cartas Chilenas e a Inconfidência Mineira, p. 204. Segundo esse autor, o Fanfarrão Minésio abusava "da distância e dos seus poderes".

[414] GONZAGA. *Poesias*: Cartas Chilenas, p. 269. Carta 8ª, v. 361-365.

do governante justo.[415] Vicioso, desprovido de virtude, ele não respeita nem as leis de Deus nem as leis do soberano, desprezando o bem comum para favorecer a mais vil ambição – incorrendo assim num governo tirânico.[416] Villalta aponta a filiação dos versos de Gonzaga à Segunda Escolástica. Tal filiação estaria expressa em formulações sobre os limites do ato de governar, impostos pela exigência de respeito às leis e à justiça, pois "o governante não pode tudo; deve respeitar as leis, as diferenças de direito e as hierarquias havidas no interior dessa sociedade, a capacidade dos povos de pagar os tributos; necessita procurar a felicidade do Reino, repartir com justiça prêmios e castigos. Inversamente, é tirano o governante que age de forma oposta a esses princípios".[417]

É curioso notar a semelhança da tópica do mau governante ultramarino, tal como a desenvolve Gonzaga, com um texto tido por muitos como um dos precursores da Independência do Peru, o *Estado político del Reyno del Perú*, escrito em 1742. Seu autor, Vitorino Gonzáles Montero y Del Águila, assim como Gonzaga, apresenta um quadro inquietante da ruína do governo no Peru, atribuída sobretudo à distância do monarca, alheio à atuação dos seus representantes. Ali, lamenta o autor, os comerciantes ricos substituíram a nobreza nos postos do governo, imitando-lhe apenas o aspecto exterior, como os privilégios e títulos, ao passo que os valores como probidade e bom governo haviam sido corrompidos pela atração do rico metal. Para Del Águila, grande parte do descalabro nascia do aviltamento da milícia, que havia deixado de ser o lugar da nobreza para admitir gente de estratos sociais inferiores, ou mesmo arrivistas que haviam logrado enriquecer. Da mesma forma que as *Cartas chilenas*, o autor do *Estado*

---

[415] POLITO. *Um coração maior que o mundo*: Tomás Antônio Gonzaga e o horizonte luso-colonial, p. 133.

[416] VILLALTA. As origens intelectuais e políticas da Inconfidência Mineira, p. 582.

[417] "Todas essas ideias são defendidas ou pelos grandes pensadores da Segunda Escolástica ou por aqueles que aplicam suas concepções ao interpretarem fatos históricos. Gonzaga, no entanto, parece inovar num ponto: caracteriza como tirânico um correlato da colonização, a matança do gentio. Essa operação intelectual, portanto, concretiza aquela possibilidade aventada anteriormente: a aplicação das teorias corporativas de poder à análise da situação colonial" (VILLALTA. *Reformismo ilustrado, censura e práticas de leitura*: usos do livro na América Portuguesa, p. 475).

político del Reyno del Perú situava a distância no centro de sua explicação para o desgoverno local, observando que "*en este país, adonde todo es abundancia de oro, y plata, unida la ambición con el poder, y mutuados a un dictamen Oidores, y Virreyes, es lo mismo, que unirse los Lobos, y los Canes a devorar un rebaño, porque el principal Pastor se halla tan lejos*".[418]

Por fim, é bem significativa a conjuntura histórica muito particular em que a tópica relativa à associação entre decadência e corrupção – presente nos textos sobre a queda de Roma – foi atualizada por Gonzaga. Assim como a Índia nos séculos XVI e XVII, a capitania de Minas Gerais atravessava um momento de crise econômica – nesse caso, o esgotamento do ouro – e crise política – o realinhamento das forças políticas locais –, eventos que favoreciam a projeção, nesse cenário, das noções sobre corrupção, desgoverno, ambição desenfreada dos governantes, opressão dos pobres pelos poderosos, entre outras.

A corrupção do corpo místico

Dos autores militares do século XVI às *Cartas chilenas*, na segunda metade do XVIII, passando pela *Arte de furtar* e pela parenética de Vieira, que noções concorreram para as representações do mau governante ultramarino? Escritos num intervalo de mais de 200 anos,[419] os textos aqui examinados surpreendem pela extraordinária convergência: embora se diferenciem quanto ao gênero e à abordagem, todos se estruturam em torno de noções comuns sobre os sentidos da corrupção, articulando o mesmo repertório de formulações – ou tópicas –, o que evidencia a existência de bases consensuais sobre as quais se processava a reflexão a respeito dela.

Em vista disso, é legítimo afirmar a estabilidade desse conceito ao longo da Época Moderna, conceito que se nutriu de tradições antigas e cristãs, apropriadas – num processo dinâmico de adaptação e interpretação – como um rico manancial de referências. Tais referências se

---

[418] Sobre essa obra, ver BRENOT. L'étude du non pouvoir dans Estado politico del reyno del Peru V. Montero del Aguila, 1742; OMURA. Estado político del Reyno del Perú (1742), de Vitorino Gonzáles Montero y del Águila.

[419] *O soldado prático* foi escrito entre 1571 e 1578; a *Reformação* teve sua origem em 1599, sendo redigida entre 1620 e 1621; *Primor e honra da vida soldadesca* foi escrito em 1578 e publicado em 1630.

converteram, ao longo do tempo, em tópicas dos discursos político-morais da época, consolidando um repertório de figuras e exemplos históricos, e um sistema de valores mais ou menos organizado sobre a conduta virtuosa dos funcionários e ministros.

Influenciados pela tradição clássica, e mais particularmente pelos escritos sobre a queda de Roma, os discursos sobre a corrupção frequentemente associavam a decadência política à degeneração moral dos indivíduos, à substituição da honra pela cobiça, à tirania resultante da autonomia excessiva dos governantes – particularmente agravada no contexto dos impérios marítimos europeus –, à opressão dos pobres pelos poderosos, ao abandono do bem comum em favor do bem particular... É de se supor que dessa tradição clássica também derivaram as representações que associavam o desprezo das virtudes militares à decadência dos impérios, fortemente presentes nos autores-soldados dos séculos XVI e XVII. Uma das interpretações correntes sobre a queda de Roma, presente nos autores romanos que meditaram sobre os problemas militares, como Catão, o Censor, Cornélio Celso, Salústio, entre outros, privilegiava, como fez Flávio Vegécio em seu *Epitoma Rei Militaris*, o argumento militar: o grande fluxo de riquezas estimulou a ambição dos homens, degenerando-lhes as virtudes morais, o que causou o enfraquecimento dos exércitos e selou a sorte dos romanos.[420] Riqueza, corrupção moral, crise militar, decadência e queda: essa seria uma das fórmulas consagradas, por exemplo, entre os escritos quinhentistas e seiscentistas para a condenação da expansão portuguesa.

Também no vasto manancial das tradições clássica e cristã os autores puderam encontrar um conjunto de noções sobre as implicações deletérias da distância no governo dos povos, vista como um fator que tendia a agravar a autonomia dos governantes.[421] Se entre o século XVI e as primeiras décadas do XVII a Índia foi o lugar por excelência do

---

[420] Sobre essa obra, ver: GIACOMONI. *Ecos de uma tradição*: a ideia de decadência na obra *Epitoma Rei Militaris*, de Flavius Vegetius Renatus.

[421] ARTE de furtar, p. 406. Diz o autor: "Estes são os olhos, com que V. Majestade vencerá aos Argos, e vencerá aos linces. Onde há muitos, sempre há furtos; porque os ladrões são em toda a parte mais que muitos: e como as cousas por muitas lhes vêm à mãque o, as unhas não lhes perdoam; mas onde há bons olheiros, não se furta tanto".

desgoverno protagonizado por indivíduos rapaces e gananciosos, é a partir de meados do século XVII que o eixo se desloca em direção à América portuguesa, tornando-se ela, no século XVIII, a referência de imoralidade administrativa a que vão se referir viajantes, filósofos e autoridades.[422] Para além da falta de vigilância, a distância influenciava negativamente a comunicação dos vassalos com o monarca, pois criava obstáculos, impedindo que as suas queixas chegassem até o trono. Ou, quando conseguiam chegar, eram sufocadas pela prepotência dos poderosos – como lastimava Critilo nas *Cartas chilenas*. Para alguns desses autores, o problema da autonomia excessiva refletia uma estratégia política equivocada, por meio da qual o rei delegava todos os poderes aos seus representantes – "que sobre tudo façais o que vos parecer mais meu serviço", como dizia Diogo do Couto.[423]

Fosse como fosse, o fato é que o monarca permanecia na mais completa ignorância quanto ao que se passava em seus domínios – alinhando-se à tópica do "rei enganado" por ministros maliciosos e mal-intencionados. Mas tal ignorância nem sempre o isentava de culpa; muito pelo contrário, pois ela resultava unicamente da negligência ou da indiferença em conhecer a realidade dos seus vassalos. Como dizia Diogo do Couto, ainda que os olhos do rei não pudessem alcançar seus domínios distantes, não faltavam homens experientes e práticos para lhe contar a "verdade nestas cousas".[424] Além disso, havia um erro de origem, concernente aos padrões de seleção dos governantes, que resultava em escolhas equivocadas por parte do monarca, mais propenso a valorizar a linhagem do que a virtude daqueles que o deviam representar.

De fato, a associação entre a distância e a tirania é uma das "regularidades discursivas" identificadas por Luciano Figueiredo, em seu estudo sobre a linguagem política nas revoltas coloniais. Em uma

---

[422] Em estudos recentes, Ângela Domingues mostra que os relatos dos ingleses Cook, Banks e Parkinson descrevem os governadores da América portuguesa como homens tirânicos e corruptos (DOMINGUES. *Monarcas, ministros e cientistas*: mecanismos de poder, governação e informação no Brasil colonial). Ver também FRANÇA (Org.). *O olhar dos viajantes*, 2 v.

[423] COUTO. *O soldado prático*, p. 32.

[424] COUTO. *O soldado prático*, p. 16.

representação ao rei, em 1666, os moradores fluminenses rogaram ao rei para "pesar os inconvenientes de uma autoridade sem limitação na distância de mais de mil léguas do Trono", onde "não devem chegar os nossos clamores e gritos da nossa dor" e as "aflições e perseguições que ficamos expostos, debaixo de uma autoridade regida por paixões e caprichos, que, pelo interesse da Justiça e serviço de Vossa Majestade, sustentado por parentes e amigos poderosos que rodeiam o Trono Augusto em que Deus colocou Vossa Majestade".[425] Segundo Figueiredo, essa era uma alegação constante no discurso político dos vassalos das conquistas, que associavam o afastamento do trono régio ao desamparo em que se encontravam diante das arbitrariedades dos maus governantes.[426]

Nos autores vistos aqui, a distância revestia-se de uma conotação moral, posto que favorecia a livre vazão dos vícios e paixões, particularmente da ambição, tida como a "mãe e raiz de todos os males" – aliás, é bem revelador da difusão dessa tópica o fato de um jurista como Bobadilla atribuí-la a uma variedade de autores diferentes, como são Paulo e "outros santos e sábios".[427] De acordo com a perspectiva cristã, a ambição fazia parte da natureza humana, inclinada, em razão do pecado original, a todo tipo de fraqueza – como dizia Diogo do Couto.

A aspiração de enriquecimento por parte dos governantes aparece nesses textos como um vício altamente condenável, que, circunscrito à esfera moral, desencadeia efeitos políticos nocivos à Monarquia, pois nele estão os gérmens da corrupção da república. Nos autores militares, em especial, trata-se de opor, de um lado, a paixão pelos bens materiais e, de outro, o apreço pela honra e pela fama, estas últimas consideradas as legítimas motivações dos governantes – oposição que evoca os altos valores morais da cavalaria. Com efeito, os escritos da época foram sensíveis ao problema da cobiça frente ao rigoroso código ético cavaleiresco:

---

[425] Citado por FIGUEIREDO. Narrativas das rebeliões: linguagem política e ideias radicais na América Portuguesa moderna, p. 11.

[426] Segundo Luciano Figueiredo, "A lonjura em relação ao 'bafo do rei', ativada pela tópica, denunciava a usurpação de direitos dos súditos diante das autoridades figuradas como venais e despóticas" (FIGUEIREDO, Narrativas das rebeliões: linguagem política e ideias radicais na América Portuguesa moderna, p. 11).

[427] BOBADILLA. *Política para corregidores y señores de vasallos*, libro II, cap. XII, p. 422.

segundo o título XXVI da Partida II, a "ganância é coisa que naturalmente cobiçam fazer todos os homens e muito mais os que guerreiam".⁴²⁸ Dom Quixote, por exemplo, agia pela motivação econômica do enriquecimento, entretanto, como aponta Maravall, havia uma diferença significativa entre ele e seus contemporâneos: no caso do cavaleiro, o que estava em jogo não era a acumulação de dinheiro, e sim a acumulação de "tesouros, terras e de gentes sobre as quais ele é senhor". Não se reveste da forma puramente mercantil dos tempos modernos a motivação econômica do Quixote, mas, ao contrário, é uma forma heroica dos tempos medievais, pois lhe confere honra e fama, sendo legítima e aceita socialmente.⁴²⁹ É o gosto pelas riquezas em si – em seu valor intrínseco – que subverte o código de conduta do cavaleiro virtuoso e honrado.⁴³⁰

Mesmo a ambição heroica comportava, na moral medieval, algum tipo de limitação, devendo se conformar às necessidades da posição social dos indivíduos.⁴³¹ Ou seja, como observa Maravall, "uma riqueza, portanto, com limites rigorosos, é a que postula a moral social do Medievo".⁴³² Na tratadística moral da Época Moderna, também prevaleceu a convicção de que a legitimidade do desejo de riquezas

---

⁴²⁸ Proêmio, título XXVI, Partida II. Citado por MARAVALL. *Estado moderno y mentalidad social: siglos XV a XVII*, t. II, p. 105. Segundo Bobadilla, uma lei da Partida diz que *"codicia es cosa, que han en sí los omes naturalmente, é quien usa de ella como debe, é en las cosas que conviene, no es mal: é quando sale de su lugar, es además, é tornase la cosa del mundo peor, é es contra todas las buenas costumbres"* (BOBADILLA. *Politica para corregidores y señores de vasallos*, libro 2, cap. XII, p. 422).

⁴²⁹ MARAVALL. *Estado moderno y mentalidad social*: siglos XV a XVII, t. II, p. 105-106.

⁴³⁰ MARAVALL. *El humanismo de las armas en don Quijote*, p. 28-30. Segundo Maravall, "Dom Quixote aspira a ser poderoso, a alcançar um reino e até um império e a gozar com ele as riquezas que vão junto deles: riquezas, pois, que lhe interessam não pelo espírito de lucro, senão pelo afã de poder" (p. 35).

⁴³¹ MARAVALL. *Estado moderno y mentalidad social*: siglos XV a XVII, t. 2, p. 111. Como afirma Tawney, "está permitido ao homem buscar as riquezas necessárias para viver de acordo com a posição que ocupa. Buscar mais não é empresa, senão avareza, e a avareza é um pecado mortal" (TAWNEY. *La religión en el orto del capitalismo*, p. 46, 56, 62).

⁴³² Segundo Maravall, a concepção de ganho, na sociedade medieval, comporta três limitações: em primeiro lugar, uma atitude de conservação, o que significa "ganhar, sim, mas mais vale conservar o ganho e não se arriscar em novos ganhos"; um critério de limitação: pode-se buscar o ganho mas até certa medida; e essa medida

dependia não só da posição social do indivíduo, mas também dos seus merecimentos. Não é por outro motivo que Bluteau se refere à ambição como "desejo imoderado de honras não merecidas, ou maiores das que merecemos".[433] Para Jean Bodin, era arte diabólica distribuir bens que não estivessem em proporção com a capacidade de cada um: assim, "dar riqueza aos pobres, prazer aos aflitos, poder aos fracos, beleza aos feios, conhecimento aos ignorantes e honra aos desprezíveis" eram, para ele, artimanhas do diabo.[434]

Se a ganância feria o código de valores da cavalaria, sendo um comportamento indigno dos nobres, tanto mais nociva era quando encontrada nos indivíduos a quem competia o governo dos povos.[435] Esse é um tema influente nos escritos políticos e morais da Época Moderna: Saavedra Fajardo, por exemplo, diz: "Ó infeliz o Príncipe e o Estado que se perdem porque se enriquecem seus ministros".[436] Castillo de Bobadilla distingue, com base em Cícero e nos textos bíblicos, dois tipos de cobiça nos juízes: a "ordenada cobiça", que é a pretensão de fazenda e fama, "que não somente não é reprovada, nem viciosa, mas digna de ter por egrégia virtude, e providência", pois é necessária à magnanimidade do magistrado". Contrária a ela, a má cobiça, que é "abominável e perniciosa", a qual o profeta Joel comparou à embriaguez, porque nenhum vinho embriaga, nem obscurece, nem anuvia o entendimento, tanto como a cobiça.[437] É, aliás, o enriquecimento proporcionado pela ordenada cobiça que permite o necessário exercício das virtudes da liberalidade e da caridade. E, de fato, nos espelhos de príncipe, o bom governante prefere destinar as suas riquezas aos pobres e necessitados, em vez de simplesmente guardá-las e acumulá-las, como se vê numa passagem da *Crônica da tomada de Ceuta*, em que Gomes

está dada pela função e posição de cada um na sociedade (MARAVALL. *Estado moderno y mentalidad social*: siglos XV a XVII, t. 2, p. 107).

[433] AMBIÇÃO. In: BLUTEAU. *Vocabulario portuguez & latino*, p. 325-326.

[434] Citado por MARAVALL. *Poder, honor y élites en el siglo XVII*, p. 30.

[435] BRUNKE. Codicia y bien público: los ministros de la Audiencia en la Lima seiscentista, p. 134-136.

[436] SAAVEDRA FAJARDO. *Idea de un príncipe político christiano, representada en cien empresas*, p. 385.

[437] BOBADILLA. *Politica para corregidores y señores de vasallos*, libro II, cap. XII, p. 437.

Eanes de Zurara narra que a santa rainha Dona Felipa, à beira da morte, distribuiu parte dos seus bens aos miseráveis: "cá sua riqueza toda era tesouro de pobres, fazendo muitas esmolas, assim para casar órfãs e criar meninos".[438]

À "ordenada cobiça", própria dos nobres, opunha-se a pobreza – considerada por alguns como a origem dos vícios, como dizia o autor do *Libro del consejo y de los consejeros: "la mengua de las cosas temporales"* envilece a condição dos homens.[439] A detração da pobreza – como nas *Siete partidas*, em que se diz que *"la pobredad trae a los homes à gran codicia, que es raíz de todo mal"* – vai alimentar uma vertente que sustentará que os funcionários não podem ser pobres.[440] Em sua *Miscellanea*, publicada em Portugal, em 1628, Miguel Leitão de Andrada – para quem "qual vil cousa seja a pobreza, e a quantas vilezas obrigue todas alheias da nobreza" – se oporá à escolha de homens pobres para a ocupação de cargos e postos, citando Isaías – " se em minha casa não há pão, nem vestido, não me queiras fazer governador do povo"[441] – e Tucídides, segundo quem os atenienses praticavam a lei de Sólon, que proibia os pobres de terem cargo para não usarem mal dele.[442]

Há, pois, que evitar a pobreza – da qual nasce a má ambição – e a cobiça desenfreada – que, na Época Moderna, designava-se mais frequentemente por "avareza", entendida, conforme Bluteau, pelo "demasiado amor das riquezas".[443] Os conceitos de avareza e o seu oposto – a liberalidade – estão intimamente ligados na literatura política e moral, especialmente nos espelhos de príncipe, escritos na Península Ibérica entre os séculos XV e XVI. O autor do já citado *Libro del consejo e de los consejeros* identifica a cobiça como um dos

---

[438] QUEIRÓS. *"Pera Espelho de Todollos Uiuos"*: a imagem do Infante D. Henrique na Crônica da Tomada de Ceuta, p. 114.

[439] Citado por MARAVALL. *Estado moderno y mentalidad social*: siglos XV a XVII, t. 2, p. 105.

[440] Citado por BOBADILLA. *Politica para corregidores y señores de vasallos*, libro I, cap. XI, p. 147.

[441] *Isaías*, 3, 7: "Naquele dia levantará este a sua voz, dizendo: Não posso ser médico, nem tampouco há em minha casa pão, ou roupa alguma; não me haveis de constituir governador sobre o povo".

[442] ANDRADA. *Miscellanea*, p. 399.

[443] AVAREZA. In: BLUTEAU. *Vocabulario portuguez & latino*, v. 1, p. 656.

vícios que impedem o homem de ser bom conselheiro.[444] Em seu *Leal conselheiro*, escrito em XV, D. Duarte nota que a liberalidade é o oposto da avareza, observando que "havendo-se como convém e possuindo liberalidade, que é uma virtude, posta e declarada nas Éticas de Aristóteles e outros muitos livros, entre a escassez e o sobejo de gastar".[445] Esperava-se que os representantes do rei manifestassem tal espírito liberal, mostrando-se dispostos a renunciar aos próprios bens em proveito da monarquia, pois servi-la implicava sacrificar riquezas e vidas em seu nome, o que constituía prova inequívoca de lealdade – nas palavras de Sebastião César de Meneses, "as ações generosas sustentam e dilatam os Impérios".[446]

A essas virtudes correspondem os vícios da prodigalidade e da avareza: a primeira é quando se dá o que se deve e o que não se deve, nada ficando para si; a segunda, quando não se dá o que se deve dar, guardando tudo para si.[447] Além da *Ética* de Aristóteles, uma das fontes de condenação da ambição e da avareza entre os governantes residia nos textos de Cícero. É assim, por exemplo, que Diogo Lopes Rebelo, o mais antigo tratadista ibérico em direito político, comenta, em seu livro *De Republica gubernanda per regem*, publicado em 1496, que, entre os vícios opostos à liberalidade, o pior é a avareza, e, glosando sobre Cícero, conclui que "não há vício mais repugnante do que a avareza, sobretudo nos príncipes e nos governantes da república". Assim como o príncipe deve se afastar desse vício, "compete-lhe, também, proibir os juízes e governadores [...] de aceitarem dádivas, no julgamento dos processos e na administração da justiça. [...] Não recebas presentes, porque eles cegam os olhos dos sábios e alteram o peso da justiça". Por essa razão, o príncipe deve se informar com o maior cuidado se os seus juízes mostram-se propensos ao vício da avareza.[448]

---

[444] MUNIZ. Espelho de conselheiros: um possível gênero da literatura política ibérica, p. 20.

[445] SOUSA. *O rei, os poderes e a literatura*: virtudes e pecados na prosa civilizadora de D. Duarte e D. Pedro (Portugal, séculos XIV e XV), p. 70.

[446] MENEZES. *Summa politica*, p. 58.

[447] MESQUITA. Diogo Lopes Rebelo e o *De Republica gubernanda per regem*, p. 13.

[448] MESQUITA. Diogo Lopes Rebelo e o *De Republica gubernanda per regem*, p. 14.

Herdeiro dessas concepções, Diogo do Couto afirma que a avareza é um vício que assola particularmente a Índia, distinguindo-o da liberalidade, que é "usar moderadamente das riquezas, [...] pelo contrário, a avareza é um apetite desordenado, uma cobiça insaciável e uma enfermidade que abrange a todas às partes do corpo...".[449] Na *Summa politica*, Sebastião César de Menezes sublinha que uma das obrigações do príncipe consistia na "boa eleição dos ministros", graças à qual se podia evitar as queixas dos vassalos, uma vez que destas nasciam graves e sérios perigos para a República. Em suas palavras, o ministro desprovido de qualidades "desacredita o Príncipe, pela eleição, desautoriza o lugar, pela pessoa; e arruína o estado, pelo governo".[450]

Na cultura política dos vassalos americanos, a tópica da avareza ou da ambição desmedida dos governantes aparece com frequência associada à reivindicação de uma escolha mais cuidadosa por parte do rei. Assim, em 1661, o provedor-mor da Fazenda do Estado do Brasil, Lourenço de Brito Correia, rogou ao rei que enviasse para a América bons ministros, "para que tudo não seja tirania, interesses, e aumento da fazenda própria, em grande prejuízo dos vassalos de Vossa Majestade".[451] Em termos quase idênticos, a Câmara do Rio de Janeiro assim escreveu ao monarca: "pela glória de seu trono, felicidade e amparo dos vassalos, pede e clama seja servido dar eficazes providências na escolha de homens para o governo desta terra".[452] Parecia, então, ser uma convicção bastante arraigada, mesmo entre os membros do Conselho Ultramarino, que os ministros enviados para as conquistas do Novo Mundo aspiravam apenas ao próprio enriquecimento, descuidando dos assuntos do governo. Assim o disse o lúcido e experiente Antônio Rodrigues da Costa em uma consulta de 1721, lamentando que "os governadores que se lhe mandam [para o Brasil], ministros e oficiais [...] vão cheios de ambição, e o seu principal objeto é enriquecerem-se, valendo-se

---

[449] COUTO. *O soldado prático*, p. 180.

[450] MENEZES. *Summa politica*, p. 158.

[451] Citado por FIGUEIREDO. Narrativas das rebeliões: linguagem política e ideias radicais na América Portuguesa moderna, p. 9.

[452] COARACY. *O Rio de Janeiro no século dezessete*. Rio de Janeiro: J. Olympio, 1965, p. 27, citado por FIGUEIREDO. Narrativas das rebeliões: linguagem política e ideias radicais na América Portuguesa moderna, p. 9.

para isto de todos os meios lícitos e ilícitos".⁴⁵³ Em um manifesto de 1700, assinado por um tal de "Engenho do Rio de Janeiro", o autor desabafa que os ministros nomeados pelo rei têm a seguinte máxima: "venha para cá o ouro de sua majestade que lhe queremos pôr a mão por cima, e os bugios do Brasil que se esfolem".⁴⁵⁴

Inseparável dos debates sobre a avareza dos governantes, a discussão sobre a origem da verdadeira nobreza polarizou-se, em alguns autores, em torno da superioridade da virtude ou do sangue. Se, para alguns, a nobreza se originava do sangue, sendo uma qualidade transmitida hereditariamente – a fidalguia –, para outros, ela nascia de uma conduta virtuosa, sendo esta a única distinção legítima entre os homens, nascidos todos iguais.⁴⁵⁵ Tratava-se de um debate presente na tratadística nobiliária, que, ainda no século XVI, fixou a virtude como o valor superior na definição de nobreza.

Para muitos, a noção de que a verdadeira nobreza não estava no alto nascimento, mas sim nos merecimentos, não sendo, portanto, transmitida através do sangue dos pais aos filhos, a que se dava o nome de nobreza civil ou política, contrapunha-se à ideia de nobreza natural. O autor anônimo de *Primor e honra* cita Platão para afirmar que "o verdadeiro louvor é alcançar a pessoa honra pelo seu próprio valor".⁴⁵⁶ De fato, a questão do reconhecimento do mérito – ou do enobrecimento pela virtude – deita raízes não só na tradição clássica, em autores como Platão e Aristóteles, mas também na romana, sendo uma tópica bastante disseminada nos escritos políticos e na tratadística nobiliária dos séculos XVI e XVII. Aliás, como apontam autores como

---

⁴⁵³ Parecer de Antônio Rodrigues da Costa de 9-1-1721, Lisboa, AHU, cód. 233, f. 223. Citado por FIGUEIREDO. Narrativas das rebeliões: linguagem política e ideias radicais na América Portuguesa moderna, p. 10.

⁴⁵⁴ Manifesto do encoberto e o encoberto manifesto para guia de tontos, espelho de cegos, e despenhadeiro de cobiçosos. Dedicado aos presos do Limoeiro de Lisboa. Composto por um engenho de Rio de Janeiro. Ano de 1700. Citado por FIGUEIREDO. Narrativas das rebeliões: linguagem política e ideias radicais na América Portuguesa moderna, p. 11-12.

⁴⁵⁵ Cabe notar que muitos autores que acreditavam que a nobreza se originava da virtude estavam convencidos de que a virtude também podia ser transmitida pelo sangue (HESPANHA. A nobreza nos tratados jurídicos dos séculos XVI a XVIII, p. 32).

⁴⁵⁶ PRIMOR e honra da vida soldadesca no Estado da Índia, p. 1.

Berrendero, a tradição clássica teve um papel central na construção de uma identidade nobiliária, tendo sido apropriada pela tratadística ibérica, em princípios da Época Moderna, para a definição de conceitos-chave como nobreza, virtude e honra. Um exemplo é a obra *Origem da nobreza política*, de 1631, cujo autor, Álvaro Ferreira de Vera, discorria "como de baixos e humildes pais subirão muitos por seus merecimentos a grandes honras e dignidades".[457]

De resto, a existência de uma nobreza civil ou política, que se adquire por concessão do príncipe, era reconhecida pelos textos jurídicos da época, não sendo uma inovação. Na *Miscellanea*, publicada em Lisboa, em 1629, Miguel Leitão de Andrada assim se refere à nobreza: "que ao rei somente pertence fazer nobres, e que é isso superioridade real [...] que a nobreza se causa, ou por feitos ilustres, ou por riqueza, porém que não se presume nobreza, sem se provar".[458] Bluteau distingue a nobreza hereditária da nobreza política ou civil, sendo esta a que "alguém logra, não pela sucessão do sangue, mas por respeito do posto, ou cargo nobre, que exercita".[459] Numa obra escrita em 1806, Luís da Silva Pereira Oliveira retoma a questão, refutando a ideia de uma nobreza exclusivamente hereditária, com base nos autores que defenderam a superioridade da nobreza civil ou política sobre a natural, como Manuel de Faria e Sousa e Matias Aires.[460]

Segundo António Hespanha, nos tratados jurídicos portugueses da Época Moderna, além da nobreza hereditária, havia a nobreza civil ou política, que "decorre não da natureza mas de normas do direito positivo, dos costumes da cidade. Desse tipo é a nobreza que se obtém pela ciência, pela milícia, pelo exercício de certos ofícios".[461] Foi no século XVII que o conceito de nobreza se ampliou consideravelmente, para incorporar, além daquela ideia de fidalguia,

---

[457] BERRENDERO. Interpretaciones del héroe clásico: la genealogía de la idea de noble/honrado y su desarrollo en la tratadística nobiliaria lusocastellana (1556-1640); algunos ejemplos, p. 139-140.

[458] ANDRADA. *Miscellanea*, p. 370.

[459] NOBREZA. In: BLUTEAU. *Vocabulario portuguez & latino*.

[460] OLIVEIRA. *Privilégios da nobreza, e fidalguia de Portugal*, p. 19-21.

[461] HESPANHA. *História de Portugal moderno político e institucional*, p. 43. Ver também HESPANHA. A nobreza nos tratados jurídicos dos séculos XVI a XVIII.

a noção de uma nobreza de serviços, aplicada à aristocracia da corte, em cujas mãos estavam os principais ofícios e cargos, tanto no palácio real quanto na administração central, do exército e das conquistas ultramarinas.[462] D. Francisco Manuel de Melo menciona tal situação, notando que os merecimentos impuseram ao rei a "necessidade de mandar escrever no livro de sua nobreza inferiores pessoas, ou das que a diferença dos fidalgos antigos são chamados fidalgos nos livros de El-Rei", visto que a nobreza civil ou política, "se não é comum, é possível a qualquer homem bom da República quando é benemérito do serviço do príncipe".[463]

Se a nobreza podia ser adquirida através da virtude, ela também podia ser perdida através do vício. Para um dos representantes do humanismo político português, Jerônimo Osório da Fonseca, autor de *Tratados de nobreza civil e cristã*, publicado pela primeira vez em 1542, "merecem grandemente a geral execração e ódio quantos aniquilam a nomeada que herdaram, manchando-se com a indignidade".[464] A nobreza comportava, afinal, uma dimensão ética: se na teoria platônica, amplamente retomada pelos tratadistas nobiliários ibéricos, identificava-se o nobre ao bom e ao belo, associando-o assim à virtude e à honra, exigia-se dele, porém, uma conduta exemplar, verdadeiro modelo que todos deveriam imitar.[465] Ou seja, os verdadeiros nobres são os que respeitam as leis de Deus, do rei e dos homens, mantendo-se distantes de vícios como a ambição, a avareza, a cólera e a soberba, e adotando um comportamento virtuoso, compatível com o seu estatuto social.[466] A esse respeito, Bluteau notará,

---

[462] MONTEIRO. Poder senhorial, estatuto nobiliárquico e aristocracia. Ver também: COSENTINO. Enobrecimento, trajetórias sociais e remuneração de serviços no império português: a carreira de Gaspar de Sousa, governador geral do Estado do Brasil, p. 234-236.

[463] Citado por COSENTINO. Enobrecimento, trajetórias sociais e remuneração de serviços no império português: a carreira de Gaspar de Sousa, governador geral do Estado do Brasil, p. 234-235.

[464] TOLEDO. Pedagogia e política nos *Tratados de nobreza civil e cristã* de Jerônimo Osório da Fonseca, p. 76.

[465] BERRENDERO. Interpretaciones del héroe clásico: la genealogía de la idea de noble/honrado y su desarrollo en la tratadística nobiliaria lusocastellana (1556-1640); algunos ejemplos, p. 117.

[466] MARAVALL. *Poder, honor y élites en el siglo XVII*, p. 36.

por exemplo, que a nobreza – hereditária ou política – destituída da virtude não passa de uma "fútil ostentação de fantástica grandeza".[467] A crítica aos nobres que não se conduzem nobremente será objeto da literatura moralista dos séculos XVI e XVII.[468] É, portanto, dessa perspectiva que se formula a condenação da ambição desmedida dos governantes – tal como aparece nos autores aqui examinados – que, esquecidos de suas obrigações morais, entregam-se aos vícios próprios dos homens inferiores. Ou ainda a crítica aos que enriquecem de forma ilícita – "a riqueza mal adquirida" –, uma tópica dos discursos moralistas, a exemplo de Miguel Leitão, para quem "a [riqueza] mal adquirida, confesso não somente não merecer ser nobreza, mas nem ainda outra honra, ou privilégio algum, como o dizem todos os doutores".[469]

Da tópica sobre as virtudes necessárias ao bom governante, cujo pano de fundo é a subordinação da política aos princípios morais e cristãos, derivou uma reflexão mais particular sobre se a mera posse de tais virtudes – virtudes cristãs, desde logo – seria o suficiente para o bom governo dos povos, ou se a estas deveriam se juntar a experiência, a competência, o conhecimento das coisas. Não deixa de ser muito significativo o fato de que os autores militares dos séculos XVI e XVIII fossem soldados ou profundos conhecedores da realidade indiana, e que dessa condição derivasse a origem da autoridade dos seus escritos – como o demonstra Diogo do Couto, com o expressivo "soldado prático". Idêntica convicção se encontra no autor da *Reformação*, que anuncia a sua obra como o resultado daquilo que "com a curiosidade e experiência de muitos anos tenho alcançado". A essa longa experiência ele contrapõe, não sem ironia, as "pessoas tão qualificadas e de alto juízo e experiência nas cousas da guerra como são as que assistem nos concelhos de Vossa Majestade...".[470] O *Primor e honra* também é enfático a esse respeito – e um dos capítulos traz precisamente o título "Que para o serviço del rei se fazer perfeitamente, é necessária muita experiência aos que nele procedem", observando que não basta

---

[467] NOBREZA. In: BLUTEAU. *Vocabulario portuguez & latino*, v. 5, p. 732.

[468] MARAVALL. *Poder, honor y élites en el siglo XVII*, p. 69.

[469] ANDRADA. *Miscellanea*, p. 398.

[470] REFORMAÇÃO da milícia e governo do Estado da Índia Oriental, p. 95.

apenas ouvir, é preciso conhecer efetivamente.[471] Assim, o governo das conquistas exige, para além de um comportamento virtuoso, a experiência, fonte de toda a prudência – esta também uma das pedras de toque dos tratados sobre o bom governo, como dizia, por exemplo, Álamos Barrientos, para quem a experiência é "*madre de la prudencia política*".[472] Prudência que o autor anônimo de *Primor e honra* remete a Aristóteles, definindo-a como "direita razão de todas as coisas agíveis", nascida tanto da virtude e do conhecimento absorvido nos livros quanto da experiência.[473] Idêntica opinião partilhava Vieira, que via nela o critério mais decisivo para a escolha dos governantes. Em chave oposta, Gonzaga contrapõe-se a esses autores, na medida em que para ele já não se trata de privilegiar a experiência, mas a sim virtude como a principal mestra do bom governante – da mesma forma como sugere Cervantes no episódio em que Sancho assume o posto de governador da ilha da Barataria, desembaraçando-se da função com grande êxito, apesar de sua notória ignorância sobre o governo político.[474]

Tampouco a exigência da experiência era uma formulação original. Como mostra Maravall, das virtudes que os tratadistas dos séculos XVI e XVII recomendavam ao príncipe, destacava-se a capacidade para identificar a experiência como um critério de valor na distribuição dos cargos militares, e um autor como o padre Pedro de Ribadeneyra, em seu *Tratado de la religion y virtudes que debe tener el Principe Christiano para gobernar y conservar sus Estados*, observa que, em razão de serem os soldados "conservadores, defensores e amplificadores da República", a promoção militar deveria se pautar pela experiência, cuidando para que fossem remunerados de acordo com os seus merecimentos.[475] Também João de Barros, comentando a escolha de Vasco da Gama para o cargo de vice-rei da Índia, defendeu que o titular fosse "homem de limpo sangue, natural, e não estrangeiro, prudente, cavaleiro, bem acostumado, e que se tenha dele experiência em casos semelhantes de

---

[471] PRIMOR e honra da vida soldadesca no Estado da Índia, p. 40v, 43v.

[472] Citado por WILLIAMS. *Nos limites da ética*: Razão de Estado e Neo-Estoicismo no discurso político espanhol seiscentista, p. 4.

[473] PRIMOR e honra da vida soldadesca no Estado da Índia, p. 41v.

[474] CERVANTES SAAVEDRA. *Don Quijote de la Mancha*.

[475] Citado por MARAVALL. *La teoría española del estado en el siglo XVII*, p. 269.

mandar gente na guerra".[476] Que a experiência, sobretudo nos assuntos militares, era valorizada como padrão no recrutamento para posições de comando fica evidente nos diplomas de concessão de patentes, a exemplo daquele dado a Gaspar de Sousa, em 1603: ao lhe conceder o cargo de mestre de campo, o rei o descreve como "pessoa de qualidade, integridade, prudência, prática e experiência das cousas da guerra".[477]

Muitos são os exemplos que comprovam, ao menos no plano do discurso, a valorização da experiência como um critério importante – se não decisivo – na distribuição de cargos e postos militares na administração portuguesa. Ultrapassando o plano do discurso em direção à prática, os estudos de Nuno Monteiro apontam que, no caso dos vice-reis da Índia, entre os anos 1505 e 1550, o principal fator de recrutamento parece ter sido o pertencimento a linhagens "com fortes tradições de serviço militar prolongado no Oriente". Segundo ele, a grande maioria dos escolhidos tinha não só experiência nos cargos de chefia militar ou política, mas também presença anterior na Índia, apesar de alguns indivíduos não atenderem a esses requisitos. Monteiro assinala que é a partir da primeira metade do século XVII que esse quadro se altera, e o conhecimento da realidade indiana e as habilidades militares dos fidalgos perdem espaço para indivíduos saídos do topo da hierarquia nobiliárquica.[478]

Não é, portanto, de admirar a indignação do autor de *Primor e honra* quanto à desvalorização da experiência, em favor das "privanças, aderências e parentes poderosos" – numa palavra, a lógica política da corte, contra a qual se baterá também Vieira, condenando com vigor a peita por "recomendação", "independência" e "respeito".

Mesmo os requisitos de virtude e merecimento não bastavam, por si sós, para impedir os abusos dos governantes; por essa razão, há unani-

---

[476] CUNHA; MONTEIRO. Vice-reis, governadores e conselheiros de governo no Estado da Índia (1505-1834): recrutamento e caracterização social, p. 93.

[477] COSENTINO. Enobrecimento, trajetórias sociais e remuneração de serviços no império português: a carreira de Gaspar de Sousa, governador geral do Estado do Brasil, p. 234-236.

[478] CUNHA; MONTEIRO. Vice-reis, governadores e conselheiros de governo no Estado da Índia (1505-1834): recrutamento e caracterização social, p. 98-99. Segundo esses autores, na primeira metade do Seiscentos, "dos oito vice-reis nomeados nesse período só metade tinham estado previamente na Índia. [...] o conhecimento dos assuntos indianos e as capacidades militares dos fidalgos foram desvalorizados" (p. 99).

midade a respeito da necessidade da criação de mecanismos eficientes de controle e punição. No entanto, a ideia de que ocupantes de determinados cargos e postos devessem se submeter a um tipo de inspeção nem sempre foi consensual ou pacífica. Exemplo disso é a forte resistência às medidas de Felipe II destinadas à criação de estratégias de controle sobre os vice-reis de Nápoles, Sicília e Milão, com o propósito de "saber como os oficiais tinham se havido no uso de seus ofícios, para castigar aos que se acharem culpados e fazer mercê aos que bem serviram". Muitos foram os que se indignaram contra tal novidade, alegando que impor algum tipo de fiscalização sobre os vice-reis equivalia a reduzi-los à condição pouco digna de oficiais, o que era incompatível para a estimação da nobreza. Reivindicavam, ao contrário, um mandato livre, cuja dignidade desconhecesse limitações – visto que "quem representa a pessoa de Sua Majestade convém que tenha inteira autoridade e que não possa estar sujeito a um risco de tanto descrédito para o seu decoro".[479] Nisso, alegavam, contrastavam com os demais oficiais, como defendeu Juan de Vega, para quem os arautos da subordinação dos vice-reis ao rei "são homens baixos e ambiciosos, que se criaram baixamente, e que não sabem que coisa é ser Rei, nem em que está a Grandeza, nem a autoridade do Rei, nem as províncias do mundo e qualidades da gente, nem cavalaria, nem honra, nem grandeza e Estados dos que merecemos ser vice-reis, nem como hão de ser esses, nem o capitão general e outros ministros desta qualidade".[480]

No centro das formulações dos autores aqui tratados está a noção de bem comum como suprema finalidade do governo, em consonância com os valores políticos do tempo.[481] É precisamente o bem comum que deve pautar o serviço régio, que, concebido à semelhança da relação entre pai e filho, aspira ao "aumento do Estado e proveito e utilidade universal dos vassalos", como explicou o autor da *Reformação*.[482] É sobretudo em termos de uma oposição fundamental que se dá a relação entre o bem comum da República e o bem particular dos vassalos – oposição que

---

[479] RIVERO RODRÍGUEZ. *La edad de oro de los virreyes*: el virreinato en la Monarquía Hispánica durante los siglos XVI y XVII, p. 100-101.

[480] RIVERO RODRÍGUEZ. *La edad de oro de los virreyes*: el virreinato en la Monarquía Hispánica durante los siglos XVI y XVII, p. 100-102.

[481] MARAVALL. *Estado moderno y mentalidad social*: siglos XV a XVII, t. 2, p. 209

[482] REFORMAÇÃO da milícia e governo do Estado da Índia Oriental, p. 181.

começa a se eclipsar a partir do século XVI, quando o conceito de bem comum tende a compreender também o bem particular, como se vê, por exemplo, nas instruções dos reis católicos ao bispo de Túy, de que "o bem público, o qual deve ser anteposto a qualquer outro particular, porque naquele é compreendido e conjunto".[483] A mesma ideia aparece também no *Primor e honra*, para cujo autor o tirano, dominado pela "entranhável cobiça", esquece-se de que "o que for proveitoso para o bem comum, converterá em seu particular interesse".[484]

De modo geral, porém, a noção do bem particular mantém-se presa ao mau governo e à corrupção da República, expressa na fórmula "bem particular/injustiça/tirania/corrupção do corpo místico", ao passo que a noção do bem comum remete ao ideal do bom governo, assentado em "bem comum/justiça/governo justo/saúde do corpo místico". Tirano é, pois, o nome que se dá não só ao príncipe, mas também àqueles que estão a serviço dele e que padecem do vício da avareza – como dizia Petrarca, é o *proprium commodum* que nasce da *avaritia*.[485]

De acordo com Guido Cappelli e Antonio Gómez Ramos, no pensamento grego, e mais ainda no romano, já estava definida tipologicamente a oposição entre o governante virtuoso e o tirano, sendo este o que, pela forma de aquisição ou pelo exercício do poder, transgride as regras do governo justo, dando lugar, assim, à violência e à prevalência do interesse particular sobre o interesse público.[486] Essa tipologia, para

---

[483] MARAVALL. *Estado moderno y mentalidad social*: siglos XV a XVII, t. 2, p. 209.

[484] PRIMOR e honra da vida soldadesca no Estado da Índia, p. 39v.

[485] CAPPELLI. La otra cara del poder: virtud y legitimidad en el humanismo político. In: CAPPELLI; RAMOS (Org.). *Tiranía*: aproximaciones a una figura del poder. p. 101-102. Para Petrarca, o *proprium commodum,* ou o interesse privado, decorria do vício da *avaritia,* alargando assim a ideia de tirania, que deixa de ter uma dimensão exclusivamente moral para assumir uma econômica. Nas palavras de Petrarca, "a avareza não faz mais que crescer e estar desperta. Os que querem, pois, mandar sobre os povos, devem em primeiro lugar evitar este vício. Nada faz o tirano tão odioso, nem tão indigno de seu lugar preeminente e de seu domínio [...] Os homens recusam a se submeter àquele que está submetido à avareza e que tenha sobre o corpo alheio, o poder que não tem sobre seu próprio dinheiro" (citado por CAPPELLI. La otra cara del poder: virtud y legitimidad en el humanismo político, p. 102).

[486] Citado por CAPPELLI; RAMOS (Org.). *Tiranía*: aproximaciones a una figura del poder, p. 10.

a qual confluiu também a tradição cristã, permanecerá estável ao longo da Idade Média e do Renascimento, consolidando o conceito de tirano como "aquele que exerce o poder em desacordo com seus fins de justiça e virtude".[487] O humanismo político, por exemplo, situará nos textos de Cícero sobre a ilicitude do *sui commodum* (interesse privado) a chave para a reflexão sobre a tirania, conferindo-lhe uma dimensão mais propriamente econômica, a exemplo de Salutati, que, inspirado por Petrarca, nota que, nos casos de tirania, "os bens e os ganhos da república ficam à disposição do arbítrio de quem não considera a utilidade dos súditos, senão a sua própria [...] se enriquece com o sofrimento dos pobres cidadãos e o que deveria ser distribuído para utilidade de todos, fica submetido, de forma injusta, à avareza e à rapacidade de um só".[488]

O conceito de tirania está no centro da cultura filosófico-jurídica que floresceu na Península Ibérica no século XVII, particularmente nas teorias corporativas de poder, a exemplo da obra *Defensio Fidei*, em que Francisco Suárez retoma a distinção clássica entre tirania de origem e tirania de exercício. Esta última será definida por ele como o abuso de poder por parte do governante legítimo: tirano é "aquele que converte tudo em seu próprio proveito com desprezo do bem público", "aquele que aflige injustamente a seus súditos pelo roubo, pelo homicídio, pela corrupção e outros feitos similares".[489] Do mesmo modo, Francisco de Vitória escreverá: "*toda ley debe ordenarse al bien común [...] porque el fin de todas las leyes es la felicidad*", não sendo assim "*lícito al príncipe dar una ley que no atienda al bien común*", pois "*de otro modo sería una ley tiránica, no una ley justa, puesto que se trata de una persona pública, que está ordenada al bien común, y es un ministro de la república*".[490] Ou, ainda, Juan de Mariana, para quem o povo está obrigado a suportar a tirania dos príncipes legítimos, exceto nos casos em que estes últimos "*trastornen la república, se apoderen de*

---

[487] Segundo Maravall, sobre o tema da tirania se debruçou tanto a tradição clássica quanto a cristã, ambas compartilhando a ideia de que o tirano é aquele que exerce o poder em desacordo com os fins de justiça e virtude (MARAVALL. *La teoria española del estado en el siglo XVII*, p. 400).

[488] CAPPELLI. *La otra cara del poder: virtud y legitimidad en el humanismo político*, p. 102.

[489] MARAVALL. *La teoría española del estado en el siglo XVII*, p. 404.

[490] VITORIA. *La Ley*, p. 6.

las riquezas de todos, menosprecien las leyes y la religión del reino, y tengan por virtud la soberbia, la audacia, la impiedad, la conculcación sistemática de todo lo más santo. Entonces es ya preciso pensar en la manera como podría destronársele".[491]

Em meio ao debate sobre a tirania, assiste-se à emergência, no século XVII, de uma nova modalidade, inspirada na noção de "tirania velada ou tácita", proposta por Bartolo de Sassoferrato, e que se dá quando o príncipe, por negligência ou indiferença, permite que um servidor seu, ministro ou valido, atue com excessivo poder. Nesse caso, tirano é o rei, cujo defeito reside no abandono – e não no excesso – de poder. Para Maravall, "o dever de obrar em determinada medida é tão determinante como o de não obrar mais além destes mesmos limites, e seu desconhecimento dá lugar analogamente a uma situação de tirania".[492] Como já foi dito, a ideia de que os excessos das autoridades têm origem na inércia ou indiferença do soberano – a quem compete, em última instância, a responsabilidade por eles – circulava nos escritos dos autores militares dos séculos XVI e XVII. Diogo do Couto, por exemplo, não hesitou em identificar a origem das violências cometidas pelos governadores, afirmando, categórico: "a culpa ponho aos reis".[493] E isso por três motivos correlatos: em primeiro lugar, o excesso de autonomia dada aos seus representantes; em segundo, a impunidade de que gozavam estes últimos, em razão da ineficácia dos mecanismos de controle; e, finalmente, a razão mais perturbadora: a ignorância deliberada do rei sobre o que se passava em seus domínios.[494] Dessa passividade, de que nascia a iniquidade – e a indiferença diante das queixas dos vassalos distantes –, os reis haveriam de prestar contas a Deus: "sabeis de que me escandalizo é de que os reis hão de dar grande conta a Deus?".[495]

Homens de seu tempo, os autores examinados aqui eram todos partidários de uma concepção organicista da República, na qual,

---

[491] MARIANA. *Obras del Padre Juan de Mariana*. Madrid: Biblioteca de Autores Españoles, 1950. 2 t., p. 482. Citado por NEVES. *O constitucionalismo no Antigo Regime ibérico*: um estudo sobre o contratualismo neoescolástico (Espanha – séculos XV-XVII), p. 107.

[492] MARAVALL. *La teoría española del Estado en el siglo XVII*, p. 404.

[493] COUTO. *O soldado prático*, p. 15-16.

[494] COUTO. *O soldado prático*, p. 15-16.

[495] COUTO. *O soldado prático*, p. 111.

segundo o autor de *Primor*, assim como a "cabeça – o rei – se sustenta do corpo, e o corpo [se sustenta] da cabeça". Nessa representação da sociedade, o serviço régio era o esqueleto da República, o responsável pela sustentação dela, de sorte que a conduta viciosa dos agentes e funcionários, ao perverter as finalidades do bem comum e da felicidade dos povos, punha em risco a saúde de todo o corpo, resultando na sua corrupção.[496] Sentido idêntico encontra-se, por exemplo, na *Arte de furtar*, fortemente embebido das teorias corporativas de poder[497]: a "República é corpo místico, e as suas colônias e conquistas membros dela; e assim se devem ajudar reservando e reparando suas fortunas e conveniências".[498] É, aliás, precisamente essa concepção da República como corpo que autoriza o emprego do conceito de corrupção e de suas metáforas, como degradação física, doença e putrefação, extraídas dos discursos médicos e aplicadas aos textos políticos. Em Diogo do Couto, "já na Índia não há cousa sã; tudo está podre e afistulado, e muito perto de herpes, se se não cortar um membro, virá a enfermar

---

[496] PRIMOR e honra da vida soldadesca no Estado da Índia, p. 35.

[497] A respeito da República como corpo, escreveu Francisco Suárez: "*Y esto puede explicarse por el ejemplo natural del cuerpo humano, que no puede conservarse sin cabeza. Pues la comunidad humana es como un organismo que no puede subsistir sin diversos ministros y categorías de personas que son a la manera de varios miembros. Por consiguiente, mucho menos podría conservarse sin un gobernante y príncipe que tenga por oficio procurar el bien común de todo el cuerpo*" (SUÁREZ. *Defensio Fidei III*. Principatus Politicus o la Soberania Popular, p. 9).

[498] ARTE de furtar, p. 379. Para Luís Reis Torgal, a *Arte de furtar* tem por pressuposto a ideia de que o Estado é um todo orgânico, cuja ordem resulta do bom funcionamento das diferentes peças. Em suas palavras, "lutar contra a corrupção e a anarquia e dar aos diversos órgãos uma função determinada sob a ação soberana do rei, adjuvado pelos conselhos e tribunais, e com respeito pela legalidade que dimana da ordem jurídica portuguesa, é esta uma das características essenciais da obra" (TORGAL. *Ideologia política e teoria do Estado na Restauração*, v. 1, p. 117-118). São da mesma opinião Antônio José Saraiva e Óscar Lopes, estudiosos dessa obra, que observam que "sob o aspecto jurídico, as teses da Arte de Furtar são fundamentalmente as mesmas que vamos encontrar nos doutrinários seus contemporâneos. Sublinhemos a tese, característica, como veremos, dos jesuítas da Restauração, segundo a qual a soberania vem de Deus para os reis, não imediatamente, mas através de um pacto de sujeição dos respectivos povos, que estes não têm a faculdade de revogar ou limitar (capítulo L) (SARAIVA; LOPES. A Arte de Furtar: um texto panfletário, p. 11).

todo o corpo, e a corromper-se".[499] Francisco Silveira refere-se à "perigosa enfermidade" que se alastra pelo "corpo enfermo de Portugal" – cujo remédio consiste em "cortar-lhe o membro podre e corrupto de nossa Índia, para que de todo se não acabe de infeccionar com ela, e que permita perder-se aquela província, para que esta outra que mais importa, se salve".[500] Na *Arte de furtar*, o autor lembra que as Repúblicas estão fadadas ao ciclo de nascimento, vida e morte – esta última advinha ou dos inimigos externos ou, na ausência deles, dos inimigos internos, pois "quando não tem de fora, quem os gaste, dentro em si criam quem as consome, assim as Repúblicas, quando não tem inimigos de fora, dentro em si criam quem as destrói".[501]

No "Sermão da visitação de Nossa Senhora", Vieira desenvolve a tese de que a enfermidade de que padece o Brasil é precisamente a corrupção, visto que ali os ministros só pensam em roubar. Para ele, a corrupção guardava sentido idêntico àquele formulado pelos pensadores políticos de seu tempo, isto é, a degradação do corpo da República, que resultava da ação dos que perseguiam o próprio interesse, em detrimento do bem comum.[502] O bom governante, em contrapartida, caracterizava-se pelo respeito à justiça – responsável pela manutenção dos equilíbrios sociais –, graças à qual se dá a cada um o que é seu, subordinando-se todos aos interesses coletivos do corpo político.[503]

---

[499] COUTO. *O soldado prático*, p. 90.

[500] REFORMAÇÃO da milícia e governo do Estado da Índia Oriental, p. 200.

[501] ARTE de Furtar, p. 172.

[502] No caso dos governantes ultramarinos, o melhor exemplo de tirania é o imperador Maximino: "Em mandar governadores às províncias homens que fossem esponjas fazia mal; em espremer as esponjas quando tornavam, e lhes confiscar o que traziam, fazia bem, e justamente; mas faltava-lhe a melhor, como injusto e tirano que era, porque tudo o que espremia das esponjas não o havia de tomar para si, senão restituí-lo às mesmas províncias donde se tinha roubado". Como observa Marcelo Tadeu Santos, para Vieira, "a tirania significa a corrupção da alma que conduz o homem pelos caminhos da maldade atentando contra a integridade dos demais membros do corpo social, pensando exclusivamente em si e em seus interesses" (SANTOS. *A majestade do monarca*: justiça e graça nos sermões de Antônio Vieira (1653-1662), p. 47).

[503] Sobre o conceito de corrupção em Vieira, ver SANTOS. *A majestade do monarca*: justiça e graça nos sermões de Antônio Vieira (1653-1662).

Âmago das reflexões desses autores, a corrupção do corpo místico não só comportava uma definição rigorosa e clara, mas também possuía um vocabulário político próprio, extraído do discurso médico, do qual faziam parte termos como "enfermidade", "infeccionar", "apodrecer", "curar", "sarar", "membro", "cortar", "remédio". A esfera médica, porém, estava longe de esgotar o universo das metáforas relativas ao conceito de corrupção. Assim, por exemplo, para descrever a ação do governante que enriquece às custas do monarca e dos vassalos, recorria-se a verbos como "chupar" e "sugar" – que remetem à imagem da esponja –, "esfolar", "desfolhar", "vindimar", "largar"; ou, ainda, a determinadas imagens, como a ave de rapina e seus correlatos, como garra, unha e harpia. Do mesmo modo, o tema da corrupção assentava-se num repertório definido de formulações – as tópicas –, que, à semelhança de grandes constelações discursivas, estabelecia previamente o campo de reflexão, fixando os seus lugares-comuns e as suas linhas de força. Um exemplo disso é a convicção de que a fortuna dos governantes cobiçosos tinha a sua origem na espoliação dos pobres, as vítimas mais vulneráveis da sanha dos poderosos: como dizia Vieira, o ganho ilícito nasce das "lágrimas do miserável e dos suores do pobre, que não sei como atura já tanto a constância e fidelidade destes vassalos".[504] Se a pobreza deve suscitar a compaixão e a misericórdia, pois resulta, como dizia Manuel Álvares Pegado, da "injustiça da sorte", obrigando assim o bom cristão à caridade e à piedade, o mau governante é também aquele que transgride o preceito cristão de amor ao próximo, pois ele não ama nem a Deus nem aos necessitados.[505] Roubar ao pobre equivale, assim, à perversão da caridade.

Modelo paradigmático do governante que suga o sangue dos pobres para convertê-lo na própria riqueza é o faraó do Egito, responsável

---

[504] VIEIRA. *Sermão da visitação de Nossa Senhora*, [s.p.]. Como assinala Luiz Carlos Villalta: "Nos seus escritos realistas, o padre Antônio Vieira, estava longe de propugnar levantes contra tiranos, mas fazia críticas corrosivas à administração colonial, discorria, nos mesmos, sobre o bom governo, defendendo a concórdia das gentes e ordens do reino; a suavidade e a proporcionalidade dos impostos; a honestidade e a proficiência dos ministros, e a exemplaridade dos atos do governo" (VILLALTA. *Usos do livro no mundo luso-brasileiro sob as luzes*: reformas, censura e contestações, p. 68).

[505] HESPANHA. *Imbecillitas*: as bem-aventuranças da inferioridade nas sociedades de Antigo Regime, p. 234.

pelo cativeiro do povo hebreu. Para Vieira, ele, melhor do que nenhum outro, personifica a tirania:

> El-rei Faraó tinha cativo o povo de Israel no Egito, e com o mais duro e intolerável cativeiro que se pode imaginar. Não lhes pagava o trabalho, antes lho acrescentava cada dia, para que não tivessem hora de descanso; punha-lhes por ministros, que superintendessem as obras em que serviam, os de condição áspera e cruel, para que mais os oprimissem. Não lhe dava de comer com que sustentar a miserável vida, e até os filhos lhes matava cautelosamente, sem que os pudessem esconder nem livrar. Enfim, o sumo da tirania.[506]

O faraó como a personificação da tirania – tirano e também pagão – encontra-se, por exemplo, em são Tomás de Aquino, que, em seu *Do Reino ou governo dos príncipes ao rei de Chipre*, refere-se ao sofrimento imposto ao povo hebreu, submetido à mais "dura servidão".[507] Tal analogia não se restringia ao mundo católico. No século XVI, os holandeses interpretaram a dominação espanhola a partir da narrativa do Antigo Testamento sobre os hebreus no Egito; a fuga descrita nas páginas do *Êxodo* proporcionou-lhes uma referência para a ruptura com o passado de sofrimento e opressão, no qual o rei Filipe II da Espanha encarnava o faraó que havia tiranizado os judeus bíblicos – "um prostrava a casa de Jacó com escravidão/O outro, os Países Baixos, com tirania".[508]

Se a história antiga, extraída tanto das narrativas bíblicas quanto dos textos clássicos, forneceu uma vasta galeria de déspotas para ilustrar o conceito de tirania, foi, sem dúvida, a história de Roma que legou ao pensamento político dos séculos XVI e XVII as referências-chave sobre o problema da corrupção, fundindo no imaginário político os conceitos de corrupção e decadência. Vieira, por exemplo, deduziu da queda de Roma um modelo explicativo válido para todas as sociedades, notando que "enquanto os romanos guardaram igualdade, ainda que neles não era verdadeira virtude, floresceu seu império, e foram senhores

---

[506] VIEIRA. Sermão da quinta dominga da quaresma. In: *Obras completas do padre António Vieira:* Sermões, v. 2, t. IV, p. 190.

[507] ESCRITOS políticos de São Tomás de Aquino, p. 141-142.

[508] SCHAMA. *O desconforto da riqueza*: a cultura holandesa na época de ouro, p. 120.

do mundo; porém, tanto que a inteireza da justiça se foi corrompendo pouco a pouco".[509] Santo Agostinho, Cipião Africano, Políbio, Salústio, Tácito e Tito Lívio foram alguns dos pensadores que demarcaram o campo de reflexão política sobre a relação entre corrupção e decadência. E não é por outro motivo que Nero e Calígula figuram nos escritos políticos da época como os principais modelos de tirano.

Nos textos de Francisco Suárez, Nero é o exemplo por excelência do *tyrannus a regimine*, ou seja, daquele que "converte tudo em seu próprio proveito, com desprezo do bem público", ou que "aflige injustamente a seus súditos pelo roubo, pelo homicídio, pela corrupção e outros feitos similares".[510] Quase 200 anos depois, a tópica permanecerá vigorosa: nas *Cartas chilenas*, Critilo compara o Fanfarrão Minésio a Nero; pouco antes, os pasquins que circularam por ocasião da Inconfidência do Curvelo haviam descrito o rei D. José I como Nero, "pior que Nero que por estar demente, ou pateta".[511]

Àquela altura, porém, em meados do século XVIII, o imaginário da corrupção assentado no plano moral-religioso principiava a se desintegrar, diante das novas formulações nascidas no bojo do pensamento das Luzes. Os velhos valores da honra, da virtude e do bem comum, que, durante séculos, o haviam sustentado, tanto quanto a moralidade que lhe correspondia, já não teriam mais lugar na modernidade que então emergia...

---

[509] VIEIRA. Sermão da visitação de Nossa Senhora. In: *Obras completas do padre Antônio Vieira*: Sermões, v. 3, t. IX, p. 331.

[510] Citado por GÓMEZ ROBLEDO. *Fundadores del derecho internacional*: Vitoria, Gentili, Suárez, Grocio, p. 68.

[511] CATÃO. *Sacrílegas palavras*: Inconfidência e presença jesuítica nas Minas Gerais durante o período pombalino, p. 18. Também na América hispânica circularam sátiras em que se identificavam os maus governantes a Nero, como é o caso das *Armas forenses*, por ocasião da expulsão dos jesuítas, em 1766, atacando, entre outros, Francisco Fabián y Fuero, o bispo de Puebla: "¿A quién se asemeja Fuero?/ En la crueldad a Nerón,/en la dureza a faraón,/en lo perruno al Cervero,/en beber vino a Lutero/en sentencias a Cayfás,/en ladrón a Barrabás,/en el rigor al demonio,/en chingar a un matrimonio,/y en sus injusticias a Anás" (Citado por RODRÍGUEZ VALENCIA. *Antología y estudio de sátiras menipeas novohispanas del siglo XVIII*, p. 44).

CAPÍTULO 3

Ladrão, régulo e tirano: queixas contra governadores ultramarinos, entre os séculos XVI e XVIII

Poucos meses depois de assumir o governo-geral, o marquês do Lavradio expressou, pela primeira vez, aquela que seria uma preocupação recorrente nos 10 anos seguintes: o teor do que se dizia, em Lisboa, a respeito de sua conduta. Ao tio, indagava curioso, no Natal de 1768: "queira dizer-me se já por lá principiam a morder-me, ou como ladrão, ou como régulo, e voluntário, ou como perdulário, e cheio de bazófia...".[512] Inúmeras vezes, e a destinatários diferentes, ele repetiria a mesma pergunta. Ao irmão, por exemplo, confessou que *"ladrão, régulo* ou *voluntário* eram os honrados títulos a que estão expostos os miseráveis governadores da América...".[513]

Acometido por uma melancolia crônica, o marquês de Lavradio parecia se afligir com as exigências impostas pelo cargo de vice-rei. Aos mais próximos, como o conde de São Vicente, não se envergonhava de expor a própria insegurança: "tu me dirás ingenuamente o que por lá ouves a meu respeito, posso segurar-te que a minha consciência em cousa nenhuma me acusa, e que se houverem em mim erros, serão todos do meu entendimento e faltas de experiência, porém nenhum da minha vontade".[514]

---

[512] Carta do marquês do Lavradio ao tio Principal Almeida. Salvador 25 dez. 1768. In: LAVRADIO. *Cartas da Bahia, 1768-1769*, p. 81.

[513] Carta a Martim Lourenço de Almeida, 1º maio 1769. In: LAVRADIO. *Cartas da Bahia, 1768-1769*, p. 154.

[514] Carta do marquês do Lavradio ao Conde de São Vicente, 1º fev. 1769. In: LAVRADIO. *Cartas da Bahia, 1768-1769*, p. 107. Sobre o governo do marquês

Se em Portugal eram três os principais epítetos com que se difamavam os governadores ultramarinos, muito maior e variado era o repertório dos insultos que se pronunciavam entre os moradores das vilas e arraiais do Brasil. É precisamente este o propósito das páginas seguintes: a partir das denúncias extraídas da documentação, identificar, rastrear e mapear a natureza das principais acusações lançadas aos governadores da América portuguesa, no arco temporal que se estende do século XVI a fins do XVIII. Afinal, o que os vassalos dessas conquistas entendiam por uma conduta inadequada e delituosa? Quais eram os limites morais socialmente aceitos para a atuação de um governador? Seriam, como supunha o marquês de Lavradio, os abusos de poder e a cobiça desenfreada os vícios que mais causavam indignação?

Investigar as denúncias e queixas encaminhadas a instâncias superiores, como o governador-geral, o Conselho Ultramarino e o próprio rei, permite elucidar, em negativo, os princípios morais que, segundo a "opinião comum", deveriam orientar o governo dos povos. Evidentemente, não está em discussão aqui a veracidade ou procedência dessas afirmações; é bem possível que, em sua maioria, carecessem de qualquer sustentação. Mas isso não anula seu valor histórico, pois, como dizia Marc Bloch, a mentira "é, à sua maneira, um testemunho".[515] Acusações infundadas faziam parte do conturbado ambiente em que se digladiava uma pluralidade de forças políticas, verdadeiras facções – os bandos, como os chamou João Fragoso – disputando ferozmente os recursos materiais e simbólicos. Ali a intriga se revelava uma arma das mais poderosas: por meio dela, atacava-se a honra alheia, maculava-se a reputação e infamavam-se indivíduos, destruindo assim irremediavelmente a vida de autoridades e também de homens comuns.[516]

Na condição de funcionários régios, os governadores estavam submetidos às ordenações do Reino e a uma legislação específica, expressa por regimentos e alvarás, em que se definiam as principais

---

do Lavradio, ver ALDEN. *Royal government in colonial Brazil*: with special reference to the administration of the Marquis of Lavradio, Viceroy, 1769-1779.

[515] BLOCH. *Introdução à história*, p. 84-85.

[516] Sobre a honra como valor nas sociedades do Antigo Regime, ver MARAVALL. *Poder, honor y élites en el siglo XVII*.

diretrizes para as suas ações, prevendo não só mecanismos de inspeção e controle, mas também sanções de acordo com a natureza das infrações. Do ponto de vista estritamente legal, havia uma linha divisória que separava o bom governante do mau, tanto quanto um horizonte de expectativas em relação à atuação dos agentes régios, fundado num conjunto de noções como limpeza de mãos, obediência aos preceitos católicos, compaixão ante os pobres e desvalidos, liberalidade – o que afasta a ideia de que, como representantes do rei, gozassem de autonomia ilimitada.[517] É bem verdade que uma abordagem centrada apenas nos dispositivos jurídicos – como as ordenações do Reino, os alvarás, as cartas, os regimentos, entre outros – tenderia inevitavelmente a incorrer numa visão demasiado legalista, pressupondo, de forma um tanto ingênua, que a lei conformava o horizonte das práticas sociais. Privilegiar o âmbito das denúncias permite superar tal obstáculo metodológico, uma vez que o que está em jogo constitui o que era socialmente aceito e tolerado – isto é, as práticas sociais em estado bruto.

Perdulários, contrabandistas, luxuriosos...

Reclamar dos governadores parece ter sido mais a regra do que a exceção entre os vassalos das conquistas ultramarinas. Assim o asseverou um dos mais experientes membros do Conselho Ultramarino, João Falcão de Sousa. Comentando os autos de residência tirados ao ex-governador do Rio de Janeiro, Pedro de Mello, o conselheiro parecia surpreso com o fato de nada ter sido apurado contra o sindicado. Porque, afinal, dizia ele, "quando de próximo não vem das partes ultramarinas mais que queixas dos povos contra os governadores, uns expulsados, e outros com devassas criminosas, é muito de louvar sair o dito Pedro de Mello, com tanto aplauso que na dita devassa senão acha uma mínima desordem". De fato, depois de uma sucessão de governadores turbulentos e polêmicos à frente daquela capitania, o conselheiro exprimia, enfática e longamente, as qualidades de Pedro de Mello, notando que estes são os "governadores que o Reino há

---

[517] Sobre o assunto, ver WAQUET. *De la corruption*: morale et pouvoir à Florence aux XVIIe. et XVIIIe. siècles.

mister, e não outros, que quando não obrem desordenadamente, com tudo os povos se queixam".[518]

De fato, poucos tiveram a mesma sorte de Pedro de Mello, pois a arte da ofensa e da maledicência era intensamente praticada. Assim o experimentou o governador da praça de Santos, João da Costa Ferreira de Brito, denunciado à Provedoria da Fazenda Real, em 1722, por um motivo desconcertante: o de ter gastado toda a pólvora dos armazéns da vila e da fortaleza para celebrar as festas em louvor à Nossa Senhora do Bom Sucesso. Nessas comemorações, o governador teria consumido uma "quantidade de pólvora em vários fogos, e em salvas, que mandava dar em cada jornada das comédias [...] tudo às custas da Fazenda Real". O denunciante, o capitão-mor Pedro Roiz Sanches, ainda o acusou de irregularidades mais graves, como o contrabando praticado com navios franceses: segundo ele, o governador teria negociado com uma embarcação francesa que havia sido detida na Ilha dos Porcos, depois de conduzir o capitão e o piloto para a sua residência, levando consigo todos os papéis que lhes pertenciam, com o propósito de suborná-los. Enquanto o juiz de fora procedia às diligências para a averiguação e o confisco das mercadorias do navio, o governador, "debaixo de suas guardas de noite, fora de horas, roubava as fazendas do dito navio, metendo-as em sua casa, conduzidas pelo piloto francês, que teve em sua casa mais de um mês, como é público". O denunciante ainda explicou o ardil empregado para burlar a vigilância atenta do provedor da Fazenda: mesmo tendo recebido ordens deste último para descarregar e confiscar a carga do navio francês, os oficiais foram impedidos pelos guardas do governador, que vigiavam o navio. Avisado, este último mandou então vir o provedor da Fazenda até a sua casa, e ali o manteve durante toda a noite, "fazendo-lhe várias perguntas supérfluas enquanto roubava o navio, e depois o mandou prender no Corpo da Guarda por uma hora". Enquanto isso, sentinelas impediam o acesso à praia. Estimava o delator que o governador surrupiara do navio mais de 30 mil cruzados em mercadorias. E, para complicar ainda

---

[518] AHU, Rio de Janeiro, C.A., doc. 1082. Consulta do Conselho Ultramarino, acerca da devassa de residência do Governador da Capitania do Rio de Janeiro Pedro de Mello, a que se mandara proceder depois de ter terminado o seu governo. Lisboa, 22 nov. 1668.

mais a situação, ele foi também denunciado por superfaturar o preço da carne, cobrando do almoxarifado para o pagamento de "umas arrobas de carne" que havia distribuído à infantaria um valor muito superior, lucrando nisso "4$800 réis" – valor que, nas palavras do denunciante, ele "usurpou à Fazenda Real".[519]

Como João da Costa Ferreira de Brito, outros governadores seriam também denunciados por consumir quantias elevadas em festejos. Parte das *Cartas chilenas*, por exemplo, são dedicadas a censurar os gastos do governador Luís da Cunha Meneses com as festividades dos desposórios do Infante D. João, em 1786. O próprio Cunha Meneses, em carta a Martinho de Melo e Castro, estranhou o costume dos ouvidores de rejeitar as despesas camarárias com solenidades desse gênero: afinal, defendia-se ele, tais gastos deviam ser aprovados, não só porque não haviam sido exagerados, mas também "por não suceder o que já tem sucedido em ocasiões semelhantes, de se animarem os ouvidores das comarcas a glosarem indevidamente as sobreditas despesas, quando estas não são feitas à sua satisfação".[520]

Outro motivo de queixa frequente dizia respeito ao tratamento dado pelas autoridades aos vassalos, tido como incompatível com a condição de homens brancos e livres. A aplicação de penas corporais a homens livres, por exemplo, era considerada humilhante – tanto quanto a exigência de trabalho compulsório não remunerado. Em 1757, os oficiais da câmara da Vila do Desterro, na capitania de Santa Catarina, protestaram ao rei contra os procedimentos do governador José de Melo Manuel, que, segundo eles, teria obrigado os casais açorianos a trabalhar em obras públicas "em contínuas faxinas sem um só instante de alívio prometendo-lhes salário, do qual há muitos anos que se não paga coisa alguma". Ofendidos, alegavam que, como súditos e fiéis vassalos, deviam ser tratados com respeito e distinção, o que excluía

---

[519] DOCUMENTOS históricos. v. 1: Provedoria da Fazenda Real de Santos (Leis, provisões, alvarás, cartas e ordens régias), p. 88-90.

[520] Citado por LAPA. *As "Cartas Chilenas"*: um problema histórico e filológico, p. 15. Camila Guimarães Santiago investigou as relações conflituosas entre os ouvidores e as câmaras, em Minas Gerais, em torno dos gastos camarários com as festividades. Ver SANTIAGO. *A Vila em ricas festas*: celebrações promovidas pela Câmara de Vila Rica (1711-1744).

a possibilidade de trabalhos não remunerados "aos ditos casais que Vossa Majestade tem privilegiado e isentado por suas reais ordens".[521]

Se os vassalos se mostraram resolutos na defesa de seus privilégios, foram, porém, as câmaras que demonstraram um zelo inquebrantável na luta contra aqueles que se atreveram a ameaçá-los. E um dos conflitos mais frequentes com os governadores girou em torno do desrespeito às prerrogativas dessas instituições, particularmente das que gozavam dos privilégios da cidade do Porto. Esses privilégios garantiam aos seus cidadãos – isto é, aqueles que ocupavam cargos na República e seus descendentes – o uso de armas e, mais importante, a impunidade em casos de crime – privilégios partilhados, em alguns casos, por aqueles que vivessem à volta desses homens, como criados, mordomos, lavradores e serviçais, que, dessa forma, ficavam isentos de participar de guerras, exceto se acompanhados de seus senhores, e não podiam ser destituídos de seus bens.[522]

Em 1736, por exemplo, os oficiais da Câmara de Belém do Pará escreveram ao rei para protestar contra o tratamento que vinham recebendo dos governadores locais. Queixavam-se de serem "violentados dos injustos procedimentos dos governadores deste Estado e ministros superiores", que ignoravam os seus privilégios, concedidos pelo rei "em remuneração de que como leais vassalos dos mesmos senhores reis conseguiram o memorável triunfo de expulsarem os holandeses". Lembravam que haviam vencido o inimigo, "com o evidente risco de suas vidas, e dispêndio de fazenda própria", adquirindo de forma merecida aqueles privilégios.

Outro motivo de indignação por parte dos camaristas de Belém era a velha e habitual interferência dos governadores – e também dos ouvidores – nas eleições das câmaras. Com o intuito de buscar "as conveniências próprias", contrárias ao bem comum, essas autoridades indicavam

---

[521] Citado por SILVA. O trabalho compulsório de homens livres na Ilha de Santa Catarina (século XVIII), [s.p.].

[522] BICALHO. As câmaras ultramarinas e o governo do Império, p. 313. Como observa essa autora, tais privilégios restringiam-se aos cidadãos, entendidos como "aqueles que por eleição desempenhavam ou tinham desempenhado cargos administrativos nas Câmaras municipais – vereadores, procuradores, juízes locais, almotacéis, etc. – bem como seus descendentes" (BICALHO. *A cidade e o império*: o Rio de Janeiro no século XVIII, p. 323).

"pessoas indignas" para os cargos da edilidade. Para os camaristas, tudo nascia da ambição desenfreada dessas autoridades, pois elas se valiam dos cargos para obter o máximo de vantagens: nas palavras deles, "sendo esta ambição causa de tantas desordens quantas experimentam os mesmos eclesiásticos e também os seculares". Condenavam ainda a "tirania" com que exerciam o poder, pois, assumindo os seus postos, punham-se a oprimir e vexar os vassalos, exorbitando do poder de que dispunham.[523]

Foi também a ambição desmedida que levantou suspeitas sobre a honestidade do governador-geral Diogo Botelho, suspeitas tão fortes que justificaram a abertura de uma devassa geral, conduzida por Belchior de Amaral, em 1604. Depois de apurar os delitos, o sindicante, chocado com a gravidade deles, recomendou, categoricamente, ao rei: "Vossa Majestade devia mandar outro governador àquele Estado". De fato, as culpas de Diogo Botelho eram bem comprometedoras: venda de cargos e ofícios; apropriação dos salários dos oficiais; confisco ilegal de vinho para vendê-lo a preços extorsivos; apropriação da renda dos defuntos para a compra de escravos; compra de escravos por preços irrisórios... A isso se ajuntavam outros tantos delitos, como a participação no negócio negreiro, pois ele pagava o valor que bem queria pelos escravos vindos de Angola; o costume de aceitar presentes por parte dos moradores; a interferência nos despachos do ouvidor; além de permanecer em Pernambuco, e não na Bahia, contrariando ordens régias.[524]

Além das denúncias recolhidas por Belchior de Amaral, havia ainda outra, levada à mesa do visitador do Santo Oficio, Marcos Teixeira. Contra o governador-geral depôs o seu pajem Fernão Roiz de Souza, que confessou terem cometido ambos o "pecado nefando de sodomia", por inúmeras ocasiões ao longo de 10 anos, nos mais diferentes locais: nas casas em que vivia Botelho em Salvador, num engenho em Jaguaribe e em suas casas na quinta em Chafariz de Arroios, em Lisboa, sempre em companhia de outros serviçais. O pajem contou ainda que

---

[523] AHU, Pará, cx. 19, doc. 1771. Carta dos oficiais da Câmara da cidade de Belém do Pará para o rei D. João V. Belém do Grão-Pará, 15 set. 1736. Citado por DIAS. *Os "verdadeiros conservadores" do estado do Maranhão*: poder local, redes de clientela e cultura política na Amazônia colonial (primeira metade do século XVIII), p. 250-251.

[524] BNP. Coleção Pombalina, 249, fl. 205-206v. Devassa de Belchior de Amaral, 26 jul. 1604. Citado por BONCIANI. A disputa por gentios e escravos no Atlântico Sul (1600-1615), p. 40.

era pública e notória a prática da sodomia por parte do denunciado: "não faltaria gente de fora que o suspeitasse, maiormente tendo o dito Governador fama disso". Diante do visitador estupefato, descreveu com riqueza de detalhes esses encontros sexuais, não sem antes explicar o que entendia por pecado de sodomia: "meter sua natura pela parte traseira do cúmplice e derramar dentro em seu corpo a semente genital ou consentir fazer-lhe o cúmplice o mesmo".[525]

Foram, no entanto, as culpas pelos negócios escusos e ilícitos – e não as acusações de sodomia – que levaram ao confisco dos bens de Diogo Botelho.[526] Numa carta escrita ao conde de Linhares, ele esclarece bem a forma como encarava os cargos da administração portuguesa: nela, censurava asperamente o capitão da Paraíba, Francisco de Sousa Pereira, por ser um "*miserum senatorem*", pois era "homem de pouca prudência e substância e está pobre, e, no cabo de seu tempo, deve El-rei de mandar ir, porque nem se sabe aproveitar e governa de maneira que pôs agora em risco a capitania e todo este estado". Diogo Botelho referia-se, neste último ponto, ao fato de o capitão ter desobedecido ao regimento real – que proibia os capitães de fazer entrada ao sertão sem ordem ou licença do governador-geral – e ordenado guerra para cativar índios. Tal desobediência, que lhe custou a prisão e a suspensão temporária das funções, parecia a Botelho digna de reprovação, tanto quanto a falta de ambição do colega, condenado a retornar a Lisboa tão pobre quanto viera para cá.[527]

Outro governador que se deixou levar pela luxúria, enredando-se perigosamente numa trama de sexo e extorsão, foi o solteirão D. Antônio de Noronha, governador de Minas Gerais entre 1775 e 1780. É ele mesmo quem relata o episódio em carta confidencial a Martinho de Melo e Castro. Tudo começou quando, mal chegado a Vila Rica, um mulato chamado Bernardo Xavier "facilitou-lhe" a mulher. A partir daí, passou a recebê-la por diversas vezes no Palácio, sempre levada pelas mãos do marido. Ao que parece, temendo pelas consequências do relacionamento, ele tomou a decisão de pôr um ponto final nos

---

[525] MOTT. Sodomia na Bahia: o amor que não ousava dizer o nome, [s.p.].

[526] BONCIANI. O dominium *sobre os indígenas e africanos e a especificidade da soberania régia no Atlântico*, p. 237.

[527] RICÚPERO. *A formação da elite colonial*: Brasil (c. 1530-c. 1630), p. 177.

encontros, mas isso não impediu o mulato de enviá-la para lhe pedir dinheiro. A mulher, por sua vez, cansada da violência de que era vítima, solicitou a separação junto ao Juízo Eclesiástico, recolhendo-se ao Convento das Religiosas da Nossa Senhora da Ajuda, no Rio de Janeiro. Em Vila Rica, o marido passou então a usar o nome do governador para praticar uma série de insolências – como soltar presos, exigir escrituras de perdão, extorquir dinheiro por despacho. Temendo os estragos em sua reputação, D. Antônio de Noronha mandou prender o mulato e o expulsou da capitania, remetendo-o ao vice-rei da Bahia, o marquês do Lavradio. Ali chegando, o mulato passou a infernizar a vida do vice-rei, que, "não podendo sofrer a sua péssima conduta, e gênio intrigante", o degredou para Angola. Em Luanda, o governador também "o não pode tolerar, e se queixou ao dito vice-rei de ter mandado para lá um homem de tão péssimos costumes". De Angola o mulato embarcou para Lisboa. Foi por temer que ele o denunciasse na corte que o governador de Minas se apressou a escrever a Martinho de Melo e Castro, expondo com detalhes a história constrangedora. Implorava a ajuda do amigo, a quem reputava por "único protetor", evocando os prejuízos que sua honra poderia sofrer; além disso, o caso poderia atrair a atenção de "pessoas mal-intencionadas que injustamente desacreditam os Governadores desta América, onde a maior parte dos habitantes não podem sofrer a autoridade dos mesmos governadores, porque põem termo às suas insolências, e eu não posso ser mais privilegiado que os meus predecessores". D. Antônio de Noronha temia, na verdade, ser chantageado por algum adversário na corte ou nas Minas. Infelizmente, não se conhece o desfecho do caso nem o paradeiro do mulato.[528] Sabe-se, porém, que D. Antônio amargaria até a morte a ingratidão régia, jamais alcançando a remuneração pelos serviços prestados à Coroa – o que talvez possa sugerir que o mulato de "gênio intrigante" tivesse tido êxito em sua campanha de difamação.[529]

---

[528] AHU, Minas Gerais, cx. 112, doc.: 45. Carta de D. António de Noronha, governador de Minas, pedindo a Martinho de Melo e Castro sua protecção na eventualidade de ser formulada contra si uma queixa, por Bernardo Francisco Xavier. Vila Rica, 30 mar. 1778.

[529] SOUZA. *O sol e a sombra*: política e administração na América portuguesa do século XVIII, p. 394.

Sexo e poder formavam uma combinação perigosa. Dentre as transgressões que foram atribuídas a João da Cunha Souto Maior, governador de Pernambuco, constava a de que teria "facilitado" a "desonestidade" do seu filho Paulo da Cunha com a filha bastarda do capitão Manuel Dias. Foi, aliás, o próprio capitão que escreveu ao rei, em 1686, para delatar os excessos cometidos pelo governador. De acordo com o seu relato, Souto Maior o enviou ao Ceará — "praça distante mais de 200 léguas" — em represália pela censura que lhe fizera por ter nomeado um criado para o posto de alferes. Mas não era só isso. O governador também buscava afastar o capitão por este ter impedido a "desonestidade de Paulo da Cunha, seu filho, com uma filha minha bastarda". A carta — na qual o capitão dizia ter 60 anos de idade, "gastados quarenta e cinco no serviço de Vossa Majestade" — parece ter impressionado vivamente os membros do Conselho Ultramarino, para quem todo o episódio permitia concluir que "é lástima que os vassalos recebam as vexações de quem é posto no governo". Apesar disso, reconheciam que "o remédio é dificultoso", limitando-se os conselheiros a recomendar que o caso fosse averiguado durante a residência do governador.[530]

João da Cunha Souto Maior protagonizaria outros episódios de favorecimento de parentes e criados, além daquele criticado pelo capitão Manuel Dias. Com a epidemia de bexiga em Pernambuco, os cofres da provedoria dos defuntos e ausentes chegaram a acumular a quantia vultosa de 100 mil cruzados, e, de olho em tão ricos recursos, o governador exonerou o tesoureiro e o substituiu por um criado seu, que "praticou várias falcatruas". Isso levou ao conflito com o ouvidor Dionísio de Ávila Vareiro, que se pôs a investigar as irregularidades, acusando o outro de se beneficiar delas.[531] Segundo Evaldo Cabral de Mello, Souto Maior deixou fama tão lastimável quanto a do atrabiliário Mendonça Furtado: a respeito dele, escreveria depois Domingos Loreto do Couto, recolhendo na tradição oral, que "as sem-razões com

---

[530] AHU, Pernambuco, cx. 14, doc. 1375. Carta do capitão Manoel Dias ao rei [D. Pedro II] sobre as queixas contra o governador da capitania de Pernambuco, João da Cunha Souto Maior, por abuso de poder e autoridade. Pernambuco, 20 jul. 1686.

[531] MELLO. *A fronda dos mazombos*: nobres contra mascates, Pernambuco, 1666-1715, p. 64-65.

que governou o fizeram entre os súditos tão mal opinado que até as virtudes lhe notaram [de] vícios".[532] Seu triênio seria lembrado como um período particularmente turbulento na história de Pernambuco.[533]

Os conflitos de jurisdição constituíram uma das características mais marcantes da administração colonial, dominando grande parte da correspondência das autoridades locais, mergulhadas numa luta sem tréguas contra aquilo que consideravam uma limitação ao próprio poder. As disputas em torno da precedência e de protocolo refletiram os conflitos jurisdicionais: numa sociedade em que o poder se desenvolvia num espaço altamente ritualizado, delegando ao indivíduo um determinado lugar e papel, a quebra de protocolo ou cerimonial equivalia a uma ruptura na hierarquia e na correlação dos poderes, que tendia a ser interpretada como a negação da ordem social então vigente.[534] Mais do que uma afronta pessoal, tais gestos eram uma afronta ao estatuto político dos indivíduos. Isso explica, por exemplo, a reação furiosa que o governador de Goiás, D. Luís da Cunha Meneses, provocou no vigário de Vila Boa, o padre João Antunes de Noronha, ao se sentar com "a repousada francesia de uma perna sobre outra" durante a celebração da missa, portando-se na igreja como se estivesse nos camarotes de ópera, entretendo-se de "tribuna em tribuna". Semelhante comportamento provava, na opinião do padre, que o governador era um homem "sem religião", que se sentia "mal da disciplina da Igreja, e irreverente aos templos".[535]

Um dos cenários privilegiados para a ritualização do poder, a igreja foi palco de inúmeros conflitos de protocolo. Em 1743, por exemplo, a Câmara do Rio de Janeiro dirigiu-se ao rei para protestar contra o governador Gomes Freire de Andrade, que, durante a cerimônia de entrega das peças fabricadas com o primeiro ouro arrecadado

---

[532] COUTO. *Desagravos do Brasil e glórias de Pernambuco*, p. 208.

[533] MELLO. *A fronda dos mazombos*: nobres contra mascates, Pernambuco, 1666-1715, p. 63.

[534] RIVERO RODRÍGUEZ. *La edad de oro de los virreyes*: el virreinato en la Monarquía Hispánica durante los siglos XVI y XVII, p. 182.

[535] Queixa do vigário de Vila Boa de Goiás contra o governador. Citado por FURTADO. *Uma república de leitores*: história e memória na recepção das Cartas Chilenas (1845-1989), p. 56.

dos quintos de Minas Gerais – destinadas à Sé daquela cidade –, não honrou o Senado com o lugar que lhe era devido, ou seja, à sua direita. Inconformados com a desfeita, os camaristas solicitaram ao rei que tomasse providência para que terceiros não tivessem a preferência em solenidades dessa natureza, usurpando o lugar que pertencia aos oficiais da Câmara, conforme rezavam as Constituições do Arcebispado da Bahia.[536]

Outras suspeitas mais graves, porém, pairavam sobre o conde de Bobadela. Em 1755, ele foi acusado na corte, por um tal de Tomás Francisco, de ter enriquecido com vultosos recursos que beiravam a três milhões de cruzados, desviados ilicitamente da Fazenda Real. Em carta a Sebastião José de Carvalho e Melo, Bobadela aludia vagamente ao teor dos capítulos que, contra ele e seu irmão, Tomás Francisco havia posto na real presença. Em sua defesa, alegou que tudo não passava de intriga dos jesuítas – "os padres do Paraguai" –, trazendo à lembrança do interlocutor os 49 anos de serviços prestados ao rei e o "sangue derramado em defesa da pátria". Protestava o seu mais profundo desapego das riquezas, dizendo: "venham novas devassas, satisfaça-se Sua Majestade de que tem uns vassalos que desprezam pedras preciosas, e sórdidos interesses, em que se enlodam, e envilecem os homens que amam mais os tesouros que o agrado de seu soberano".[537] Para Nuno

---

[536] AHU, Rio de Janeiro, cx. 43, doc. 71. Carta dos oficiais da Câmara do Rio de Janeiro ao rei [D. João V], informando que no ato de entrega das peças fabricadas com o primeiro ouro arrecadado dos quintos de Minas [Gerais] para o uso da Sé daquela cidade o governador [do Rio de Janeiro e Minas Gerais], Gomes Freire de Andrade não deu ao senado o lugar de costume, que é a direita do governador; solicitando resolução nesta matéria, a fim de que particulares não tenham a preferência em tais solenidades, e sim os oficiais da Câmara, conforme as constituições do Arcebispado da Bahia. Rio de Janeiro, 11 set. 1743.

[537] Segundo Arthur Cezar Ferreira Reis, Gomes Freire, que fora acusado na corte, desde 1755, por um tal Tomás Francisco, de ter se beneficiado, com seu irmão, de imensos recursos (três milhões de cruzados) desviados criminosamente dos cofres do Estado, safara-se numa primeira defesa alegando uma trama dos jesuítas (REIS. O governo de Gomes Freire de Andrade, p. 249) 254). AHU, Brasil-Limites, cx. 1, doc. 88, Ofício de Gomes Freire de Andrade, a Sebastião José de Carvalho e Melo, sobre as acusações que contra ele e seu irmão foram feitas por Tomás Francisco, auxiliado pelos procuradores dos padres do Paraguai, referindo-se aos 49 anos de serviço real, destacando a sua ação militar em Portugal e ao seu trabalho à frente das capitanias do Rio de Janeiro e de Minas Gerais. Rio Grande de São Pedro, 6 nov. 1755.

G. Monteiro, porém, não resta dúvida de que enriqueceu sobremaneira durante o exercício do cargo.[538] E, com efeito, em escritura de 13 de março de 1761, passada no cartório de notas do tabelião do Rio, ele legaria ao irmão José Antônio bens no valor elevadíssimo de 88:066$400 – valor que seria aumentado por ocasião de sua morte.

Acusações de natureza econômica, envolvendo roubo, contrabando e extorsão, bastante comuns, revelam o variado acervo de estratagemas de que lançavam mão os governadores para burlar as leis do Reino. Condutas dessa natureza geravam indignação, e muitos não hesitavam em caracterizá-las como roubo e furto. O capitão-mor de Itamaracá, Agostinho César de Andrade, denunciou ao príncipe regente D. Pedro as violências cometidas contra ele pelo governador de Pernambuco. Durante a execução de uma ordem de prisão, os oficiais teriam invadido a sua residência e confiscado os seus bens, roubando-lhe "mil arrobas de açúcar, quarenta bois e vacas de serviço, doze bois de carros, os cobres e madeiras da fábrica do engenho, cinco negros que logo se venderam". Tamanho prejuízo comprometeu o andamento dos seus negócios, e os engenhos de sua propriedade permaneceram mais de dois anos sem moer, ficando a sua família desamparada – "tudo em notório prejuízo da Fazenda Real, e em total detrimento dele suplicante, de seus filhos, de sessenta pessoas da sua família e do serviço do dito engenho, sendo certo que a tenção dos Príncipes em seus ministros é que castiguem por justiça e não que destruam por ódio".[539]

A prática de contrabando era, sem dúvida, uma das acusações mais comuns contra os governadores. Comprar e vender produtos dos navios estrangeiros que aportavam à costa era tanto uma grave infração do monopólio colonial quanto um dos meios mais lucrativos para se apropriar de bens ilícitos. Alguns, desconhecendo aparentemente os princípios que regiam as relações econômicas entre Portugal e suas

---

[538] MONTEIRO. Trajetórias sociais e governo das conquistas: notas preliminares sobre os vice-reis e governadores-gerais do Brasil e da Índia nos séculos XVI e XVIII, p. 278.

[539] AHU, Pernambuco, cx. 11, doc. 1051. Requerimento do capitão mor de Itamaracá, Agostinho César de Andrada, ao príncipe regente [D. Pedro]. Paraíba, ant. 10 mar. 1676.

conquistas ultramarinas, chegaram a propor ao Conselho Ultramarino que o comércio com as nações estrangeiras fosse liberado, proposta que causou indignação entre os conselheiros. Assim o fez o vice-rei marquês de Angeja, movido pelas melhores intenções: para ele, parecia um contrassenso que os navios estrangeiros, aportados no litoral por causa de avarias, não pudessem vender ali as suas mercadorias para custear os consertos de que necessitavam. A sessão do Conselho Ultramarino em que se discutiu a consulta do vice-rei foi das mais acaloradas, por conta da intervenção brilhante de Antônio Rodrigues da Costa, que dissertou longamente sobre o exclusivo colonial, lembrando que, se fosse aprovada a sugestão do vice-rei, os moradores da América iriam preferir adquirir as suas mercadorias dos navios estrangeiros – e não os "gêneros do Reino", muito mais caros em razão dos tributos que incidiam sobre eles. Argumentava que as vantagens do comércio com as nações estrangeiras fariam com que os "vassalos do Brasil" exigissem a abertura dos portos, o que seria "um gravíssimo inconveniente político", colocando em risco "a união e a conservação da monarquia". E caso tal exigência não fosse atendida, eles principiariam a alimentar ideias de se governar "sem subordinação a Portugal" – como já vinha acontecendo em Pernambuco.[540]

Nem sempre, porém, a ignorância podia ser invocada para justificar a prática de contrabando, como aconteceu com o marquês de Angeja. Para muitos, convinha ocultar a natureza espúria de um negócio que atravessava fronteiras. O comportamento suspeito do governador interino da capitania de São Pedro do Rio Grande do Sul, o tenente-coronel Antônio da Veiga de Andrade, chamou a atenção do marquês de Lavradio, que, responsável por sua indicação, designou o sargento-mor Francisco José da Rocha – tido por "olhos e ouvidos do vice-rei" – para investigar o assunto. Em seu relatório final, Rocha fez um balanço impressionante da situação naquela capitania, que ele resumia com a seguinte frase: "quase em guerra civil". Descobriu-se então que Veiga de Andrade havia se associado com o ex-governador José Custódio de Sá e Faria e outras pessoas, para contrabandear

---

[540] DOCUMENTOS históricos. v. 96: Consultas do Conselho Ultramarino, p. 175-187.

e desencaminhar a Fazenda Real. A sociedade dos contrabandistas contava ainda com a conivência do comandante de dragões Antônio Pinto Carneiro, um dos maiores facínoras da região, que costumava promover "corridas", isto é, roubo de gado, em terras castelhanas, além de se apossar indevidamente de couro e gado pertencentes à Fazenda Real. Nas palavras do sargento-mor, o criminoso "sempre teve habilidade para engajar, naquelas sociedades, pessoas que pudessem valer-lhe em caso de necessidade e ainda hoje continuava cheio de ambição". Em razão das informações levantadas, Rocha passou a ser ameaçado pelos moradores: em suas palavras ao marquês de Lavradio, "já estes cavalheiros aqui me ameaçam dizendo que Vossa Excelência logo se vai embora, e que eu cá fico".[541]

Pouco antes, os oficiais da Câmara de Rio Grande do Sul de São Pedro haviam escrito ao rei D. José I para pedir a substituição de Veiga de Andrade, uma vez que "esta extensa fronteira requer Governador de mais distinto caráter, cujo alto respeito sirva de muro às máximas do vizinho espanhol, e de freio e escudo ao mesmo continente".[542] Como a representação não surtira efeito, a Câmara voltou à carga, recorrendo, dessa vez, ao vice-rei marquês do Lavradio. De acordo com Adriano Comissoli, os oficiais acusavam o governador de contrabando e de negligência na defesa do território, alegando ainda "as ladroeiras que deste continente vão fazer aos domínios espanhóis". Não se conhece com precisão o conteúdo dessa representação; sabe-se, porém, que a reação do vice-rei foi negativa, pois, em represália, mandou prender os cinco camaristas que assinaram o documento, para "fazer um exemplo que faça conhecer aos mesmos povos o respeito e obediência que se devem às sagradas leis del Rey, meu senhor, e às ordens daquelas pessoas que, como lugares-tenentes do mesmo Augusto Soberano, devem ter a mesma reverência e respeito".[543] A investigação conduzida por Rocha, porém, mudaria a opinião do marquês do Lavradio, e, logo depois, Veiga de Andrade seria substituído.

---

[541] COMISSOLI. *Os "homens bons" e a Câmara de Porto Alegre (1767-1808)*, p. 49-50.

[542] KUHN. *O poder na aldeia: as elites locais na periferia da América Portuguesa (Viamão, 1763-1773)*, p. 247.

[543] COMISSOLI. *Os "homens bons" e a Câmara de Porto Alegre (1767-1808)*, p. 53.

Enriquecimento ilícito

Não só o conceito de enriquecimento ilícito fazia parte do vocabulário político dos vassalos da América portuguesa, como também havia uma percepção bastante disseminada sobre os meios aceitáveis de obtenção de riqueza. Quando os agentes e oficiais régios transgrediam as fronteiras da legitimidade para adentrar no universo dos "delitos", das "falcatruas" e das "ladroeiras", conforme o vocabulário da época, os vassalos não hesitavam em expressar a sua indignação, recorrendo aos canais à disposição para exigir a devida punição.

Prova-o a extensa série de denúncias dessa natureza lançadas contra os governadores ultramarinos pelas câmaras, autoridades e moradores locais. Enriquecer durante o exercício de um cargo não constituía, por si só, um delito. Ao contrário, esperava-se que os funcionários soubessem aproveitar as oportunidades que se apresentavam a eles, acumulando fortunas que pudessem engrandecer as suas casas e enriquecer a República. No entanto, deveriam se manter dentro dos limites da licitude. É assim que se pode interpretar uma passagem de Garcia de Resende sobre um capitão-mor nomeado para a Costa da Mina. Ao se despedir de D. João III, este lhe disse: "Lopo Soares, eu vos mando à Mina, não sejais tam peco [néscio] que venhais de lá pobre". E o cronista emendava: "folgava el rei que seus oficiais não lhe roubassem sua fazenda e soubessem fazer seu proveito".[544] Impunha, assim, atentar para o delicado – e nem sempre claro – equilíbrio entre o enriquecimento lícito e o respeito ao patrimônio régio, sem que se ferissem os interesses da Coroa. Afinal, o roubo à Fazenda Real equivalia ao roubo à pessoa do rei, e, como se verá adiante, a Coroa foi, de modo geral, mais tolerante aos furtos e extorsões praticados contra os vassalos do que àqueles que prejudicassem diretamente as suas rendas.

É bem verdade que muitos governadores fizeram questão de rejeitar a mera possibilidade de acumular fortuna no exercício do serviço régio, alegando a retidão da conduta e a modéstia dos soldos.

---

[544] RESENDE. *Livro das obras de Garcia de Resende (século XVII)*. Edição crítica de Evelina Verdelho. Lisboa: Calouste Gulbenkian, 1994, p. 416. Citado por RICÚPERO. *A formação da elite colonial*: Brasil (c. 1530-c. 1630), p. 177.

Para eles, a remuneração era tão exígua que só permitia sustentar uma vida simples e frugal. Dizia o vice-rei Luís de Vasconcelos e Sousa que somente "um governador solteiro muito bem regulado, sem grande família à força de economia", conseguiria poupar algum dinheiro, para garantir uma velhice decente no Reino. Em suas palavras, "nenhum governo do Brasil é meio de juntar riquezas, ou desempenhar Casas empenhadas...".[545] Apesar do discurso tão franciscano, Vasconcelos e Sousa estava longe de ser um praticante do voto de pobreza: depois dos 12 anos em que atuou como vice-rei, voltou rico ao Reino, tendo se destacado pela grandeza dos bens que acumulou.

As primeiras acusações de enriquecimento ilícito remontam ainda ao século XVI, quando o governador-geral Mem de Sá foi denunciado por Gaspar de Barros Magalhães e Sebastião Álvares, ambos oficiais da Fazenda e também vereadores da Câmara de Salvador. Em 1562, eles enviaram ao rei um longo relatório sobre os diferentes aspectos da administração local, tecendo duras críticas a Mem de Sá. Ao final do documento, pediam ao monarca que mandasse para lá governador que fosse "homem fidalgo, virtuoso e que não seja cobiçoso", que não fizesse resgate de âmbar e índios, como fazia o governador-geral, tomando tudo para si, em grande prejuízo do povo, que "perde o proveito que ganhou às custas de seu sangue e seu trabalho, ganhando e sustentando a terra". Não era justo, argumentavam, desfrutar do lucro daqueles negócios "quem o não ganhou, nem mereceu e que as mãos

---

[545] MONTEIRO. Trajetórias sociais e governo das conquistas: notas preliminares sobre os vice-reis e governadores-gerais do Brasil e da Índia nos séculos XVII e XVIII, p. 278-279: "nenhum governo do Brasil é meio de juntar riquezas, ou desempenhar Casas empenhadas [...] porque não era de esperar que ele (Alorna) fosse praticar violências com os Povos ou invadir a Real Fazenda, único modo por que um Governador pode trazer riqueza, e desempenhar a sua casa, até porque as mesmas vias de comercio proibido e ilícito a um governador exigem mais tempo do que os três anos [...] poderá dizer-se que, segundo estes princípios, são nocivos aos Governadores os Despachos do Brasil, e que em vez de utilidade se lhes causa prejuízo; mas os que são senhores de Casas devem refletir que com elas gozam muitos bens da Coroa e Ordens, e que é necessário merecerem a continuação destas Mercês [...] Se cada novo Governo, e novo serviço, houvesse sua Alteza Real de fazer novas Graças, e Originais mercês e não fossem a conservação ou continuação das antecedentes, nem a Coroa teria já que dar, nem o Reino com que suprir para Despachos dos Governadores coloniais...".

lavadas levem o suor de quem o ganhou". Concluíam suplicando ao rei: "nos mande governador e ouvidor mais domésticos e misericordiosos e que seus intentos sejam servir a Deus e a Vossa Alteza e libertar suas consciências e não cobiças e resgates".[546]

Com base no testamento e no inventário de Mem de Sá, Rodrigo Ricúpero concluiu que ele foi "um dos mais ricos proprietários e, provavelmente, o maior senhor de engenho das partes do Brasil ao longo do seu governo". Num período relativamente curto, conseguiu acumular um patrimônio considerável, do qual faziam parte engenhos – um dos quais, o engenho de Sergipe do Conde, era o maior e mais importante da época – e um rebanho de 500 cabeças de gado na Bahia. Regularmente, enviava açúcar para os seus representantes comerciais em Lisboa, Viana e Flandres – "tenho mandado muito açúcar ao Reino" –, além de receber grande quantidade de mercadorias para serem vendidas na América. Pouco antes de morrer, enviou 400 arrobas de açúcar para Lisboa e outras mil para Viana. Como observa Rodrigo Ricúpero, para alcançar uma produção tão elevada, fazia-se necessário um contingente escravo considerável, calculado em 303 peças no engenho de Sergipe, além de outras 98 não registradas em seu inventário. Este listava ainda 1.300 arrobas de açúcar e seis mil quintais de pau-brasil que seriam remetidos a Portugal, mais mercadorias orçadas em mais de três mil cruzados. Tanto mais surpreendente se revela esse patrimônio quando se lembra que Mem de Sá o juntou no prazo de apenas 14 anos, "período em que esteve à frente do governo-geral, e que, graças a sua fortuna, sua filha pôde casar com um dos grandes do Reino, o futuro Conde de Linhares".[547]

O mais célebre descendente de Mem de Sá seria também acusado de ter enriquecido às custas de atividades escusas. Quando as primeiras denúncias contra Salvador Correia de Sá e Benevides chegaram ao governador-geral Antônio Telles da Silva, este se apressou em ordenar uma devassa para investigá-las, encarregando a sua condução ao provedor da Fazenda Real, Domingos Correia. Ao final dela, o provedor elaborou um longo e exaustivo inquérito, depois remetido ao Conselho

---

[546] Carta dos oficiais da Fazenda da cidade do Salvador. Salvador, 24 de jul. 1562. *Anais da Biblioteca Nacional*, v. 27, p. 239.

[547] RICÚPERO. *A formação da elite colonial*: Brasil (c. 1530-c. 1630), p. 179-181.

Ultramarino, em que acusava o governador "de prevaricador, de locupletar-se com os dinheiros da Fazenda Real, de proteger os parentes e amigos com proventos indevidos, de oprimir o povo com tributos ilegais de que ele mesmo se fazia o administrador, de mandar construir por seus escravos fortificações precárias que fazia pagar por preços exorbitantes, e de outras muitas irregularidades administrativas levadas a efeito em exclusivo benefício seu, com o que já tinha aumentado a sua fortuna pessoal de mais de 300.000 cruzados desde que assumira o governo da capitania". Segundo Alberto Lamego, entre as inúmeras culpas apuradas contra Sá e Benevides no relatório de Domingos Correia constava a de ter construído, de forma precária, a fortaleza da Ilha da Cobras, cujas quatro torres já haviam caído, nomeando para capitão dela um parente seu, com um salário elevado. Tendo recebido ordem do rei para que fossem sequestrados os bens dos castelhanos e dos moradores do Rio da Prata, por ocasião da Restauração portuguesa, o governador confiscou as fazendas e os escravos da Guiné que se encontravam num navio com destino ao Rio da Prata, obtendo a modesta quantia de 27 mil patacas, quando esta deveria superar os 100 mil. Ele simplesmente teria ignorado o maior lance de compra, dado por João Dantas, e repartido os escravos apreendidos com o seu primo, João de Avelos Benevides. Ademais, tendo a Câmara criado a seu pedido o subsídio dos vinhos, destinado aos custos da guarnição e que rendia mais de 20 mil cruzados, Benevides, depois de assumir o cargo de tesoureiro desses recursos, jamais deu conta deles. Por iniciativa da Câmara, preocupada com a defesa da cidade, deliberou-se a construção de uma muralha para ligar o bairro do Miâ ao alto da cidade. A obra, a ser construída com pedra, deveria ser custeada pela população: por meio de uma finta, cada morador pagaria por uma, duas ou três braças, de acordo com as suas posses. A finta arrecadou a quantia de 70 mil cruzados, o suficiente para erigir uma muralha de mais de mil braças de comprimento. Tomando para si a empreitada, o governador encarregou seus escravos de construir a obra, mas, ao contrário do que havia sido combinado, foi quase toda ela feita de "terra e taipa de pilão", não sendo nem a décima parte de pedra e cal, no que não devia ter gasto, segundo os moradores, nem 10 mil cruzados.

Para custear a armada destinada a vigiar a costa, infestada por navios holandeses, Sá e Benevides baixou um alvará obrigando todas as embarcações que entrassem e saíssem do porto a pagar determinada quantia, e as provenientes de Angola pagariam uma pataca por cada negro transportado. Despertou fortes suspeitas o fato de o próprio governador assumir o cargo de tesoureiro desses recursos, tendo, além disso, nomeado para provedor André Dias, sujeito incriminado por homicídio. Outra denúncia dizia respeito ao furto de 14 mil cruzados do dinheiro arrecadado com a cobrança dos dízimos, sob a alegação de que se destinavam ao pagamento dos soldados – o que nunca aconteceu. O governador ainda provocou indignação quando levou para casa o "livro das condenações dos alardos", em que se registravam as multas dos que se submetiam à revista, deixando aos cuidados de seu criado a escrituração de grandes somas de dinheiro, feita "com grande prejuízo da Coroa". Outra denúncia o acusava de ter o costume de reformar, sem autorização, sargentos, alferes, ajudantes e até cabos de esquadra; para tanto, ele concedia a cada um várias praças de soldados, com nomes fictícios, "e quando eram feitas as listas, apareciam outras pessoas, para receberem o dinheiro que ficava nas mãos do almoxarife que lhe passava depois. Essas listas eram cheias mensalmente com o número de 500 praças quando estas orçavam por duzentas". Apurou-se ainda que ele teria se apropriado de peças de bronze e de artilharia, e de munições de sal, transportando-os para os seus navios.

O mais curioso é que, para comprovar a veracidade das acusações, as testemunhas apontavam o enriquecimento ilícito de Sá e Benevides, dizendo que ele "quando viera do Reino para ocupar o lugar de capitão-mor, com 200 mil réis de ordenado, devia 38 mil cruzados, que os havia pago, possuindo já mais 300 mil, muito ouro, prata, engenhos, casas, cerca de 700 escravos, tendo no tempo da aclamação, vendido muitos bens e posto outros em nome de terceiros, receando que lhe fossem sequestrados".[548] A riqueza fabulosa do governador suscitava desconfiança entre os moradores, inconformados diante da rapidez com que reunira tantos bens, impossíveis de serem adquiridos com os soldos recebidos.

Encaminhadas as denúncias ao Conselho Ultramarino, os ministros, segundo Lamego, foram "de parecer que todos os capítulos apresentados contra Salvador deviam ser devassados, bem como devia

---

[548] LAMEGO. *A terra Goytacá à luz de documentos inéditos*, v. 1, p. 52-56.

ter exemplar castigo o provedor Pedro de Sousa, que além do mais, dera uma estocada a um juiz de órfãos ocasionando-lhe a morte". Para a devassa, recomendaram que se nomeasse "letrado de grande inteireza, fidelidade e conhecimento de negócios", com ordens para sequestrar os bens dos culpados e remetê-los presos ao Reino. Desaconselhavam a indicação de um magistrado da Bahia ou do ouvidor do Rio, pois o fato de ser da terra o impediria de agir com a liberdade necessária em matéria tão importante, "da qual se esperava a restituição de mais de 200 mil cruzados". Esse parecer, de 15 de dezembro de 1642, teve, quatro dias depois, a aprovação do rei, que preferiu aguardar o encerramento da devassa para então tomar alguma providência em relação ao governo do Rio de Janeiro.[549] Ao que parece, o assunto caiu no esquecimento e nada foi feito – e, alguns meses depois, o rei em pessoa cobrou dos conselheiros o andamento do caso. O Conselho se defendeu, em novembro de 1643, tentando disfarçar a má vontade com que cuidara do assunto, e se justificou argumentando que o procurador da Fazenda fora de opinião que deveriam ser interrogadas as pessoas vindas do Rio de Janeiro, sobre se tinham notícia de que Salvador Correia havia vendido "bens de raiz e escravos, e se d'ali fora com mulher e filhos, porque havia informações que assim fizera" – procedimento, aliás, bastante comum nas devassas de agentes ultramarinos. Apesar disso, o Conselho sustentava o parecer de que os capítulos deveriam seguir para o Desembargo do Paço, ao qual competia conduzir a averiguação, nomeando Francisco Monteiro para a execução dessa diligência. Nas palavras de Alberto Lamego, "de tudo isto se depreende, que por parte da Coroa, não havia grande interesse em devassar os fatos apontados, ou por entender serem infundados, ou para não molestar Salvador, cercado então de grande prestígio". Em março de 1644, saiu finalmente o despacho com a nomeação do licenciado Francisco Pinto da Veiga para ir ao Rio de Janeiro, para "devassar do procedimento de Salvador Correia de Sá e Benevides".[550]

Ao tomar conhecimento de que as suas culpas haviam ido parar nas mãos do rei, Sá e Benevides embarcou para Lisboa com o propósito de se defender pessoalmente das acusações. Em sua defesa, ele

---

[549] LAMEGO. *A terra Goytacá à luz de documentos inéditos*, v. 1, p. 54-58.
[550] LAMEGO. *A terra Goytacá à luz de documentos inéditos*, v. 1, p. 53-58.

evocou os serviços prestados pelos antepassados – o avô, Martim de Sá, e o pai, Salvador Correia de Sá –, cujos passos orgulhava-se de seguir, rememorando com vagar os seus grandes feitos nos últimos 30 anos. Atribuía as denúncias ao ódio que lhe votava Domingos Correia, o provedor da Fazenda, que se tornara seu inimigo desde que ele o substituíra por outro provedor, Pedro de Sousa Pereira. Contou que, em Lisboa, Correia, associado a outros adversários dele, conseguira que se nomeasse o licenciado Francisco Pinto da Veiga para tirar devassa de seus procedimentos no Rio de Janeiro, mas que, por nada ter sido apurado contra a sua pessoa, a investigação foi concluída em Lisboa. Além de se defender das suspeitas, Sá e Benevides, aparentando grande confiança, pedia ainda que se emitisse uma certidão dos seus bons serviços à Coroa em todos os cargos que ocupara, além da pronta interrupção da devassa, ordenando-se "a vinda de Correia a Portugal para estar com ele em juízo, dando caução como era do estilo, ou pelo menos, para não se achar no Rio, enquanto se procedesse à devassa, a fim de, com a sua influência, não subornar as testemunhas".[551]

Pronunciando-se sobre a matéria, o Conselho Ultramarino ponderou que, diante do fato de que o governador fora, depois das denúncias, nomeado general da frota e administrador das Minas de São Paulo, a devassa não devia prosseguir, sustentando, porém, que o monarca devia remeter um letrado ao Rio de Janeiro, com o intuito de "devassar geralmente das matérias de justiça e fazenda, das pessoas que por alguma via a desencaminharam e se resultasse da devassa culpa contra Salvador, se avisasse a Sua Majestade sem contra ele proceder, nem contra seus bens, pois sendo tão abonado, estava sempre segura a Fazenda Real, afastando-se para longe os seus inimigos". Segundo Lamego, tratava-se de investigar todos os governadores, oficiais de milícia e indivíduos que ocupassem cargos na administração local, preservando, ao mesmo tempo, o nome do governador, que contaria com a completa leniência do rei. Não se conhece o resultado de tal devassa, mas a nomeação, logo depois, de Sá e Benevides para o Conselho Ultramarino é prova indiscutível de que ele havia conseguido neutralizar os adversários.[552]

---

[551] LAMEGO. *A terra Goytacá à luz de documentos inéditos*, v. 1, p. 59-60.
[552] LAMEGO. *A terra Goytacá à luz de documentos inéditos*, v. 1, p. 59-60.

Poucos anos depois, em 1648, ele seria novamente nomeado governador do Rio de Janeiro, ausentando-se, porém, naquele ano e só retornando em 1651, período em que foi substituído por interinos. Nessa época, ele já se destacava como um dos homens mais ricos do Brasil. Era proprietário de cinco engenhos de açúcar e 40 currais de gado, além de inúmeros foros: ele mesmo o admitiu, em petição ao rei, dizendo que "tendo no Rio de Janeiro e recôncavo, cinco engenhos de açúcar, 40 currais de gado vacum, casas e foros que recebe e que é a renda com que se sustenta no Reino". Nessa petição, explicava que estava impedido de enviar o seu açúcar ao Reino, porque não havia lugar nos navios; e por julgar que "não sendo justo que sendo ele alcaide mor e a pessoa que aí mais fazendas têm, sofra esta falta", pedia então que todos os navios que saíssem do Rio de Janeiro fossem obrigados a destinar 10% de suas cargas ao embarque do açúcar dele, pelo frete que costumavam pagar os ministros.[553] E assim foi feito.

Em 1659, Sá e Benevides assumiria o posto de governador-geral da Repartição do Sul, cargo que lhe conferia grande autonomia, dado que não estava mais subordinado ao vice-rei do Brasil. Mais tarde, ele, que dominava como poucos a arte de pedir ao rei, reivindicaria a concessão de uma capitania de 100 léguas de área, que, segundo Lamego, "devia abranger a Ilha de Santa Catarina e as terras despovoadas que ficavam entre a capitania de S. Vicente e Rio da Prata". Anos depois, seus filhos seriam contemplados com essas imensas extensões de terras.[554]

Mesmo ausente do Rio de Janeiro, Sá e Benevides continuava a despertar o ódio de parcelas da população local, inconformadas com a aliança vergonhosa entre ele e seu interino, Tomé Correia de Albuquerque, que ali governou entre 1657 e 1659. Contra ele se articularam Jerônimo Barbalho Bezerra, Pedro Pinheiro Mateus Pacheco de Lima, Jorge Ferreira Balham, Matias Gonçalves, Antônio Fernandes Valongo, Manuel Borges e Ambrósio Dias, responsáveis pela elaboração de capítulos que continham graves denúncias. Neles, davam conta de que, antes de assumir o governo, Alvarenga havia

---

[553] Segundo Lamego, o pedido de Sá e Benevides foi deferido em 5 de novembro de 1653 (LAMEGO. *A terra Goytacá à luz de documentos inéditos*, v. 1, p. 61).

[554] LAMEGO. *A terra Goytacá à luz de documentos inéditos*, v. 1, p. 61-63.

sido incriminado por homicídio na devassa tirada pelo ouvidor-geral Marcos Correia de Mesquita com o objetivo de apurar as "ladroeiras feitas no campo de Irajá, de que não se livrara, não sendo então preso por ser primo de Salvador, que por causa dessa devassa prendera o ouvidor referido, fazendo-o embarcar para Lisboa". Contavam ainda que Alvarenga, natural do Rio de Janeiro, jamais se pusera a serviço de Sua Majestade, faltando-lhe merecimentos para ocupar o cargo de governador, o que causara "grande escândalo e queixas" por parte daqueles que mereciam justamente ocupá-lo. Mancomunado com o cunhado Pedro de Sousa Pereira, valeu-se do cargo para desencaminhar os recursos da Fazenda Real, recebendo de soldo 600$000 réis por ano, quando só lhe cabiam 200$000 réis. Asseguravam ainda que ele sonegava impostos, pois, quando fora governador, recusara-se a pagar dízimos relativos às suas fazendas e aos açúcares que fabricava. Alegavam que ele cobrava licenças dos navios que atracavam no Rio de Janeiro, exigindo o pagamento para que pudessem entrar, carregar e partir, o que afastou dali os donos de navios, que diziam preferir ficar cativos em Argel do que retornar ao Rio de Janeiro, resultando disso uma grande escassez, a tal ponto que não havia nem azeite para lâmpadas nem vinho para as missas. Diziam também que ele costumava extorquir as fazendas dos mestres de navios, pagando por elas quanto bem entendesse.

Para comprovar a veracidade das acusações, os denunciantes apontavam que, antes de assumir o governo, Alvarenga era um homem pobre e endividado, "devendo mais de 8 mil cruzados", possuindo apenas um "engenho mal fabricado". Em pouco tempo, porém, seus bens ultrapassavam 50 mil cruzados.[555] Quanto aos motins de 1660, punham a culpa em "algumas pessoas de pouco discurso, [que] fundadas em ódios e conveniências particulares excederam os limites da prudência", isentando-se assim dos excessos que foram ali cometidos.[556] Curiosamente, um ano antes desses capítulos, em 1659, os mesmos camaristas haviam agradecido ao rei Afonso VI pela nomeação de Tomé Correia de Alvarenga: "está esta Câmara agradecida do cuidado com

---

[555] LAMEGO. *A terra Goytacá à luz de documentos inéditos*, v. 1, p. 73-78.

[556] AHU, Rio de Janeiro, doc. 848. Carta dos oficiais da Câmara do Rio de Janeiro. Rio de Janeiro, 26 abr. 1661.

que o governador Thomé Correia de Alvarenga se há no serviço de Sua Majestade e o governo desta república [...]".[557]

Por meio dos seus procuradores, o povo enviou ao rei os capítulos com as denúncias. Tomé Correia de Alvarenga foi destituído, posto a ferros e levado preso para Lisboa, indo ali, depois de desembarcado, refugiar-se na casa de Salvador Correia de Sá. Ao tomar conhecimento do fato, o Conselho Ultramarino, em sessão de abril de 1661, ordenou que ele fosse recolhido à cadeia do Limoeiro, "até que se apurassem as suas responsabilidades ou descargas para ser castigado ou livre, e quando não houvesse outra culpa, bastava a de ter saído do navio ou consentir que fosse tirado, para merecer castigo".[558] Preso três dias depois, logo seria solto novamente.

Anexadas aos capítulos contra Alvarenga constavam ainda 34 denúncias contra Sá e Benevides, nas quais este era descrito como governante venal, ambicioso e despótico, dominado pelo desejo de enriquecer a todo custo, valendo-se da autoridade do cargo para extorquir não só os moradores, mas também os que passavam pelo porto do Rio de Janeiro. Aludiam ao episódio de um patacho que ali chegara, carregado de couros, com destino a Buenos Aires, que o governador só permitira descarregar depois de "receber 300 couros" e embolsar os direitos cobrados da tripulação. Diziam que "era tão tirano que muitas vezes obrigara os oficiais da Câmara a fazer pedidos clandestinos aos moradores e em particular aos navegantes e mercantes". Tomava os escravos de seus proprietários, obrigando-os a trabalhar em suas fazendas, não restando aos senhores outra alternativa senão vendê-los ao governador por preços baixos. Igualmente, exigia que os senhores de engenho lhe vendessem as suas propriedades, o que acabou por fazer dele o maior proprietário do Brasil. Quando entravam navios vindos de Angola no porto do Rio de Janeiro, ordenava a seus donos que se apresentassem diante dele, para então escolher os

---

[557] Citado por CAETANO. "Os Sás em maus lençóis...": a revolta da cachaça e a revolta de Beckman nas disputas político-econômicas da América Portuguesa (Rio de Janeiro e Estado do Maranhão e Grão-Pará, século XVII), [s.p.].

[558] LAMEGO. *A terra Goytacá à luz de documentos inéditos*, v. 1, p. 70-71; NORTON. *A dinastia dos Sás no Brasil*: a fundação do Rio de Janeiro e a restauração de Angola, p. 331.

melhores escravos, em troca do preço que estipulava, de tal modo que os mestres das embarcações diziam preferir "cair às garras dos piratas e holandeses que chegar a salvamento no Rio de Janeiro". Fazia o mesmo com as carregações de vinho procedentes da Ilha da Madeira, confiscando as pipas por preços irrisórios e depois as revendendo a preços altos. Obrigou os moradores a contribuírem com 100 caixas de açúcar para a fortificação de um outeiro e, depois, nada mais fizera do que roçar o mato, sem prestar conta do dinheiro. Proibiu os criadores de carne de vaca de vendê-la, para que só se consumisse o seu gado, lançando bandos e colocando sentinelas para impedir que os marchantes trouxessem carne de fora. Mesmo ausente, tendo ido para as capitanias do Sul, continuou a receber o salário de general, enquanto Alvarenga recebia o de governador. E, para arrematar o rosário quase infindável das culpas de Sá e Benevides, censuraram-lhe as pretensões exageradas, pois era "useiro e vezeiro" em querer ocupar o cargo de governador-geral, como ficou evidente num episódio supostamente ocorrido em 1642, quando se servira de uma falsa provisão, "por cuja causa fora preso na corte o secretário Afonso de Barros Caminha e João Antônio Correia".[559]

Contra Sá e Benevides avolumavam-se dia a dia novas queixas no Conselho Ultramarino, vindas dos mais diferentes estratos sociais, em que se lhe condenava o desmesurado amor pelo dinheiro. Em 1662, por exemplo, um morador do Rio de Janeiro, chamado Matias Gonçalves, escreveu aos ministros, acusando-o de tê-lo injustamente metido na prisão, exigindo a quantia de cinco mil cruzados para soltá-lo. Numa retórica das mais sofisticadas, manejando a tópica do monarca como protetor dos pobres, lembrou ao rei que "V. Majestade como rei e senhor não deve permitir que se façam extorsões a seus vassalos pois é próprio dos Príncipes conservá-los em paz e livrá-los das opressões dos poderosos, e o que se fez a ele Matias Gonçalves foi uma violência, a que se deve acudir, principalmente por ser feita em parte tão remota e aonde o recurso é dificultoso".[560]

---

[559] LAMEGO. *A terra Goytacá à luz de documentos inéditos*, v. 1, p. 79-83.
[560] AHU, Rio de Janeiro, C.A., doc. 871. Consulta do Conselho Ultramarino, sobre a queixa que Mathias Gonçalves, residente no Rio de Janeiro, apresentava contra o Governador Salvador Corrêa de Sá, em que o acusa de o ter metido numa prisão,

São esparsas e incompletas as informações disponíveis sobre o desfecho desse turbilhão de denúncias. Sabe-se, por exemplo, que, em 1661, Sá e Benevides e Tomé Correia escreveram ao Conselho Ultramarino para solicitar a suspensão do sequestro dos bens de ambos: segundo eles, "com a alteração que houve no Rio de Janeiro, lhes sequestrou aquele povo, suas fazendas de potência". Diziam que ficara então parada a construção dos galeões, cujo contrato havia sido feito com a Coroa, e que, para lhe dar continuidade, era necessário suspender o sequestro. O voto do conselheiro Feliciano Dourado esclarece o episódio em questão: segundo ele, os bens deveriam ser devolvidos aos seus donos, porque "aquele povo e moradores não tem poder para se assenhorarem

> sem motivo, e de lhe exigir depois 5.000 cruzados pela sua liberdade. Lisboa, 24 maio 1662. Diz Mathias Gonçalves: "entrando depois no governo dela Salvador Correa de Sá, sem causa, nem razão para isso tivesse, o mandou meter em uma áspera prisão com risco da vida, obrigando-o para a resgatar, a que lhe desse cinco mil cruzados dos quais ele Mathias Gonçalves desembolsou logo dois mil quinhentos que lhe mandou entregar, e para lhe permitir que se embarcasse para o Reino, lhe dei outros dois mil e quinhentos cruzados, pelos quais ficou por fiador, e principal pagador, um cunhado seu, que os tem entregues, e desta maneira veio a conseguir sua liberdade, e remiu a sua vida, a qual sem dúvida se lhe havia de tirar e que como isto foi cousa notória e sabida de todos, deve largamente constar de tudo referido pela devassa que por ordem de V. Majestade trouxe o dr. Jorge da Silva Mascarenhas que V.Majestade como rei e senhor não deve permitir que se façam extorsões a seus vassalos pois é próprio dos Príncipes conservá-los em paz e livrá-los das opressões dos poderosos, e o que se fez a ele Mathias Gonçalves foi uma violência, a que se deve acudir, principalmente por ser feita em parte tão remota e aonde o recurso é dificultoso. Pede a V.M. lhe faça mercê mandar logo com efeito se lhe restituão os ditos cinco mil cruzados com as perdas e danos, e que seja inteirado por quaisquer bens e fazenda do dito Salvador Correa de Sá. Ao Conselho, parece que pela muita notícia que o dr. Jorge da Silva Mascarenhas tem em geral do negócio sucedido no RJ, adquirida pela devassa que dele tirou nesta cidade [...] e também do particular de que trata esta petição, como Mathias Gonçalves o dá a entender nela, deve V. Majestade ser servido por boa administração da justiça e para que ela se possa vir a fazer aos menos poderosos, mandar remeter a mesma petição ao dito Jorge da Silva Mascarenhas com ordem que pelo que lhe tem constado, e constar das mais diligencias, que de novo fará na forma de direito. [...] E que também V. M. deve mandar dar a copia da mesma petição ao sindicante que envia ao RJ, Miguel Achiole de Afonseca, para que como o há de fazer de todo o negocio, procure também apurar a verdade desta queixa, e quem são os culpados nela, para se fazer com eles a demonstração que merecem. Ao Doutor Feliciano Dourado, parece que como V. M. resolveio que o dr. Jorge da Silva Mascarenhas tirasse devassa nesta cidade de todo o sucesso do RJ, em geral, e que ela ajunte a que a quela capitania se vai tirar...".

da fazenda alheia por autoridade própria, sem expressa ordem de Vossa Majestade".[561] Ou seja, foram os moradores – e não a Coroa – os responsáveis pelo sequestro dos bens de Sá e Benevides e de Tomé Correia. No mês seguinte, seria passado um decreto com o seguinte teor: "para que da Fazenda de Salvador Correia de Sá e Benevides na capitania do Rio de Janeiro, se dê o necessário, e ordem, para se poderem acabar os galeões que na forma de seu contrato, se obrigou a fabricar naquele porto".[562] Em dezembro de 1663, o rei Afonso VI escreveu ao Conselho Ultramarino, pedindo que tomasse as providências necessárias para que o desembargador Miguel Achioli tirasse a residência a Sá e Benevides, a quem competia também suspender o sequestro dos bens de raiz que o ex-governador possuía na cidade, além de devolver – a ele ou ao seu procurador – todas as fazendas de sua propriedade.[563] Na verdade, o desembargador Miguel Achioli da Fonseca já se encontrava no Rio de Janeiro, para onde tinha ido com o objetivo de devassar a revolta que, em novembro de 1660, destituíra e prendera o governador Alvarenga.[564]

Segundo Charles Boxer, um relato contemporâneo informa que Salvador foi preso ao chegar a Lisboa, em 1663, e conduzido à Torre Velha, sob a acusação de ter recebido suborno para autorizar quatro navios holandeses a carregarem açúcar no Rio de Janeiro,

---

[561] AHU, Rio de Janeiro, doc. 856. Consulta do Conselho Ultramarino sobre o requerimento de Salvador Correia de Sá e Benevides. Lisboa, 27 de maio de 1661. Citado por NORTON. *A dinastia dos Sás no Brasil*: a fundação do Rio de Janeiro e a restauração de Angola, p. 338-340.

[562] AHU, RJ, doc. 858. Decreto pelo qual se mandou abonar a Salvador Correia de Sá, do dinheiro que lhe fora sequestrado no Rio de Janeiro, a importância necessária para concluir a construção dos galeões a que se obrigara por contrato. Lisboa, 21 jun. 1661.

[563] AHU, Rio de Janeiro, cx. 4, doc. 26. Decreto do rei D. Afonso VI ordenando ao Conselho Ultramarino passar as ordens necessárias ao desembargador Miguel Achioli da Fonseca, que foi ao Rio de Janeiro tirar residência do tempo que Salvador Correia de Sá e Benevides governou o Rio de Janeiro, para proceder ao levantamento do sequestro dos bens de raiz que o mesmo Salvador Correia de Sá e Benevides possui no Rio de Janeiro, a devolução de todas as suas fazendas, a si ou ao seu procurador, e a execução do inventário delas. Lisboa, 20 dez. 1663.

[564] AHU, Rio de Janeiro, C.A., doc. 875. Consulta do Conselho Ultramarino, relativa a nomeação do licenciado Miguel Achioli da Fonseca para proceder a devassa sobre a sublevação popular do Rio de Janeiro. Lisboa, 8 jul. 1662.

além de vender as mercadorias trazidas por eles, privando assim o rei de seus privilégios, e os portugueses de seus lucros.[565] O relato, que se encontra num manuscrito estudado por Eduardo Frazão, é indiretamente confirmado, segundo Boxer, pelo fato de dois processos – um em Lisboa, outro no Rio de Janeiro – terem sido instaurados contra ele, em razão da revolta de 1660.[566] O manuscrito alude ainda à prisão temporária de Martim Correia de Sá, em setembro de 1662, sob a acusação de contrabando de açúcar e tabaco enviados do Rio de Janeiro para o seu pai, Sá e Benevides. Segundo Boxer, a prisão de Sá e Benevides não durou muito tempo, e em 7 de agosto de 1663 ele se encontrava em casa, escrevendo ao Conselho Ultramarino para se queixar do tratamento recebido.[567] Evocava, mais uma vez, os seus "49 anos de serviços contínuos, incluindo algumas façanhas tão grandes que nenhum outro igualou-os". Reclamava também da velhice e das enfermidades, protestando contra o fato de a sua reputação ter sido maculada, justamente quando esperava receber "grandes graças e recompensas" – e, muito hábil em pedir, pedia dessa vez assento em algum conselho, ainda que estivessem pendentes dois processos contra ele.[568] E, de fato, pouco depois, Salvador se encontrava despachando

---

[565] BOXER. *Salvador de Sá and the struggle for Brazil and Angola*: 1602-1686, p. 347.

[566] BOXER. *Salvador de Sá and the struggle for Brazil and Angola*: 1602-1686, p. 347. Segundo Boxer, essa narrativa, estudada por Eduardo Brazão, é atribuída mais recentemente a Pedro Severim de Noronha, tendo sido compilada em 1664. Ver BRAZÃO, Eduardo. *D. Afonso VI segundo um manuscrito da Biblioteca da Ajuda sobre seu reinado*. Porto: Livraria Civilização, 1940. p. 144-145, 147-148.

[567] BOXER. *Salvador de Sá and the struggle for Brazil and Angola*: 1602-1686, p. 347. AHU, Rio de Janeiro, C.A., doc. 954. Carta de Salvador Correa de Sá e Benevides, em que se refere ao seu regresso ao Reino e aos serviços que havia prestado. Lisboa, 7 ago. 1663.

[568] AHU, Rio de Janeiro, C.A., doc. 954. Carta de Salvador Correa de Sá e Benevides, em que se refere ao seu regresso ao Reino e aos serviços que havia prestado. Lisboa, 7 ago. 1663. Dizia Sá e Benevides: "vai em dous meses que cheguei a esta Corte ao cabo de cinco anos de exercício, e dispêndio de minha fazenda nos particulares, que S. Majestade [...] foi servido encarregar-me por este Tribunal, e pelo da Fazenda Real: e porque me acho com justo sentimento de ao cabo de quarenta e nove anos de serviços contínuos, e neles haver feito algumas facções tão grandes, que nenhumas as igualarão, e com achaques, e idade, causas todas para poder faltar-me a vida, e faltando-me ela, faltar a dar conta dos meus procedimentos, em razão do que levei a meu cargo, em que concorrem duas causas, a primeira é o serviço de Sua Majestade, e a segunda é

no Conselho Ultramarino. Seu filho mais velho seria premiado, em 1666, com o título hereditário de visconde de Asseca, por conta dos serviços do pai no Brasil e em Angola.[569]

Apesar disso, segundo Boxer, a opinião pública em Lisboa manteve-se desfavorável a Salvador, em parte devido ao seu sangue espanhol e às suas conexões familiares, em parte pela morte de Jerônimo Barbalho e pelas suspeitas de suborno e corrupção – como fica claro numa sátira anônima contra os principais fidalgos da corte, escrita em 1666, em que se resumia a personagem de Salvador com a frase *"más pesan barras que culpas"*.[570]

Para Boxer, o caso de Sá e Benevides ilustra com perfeição o princípio então vigente sobre o enriquecimento durante o serviço régio: aos funcionários, era permitido – e até desejável – que enriquecessem "às custas do público e não da Coroa", desde que, nos tempos de necessidade, eles estivessem dispostos a abrir a bolsa em favor do rei. E assim o fizera o ex-governador, que, em 1648, despendeu grandes quantias para armar a expedição para Angola.[571]

Fortunas e infortúnios

Um dos maiores desafetos de Salvador de Sá e Benevides, também responsável pela abertura da devassa conduzida por Domingos Correia, foi o governador-geral Antônio Teles da Silva. E tampouco ele escapou das denúncias dos camaristas da Bahia, que se insurgiram contra a prisão do ouvidor daquela capitania. Julgaram-na arbitrária e

---

o meu crédito posto em opiniões, quando eu esperava grandes mercês; e satisfação. Tenho feito as diligências que o tempo me há dado lugar para que Sua Majestade mo concedesse, como fez a outros Ministros, de quem se mandou devassar, e nem por isso deixaram de acudir a seus Tribunais, e tratar de seu... porque se passa o tempo... algumas das dependências do Brasil acodir-lhe com toda a brevidade, a este Tribunal, por ser onde tocam os serviços que fui obrar, e por merecer um conselheiro de vinte anos, e das maiores notícias, que há em Portugal das Conquistas, que ele tome à sua conta solicitar-lhe seu crédito, quando se envolve ao serviço de sua Majestade".

[569] BOXER. *Salvador de Sá and the struggle for Brazil and Angola*: 1602-1686, p. 347-348.

[570] BOXER. *Salvador de Sá and the struggle for Brazil and Angola*: 1602-1686, p. 348-349. A sátira encontra-se em MATOS. Panfletos do século XVII. *Anais da Academia Portuguesa de História*, v. 10, p. 15-269.

[571] BOXER. *Salvador de Sá and the struggle for Brazil and Angola*: 1602-1686, p. 349.

intempestiva, sem que se formasse culpa, motivada unicamente pela discordância da vítima quanto aos procedimentos do governador-geral. A verdade é que Teles da Silva ainda podia se dar por satisfeito. Afinal, não respingou nele qualquer insinuação de que teria acumulado grande fortuna durante os anos em que esteve servindo na Bahia. Filho mais novo e, portanto, excluído da herança familiar, nada possuía quando aportou em Salvador – em seu testamento, feito em 1640, confessava: "não herdei até hoje de meu pai legítima alguma, por estar tudo litigioso".[572] Em pouco tempo, contudo, tornou-se proprietário de um vasto patrimônio: segundo Virgínia Rau, entre 1643 e 1649, ele despachou a um procurador em Lisboa produtos como açúcar, couro, jacarandá e tabaco, cuja venda proporcionou vultosos capitais que lhe asseguravam cerca de 2.500 a 3.000 cruzados por ano. Associado a João Fernandes Vieira, ele estava tão mergulhado nos negócios locais que simplesmente optou por permanecer na Bahia, mesmo depois de vencido o seu tempo de governo. Foi somente em 1650 que ele embarcou para Lisboa, vindo a morrer no trágico naufrágio da nau *Nossa Senhora da Conceição*, provocado por uma forte tempestade. Em tom maldoso, o conde da Ericeira comentou o episódio: "sendo a prevenção de Antônio Teles, e a segurança com que havia disposto passar a este Reino neste navio, que julgava pelo melhor da Armada, aguardando largo tempo por esta monção, a que o conduziu à morte, que pudera escusar, se se não detivera no Brasil".[573] Um genealogista escreveria depois sobre o patrimônio do governador-geral: "tinha feito testamento em que deixou toda a sua fazenda, que era muita (porque governou 9 anos o Estado do Brasil e veio rico da Índia) e a mercê do título que lhe havia feito el Rei, o mandou ao Brasil, a seu irmão Fernão Teles, e só excetuou a fazenda com que deixou algumas missas perpétuas na Misericórdia de Lisboa e dotes".[574] De acordo com

---

[572] Citado por RAU. Fortunas ultramarinas e a nobreza portuguesa no século XVII, p. 36.

[573] ERICEIRA, Conde da. *História de Portugal Restaurado*. Lisboa, 1751. v. II, p. 341. Citado por RAU. Fortunas ultramarinas e a nobreza portuguesa no século XVII, p. 31.

[574] Citado por RAU. Fortunas ultramarinas e a nobreza portuguesa no século XVII, p. 31.

Virgínia Rau, morreu solteiro e sem filhos, com uma fortuna estimada em 80 mil cruzados, legada ao irmão Fernão Teles, graças à qual o ex-governador, de filho segundo destituído, pôde instituir morgado e se tornar "senhor de casa".[575]

Chegar pobre e, depois de assumir um cargo, acumular fortuna atraía a atenção dos vassalos, que se punham a especular sobre a origem do dinheiro. Prova-o a vigilância implacável com que a Câmara do Rio de Janeiro acompanhava a evolução do patrimônio dos governadores locais, comparando a situação financeira com que haviam desembarcado na cidade com os bens que depois iam adquirindo. Se percebiam o enriquecimento, começavam logo a farejar as fontes por onde aumentavam ilicitamente os seus rendimentos. Grande parte dos governadores que passaram por lá foi rigorosamente escrutinada pelos camaristas. Um deles foi o general João Tavares Roldão, que, governando interinamente no lugar de Manuel Lobo, acabou sendo destituído do poder no tempo recorde de um ano. Tão logo assumiu o posto, em 1680, tiveram início as dissensões entre ele e a Câmara, em torno das prerrogativas que os vereadores buscavam a todo custo preservar. De acordo com Alberto Dines, Roldão foi acusado de exigir suborno dos capitães dos navios que ali ancoravam e daqueles que ultrapassassem o limite máximo estabelecido pela Coroa para o transporte de açúcar. Envolvido no contrabando de aguardente, ele despachava grandes carregamentos do produto para Angola, burlando a proibição régia. Em certa ocasião, aproveitando-se da construção de uma balandra nos estaleiros da Ribeira do Rio, destinada ao serviço régio, apropriou-se dos recursos e, com eles, iniciou a construção de um patacho para si, retardando ao máximo o término da obra. Para Dines, "a gota que fez transbordar o cálice de imposturas foi o favorecimento ao sócio, o mercador Lopo de Mesa, cristão-novo, na ocasião de arrematar os bens de um defunto com prejuízo de herdeiros".[576] Acatando a solicitação da Câmara local, o Conselho Ultramarino ordenou a sua remoção e substituição. A residência dele ficou a cargo do desembargador Francisco da Silveira Sottomaior, e

---

[575] RAU. *Fortunas ultramarinas e a nobreza portuguesa no século XVII*, p. 34.
[576] DINES. *Vínculos do fogo*: Antônio José da Silva, o Judeu, e outras histórias da Inquisição em Portugal e no Brasil, p. 401.

teve um resultado desfavorável ao sindicado.[577] Segundo João Fragoso, Roldão defendeu-se em carta ao rei, acusando o sindicante de imparcialidade, em razão dos vários "irmãos e parentes" que tinha na cidade, e que haviam embaraçado o seu governo. De nada valeram tais objeções, e o Conselho Ultramarino acatou, ao final, o parecer do desembargador Sottomaior.[578]

Duas décadas depois, seria a vez de o governador D. Álvaro da Silveira ser denunciado ao rei pelos camaristas do Rio de Janeiro. Contra ele haviam acusações graves: valendo-se da restrição de entrada de escravos nas Minas Gerais, que elevou vertiginosamente o preço deles, Silveira obrigava as embarcações vindas de Costa da Mina, Angola e São Tomé a aportarem em uma ilha deserta, onde tomava para si, a preços baixos, os melhores escravos, para depois vendê-los aos moradores, "ganhando de uma mão por outra 40 a 50$000 réis em cada um".[579] Tamanha era a sua avidez que não havia negociante de escravos que quisesse navegar para o porto do Rio de Janeiro, o que agravou ainda mais a alta dos preços.[580]

Não foi diferente com o seu sucessor, D. Fernando Martins Mascarenhas de Lencastre, também denunciado pela Câmara do Rio de Janeiro por não observar o alvará sobre a cota de 200 escravos destinados às Minas, sob a alegação de que a proibição compreendia apenas os negros vindos de Angola, e não os da Costa da Mina. Pouco escrupuloso, atreveu-se mesmo a demitir o corretor de escravos encarregado de controlar a saída dos negros para a região mineradora,

---

[577] AHU, Rio de Janeiro, C.A., doc. 1463-1464. Consulta do Conselho Ultramarino sobre a devassa de residência que tirou o Desembargador Francisco da Silveira Sottomaior do tempo que governou a praça do Rio de Janeiro o tenente General João Tavares Roldão. Lisboa, 11 dez. 1682.

[578] FRAGOSO. A nobreza vive em bandos: a economia política das melhores famílias da terra do Rio de Janeiro (século XVII), p. 11-35.

[579] AHU, Rio de Janeiro, C.A. doc. 2815. Consulta do Conselho Ultramarino sobre uma representação dos oficiais da Câmara do Rio de Janeiro contra os abusos que praticava o Governador D. Álvaro da Silveira com os escravos da Costa da Mina e S. Thomé, que chegavam aquela cidade. Rio de Janeiro, 12 jun. 1704.

[580] Carta de D. Álvaro da Silveira de Albuquerque ao rei sobre as controvérsias suscitadas pelo superintendente das minas, José Vaz Pinto. Rio de Janeiro, 2 ago. 1703. DOCUMENTOS interessantes para a história e costume de São Paulo, v. 51, p. 195.

incumbindo-se ele mesmo da tarefa. Tais abusos custaram-lhe uma dura reprovação do rei, que o alertou de que "fazendo o contrário (do que lhe ordenara) não só me darei por muito mal servido do vosso procedimento, mas se vos dará em culpa na vossa residência".[581] Em carta aos oficiais da Câmara do Rio de Janeiro, o rei ordenou que o corretor de escravos Rodrigo de Mendonça, que "estando exercendo o tal ofício com bom procedimento, e dando forma as compras, e registro dos ditos negros, por razões particulares que obrigaram ao dito D. Fernando lhe impediu o exercício dele em seu prejuízo contra a minha disposição", fosse prontamente reintegrado ao cargo.[582] Segundo o ouvidor do Rio de Janeiro, João da Costa da Afonseca, o propósito de D. Fernando, ao demitir o corretor nomeado pela Câmara do Rio de Janeiro para garantir que apenas 200 escravos se passassem às Minas, não era outro senão apropriar-se da matéria da fiscalização, burlando-a para favorecer os seus interesses escusos. Lançando-se com sofreguidão no negócio negreiro, o governador, "nas compras dos negros, se há tão absoluto que chegou por vezes mandar pessoas de sua casa e fora dela escolhê-los à Alfândega estando para se despachar", adquirindo a maior parte deles – e sempre os melhores – para depois lucrar na venda, feita a preços altíssimos. Ele também burlava propositalmente a cota fixada pela Coroa, uma vez que participava ativamente do comércio negreiro com os distritos mineradores, arrematando, por intermédio de terceiros, os negros que haviam sido confiscados no caminho da Bahia e os enviando depois à região mineradora. Ainda segundo o ouvidor, durante a vigência da lei de limitação dos escravos, D. Fernando chegou a despachar mais de 600 negros, e tantas eram as carregações de escravos que seguiam pelo Caminho Novo que "umas se estão encontrando as outras no caminho, fora muita quantidade de negros que tem

---

[581] Carta régia a D. Fernando Martins Mascarenhas de Lencastro recomendando-lhe a rigorosa execução do alvará sobre a venda de escravos africanos destinados às minas. Lisboa, 17 jul. 1706. DOCUMENTOS interessantes para a história e costume de São Paulo, v. 52, p. 34-35.

[582] Carta régia aos oficiais da Câmara do Rio de Janeiro ordenando-lhe que fosse reintegrado no cargo de corretor de escravos para as Minas Rodrigo de Mendonça, que do mesmo fora impedido por D. Fernando. Lisboa, 19 jan. 1709. DOCUMENTOS interessantes para a história e costume de São Paulo, v. 52, p. 123.

nelas".⁵⁸³ Firme adversário do governador, o ouvidor escreveu ao rei para denunciar uma a uma as irregularidades por ele praticadas, comprovando que D. Fernando estava atolado até o pescoço no comércio com as Minas: além do tráfico negreiro, possuía uma grande roça no Caminho Novo, plantada e cuidada pelos índios da aldeia de São Barnabé, solicitados aos padres da Companhia para o serviço de Sua Majestade. Estimava-se o rendimento da roça entre 10 a 12 mil cruzados, "porque já o novo caminho se continua, e espera a saída da frota para vedar o velho, em ordem a gastar os mantimentos da dita roça". Aos mais íntimos, D. Fernando orgulhava-se de levar do governo "mais de quatrocentos mil cruzados porque tem posto o negócio das minas só na sua pessoa, criados e apaniguados".⁵⁸⁴

Poucos governantes se comparam, em diversidade e gravidade de acusações, a Jerônimo de Mendonça Furtado, apelidado de "o Xumbergas", que, com seus modos atrapalhados, entraria para a história de Pernambuco como figura tragicômica. Os dois anos em que esteve à frente do governo dessa capitania se encerrariam com a sua deposição, prisão e envio para Lisboa, em agosto de 1666, num golpe cuidadosamente orquestrado pela Câmara de Olinda e pelos principais da terra, com o apoio decisivo do vice-rei. Português, cavaleiro não professo da Ordem de Malta, o Xumbergas recebeu o governo de Pernambuco como prêmio pelas proezas militares: como capitão de cavalo de mestre de campo de um dos terços da guarnição de Lisboa, serviu na guerra do Alentejo, destacando-se pelo desempenho notável na batalha do Canal. Tomou posse do governo em 5 de março de 1664, pelas mãos de Francisco de Brito Freire.⁵⁸⁵ Ali, porém, amargaria o maior fracasso de sua vida: deposto e preso na Fortaleza do Brum, seria remetido preso ao Reino, "sem lhe dar nem ainda o necessário para o trato e uso de sua pessoa e matalotagem

---

⁵⁸³ AHU, Rio de Janeiro, C.A. doc. 2990-3015. Carta do ouvidor geral do Rio de Janeiro João da Costa da Afonseca contra o governador D. Fernando Martins Mascarenhas de Lancastro. Rio de Janeiro, 12 jul. 1708.

⁵⁸⁴ AHU, Rio de Janeiro, CA., doc. 2990-3015. Carta do ouvidor geral do Rio de Janeiro João da Costa da Afonseca contra o governador D. Fernando Martins Mascarenhas de Lancastro. Rio de Janeiro, 12 jul. 1708.

⁵⁸⁵ GARCIA. Deposição de Jerônimo de Mendonça Furtado. *Anais da Biblioteca Nacional*, v. 57, p. 113.

para a viagem".[586] Afinal, por que teria sido enxotada a autoridade máxima da capitania, o principal representante da Coroa no lugar? É Evaldo Cabral de Mello quem enumera os incontáveis "delitos" praticados pelo Xumbergas: além de governar como um tirano, intrometendo-se em questões da esfera judicial, pôs-se a executar dívidas, sequestrar bens – "em especial na fábrica dos engenhos e nos partidos de cana" –, ordenando prisões e livramentos, em troca de dinheiro. Não satisfeito, ele ainda atacou a Fazenda Real, metendo no bolso parte dos donativos da rainha da Inglaterra daqueles destinados à paz de Holanda. Autorizou, por conta própria, o comércio com os franceses, tendo vendido a eles pau-brasil pertencente ao estanco régio. Ademais, recusou-se a prender os que deviam à Fazenda Real, deixando-os à solta, para grande escândalo dos moradores; feriu privilégios eclesiásticos; pôs um amigo no cargo de ouvidor; desobedeceu provocativamente ao vice-rei, conde de Óbidos, e, em conluio com o comandante de uma frota francesa, o marquês de Mondvergue, pretendia entregar a capitania à França. E, se não bastassem essas culpas, ainda recunhou moeda de ouro e prata em sua casa, com ajuda de seus criados, valendo-se de marcas que fizera fabricar.[587]

Na carta em que justificou a deposição e a prisão do governador, a Câmara de Olinda não se mostrou intimidada ou embaraçada, assumindo, ao contrário, uma postura firme e resoluta, jogando a culpa no monarca, a quem atribuía a má escolha dos seus representantes: "porque Vossa Majestade mandando governadores a suas conquistas é para observarem as leis de Vossa Majestade manterem seus povos em paz e com justiça e como tudo isto faltou em Hierônimo de Mendonça, mais parecia tirano que os tratava de destruir que governador que os queria conservar".[588]

Solto logo depois de desembarcar em Lisboa, o Xumbergas expressaria a sua indignação em um longo ofício ao rei, no qual exigia

---

[586] Representação de Jerônimo de Mendonça Furtado. *Anais da Biblioteca Nacional*, v. 57, p. 136 e ss.

[587] MELLO. *A fronda dos mazombos*: nobres contra mascates, Pernambuco, 1666-1715, p. 23-24.

[588] AHU, Pernambuco, cx. 9, doc. 811. Carta dos oficiais da Câmara de Olinda ao rei [D. Afonso VI] sobre as razões que os obrigaram a enviar ao Reino o governador da dita capitania, Jerônimo de Mendonça Furtado. Olinda, 4 mar. 1667.

um castigo exemplar aos seus adversários: em sua opinião, talvez fosse o caso de arrasar Olinda, pois, se nos tempos modernos e antigos os reis mandavam "destruir cidades, e lugares inteiros, e muito populares", para castigar delitos dessa natureza, sabedores de que a falta de castigo era ainda mais danosa do que semelhantes perdas, devia Vossa Majestade não só proceder com o rigor necessário, mas também honrar a ele, o Xumbergas, "com grandes acrescentamentos".[589]

De acordo com Evaldo Cabral de Mello, o assunto da deposição do Xumbergas foi parar na mesa do Conselho Ultramarino, cuja avaliação seguiu a praxe em eventos dessa natureza, recomendando que se enviasse um magistrado para devassar os acontecimentos em Pernambuco. O Conselho de Estado indicou então o nome de João Vanvessem para a missão, enquanto, em Lisboa, outro magistrado ficaria encarregado de apurar secretamente o caso, a partir dos relatos dos que vinham daquela capitania. Aliás, cumpre notar que essa era uma prática bastante usual nas devassas, pois trazia a vantagem adicional de tomar os testemunhos fora do ambiente conturbado e suscetível à pressão dos grupos locais, o que, de certo modo, garantia alguma imparcialidade por parte dos envolvidos.

Em Pernambuco, Vanvessem mal pôde conduzir a investigação, pois assim que desembarcou se viu ameaçado de morte: os oficiais da Câmara, receosos de que o magistrado quisesse proteger o Xumbergas, não hesitaram em cercar a sua casa, para impedir que pessoas favoráveis ao ex-governador fossem ali depor; depois, invadiram-lhe a residência para pressioná-lo a inquirir as testemunhas sobre os capítulos que haviam apresentado anteriormente. Os esforços dos camaristas resultaram inúteis, pois nada se apurou contra o ex-governador – também

---

[589] "Na Europa, nos tempos modernos e mais antigos houve semelhantes sucessos, e os Senhores Reis voltaram tanto pela satisfação deles, que se mandou destruir cidades, e lugares inteiros, e muito populosos, entendendo-se que era mais conveniente sofrer estas perdas que ficar exemplo na falta do castigo para semelhantes insolencias; e foram honrados os governadores expulsos com grandes acrescentamentos, e de proximo o vimos praticado com o Conde de Óbidos, porque constando que a expulsão do governo da India fora feita sem ordem de V.M. foi estranhado este procedimento com as demonstrações que é notorio e provido o conde no governo do Estado do Brasil" (GARCIA. Representação de Jerônimo de Mendonça Furtado a sua Majestade, 1666. *Anais da Biblioteca Nacional*, v. 57, p. 141).

em Lisboa, os testemunhos o isentaram das culpas –, e, diante dessa situação, o Conselho Ultramarino não teve outra alternativa senão endossar o voto do relator João Falcão de Sousa, que tomou claramente o partido do Xumbergas, argumentando que era natural que os governadores fizessem inimigos nas conquistas ultramarinas, pois os homens poderosos que nelas habitavam somente "querem viver à sua vontade e oprimir aos pequenos, tanto que há governador que os refreia, logo procuram lançá-lo fora". E que não convinha ao rei permitir tamanho desacato, visto que os governadores "representam a pessoa real e se lhes deve guardar igual respeito". Quanto aos capítulos com a profusão de denúncias, eles não mereciam crédito, porque jamais faltariam indivíduos dispostos a mentir nesses papéis; e "se os governadores obram contra o que devem, deve haver queixa a Vossa Majestade e não expulsão, para daí como fonte da justiça emanarem as ordens para o castigo, que não devem os povos serem os juízes e os executores".[590]

Apesar dessas demonstrações de excessiva leniência, o rei já vinha se preocupando com as ladroeiras do Xumbergas, em razão das notícias que chegavam à corte sobre o furto à Fazenda Real e a apropriação indevida dos recursos da Coroa. Por isso, antes mesmo da notícia da deposição do governador, ele havia tomado a iniciativa de chamá-lo de volta ao Reino, mandando-lhe um sucessor. Pesaram na decisão régia principalmente as reclamações da Companhia Geral de Comércio do Brasil, que acusara o Xumbergas de se intrometer abusivamente no monopólio do pau-brasil. D. Afonso VI o advertira para que cessasse o abuso, sob pena de lhe exigir a restituição dos prejuízos. "Não houve emenda", constatava desanimadamente o monarca. Por essa razão, incumbiu o sucessor despachado para Pernambuco de investigar as suspeitas, instruindo-o para que, caso fossem confirmadas, procedesse ao confisco dos seus bens e o remetesse preso para a Relação de Salvador.[591] A deposição, porém, precipitou os acontecimentos, e o Xumbergas foi recambiado a Portugal antes mesmo da chegada do sucessor.

---

[590] Citado por MELLO. *A fronda dos mazombos*: nobres contra mascates, Pernambuco, 1666-1715, p. 57-59.
[591] MELLO. *A fronda dos mazombos*: nobres contra mascates, Pernambuco, 1666-1715, p. 60-61.

Intromissões nos contratos régios, por parte dos agentes da administração, eram consideradas delitos dos mais graves, pois implicavam prejuízos à Fazenda Real. E, como não poderia deixar de ser, tais condutas justificaram uma série de denúncias, uma vez que constituíam os negócios mais lucrativos no universo colonial – e, por isso, também os mais disputados. Para se engajar neles, os governadores lançaram mão dos mais variados artifícios, como a cobrança de propinas aos arrematantes, o favorecimento dos mais amigos, ou ainda o emprego de testas de ferro para a arrematação. Quando governava a capitania de Pernambuco, Luís Diogo Lobo da Silva foi acusado pelos oficiais da Câmara da vila de Goiana de lesar os cofres régios. Segundo eles, na arrematação do contrato do subsídio das carnes, o governador beneficiou um dos arrematantes, desprezando o lance mais alto de outra pessoa. A denúncia assustou Lobo da Silva e o levou a escrever ao secretário de Estado, Tomé Joaquim da Costa Corte Real, para se defender da "falsa conta". Jurando inocência, dizia ter agido de forma idônea, assegurando que "até o último instante foi a minha ordem condicional para que só nele preferisse quem maior preço oferecesse e melhor o segurasse". E, para neutralizar os adversários, enumerou as violências sofridas desde a chegada àquela capitania, enviando ao secretário uma relação com os nomes dos indivíduos que deveriam ser castigados, e os documentos comprobatórios das culpas de cada um. Ao mesmo tempo, porém, parecia bastante cético quanto às chances de uma apuração isenta e imparcial dos fatos, em razão dos vínculos existentes entre o juiz de fora e os acusados – "não digo que faltará a verdade dela, porém, que as razões de amizade poderão obrigar a não se fazer com aquela exação que a Sua Majestade parecer justa, quando não entenda estar bastantemente justificada pelos documentos que acompanham".[592]

---

[592] AHU, Pernambuco, cx. 85, doc. 7014. Ofício do [governador da capitania de Pernambuco], Luís Diogo Lobo da Silva, ao [secretário de estado da Marinha e Ultramar], Tomé Joaquim da Costa Corte Real, sobre a falsa conta que deram os oficiais de Goiana contra ele, acusando-o de desfalques na Fazenda Real da dita capitania. Recife, 16 out. 1757. "Lembro-vos que o Juiz de fora é o que aconselha Martinho de Mello em algumas matérias de maior embaraço no lugar de Juiz de órfãos que ocupa, e como este é um dos nomeados na conta por ser genro do Provedor, e por consequência ser parcial, poderá haver inconveniente em lhe ser cometida esta diligência, não digo que faltará a verdade dela, porém,

Por fim, para reiterar a lisura de sua conduta à frente do governo, afastando assim suspeitas de enriquecimento irregular, D. Luís Diogo descrevia a situação precária em que se encontrava e a frugalidade de seu estilo de vida: "pelo que pertence a minha casa já não falo, porque o tempo provará com toda a verdade que ainda vivendo com a maior parcimônia o que hei de tirar é algum empenho além do que tinha".[593]

Como se queixar ao rei

Escrever ao rei era uma faculdade que competia a todo e qualquer vassalo. O direito de petição, de acordo com Pedro Cardim, "existia desde tempos imemoriais, apoiado na ficção de que todas as petições eram lidas pelo rei durante a reunião dos três estados, podendo, deste modo, os procuradores receber diretamente a resposta do monarca [...] O exemplo ilustrativo deste ato era o do pai que ouvia os seus filhos, uma imagem extremamente recorrente na literatura da época".[594] Como filhos, os vassalos buscavam amparo no rei, rogando-lhe por proteção contra os abusos dos poderosos – assim se expressou Ventura Francisco de Barros, escrevendo ao rei que "na certeza de que Vossa Majestade é amante da justiça e amparo dos pobres, me quero valer de sua proteção pedindo-lhe pelas chagas de Cristo, me queira valer contra as tiranias do governador D. Francisco Naper".[595]

É bem revelador da importância que o direito de representação ao rei gozava na cultura política do Antigo Regime um parecer do

---

que as razões de amizade poderão obrigar a não se fazer com aquela exação que a Sua Majestade parecer justa, quando não entenda estar bastantemente justificada pelos documentos que acompanham."

[593] AHU, Pernambuco, cx. 85, doc. 7014. Ofício do [governador da capitania de Pernambuco], Luís Diogo Lobo da Silva, ao [secretário de estado da Marinha e Ultramar], Tomé Joaquim da Costa Corte Real, sobre a falsa conta que deram os oficiais de Goiana contra ele, acusando-o de desfalques na Fazenda Real da dita capitania. Recife, 16 out. 1757.

[594] CARDIM. O quadro constitucional. Os grandes paradigmas de organização política: a Coroa e a representação do reino. As cortes, p. 148-149.

[595] AHU, Rio de Janeiro, C.A., doc. 2173. Carta de Ventura Francisco de Barros, residente na Colônia do Sacramento, em que expõe as suas queixas contra o Governador D. Francisco Naper de Lancastre. Colônia, 5 maio 1699.

Conselho Ultramarino, datado de 1645, sobre a ordem do governador-geral D. Antônio Teles da Silva, impedindo os vereadores de Salvador de escreverem ao rei. A proibição causou a mais profunda indignação nos conselheiros, pois se chocava com o princípio de que todos poderiam recorrer ao monarca como a um pai, para clamar por justiça. No parecer, bastante duro, eles defenderam que o soberano deveria "mandar estranhar ao dito governador", advertindo-o de que "este é um meio muito contra o seu serviço, no qual convém que não só a Câmara e ministros, senão ainda qualquer mínimo vassalo tenha liberdade para escrever a Vossa Majestade o que convier a seu serviço e bom governo de seus Reinos e Estados, e das injustiças que se lhe fizerem, porque por este meio terá Vossa Majestade notícia do bom ou mal que procedem seus vassalos e ministros". Evocavam ainda o caso do vice-rei da Índia, o Conde Almirante, que havia solicitado ao rei que proibisse aos vassalos daquele Estado de lhe representar contra as autoridades locais, em razão da "variedade com que o caluniavam". Em sua resposta, o rei dissera que "não convinha a seu serviço limitar a seus vassalos a via por donde lhe podiam dar notícia dos procedimentos de seus ministros, e que quando eles excedessem, a Vossa Majestade ficava lugar de os castigar".[596]

Também os vassalos partilhavam da convicção de que representar ao rei podia ser uma forma eficiente de alcançar justiça, mesmo para aqueles que vivessem nos lugares mais distantes do Império português. É com esse espírito, por exemplo, que o vigário da longínqua Nova Colônia do Sacramento, Manuel Ribeiro de Oliveira, escreve ao rei, numa prosa barroca e, por vezes, confusa: "não é muito que vivendo em parte tão remota reconheça por esta a quem tem por diminuta esfera o globo de um mundo todo, no asilo e amparo com que V. Excelência costuma patrocinar a todos os que se valem da sua

---

[596] AHU, Bahia, LF, cx. 10, doc. 1128. Consulta do Conselho Ultramarino sobre a queixa que faz o licenciado Manuel Pereira Franco, ouvidor geral do Brasil, contra o governador Antônio Teles da Silva, que o suspendeu e prendeu, a mesma queixa fazem os oficiais da Câmara da Bahia. 25 de julho de 1645. Lisboa, 25 jul. 1645. AHU, Bahia, Luiza da Fonseca, cx. 10, doc. 1128. Consulta do Conselho Ultramarino sobre a queixa que faz o licenciado Manuel Pereira Franco, ouvidor geral do Brasil, contra o governador Antônio Telles da Silva, que o suspendeu e prendeu, a mesma queixa fazem os oficiais da Câmara da Bahia. 25 de julho de 1645.

proteção sendo na inteireza e justiça a principal coluna de todo o Reino de Portugal [...]".[597]

Graças ao direito de representação, as queixas dos vassalos puderam chegar às mãos reais, passando, antes, pelo Conselho Ultramarino, muitas vezes em tempo extraordinariamente curto. No entanto, o fato de os protestos dos vassalos serem ouvidos não significava que fossem atendidos. Havia uma grande distância entre ser ouvido e ter a denúncia acatada – e, mesmo nos casos em que se tomavam providências, instaurando-se devassas e residências, ainda assim podia ser bem longo o caminho até a punição efetiva dos denunciados. Punição que dependia, fundamentalmente, da espessa e vasta rede que abrangia os interesses em jogo – e também da disposição de quem estava encarregado de devassar e sindicar.

Havia casos em que as próprias autoridades denunciavam os colegas, descortinando ao rei os bastidores obscuros do exercício do poder nos rincões distantes da América. Foi o que aconteceu com o polêmico D. Francisco Naper de Lencastre, governador da Nova Colônia do Sacramento, que acabou incriminado pelo ex-governador do Rio de Janeiro por prática de contrabando com Buenos Aires, para onde teria remetido um patacho carregado de madeira e breu. Artur de Sá e Meneses não hesitou em escrever ao rei para delatar o colega, que supostamente teria cometido o contrabando com o apoio do governador Sebastião da Veiga Cabral.[598]

Tendo a denúncia chegado até o Conselho Ultramarino, o desembargador José Vaz Pinto foi encarregado de proceder à averiguação do caso, ao fim da qual concluiu pela falsidade das acusações.[599] É bem

---

[597] AHU, Rio de Janeiro, C.A., cx. 11, doc. 2170. Carta do Vigário da Nova Colônia do Sacramento Manuel Ribeiro de Oliveira, sobre os abusos e violências do Governador D. Francisco Naper de Lancastre. Colônia, 6 maio 1699.

[598] AHU, Rio de Janeiro, C.A., doc. 2630. Consulta do Conselho Ultramarino, sobre as diligências que se tinham ordenado para obter informações acerca do patacho que D. Francisco Naper de Lencastre mandara para Buenos Aires, por sua conta, carregado de madeiras e outras mercadorias. Lisboa, 6 mar. 1703. Sobre Sebastião da Veiga Cabral, ver SOUZA. *O sol e a sombra*: política e administração na América portuguesa do século XVIII, p. 253-283.

[599] AHU, Rio de Janeiro, C.A., doc. 2630. Consulta do Conselho Ultramarino, sobre as diligências que se tinham ordenado para obter informações acerca do patacho

curioso, aliás, o fato de José Vaz Pinto – descrito pelos conselheiros como "ministro de tanta suposição e amante da justiça" – protagonizar, dois anos depois, um escândalo nas Minas Gerais, obrigado a fugir às pressas, sob uma saraivada de críticas implacáveis. A seu respeito, comentava-se os valiosos bens que carregara consigo durante a fuga; segundo Antonil, certamente recolhendo a informação na memória oral, ele "tornou a recolher-se para o Rio de Janeiro com bastante cabedal".[600] O próprio Conselho Ultramarino tinha a informação de que o magistrado levava 40 mil cruzados em ouro em pó, isto é, sem quintar – uma quantia altíssima para os padrões da época, suficiente para fazer dele um homem de grossa fortuna. Na avaliação desalentadora dos conselheiros régios, o envolvimento da mais alta autoridade em negócios ilegais evidenciava a falta de moralidade reinante nas Minas Gerais: "e se o superintendente que Vossa Majestade mandou para evitar os descaminhos os cometia sendo de tão boa opinião, que farão os que se mandam porque o pedem?".[601] Este seria, aliás, um dos problemas mais graves com que a Coroa se defrontaria na região ao longo de todo o século XVIII: a participação ativa dos funcionários e governadores nas atividades da mineração, em detrimento dos interesses régios, fortemente prejudicados por eles.[602]

Com o desvanecimento das suspeitas contra Naper, o Conselho Ultramarino sugeriu ao rei que repreendesse o delator, Sá e Meneses, pois este havia se utilizado de inverdades para também atingir a honra de Sebastião da Veiga Cabral: "por dar esta conta em matérias tão graves com informações menos verdadeiras". Denúncias dessa natureza eram consideradas gravíssimas, como mostra o despacho do rei àquele parecer, instruindo que se registrasse que nada constava contra o denunciado.[603]

---

que D. Francisco Naper de Lencastre mandara para Buenos Aires, por sua conta, carregado de madeiras e outras mercadorias. Lisboa, 6 mar. 1703.

[600] ANTONIL. *Cultura e opulência do Brasil por suas drogas e minas*, p. 370.

[601] AHU, Rio de Janeiro, C.A., códice 232, fl. 236 e 236v. Resumo feito pelo conselheiro Francisco Dantas Pereira dos arbítrios que se oferecem para o maior aumento do rendimento dos quintos das minas de São Paulo. Lisboa, 26 out. 1706.

[602] Ver ROMEIRO. *Paulistas e emboabas no coração das Minas*: idéias, práticas e imaginário político no século XVIII.

[603] AHU, Rio de Janeiro, C.A., doc. 2630. Consulta do Conselho Ultramarino, sobre as diligências que se tinham ordenado para obter informações acerca do patacho

Grande parte das queixas e denúncias contra os governadores subiu até o rei por meio das câmaras. Valendo-se da prerrogativa de representar diretamente ao monarca, os camaristas foram intransigentes na oposição aos maus governantes, confirmando a tese de Fernanda Bicalho de que eles souberam se utilizar dos "canais de comunicação direta com o monarca".[604] E não foram poucas as vezes em que as câmaras lançaram mão dessa prerrogativa para exigir do rei a abertura de devassas sobre as ações de ministros e governantes, a exemplo da Câmara da Paraíba, que pediu ao monarca que se investigasse o governador daquela capitania, Jerônimo José de Mello e Castro.[605]

Outra forma de expor a insatisfação era por meio dos capítulos de acusação, isto é, redigiam-se artigos com denúncias específicas, cuja veracidade o delator ficava obrigado a comprovar; ao mesmo tempo, o acusado devia apresentar a própria defesa, de modo a não pairar dúvida quanto à sua inocência. Graças a esses capítulos de acusação, as câmaras e os vassalos puderam formalizar o descontentamento ante a atuação de autoridades como ouvidores, juízes, governadores, entre outros, mantendo-os sob um controle rigoroso.[606]

Residências

A legislação portuguesa dispunha de um mecanismo destinado a fiscalizar a conduta dos funcionários e ministros régios. Era a residência, que, realizada ao final do mandato, equivalia a uma investigação conduzida a partir do depoimento de testemunhas, inquiridas sobre os

---

que D. Francisco Naper de Lencastre mandara para Buenos Aires, por sua conta, carregado de madeiras e outras mercadorias. Lisboa, 6 mar. 1703.

[604] BICALHO. *A cidade e o império*: o Rio de Janeiro no século XVIII, p. 352.

[605] AHU, Pernambuco, cx. 189, doc. 13073. Ofício do D. Tomás José de Melo, ao Luís Pinto de Sousa Coutinho, remetendo a devassa do governador da Paraíba, atendendo a representação da Câmara daquela cidade. Recife, 18 ago. 1795. Sobre o governador e capitão-mor da Paraíba e seus conflitos com a Câmara, ver CHAVES. *"As duras cadeias de hum governo subordinado"*: história, elites e governabilidade na capitania da Paraíba (1755-1799).

[606] SANTANA. *Lourenço de Brito Correa*: o sujeito mais perverso e escandaloso. Conflitos e suspeitas de motim no segundo vice-reinado do Conde de Óbidos (Bahia 1663-1667), p. 120-121.

diferentes aspectos da atuação do sindicado em questão. Nos casos em que havia queixas ou denúncias específicas, o sindicante era instruído a averiguar o teor delas, indagando cuidadosamente sobre cada uma, de modo a comprovar ou não a veracidade das culpas. Ao Desembargo do Paço competia indicar o magistrado responsável pela residência dos governadores, ao qual o Conselho Ultramarino passava provisão para dar início aos trabalhos.[607] Ficava, geralmente, a cargo do ouvidor-geral sindicar os governadores, devendo ele expedir, ao final dos trabalhos, uma sentença favorável ou desfavorável ao sindicado. Os autos de residência seguiam então selados e lacrados para Lisboa para serem ali sentenciados.[608] Do Conselho Ultramarino, onde eram submetidos a um parecerista, escolhido entre os conselheiros, os papéis seguiam para o Desembargo do Paço, que designava um juiz — geralmente o corregedor do crime da corte — para emitir a sentença final a ser então apresentada à Mesa do Paço. Passava-se, finalmente, a certidão, isto é, o atestado, por assim dizer, em posse do qual o funcionário se encontrava apto a solicitar a remuneração dos seus serviços e pleitear novos cargos e postos.[609] Como a sentença da residência estava a cargo do Desembargo do Paço, era a essa instituição que o sindicado, no caso de apuração de culpas, deveria prestar contas.[610] Todo o processo

---

[607] AHU, Rio de Janeiro, C.A., doc. 1091. Consulta do Conselho Ultramarino sobre a provisão que o Desembargador Antonio Nabo Pessanha pedira para se dar cumprimento no Rio de Janeiro as ordens que recebera do Desembargo do Paço, relativas a devassa de residência que ia tirar do Governador D. Pedro Mascarenhas. Lisboa, 20 jul. 1669.

[608] AHU, Rio de Janeiro, C.A., doc. 14216. Requerimento de Ayres de Saldanha de Albuquerque Coutinho Mattos e Noronha, em que pede a certidão da sentença da devassa de residência, como Governador da Capitania do Rio de Janeiro. 1749.

[609] AHU, Pernambuco, cx. 13, doc. 1232. Carta de Carlos Cardoso ao príncipe regente [D. Pedro] sobre a residência que tirou do governador da capitania de Pernambuco, Aires de Sousa de Castro. Lisboa, 27 ago. 1682.

[610] AHU, Rio de Janeiro, doc. 1386-1389. Consultas do Conselho Ultramarino, relativas as devassas de residência do Governador do Rio de Janeiro Mathias da Cunha e do Provedor da Fazenda Thomé de Sousa Corrêa. Lisboa, 16 out. 1680. Veja-se o exemplo dessa residência, tirada pelo desembargador sindicante João da Rocha Pita: concluídos os autos, eles são remetidos para o Conselho Ultramarino, que encarrega o conselheiro Carlos Cardoso Godinho de elaborar uma "relação" dos autos. Nela, o conselheiro faz um parecer favorável ao governador sindicado, notando que "consta ser seu procedimento ajustado em tudo com seu Regimento,

de residência, com as suas diferentes etapas, seguia ao disposto no Regimento das Residências, reformado por decreto de 2 junho de 1650, cujos capítulos normatizavam os procedimentos a serem adotados.[611]

A legislação espanhola contava com um instrumento idêntico à residência: era o *juicio de residencia*, a que deviam se submeter todos os funcionários régios, desde alcaides e oficiais de justiça até os vice-reis. O *juicio de residencia* combinava-se com outro dispositivo de controle, as visitas, realizadas por um visitador investido da atribuição de supervisionar diretamente a atuação desses indivíduos. A *visita general* foi uma das medidas tomadas pelo conde-duque de Olivares para erradicar a corrupção, revertendo o quadro de abusos generalizados que havia caracterizado o reinado de Felipe III. As ações de Olivares culminaram na criação de uma *Junta de Reformación de Costumbres*, em 1622, cujo objetivo primordial era impedir o enriquecimento ilícito dos funcionários na Espanha e nas Índias. Competia à junta proceder ao registro dos bens de todos que haviam ocupado cargos importantes desde 1592, para depois compará-lo com o patrimônio declarado em 1622, de modo a identificar a acumulação ilícita de bens. Para isso, uma cédula de janeiro de 1622 estabelecia que todos os nomeados para cargos deveriam apresentar um inventário dos seus bens ao assumir as funções na administração. Segundo John Leddy Phelan, outra cédula de maio daquele ano "dispunha que os funcionários públicos que tivessem ocultado o verdadeiro valor de seus bens seriam severamente castigados".[612]

A partir do início do século XVII, sob a União Ibérica, as residências sofreram uma intensa regulamentação. Gradativamente, multiplicou-se a legislação que visava submeter os funcionários e agentes régios a determinadas regras de conduta, evidenciando um esforço normativo-legal que tinha por propósito estabelecer limites

---

e ordens de V. A. procurando o aumento da Fazenda Real [...] havendo-se em todo o tempo com prudência, e capacidade, e principalmente nas perturbações originadas pelo ouvidor geral Pedro de Unhão". Os conselheiros recomendam ao rei que envie os autos de residência a um dos corregedores do crime da corte, para que, finalmente, "se veja e se sentencie".

[611] Decreto de 2 de junho de 1650. Reforme-se o Regimento das residências dos Ministros, e das Leituras dos Bacharéis.

[612] PHELAN. *El Reino de Quito en el siglo XVII*: la política burocrática en el Imperio Español, p. 241-243.

quanto à atuação deles. Uma carta régia de 6 de setembro de 1616, por exemplo, determinou que ninguém poderia receber um novo ofício até a aprovação da residência; e, no caso de ofícios que envolvessem o recebimento de dinheiro, deveriam dar conta minuciosa de todos os valores, saldando as dívidas existentes.[613]

Em Portugal, assistiu-se ao mesmo fenômeno. Aos poucos, novos itens de inquirição foram sendo acrescentados aos autos de residência, conferindo-lhes um caráter mais abrangente, com a inclusão de questões mais específicas que dependiam da aprovação de outras instâncias da administração. Com efeito, em 1732, um decreto régio ordenou que as residências dos "ministros do ultramar" só fossem sentenciadas caso estivessem acompanhadas de certidões comprobatórias de que, durante o exercício do cargo, os residenciados haviam cumprido todas as ordens da Mesa da Consciência. Tratava-se de uma norma que vigorava desde 1723 para os ministros que atuavam em Portugal, e que, a partir daquela data, estendia-se também aos ministros do ultramar, sob o argumento de que "sendo que nestes [ministros do ultramar] é muito mais necessário pelas muitas Ordens, que por aquele Tribunal se lhes encarregam". Dez anos depois, em 1742, foi a vez de se exigir uma certidão, emitida pelo Conselho Ultramarino, comprovando que os residenciados haviam obedecido a todas as deliberações desse órgão.

Para que o funcionário pudesse solicitar a remuneração pelos serviços prestados, era imprescindível que ele tivesse a residência aprovada – ou, como se dizia à época, "posto a residência corrente". Sem residência, não havia mercê. Só assim ele poderia dar entrada nas petições de remuneração pelos seus serviços – o que significava também a obtenção de novos cargos e postos –, o que, aliás, explica a ansiedade com que, mal saídos de suas funções, os agentes régios apressavam-se em solicitar a nomeação do sindicante e a abertura da devassa. Muitas vezes, a conclusão do processo até a certidão final

---

[613] Carta régia de 6 de setembro de 1616, cujo conteúdo é: "hei por bem e mando que nenhuma pessoa seja provida, nem melhorada de um ofício a outro, sem primeiro haver dado residência, sendo o ofício de qualidade que tenha a obrigação de o dar – e que da mesma maneira, não sejam providos, nem melhorados a outros ofícios, os que houverem servido ofícios de recebimento de dinheiro, sem haverem dado conta dele, e pago o que ficaram devendo". Disponível em: <http://www.iuslusitaniae.fcsh.unl.pt>.

arrastava-se durante anos, causando sérios prejuízos ao interessado, que se via também envolto sob a suspeita de irregularidades. Assim o confessou, por exemplo, Ayres de Saldanha de Albuquerque Coutinho Mattos e Noronha, que, em 1749, escreveu ao Conselho Ultramarino, dando conta de que a sua residência, realizada no Rio de Janeiro, já fora sentenciada, mas que fazendo "exata diligência no cartório" para onde fora remetida, não pôde encontrá-la. Por essa razão, queixava-se ele, "correm graves prejuízos aos requerimentos do suplicante".[614]

A demora frequente com que o Desembargo do Paço despachava as residências dos funcionários ultramarinos levou o rei a questionar, em carta régia de 1638, os motivos por que não se enviavam logo, em companhia dos que iam substituir os residenciados, os ministros para tirar a residência. Em suas palavras: "sendo esta uma obrigação dos principais daquele Tribunal, e a que deve atender com particular cuidado, para se saber o procedimento de cada um, e se lhe dar prêmio ou castigo – e assim vos encomendo muito façais que não haja neste particular descuido nenhum".[615] De fato, no caso dos "governadores do ultramar", desde 1625, uma ordem régia havia obrigado os sindicantes responsáveis pelas residências a se dirigirem para as conquistas em companhia dos sucessores dos cargos.[616] No século XVII, somente eram tiradas as residências quando o sindicado se encontrasse fora do lugar em que havia servido. É o que se nota, por exemplo, na consulta do Conselho Ultramarino sobre a residência do governador do Rio de Janeiro, João da Silva e

---

[614] AHU, Rio de Janeiro, C.A., doc. 14216-14217. Requerimento de Ayres de Saldanha de Albuquerque Coutinho Mattos e Noronha, em que pede a certidão da sentença da devassa de residência, como Governador da Capitania do Rio de Janeiro (1749).

[615] Carta régia de 23 junho de 1638: "Ordena ao Desembargo do Paço que me diga a causa porque quando se enviam Governadores ultramarinos, e dos Lugares de África, e Julgadores, e mais ministros, que tem obrigação de dar residência, se não enviam logo em sua companhia ordem para se tomar residência a seus antecessores; sendo esta uma obrigação dos principais daquele Tribunal, e a que deve atender com particular cuidado, para se saber o procedimento de cada um, e se lhe dar prêmio ou castigo – e assim vos encomendo muito façais que não haja neste particular, descuido nenhum". Disponível em: <http://www.iuslusitaniae.fcsh.unl.pt/>.

[616] Ordem régia de 28 out. 1625: "Todos os capitães e governadores das fronteiras, e partes ultramarinas, se hão de lhe tomar residência, enviando-lhes os sindicantes juntamente com os sucessores". Disponível em <http://www.iuslusitaniae.fcsh.unl.pt/>.

Sousa, conduzida pelo ouvidor Pedro Unhão de Castello Branco. A ordem daquele órgão era inequívoca: o ouvidor só poderia atuar na investigação depois que o governador tivesse embarcado de volta para o Reino.[617] Já no século XVIII, essa prática parece ter caído em desuso, tanto que, em 1725, a Câmara de Olinda representou ao rei sobre os inconvenientes de se tirar a residência com a presença dos ministros ainda na terra, prática então corrente "destas capitanias". Segundo os camaristas, isso fazia com que os governadores e ministros não cuidassem "no tempo de seu governo, e lugares que exercem, em administrar a justiça", empenhando-se apenas em garantir, por meio da sua rede de influência, bons resultados nos autos de residência. Pediam então que o monarca mandasse que "senão tirem as residências aos ditos governadores e ministros, senão depois de se embarcarem para o seu Reino".[618]

A partir dessa data, passou a vigorar a prática da residência realizada na ausência dos ministros – o que suscitou a crítica, em 1732, do ouvidor-geral da capitania de Pernambuco, Antônio Rodrigues da Silva. Em representação ao rei, ele se queixou das inconveniências que resultavam disso, particularmente da morosidade do processo. Em suas palavras: "este é o quarto lugar de letras em que sirvo a V. Majestade e não é justo que por ser do ultramar em que sabe maior serviço, fique tão atrasado em tempo para os meus acrescentamentos, pelo que me pareceu recorrer a V. Majestade para que se digne mandar se observe na minha residência e dos mais ministros desta capitania o que dispõem a ordenação e regimento das Residências a respeito de extermínio dos sindicados".[619] O Conselho Ultramarino indeferiu o pedido do ouvidor. Nos domínios espanhóis, acontecia o mesmo: se no século XVII as autoridades residenciadas não podiam abandonar

---

[617] AHU, Rio de Janeiro, C.A., doc. 1252. Consulta do Conselho Ultramarino, relativa as devassas de residência do Governador do Rio de Janeiro João da Silva e Sousa e do Ouvidor André da Costa Moreira, a que deveria proceder o novo ouvidor Pedro Unhão de Castello Branco. Lisboa, 22 dez. 1674.

[618] AHU, Pernambuco, cx. 42, doc. 3821. Representação da Câmara de Olinda ao rei. Olinda, 4 set. 1725.

[619] AHU, Pernambuco, cx. 42, doc. 3821. Carta do ouvidor-geral da capitania de Pernambuco, Antônio Rodrigues da Silva, ao rei [D. João V], sobre se tirar residência dos governadores e ministros depois de embarcados e informando das inconveniências desse procedimento. Recife, 25 mar. 1732.

o local em que haviam exercido os seus cargos, devendo aguardar a conclusão da residência, no século XVIII os sindicantes só davam início à investigação depois que elas tivessem regressado à Espanha.

De modo geral, a sentença final das residências tendia a seguir um padrão, já que o inquérito pouco variava, à exceção daqueles casos em que se devessem apurar denúncias específicas – cujo teor era então acrescentado ao rol de perguntas a serem feitas às testemunhas. Valorizavam-se itens como a limpeza de mãos, a obediência às ordens emanadas de Lisboa, o cuidado com o bem comum e até mesmo a conduta moral e religiosa. As sentenças são reveladoras, nesse sentido, das expectativas então vigentes sobre a atuação do bom governante. Veja-se, por exemplo, a carta do ouvidor-geral da capitania de Pernambuco, comunicando ao rei o resultado da residência tirada ao ex-governador da mesma capitania, Luís José Correia de Sá. Na ocasião, o ouvidor recolheu o testemunho de 116 pessoas, anexando aos autos o sumário desses depoimentos, todos unânimes em afirmar que

> o sindicado foi dotado de todas as virtudes que deve ter quem tiver a seu cargo o governo de um povo tão numeroso e vasto, como o desta capitania. Porque foi amante da Justiça, sem tirania, conservando o respeito do cargo, sem ofensa, da suma afabilidade com que tratava a todos, ainda aos mais humildes, com o que obrigava até aos que corrigia. Foi zeloso da Fazenda Real, tanto na distribuição das suas rendas, como nos arrendamentos de muitas que se arremataram nesta Praça [...] executou as ordens de Sua Majestade não como quem governava em país tão remoto, no desinteresse estou certo que foi singular, nada aceitou dos particulares, nem da Fazenda Real se interessou, além dos seus soldos, grande parte dos quais convertia em esmolas, trocando as obrigações de general com as de um admirável Prelado. De todo o gênero de negócio se absteve com louvável e pouco usado exemplo. No procedimento pareceu mais austero religioso do que militar: e em tudo se postou de forma que podia o seu governo servir de regimento para os que houvessem de ocupar iguais postos.[620]

---

[620] AHU, Pernambuco, cx. 84, doc. 6991. Carta do ouvidor-geral da capitania de Pernambuco, João Bernardo Gonzaga, ao rei [D. José I], informando a residência

Ou, ainda, a residência do governador do Rio de Janeiro, Luiz César de Meneses, cuja sentença concluiu que "foi limpíssimo de mãos, observante das ordens e regimentos de S. Majestade, cuidadoso em todas as obrigações do seu governo, amantíssimo da justiça, que a todos ministrava com igualdade e inteireza, tratando-os com singular acolhimento e afabilidade, sendo muito compassivo dos pobres, com as quais despendera muito de sua fazenda, por cujas virtudes afirmam fora o sindicado um dos melhores governadores que passaram àquela praça".[621]

Ambas as sentenças põem em evidência o que se julgava ser o ideal do bom governante: ao contrário de uma visão técnica, baseada em critérios de competência administrativa, elas apontam para valores essencialmente morais, correlatos às virtudes cristãs, como justiça, obediência ao rei, amor aos pobres, desapego aos bens materiais, espírito caridoso e limpeza de mãos. Um estudo mais aprofundado da documentação relativa às residências e aos processos movidos contra os maus governadores certamente contribuirá não só para esclarecer o conjunto dos princípios morais que informavam o modelo do bom governo, mas também para identificar as linhas mestras que orientaram, em diferentes momentos, a política da Coroa em relação à atuação dos seus agentes. Evidentemente, uma investigação dessa natureza não poderá se apoiar unicamente nos textos jurídicos ou nos tratados políticos, mas deverá estender a problemática ao estudo da ação efetiva dos órgãos da justiça.

Receosos quanto ao desfecho das residências, os governadores não hesitaram em recorrer a um amplo repertório de estratagemas e artifícios para escapar aos rigores da investigação. Um dos casos mais curiosos – e também desconcertantes – foi o protagonizado pelo já citado Francisco Naper de Lencastre, governador interino do Rio de Janeiro entre 1689 e 1690, e depois governador da Colônia do Sacramento, entre 1690 e 1699. Acompanhando D. Manuel Lobo quando este seguiu ao Rio da Prata para fundar a Nova Colônia do Sacramento, Naper

---

que tirou do ex-governador da dita capitania, Luís José Correia de Sá. Recife, 3 jun. 1757.

[621] AHU, Rio de Janeiro, C.A., doc. 1949-1950. Consulta do Conselho Ultramarino acerca da devassa de residência do Governador da Capitania do Rio de Janeiro Luiz Cesar de Meneses. Lisboa, 30 out. 1694.

sobreviveu ao ataque espanhol em 1680, sendo levado na condição de prisioneiro à Espanha; dali foi para Lisboa, onde recebeu, como prêmio pelos seus serviços, o posto de mestre de campo e governador da Praça da Colônia, além do posto de governador interino do Rio de Janeiro.[622] A julgar pelas fontes, Naper tinha um gênio particularmente violento. Durante o seu governo, recebeu uma saraivada de críticas vindas de todos os lados: moradores, camaristas, soldados, religiosos; até mesmo o bispo se queixou dele. Atento às denúncias levadas até Lisboa, ele se preocupava em se justificar à Coroa, rebatendo aqui e ali todas as suspeitas. Em 1695, por exemplo, dois militares o acusaram de ter cometido uma série de abusos e violências, como a prisão de Antônio Aranha em ferros, injustamente forçado a trabalhar nas obras da fortaleza, apesar de ser "homem nobre e conseguida a qualidade por ser das melhores famílias da cidade da Bahia".[623] O governador então escreveu ao rei para negar as "queixas que se lhe fizeram contra ele algumas pessoas assistentes na Nova Colônia do Sacramento", e, aparentemente esgotado pelos sucessivos conflitos, aproveitou para pleitear o seu rápido retorno ao Reino. Consultado sobre o assunto, o Conselho Ultramarino recomendou que se lhe nomeasse um sucessor e se mandasse o ouvidor-geral do Rio de Janeiro tirar-lhe devassa. Não se tratava apenas de uma residência, mas de uma devassa, com o objetivo de apurar o conteúdo daquela enxurrada de denúncias.[624]

Naper ainda permaneceria no cargo até 1699, ano em que chegariam novas queixas contra ele à mesa do Conselho Ultramarino. Dessa vez foi o vigário da Nova Colônia, Manuel Ribeiro de Oliveira, que, numa longa carta aos ministros régios, descreveu-o como "um tirano, no modo de obrar, desobediente à Igreja, e acérrimo inimigo de todos

---

[622] CATÁLOGO dos capitães-mores governadores, capitães generaes, e vice-reis, que tem governador a capitania do Rio de Janeiro, desde sua primeira fundação em 1565, até o presente ano de 1811, p. 71.

[623] AHU, Rio de Janeiro, C.A., doc. 1975-1977. Requerimentos e carta de Antônio Aranha e Sargento-mor Francisco Ribeiro, em que se queixam das violências que tinham sofrido por ordem do Governador da Colônia D. Francisco Naper.

[624] AHU, Rio de Janeiro, C.A., doc. 2425-2426. Consulta do Conselho Ultramarino, sobre as queixas do Sargento-mor da Colônia do Sacramento Francisco Ribeiro o de João Teixeira Bragança contra o ex-governador Francisco Naper de Lencastre. Lisboa, 20 dez. 1700.

os seus ministros". Escandalizado, o vigário contou que Naper "de propósito mandava aos domingos e dias santos, matar gado, esfolar, carregar e descarregar as lanchas, encalhar, e desencalhar, e carrear, e todo o mais serviço dando publicamente a comer carne a todos os seus serventes e escravos na Quaresma, e em dias proibidos". O governador ainda vivia com quatro ou cinco concubinas, tendo deflorado e engravidado uma índia.[625] A esse espantoso rol de culpas vinha se somar uma longa representação, em nome de todos os moradores do presídio de Nova Colônia, acusando-o de tirania, pois "tem posto no estado mais abatido que jamais experimentaram vassalos de Vossa Majestade", introduzindo ali um regime de terror, prendendo em ferros e grilhões os que murmurassem contra ele. Diziam que "são incríveis os excessos que este governador, abusando do real poder: faz regalia de ser tirano, e blasona de poderoso". Imputavam-lhe a acusação – que, aliás, já havia sido feita por outros – de que Naper não passava de um louco: "é em tudo falaz e mentiroso, e tão inconstante nas suas ordens que as nega quando lhe acomoda, razão porque é reputado por louco e param todas as suas disposições em desacertos e desperdícios da Real Fazenda de Vossa Majestade". Em sua denúncia, o vigário havia relatado que o governador fora alvo de pasquins difamatórios, que o chamavam de "bêbado, ladrão, louco e idiota".[626] Atribuíam-lhe, além do prejuízo à Fazenda Real, o crime de lesa-majestade, pois costumava dizer que "quando Vossa Majestade se dê por mal servido, não faltam reis a quem vá servir",[627] dando a entender que estaria disposto a se sujeitar a outra nação.

---

[625] AHU, Rio de Janeiro, C.A., cx. 11, doc. 2170. Caixa 11, doc. 2170. Carta do Vigário da Nova Colônia do Sacramento Manuel Ribeiro de Oliveira, sobre os abusos e violências do Governador D. Francisco Naper de Lancastre. Colônia, 6 maio 1699.

[626] AHU, Rio de Janeiro, C.A., cx. 11, doc. 2170. Caixa 11, doc. 2170. Carta do Vigário da Nova Colônia do Sacramento Manuel Ribeiro de Oliveira, sobre os abusos e violências do Governador D. Francisco Naper de Lancastre. Colônia, 6 maio 1699.

[627] AHU, Rio de Janeiro, C.A., doc. 2171. Representação do Sargento-mor da Colônia do Sacramento Francisco Ribeiro e dos oficiais do mesmo presidio, contra o Governador D. Francisco Naper de Lancastre. Colônia, 10 mar. 1694; doc. 2172. Requerimento do Sargento-mor Domingos Fernandes Guimarães, como procurador do Sargento-mor Francisco Ribeiro, e de todos os moradores da nova Colônia, no qual pede que sejam consultadas no Conselho Ultramarino

Ansioso por deixar o cargo e temeroso quanto ao rumo dos acontecimentos, o próprio Naper pediu, mais uma vez, que se lhe tirasse a residência e se nomeasse um sucessor.[628] Fez, porém, uma exigência bizarra: que a residência fosse tirada no Rio de Janeiro – onde atuara como governador interino durante apenas um ano –, e não na Colônia do Sacramento, onde permanecera por 10 anos! Para fundamentar pedido tão inusitado, lembrou as inúmeras dificuldades que enfrentaria o ouvidor encarregado da residência, em sua viagem do Rio de Janeiro até a Colônia do Sacramento, notando que seriam necessários três meses para percorrer tamanha distância. Argumentava ainda que a viagem, além de depender de boas monções, implicaria gastos elevados com os quais o ouvidor certamente não teria condições de arcar. E, para reforçar o seu discurso disparatado, mencionava os prejuízos que a prolongada ausência do ouvidor acarretaria em suas ocupações habituais no Rio de Janeiro. Como era de se esperar, a resposta do Conselho Ultramarino veio dura e firme, dando a entender que tudo não passava de uma manobra mal-intencionada para ele se livrar das culpas. Os conselheiros lembravam ainda o longo histórico de reclamações que contra ele havia se acumulado nos últimos anos, sobretudo a violência com que tratava os seus governados, e os riscos que se seguiam desses excessos, os quais podiam levar aquela praça militar à ruína. Também pesavam contra o governador as sucessivas cartas que ele próprio havia escrito contra "alguns sujeitos", em represália por terem buscado remédio para sua "desesperação" no recurso ao monarca. O despacho concluía sublinhando que era na Nova Colônia, e não no Rio de Janeiro, que se podia "conhecer melhor se são verdadeiras as culpas que se lhe imputaram. Então, deve-se tirar a residência na Nova Colônia".[629]

---

as queixas que tinham apresentado contra o Governador D. Francisco Naper de Lancastre.

[628] AHU, Rio de Janeiro, C.A., doc. 1994, Requerimento do Governador D. Francisco Naper de Lancastre, no qual pede que se lhe tire a sua devassa de residência, do tempo que governou o Rio de Janeiro e a nova Colônia do Sacramento.

[629] AHU, Rio de Janeiro, C.A., doc. 2311. Consulta do Conselho Ultramarino, contrária ao deferimento da petição de D. Francisco Naper de Lancastre, em que requeria a sua devassa de residência do tempo que governara a Capitania do Rio de Janeiro e a Colônia do Sacramento. Lisboa, 7 nov. 1699. Dizia ele que a

Apesar desse aparente rigor, a residência estava longe de ser considerada um instrumento eficiente para apurar as supostas irregularidades cometidas pelos funcionários. Nem mesmo o monarca depositava confiança em sua eficácia, pois sabia que se prestava a todo tipo de burla, podendo ser manipulada ou adulterada, com o propósito de ocultar infrações e abusos. Por essa razão, buscando evitar que "os sindicados possam perverter com negociações por outros meios o que muito se pretende por bem da Justiça", um alvará régio estabeleceu, em 1614, que as residências fossem despachadas "em mesa grande", cujo presidente ficaria encarregado de nomear os adjuntos das residências, escolhidos entre seis desembargadores.[630]

Não obstante a intenção normalizadora desse alvará, jamais cessaram as queixas contra a lisura desses mecanismos de averiguação. Em 1722, por exemplo, o capitão-mor Pedro Roiz Sanches encaminhou uma representação ao Provedor da Fazenda Real denunciando o juiz de fora da vila de Santos, Antônio dos Santos Soares, então encarregado de tirar a residência ao governador da praça de Santos, João da Costa Ferreira de Brito. Sanches denunciou o conluio entre o sindicante e o sindicado, que, em razão das relações de favorecimento, comprometia o resultado da inquirição, dado que o sindicante, "tão propenso pelo dito governador sindicado", recusava-se a interrogar as testemunhas que pudessem prejudicar o amigo. Para se assegurar de que a sua denúncia não caísse no vazio, o capitão-mor exigia que ela fosse recebida em duas vias, e que se remetesse ao rei, pelo Conselho da Fazenda, "com todo o segredo e seguro".[631]

---

viagem levava "mais de três meses indo e vindo em boa monção, porque se tiver ventos contrários como muitas vezes sucede, poderá gastar muito mais e faltar em todo este tempo às ocupações do seu ofício no Rio de Janeiro que necessitam de assistência pessoal", além da "despesa muito considerável" que teria o ouvidor.

[630] Carta de El Rei, em que ordena, que os feitos das residências se despachem em mesa grande, e se nomeiem adjuntos no mesmo ponto do Desembargo. Lisboa, 18 out. 1614. In: COLLECÇÃO chronológica de leis extravagantes: posteriores à nova compilação das Ordenações do Reino publicadas em 1603. t. 1: Decret, cart., etc; que compreende os reinados de Filipe II e III, D. Pedro II, e D. João V, p. 14-15.

[631] Denúncia de Pedro Roiz Sanches ao provedor da Fazenda Real. In: DOCUMENTOS históricos, v. 1, p. 87-89.

Pelos idos de 1793, na distante vila de Caeté, o professor de gramática Antônio Gonçalves Gomide pôs em dúvida a imparcialidade dos magistrados nascidos no Brasil para julgar as causas ali, em razão da atuação desastrosa do ouvidor-geral da comarca do Sabará. Em carta a um amigo anônimo, dizia que "este ministro moço apaixonado em extremo, destituído de luzes, e para nossa maior desgraça, natural desta mesma capitania, tem, Exmo. senhor, dado eficazmente a conhecer que os filhos do Brasil de nenhuma sorte devem ser despachados para o Brasil". Acusando-o de protagonizar "excessos sobre excessos, ladroeiras infinitas, violências sem termo e, sobretudo, libertinagens excessivas", expressava o seu ceticismo quanto às residências. Pouco verazes, resultavam da manipulação dos juízes, mancomunados com os sindicados: "Vossa Excelência não creia nas residências. São sempre tiradas por outros ministros, que por política por temer o mesmo, repelem as testemunhas que juram contra e só admitem as escolhidas a favor. Tem chegado a tal excesso que este abuso que muitas vozes (eu o tenho visto) o juiz da residência ameaça com cadeia, e castigo aos que vão jurar queixosos".[632]

De fato, como sagazmente percebeu o professor do Caeté, uma das formas mais simples para se fraudar a residência consistia em escolher a dedo as testemunhas, para assim impedir que os insatisfeitos depusessem nela, dando voz somente aos amigos. Foi o que aconteceu na residência do governador de Pernambuco, D. Marcos José de Noronha e Brito, o conde dos Arcos, tirada pelo desembargador Manoel de Moura Cerqueira. Neutralizando as suspeitas que rondavam o governador, Cerqueira tratou de livrá-lo das culpas, escorando-se no depoimento das testemunhas cuidadosamente escolhidas para esse propósito. Em seu despacho, ele notou que, ainda que fosse voz pública que o governador fizesse "algumas negociações por via de José Vaz Salgado e Manuel Correia de Araújo" e dispensasse um tratamento áspero e agressivo aos vassalos, todos os depoentes declararam o contrário e "o abonam do bem que governou". Curiosamente, os

---

[632] AHU, Minas Gerais, cx. 138, doc. 35. Carta de Antônio Gonçalves Gomide, professor de gramática de Vila de Caeté, para destinatário não identificado, queixando-se da situação da administração geral, das violências nas MG, e pedindo a justiça para os povos que não se atrevem a queixar-se. Caeté, 13 out. 1793.

principais adversários de Noronha e Brito, os oficiais da Câmara de Olinda, sequer haviam sido ouvidos, sob o argumento de que "por presumir que entre eles havia conspiração porque prendeu e culpou por descaminhos da Fazenda Real", os camaristas incorriam na suspeita de parcialidade, pois agiam guiados pelo "mau afeto" que tinham ao sindicado. Quanto aos negócios intermediados por José Vaz Salgado e Manuel Correia de Araújo – os testas de ferro do Conde dos Arcos –, o sindicante apurou, junto a "pessoas de conhecida verdade nesta terra", que não passavam de especulação infundada e maliciosa. E concluía a sentença com lisonjas entusiasmadas ao governador.[633]

Aguerrida e vigilante, a Câmara do Recife não podia tolerar tanto atrevimento. Escrevendo diretamente ao rei, os camaristas desmontaram, ponto por ponto, o argumento oblíquo do desembargador. Confirmaram que o magistrado os havia convidado para depor na residência, mas, ao contrário da versão apresentada por ele, exigira que fossem depor na aposentaria, ao que se recusaram, objetando que "não podia sair [o Senado] com o dito corpo fora, por ser contra as reais ordens de Vossa Majestade", e que só o fariam se fossem ouvidos na Câmara, desde que avisados com a devida antecedência. O desembargador ignorou o ofício, "sem fazer mais caso deste Senado", e prosseguiu as inquirições, ouvindo só "quem os procuradores do sindicado quiseram, ficando os queixosos sem serem ouvidos contra a Real ordem de Vossa Majestade". Os camaristas delataram ainda a manobra ardilosa do conde dos Arcos, que, às vésperas de partir para o Reino, tivera o descaramento de nomear para o ofício de juiz de órfãos José Antônio Pereira – que era, "por coincidência", o escrivão responsável por acompanhar o desembargador na condução da residência. A nomeação suscitara grande indignação, dado que o governador o fizera "preterindo aos beneméritos [...] sendo estes letrados e ainda formados pela Universidade de Coimbra, de boa reputação, e letras".[634]

---

[633] AHU, Pernambuco, cx. 70, doc. 5878. Carta do desembargador sindicante, Manoel de Moura Cerqueira, ao rei [D. João V], sobre ter tirado residência do ex-governador da capitania de Pernambuco, [conde dos Arcos], D. Marcos José de Noronha e Brito. Recife, 20 nov. 1749.

[634] AHU, Pernambuco, cx. 71, doc. 5976. Carta dos oficiais da Câmara do Recife ao rei [D. José I], sobre as ordens para tirar residência do ex-governador da capitania

Crime e castigo

A que tipo de sanção estavam sujeitos os governadores que incorriam em práticas delituosas? O repertório dos castigos previstos variava desde a simples repreensão por carta até a pena de morte com o sequestro de todos os bens do condenado. No primeiro caso, tratava-se de "estranhar" o procedimento do ministro – e não foram poucas as vezes em que o rei expressou a sua desaprovação, censurando os subordinados, ora de forma discreta, ora de forma dura e áspera. Um dos governantes que mais causou estranhamento ao rei foi Sebastião de Castro e Caldas – ao todo, foram oito repreensões formais, pelos mais variados motivos: por se demorar, sem razão, em Recife; por interferir no conflito dos beneditinos; por não acatar as ordens do governador-geral; por ampliar os prazos de pagamento aos devedores da Fazenda Real; por se intrometer na administração da justiça; por obrigar a Câmara de Olinda a ir até o Recife; por intervir na eleição da Santa Casa de Misericórdia; apenas para citar alguns.[635]

Outro indivíduo que se deu ao luxo de colecionar repreensões, parecendo indiferente à gravidade delas, foi Luís Vahia Monteiro, governador do Rio de Janeiro, tantas vezes advertido que, a certa altura, o rei simplesmente perdeu a paciência, dirigindo-lhe palavras duríssimas – "me parece dizer-vos [...] que estou inteirado do menos bem que me tendes servido" –, ou seja, a expressão máxima de descontentamento régio.[636]

As atitudes de Vahia Monteiro – em quem Russell-Wood, acertadamente, identificou o exemplo trágico de um governante incapaz de negociar com os poderes locais[637] – desencadearam tantos problemas

---

de Pernambuco, [conde dos Arcos], D. Marcos José de Noronha e Brito. Recife, 29 ago. 1750.

[635] MELLO. *A fronda dos mazombos*: nobres contra mascates, Pernambuco, 1666-1715, p. 242.

[636] FREIRE. *História da cidade do Rio de Janeiro*: 1564 a 1800, p. 520.

[637] Segundo Russell-Wood, "o malogro de um governador em negociar ou acomodar interesses locais poderia provocar uma repreensão régia ou levar à sua destituição, como no caso de Luís Vahia Monteiro em 1732, governador do Rio de Janeiro tão pouco popular e de personalidade um tanto instável" (RUSSELL-WOOD. Centros e periferias no mundo luso-brasileiro, 1500-1808, p. 230).

e foram condenadas por tantos, desde as mais altas autoridades até a gente comum, que ao Conselho Ultramarino, seriamente preocupado com o clima de insatisfação generalizada, nada mais restou do que recomendar ao monarca que antecipasse o seu retorno ao Reino.[638]

De todas as reclamações contra Vahia Monteiro, a mais insólita é a de que ele era um louco paranoico – expressão desconhecida à época, diga-se de passagem, mas que resume com grande precisão o que se falava sobre o seu comportamento. Em 8 de janeiro de 1732, os oficiais da Câmara do Rio de Janeiro queixaram-se das suas violências, que atribuíam à personalidade doentia, pois ele "desconfia geralmente de todo o povo que governa", convertendo o seu governo numa "máquina das desordens e exceções". O maior escândalo havia sido o enforcamento de Antônio da Costa Lage, em casa do próprio governador, onde fora mantido em cárcere privado. Insinuando veladamente o erro de escolha por parte do rei, os camaristas tomaram a liberdade para discursar sobre o perfil de governante ultramarino que desejavam, não sem antes lembrar, com orgulho, que a capitania do Rio de Janeiro "não é hoje aquela República das menores que Vossa Majestade tem na sua monarquia", o que tornava inaceitável a presença de uma autoridade como Vahia Monteiro, "um governador que geralmente se reputa por incapaz de andar nos empregos do mesmo Real Serviço, por ser destituído de todos os predicados que se devem procurar em quem serve um cargo de tanta suposição".[639] Por seu turno, o governador não nutria opinião das melhores a respeito da Câmara e seus oficiais, a quem chamou de "hostis ladrões dos reais quintos", afiançando que todos estavam envolvidos no contrabando de ouro que se praticava entre Minas, Rio de Janeiro e Portugal.[640]

---

[638] Sobre o governador Luis Vahia Monteiro, ver CAVALCANTE. *Negócios de trapaça*: caminhos e descaminhos na América Portuguesa (1700-1750).

[639] AHU, Rio de Janeiro, C.A., doc. 7110-7111. Consulta do Conselho Ultramarino, sobre a representação dos oficiais da Câmara do Rio de Janeiro, em que expunham as suas queixas contra o Governador Luiz Vahia Monteiro. Lisboa, 8 jan. 1732.

[640] ANRJ, Cód. 84, vol. 04, fl. 29. Carta do governador Luís Vahia Monteiro ao governador das Minas, Dom Lourenço de Almeida, de 12 de julho de 1730. Citado por MEIRA. *A Câmara Municipal do Rio de Janeiro, das invasões corsárias ao governo de Luis Vahia Monteiro (1710 a 1732)*: uma história de conflitos pelo uso do território colonial, p. 90-91.

Antes dessa data, porém, a notícia do comportamento paranoico do governador já havia chocado os membros do Conselho Ultramarino, causando particular indignação a denúncia daqueles mesmos oficiais de que ele, sob a alegação de devassar os descaminhos do ouro, violava a correspondência dos moradores. Na ocasião, os conselheiros afirmaram categoricamente que isso era inaceitável, e que o rei devia, mais uma vez, mandar estranhar ao governador tal atitude "contrária ao comércio e comunicação dos homens, sem amparo nas leis civis, municipais e das gentes".[641]

Consultado sobre a representação dos camaristas, datada de janeiro de 1732, o procurador da Coroa defendeu uma punição rigorosa, argumentando que o caso exigia a pronta remoção de Vahia Monteiro e a nomeação de um substituto, para que "cessem as queixas que continuamente se fazem do atual". Significativamente, o voto do Conselho Ultramarino acompanhou o do procurador.[642] Àquela altura, o excesso de zelo por parte do governador o havia transformado num problema dos mais espinhosos para a Coroa: choviam denúncias de todos os lados, e a situação parecia fugir ao controle, tornando iminente o colapso da autoridade real naquela capitania. A intransigência de Vahia Monteiro, aliada à obsessão em extirpar as ilicitudes, chocava-se com a prudência – um princípio tão caro aos conselheiros régios –, que recomendava dissimular os descaminhos, em nome do sossego público.[643]

Como os métodos mais "suaves" com que o rei repreendia seus funcionários não surtiam efeito nele, os ofícios do Conselho Ultramarino foram perdendo, pouco a pouco, a civilidade protocolar, para substituí-la por verdadeiros destemperos verbais, como aconteceu, por exemplo, quando Vahia Monteiro prendeu o falsário Antônio

---

[641] AHU, Rio de Janeiro, C.A., doc. 6786-6789. Consulta do Conselho Ultramarino, acerca da informação que dera o Governador do Rio de Janeiro sobre a violação das cartas dos comerciantes para descoberta dos descaminhos do ouro. Lisboa, 31 jan. 1731.

[642] AHU, Rio de Janeiro, C.A., doc. 7110-7111. Consulta do Conselho Ultramarino, sobre a representação dos oficiais da Câmara do Rio de Janeiro, em que expunham as suas queixas contra o Governador Luiz Vahia Monteiro. Lisboa, 8 jan. 1732.

[643] CAVALCANTE. *Negócios de trapaça*: caminhos e descaminhos na América Portuguesa (1700-1750), p. 210. Esse autor observa que, no parecer final do Conselho Ultramarino, de 1731, recomenda-se "que se dissimulem os descaminhos, isto é, se fechem os olhos para a fraude inevitável".

Pereira de Santos em sua própria residência, o que levou o procurador da Fazenda a chamá-lo de "absoluto e soberbo governador".[644]

A substituição do governador, tantas vezes recomendada pelos ministros régios, somente teria lugar em abril de 1732, e isso porque ele havia caído gravemente enfermo, talvez consumido pela convicção de que era uma voz solitária no deserto – segundo a tradição, teria dito ao rei: "senhor, nesta terra todos roubam, só eu não roubo".[645] Seu substituto interino, Manuel de Freitas da Fonseca, informou a Lisboa o estado de saúde crítico do colega, dando conta de que "haverá nove dias que o nosso governador Luís Vahia Monteiro se acha delirante". Ainda assim, apesar das insistentes recomendações dos conselheiros ultramarinos sobre a necessidade de imediata remoção de Vahia Monteiro, o seu sucessor, Antônio Gomes Freire de Andrade, só seria nomeado em maio de 1733, quando ele se encontrava "delirante e por mais remédios que se lhe tem feito, se não tem conseguido melhora".[646] Na verdade, um ano antes o próprio Vahia havia pedido que se lhe mandasse um sucessor, alegando "padecer de uma moléstia de febre".[647] Vahia Monteiro morreria em setembro de 1733, não sem um certo alívio por parte dos ministros régios.[648]

[644] Citado por CAVALCANTE. *Negócios de trapaça*: caminhos e descaminhos na América Portuguesa (1700-1750), p. 210.

[645] PASSOS. *O Rio no tempo do Onça*: século XVI ao XVIII, p. 118.

[646] Carta do governador interino da capitania do Rio de Janeiro, ao governador da capitania de São Paulo, sobre as providências que tomara em relação aos quintos do ouro, vista achar-se delirante o governador Luís Vahia Monteiro. Rio de Janeiro, 24 out. 1732. DOCUMENTOS interessantes para a história e costumes de São Paulo, v. 50, p. 261.

[647] Nas palavras de Vahia Monteiro, "eu também pedi sucessor com certidões dos meus achaques, que consistem em uma pedra que trago na via a qual me não deixa urinar senão desviando-a com a mão, porque está debaixo das bolsas, e temo incurso de outra, e que ambas me façam uma total supressão sem remédio, e necessário de abrir a parte, porque se não pode conseguir nesta terra por falta de cirurgiões peritos" (Carta do governador da capitania do Rio de Janeiro ao de Pernambuco. Rio de Janeiro, 27 out. 1731. DOCUMENTOS interessantes para a história e costume de São Paulo, v. 51, p. 239-240. Citado por CAVALCANTE. *Negócios de trapaça*: caminhos e descaminhos na América Portuguesa (1700-1750), p. 214-215).

[648] MEIRA. *A Câmara Municipal do Rio de Janeiro, das invasões corsárias ao governo de Luis Vahia Monteiro (1710 a 1732)*: uma história de conflitos pelo uso do território colonial, p. 120. Como observou Mario Meira, "A correspondência demonstrava

A relutância do rei em destituir Vahia Monteiro, ignorando as prudentes instruções do Conselho Ultramarino, confirma a observação de Evaldo Cabral de Mello de que, para preservar a própria autoridade, muito raramente a Coroa admitia ter cometido um erro na escolha dos seus agentes.[649] Assim, por mais conturbada que fosse a administração de um governador, a tendência predominante foi a de que ele concluísse o seu triênio sem interrupção.

Diferente, porém, foi o caso de D. Antônio de Sousa Meneses, o famoso Braço de Prata, que colecionou desafetos do porte do padre Vieira e de Gregório de Matos. Seu triênio como governador-geral foi bruscamente interrompido por ordem da Coroa, que o substituiu às pressas pelo marquês das Minas, Antônio Luiz de Sousa Teles de Meneses. Isso porque, em Salvador, a tensão havia chegado ao clímax com o atentado que matara o alcaide Francisco Teles de Meneses. Foram acusados do crime o padre Antônio Vieira e o irmão Bernardo Vieira Ravasco, tendo sido este último preso, sem que houvesse evidências sobre a sua participação no episódio. Inocentados o jesuíta e o irmão, o rei julgou por bem abreviar o tempo do Braço de Prata, mandando-o de volta a Portugal, pois todas as suas ações indicavam que ele também queria "se ver fora do Brasil".[650] Sobre a residência que se tirou dos seus procedimentos, Vieira escreveu, um tanto desanimado, que "correu fama ao princípio que eram mais bem ouvidos os louvores que as queixas, com que, na primeira parte da devassa, dizem, vai canonizado, posto que muitos se abstiveram de ir jurar, contentando-se com o verem fora do posto". O Braço de Prata, por sua vez, apesar de todas as desordens, cuidou de se municiar com "muitas cartas de aprovação", com as quais pretendia exigir do rei o ressarcimento pelas perdas e danos resultantes da suspensão de seu mandato. Cético quanto aos resultados da sentença, o pregador

---

que o rei atendia seus vassalos quando os conflitos com governadores coloniais ou outros funcionários régios atingiam um nível desestabilizador para a governança da colônia. Fato que se tornou rotineiro no governo de Luis Vahia Monteiro".

[649] MELLO. *A fronda dos mazombos*: nobres contra mascates, Pernambuco, 1666-1715, p. 241.

[650] PUNTONI. Bernardo Vieira Ravasco, secretário do Estado do Brasil: poder e elites na Bahia do século XVII, p. 123.

confessou recear os falsos testemunhos, que, segundo ele, podiam ser comprados, lamentando que a justiça régia resistisse tanto a acreditar no depoimento das pessoas idôneas.[651]

Para Evaldo Cabral de Mello, a Coroa mostrava-se mais sensível à intromissão dos governadores na Fazenda Real, dispensando um tratamento mais rigoroso àqueles que lhe causassem prejuízo econômico, tão intolerável que as leis do Reino o condenavam com a pena de restituição, por meio do confisco de bens.[652] De todo modo, chamar um governador de volta ao Reino, interrompendo-lhe abruptamente o tempo da governança, submetê-lo a uma rigorosa devassa e, ao final, proceder ao castigo consistia numa tarefa das mais difíceis, mesmo nos casos em que o réu fosse reconhecidamente um delinquente – conforme o termo corrente à época. Ainda mais difícil era a situação quando envolvia indivíduos que conseguiam combinar, numa mesma pessoa, um rol infindável de acusações a um histórico irrepreensível de feitos militares extraordinários. Assim sucedeu com José Marcelino de Figueiredo, governador da capitania do Rio Grande por duas vezes, entre 1769 e 1771 e, depois, entre 1773 e 1780. Antes de assumir o posto, ele desempenhou um papel decisivo na região de fronteira do Rio Grande, então em "guerra viva" com os espanhóis. Foi graças a suas extraordinárias habilidades militares que Portugal conseguiu recuperar a margem norte do canal da vila do Rio Grande, ameaçando as posições espanholas naquela região.[653] Com uma capacidade incomum de atrair desafetos, José Marcelino era particularmente odiado pelo marquês do Lavradio, que, a seu respeito, escreveu: "este homem como sempre foi mau súdito, era impossível que fosse bom superior"; convencido, porém, da sua "limpeza das mãos", Lavradio atribuía os

---

[651] "Começou a tirar devassa do Governador, lançando primeiro bando para que todos os que tivessem que dizer do dito Governador, ou de bem ou de mal, recorressem a ele; e correu fama ao princípio que eram mais bem ouvidos os louvores que as queixas, com que, na primeira parte da devassa, dizem, vai canonizado, posto que muitos se abstiveram de ir jurar, contentando-se com o verem fora do posto" (Carta de Antônio Vieira ao marquês de Gouveia. Bahia, 5 ago. 1684. In: CARTAS do Padre Antônio Vieira coordenadas e anotadas por J. Lúcio d'Azevedo, t. 3, p. 474).

[652] MELLO. Pernambuco no período colonial, p. 220.

[653] KÜHN. Um governador em apuros: a trajetória administrativa de José Marcelino de Figueiredo (Rio Grande de São Pedro, 1769-1780).

seus erros à "vaidade de fidalguia e de ciência que lhe parece estar superior a todos".[654]

Não foram, porém, as pretensões nobiliárquicas de José Marcelino que o indispuseram contra os moradores da capitania do Rio Grande, como se apurou na devassa ordenada pelo marquês do Lavradio, que assim o fez pressionado pelos reiterados atos de desobediência do governador.[655] De acordo com Fábio Kuhn, as instruções do vice-rei acerca da devassa destinavam-se a averiguar questões específicas sobre o comportamento de José Marcelino, como o cumprimento e o sigilo das ordens superiores, o tratamento dispensado a civis e militares, a natureza de suas relações com a Câmara de Viamão e, por fim, "se ele havia desencaminhado a propriedade real". Não se tem notícia do resultado da investigação. De qualquer forma, o fato de ter sido reconduzido, logo depois, em 1773, ao governo da capitania parece sugerir que ele fora inocentado das acusações.[656] Novas denúncias, porém, viriam à luz. Em 1779, os camaristas da vila do Rio Grande escreveram ao vice-rei, então D. Luís de Vasconcelos e Sousa, para reclamar das violências cometidas pelo governador, acusando-o de se intrometer nas matérias da justiça – "não só porque ele mande aos juízes, nem aos seus escrivães, que não processem as causas; mas sim manda vir à sua presença as partes, e o que não é seu protegido, fica vencido". Além disso, submetia homens livres a castigos humilhantes, como o açoite em praça pública e o envio às galés; ordenava arbitrariamente a prisão de vereadores e apropriava-se dos recursos da Câmara, ameaçando os oficiais que se lhe opusessem. Na representação ao vice-rei, os camaristas o retrataram como "despótico, flagelo do povo, gênio diabólico", que em tudo se chocava com o "direito das gentes, ultrajando as justiças".[657]

Não foi, porém, o vice-rei, comovido pelas desventuras dos vassalos da capitania de Rio Grande do Sul, quem encerrou a trajetória

---

[654] Carta do marquês do Lavradio. Rio de Janeiro, 4 nov. 1771. Citado por KUHN. Um governador em apuros: a trajetória administrativa de José Marcelino de Figueiredo (Rio Grande de São Pedro, 1769-1780), p. 173.

[655] COMISSOLI. Os "homens bons" e a Câmara de Porto Alegre (1767-1808).

[656] KÜHN. Um governador em apuros: a trajetória administrativa de José Marcelino de Figueiredo (Rio Grande de São Pedro, 1769-1780), p. 173.

[657] COMISSOLI. Os "homens bons" e a Câmara de Porto Alegre (1767-1808), p. 158.

do governador. O próprio José Marcelino, em carta escrita em 1778, suplicou para voltar ao Reino, onde pretendia "ir descansar à minha casa e província de Trás-os-Montes", pois se encontrava "incapaz de governar" – alquebrado e cansado depois de uma carreira militar das mais bem-sucedidas. Aparentemente desgastado pelos conflitos sucessivos, confessou: "nem eu sou para estas terras, nem estas terras para mim".[658] Apesar disso, ainda permaneceria por mais dois anos à frente da capitania, cuja memória histórica fixaria, para sempre, a sua fama de turbulento, autoritário e homem de temperamento irritável. De volta ao Reino, com mais de 50 anos de idade, José Marcelino seria recompensado com o foro de fidalgo da Casa Real, o cargo de governador de armas de Trás-os-Montes – um dos postos mais destacados de sua época – e, por fim, a comenda de São Martinho de Soeira, além da propriedade do juiz da Alfândega da cidade de Bragança, para o seu filho, e a alcaidaria-mor da vila de Trancoso. A comenda dava-lhe o título de "comendador", então a mais alta distinção entre as ordens militares portuguesas.[659] Não há dúvida de que, na balança da Coroa, pesaram mais os 40 anos de serviço militar gastos na defesa bem-sucedida dos domínios ultramarinos do que o rol infindável das queixas acumuladas pelos moradores, autoridades e vice-reis.

Covardes e traidores

As proezas militares constituíam os feitos mais valorizados pela Coroa, concedendo aos seus protagonistas as mercês e recompensas mais cobiçadas – visto que ações dessa natureza garantiam a manutenção do Império –, ao mesmo tempo que os salvaguardavam da crítica dos vassalos. O contrário também era verdadeiro: fiascos no campo de batalha colocavam em dúvida a lealdade dos envolvidos e avizinhavam-se do crime de traição e de lesa-majestade. E, para infrações dessa natureza, a Coroa, tão complacente com os abusos, violências e transgressões, não admitia perdão. Afinal, o que estava em causa era não

---

[658] KÜHN. Um governador em apuros: a trajetória administrativa de José Marcelino de Figueiredo (Rio Grande de São Pedro, 1769-1780), p. 169.

[659] KÜHN. Um governador em apuros: a trajetória administrativa de José Marcelino de Figueiredo (Rio Grande de São Pedro, 1769-1780), p. 177.

só a fidelidade à Coroa, mas, sobretudo, a ameaça da sua autoridade nos domínios portugueses.

Um dos que foram lançados à infâmia e ao infortúnio por não ter defendido uma das praças mais prósperas do continente americano foi o governador do Rio de Janeiro, Francisco de Castro Morais. Sitiada pelas tropas comandadas por Duguay Trouin, em 1711, a cidade do Rio de Janeiro foi abandonada à própria sorte, vendo-se obrigada a capitular e negociar, de forma humilhante, o pagamento de um vultoso resgate.

O episódio causou comoção nos dois lados do Atlântico, especialmente pelo fato de o governador ter fugido ao combate, recusando-se até mesmo a esperar pelo socorro vindo das Minas Gerais, que seguia sob o comando de Antônio de Albuquerque. Apontado como o maior culpado pela rendição precipitada, Francisco de Castro Morais ganharia o infamante apelido de "o Vaca", em referência à atitude covarde demonstrada no episódio. Entre os moradores da cidade, era opinião comum que o sucesso da invasão se deveu à falta de ação do governador, que em tudo contrastava com o ânimo que "tinham de defendê-la como o fizeram em outras, nas quais sem acrescer da obrigação da pátria souberam desempenhar as de leais vassalos como se viu a restauração dos Reinos de Angola, na criação na Nova Colônia do Sacramento próximo estando seis meses em sítio, a mesma Nova Colônia como melhor poderá informar quem com tanto valor a soube defender". Censuravam a sua atitude pusilânime: "não é bastante para se defenderem as Praças o valor dos soldados com a experiência da guerra nem o capricho dos naturais, como se viu nesta em que estiveram muitos que estavam na Colônia, e outros que se acharam em várias ocasiões neste Reino quando as direções dos que governam se encaminham a entregá-las e não a defendê-las". E, apontando o dedo em riste, lançavam uma acusação gravíssima: "foram todas as disposições do dito Governador para entregar a cidade".[660]

Escaldado pelo fiasco, o Conselho Ultramarino apressou-se em recomendar que se mandasse novo governador, de preferência um indivíduo de "qualidade, préstimo militar e maior distinção de posto" – "requisitos que devem concorrer em um bom governador para

---

[660] Citado por SANTOS. *Entre honras, heróis e covardes*: invasões francesas e disputas político-familiares (Rio de Janeiro, século XVIII), p. 94.

fazer uma regular e vigorosa defesa no caso seja atacado por inimigo". Na sessão em que os conselheiros deliberaram sobre a indicação dos magistrados responsáveis pela abertura da devassa dos procedimentos de Castro Morais, fizeram alusão à repercussão negativa do episódio na corte: "no Reino se abominara tanto a covardia [riscado em cima de covardia] procedimento do governador e mais cabos de guerra e que se não tinha dado providência alguma [riscado em cima de alguma] para o bom governo e defesa daquela praça".[661]

A devassa ficou a cargo de uma junta cuja presidência competia ao chanceler da Relação da Bahia, composta pelos desembargadores daquele tribunal, além dos ouvidores do Rio de Janeiro, Rio das Velhas, Rio das Mortes e São Paulo. Em 1715, ao final de uma longa e exaustiva investigação, em que foram ouvidos moradores, religiosos, camaristas e soldados, a junta encerrou os trabalhos com um resultado inesperado: as evidências não haviam sido suficientes para formar a culpa de traição ou infidelidade à Coroa, mas apenas culpas de "faltas de valor e de disposição", dedutíveis da atitude do governador, que, recusando-se a lutar em defesa da cidade, a desamparou.[662]

Francisco de Castro Morais, que a essa altura já se encontrava preso na Fortaleza de Santa Cruz, foi então condenado ao perdimento de todos os bens e ao degredo perpétuo para a Índia.[663] Se o estatuto de fidalgo da Casa Real e comendador da Ordem de Cristo não o livrou de um fim trágico e aviltante na Ásia, livrou-o, ao menos, da infâmia de sofrer penas corporais – segundo um dos magistrados responsáveis pela devassa, "por constar notoriamente ser cavaleiro da Ordem de Cristo se livre perante mim quanto às penas corporais".[664]

Durante o conturbado e arrastado processo de confisco, novas suspeitas viriam à luz. Para salvaguardar os seus bens, ele teria ocultado

---

[661] SANTOS. *Entre honras, heróis e covardes*: invasões francesas e disputas político-familiares (Rio de Janeiro, século XVIII), p. 95.

[662] CATÁLOGO dos capitães-mores, governadores e vice-reis que tem governado a capital do Rio de Janeiro, desde 1565 a 1799, p. 30.

[663] SANTOS. *Entre honras, heróis e covardes*: invasões francesas e disputas político-familiares (Rio de Janeiro, século XVIII), p. 62.

[664] Citado por SANTOS. *Entre honras, heróis e covardes*: invasões francesas e disputas político-familiares (Rio de Janeiro, século XVIII), p. 92.

o próprio patrimônio: a modesta quantia de 11.878.070 réis, apurada ao final do confisco, causou surpresa ao então governador Ayres de Saldanha, que estranhou o "pouco cabedal", uma vez que "não era possível que em comércio tão largo como ele tinha, se descobrisse tão pequena quantia".[665] Para impedir o sucesso da manobra maliciosa de Castro Morais, o rei autorizou o governador do Rio de Janeiro a premiar os denunciantes que oferecessem alguma informação sobre paradeiro dos bens, em troca da metade deles. Da mesma forma, caso alguém fosse encontrado com dinheiro do ex-governador em seu poder, "se lhe culmine a pena de que os pagará em dobro para a minha real fazenda".[666] Havia forte suspeita do envolvimento de Castro Morais em atividades ilícitas, cujo "grosso cabedal" teria sido acumulado nos negócios em Minas Gerais e nas "compras que, por interposta pessoa, fez aos franceses depois de rendida aquela praça".[667]

---

[665] AHU, Rio de Janeiro, cx. 13, doc. 134. Carta do governador do Rio de Janeiro, Aires de Saldanha de Albuquerque ao rei [D. João V], em resposta à provisão de 6 de Junho de 1721, sobre a publicação de editais relativos aos bens sequestrados a Francisco de Castro Moraes, e as quantias que este sonegou, determinando que as pessoas que tiverem informações acerca da matéria prestem declarações, e indicando as multas àqueles que se encontrem em posse das referidas quantias. Rio de Janeiro, 15 nov. 1722. SANTOS. *Entre honras, heróis e covardes*: invasões francesas e disputas político-familiares (Rio de Janeiro, século XVIII), p. 93. AHU, Rio de Janeiro, cx. 12, doc. 1370. Carta do governador do Rio de Janeiro, Aires de Saldanha de Albuquerque ao rei [D. João V], em resposta à provisão de 6 de junho de 1721, sobre a publicação de editais relativos aos bens sequestrados a Francisco de Castro Moraes, e as quantias que este sonegou, determinando que as pessoas que tiverem informações acerca da matéria prestem declarações, e indicando as multas àqueles que se encontrem em posse das referidas quantias. Rio de Janeiro, 15 nov. 1722.

[666] AHU, Rio de Janeiro, C.A., doc. 3315. Consulta do Conselho Ultramarino, relativa ao sequestro dos bens do governador do Rio de Janeiro Francisco de Castro Moraes e dos Mestres de Campo João de Paiva Sottomaior e Francisco Xavier de Castro, a sua prisão, e as penas em que incorriam as pessoas que ocultassem os seus bens). Lisboa, 4 fev. 1714. Citado por SANTOS. *Entre honras, heróis e covardes*: invasões francesas e disputas político-familiares (Rio de Janeiro, século XVIII), p. 93.

[667] AHU, Rio de Janeiro, C.A., doc. 3315. Consulta do Conselho Ultramarino, relativa ao sequestro dos bens do governador do Rio de Janeiro Francisco de Castro Moraes e dos Mestres de Campo João de Paiva Sottomaior e Francisco Xavier de Castro, a sua prisão, e as penas em que incorriam as pessoas que ocultassem os seus bens). Lisboa, 4 fev. 1714.

A notável atuação das tropas castelhanas comandadas por Pedro Antonio de Cevallos, vice-rei das províncias do Rio da Prata, selaria a sorte trágica de muitos governadores ultramarinos, custando a uns a prisão e, a outros, a própria morte. A primeira expedição de Cevallos aos territórios portugueses, em 1762, culminou com a rendição da Colônia do Sacramento, episódio que causaria profunda comoção entre as autoridades da América portuguesa, a exemplo do bispo do Rio de Janeiro, D. frei Antônio do Desterro, particularmente intrigado com as circunstâncias da capitulação: "a praça da Colônia se tinha rendido aos castelhanos no fim do mês de outubro, com vinte e três dias de ataque, sem ter havido mortandade de gente, nem falta de mantimentos, nem de pólvora, e bala, e o mais é que sem haver brecha [...], como todos atestam e certificam". Em tom acusador, atribuiu a derrota ao governador daquela praça, que, indiferente à glória militar, conclamou os soldados a se dirigirem para os domínios espanhóis, "declarando-lhes que quem quisesse o podia fazer, porque tinham liberdade para isto".[668]

A perda da Colônia foi, na opinião do bispo, a causa da morte do conde de Bobadela, inconformado por ter sido ele o responsável pela indicação do nome do brigadeiro Vicente da Silva da Fonseca para o governo daquela praça: "estes fatais e infelizes sucessos penetraram tanto o coração de Gomes Freire e perturbaram de sorte o seu ânimo, que caindo enfermo, desprezou a saúde e, com ela, a vida".[669] E, de fato, a tradição associaria o fracasso à equivocada nomeação de Silva da Fonseca, como se pode ver quando, anos mais tarde, numa obra sobre o marquês de Pombal, Camilo Castelo Branco lamentaria que o governador não passasse de "um coronel que para ali fora em galardão das tropelias que praticara no Porto, quando aí veio pôr as armas do seu regimento à disposição do presidente da Alçada João Pacheco".

---

[668] AHU, Rio de Janeiro, cx. 65, doc. 6166. Ofício do Bispo do Rio de Janeiro, [D. frei Antônio do Desterro], ao [secretário de estado da Marinha e Ultramar], Francisco Xavier de Mendonça Furtado, comunicando a morte do governador do Rio de Janeiro [Minas Gerais e São Paulo], conde de Bobadela, Gomes Freire de Andrade, a 1 de Janeiro de 1763; descrevendo a forma como se perdeu a Nova Colônia do Sacramento para os espanhóis, todos os esforços do governador até o dia de sua morte e a junta governativa formada para tratar da administração da capitania, em cumprimento das ordens recebidas. Rio de Janeiro, 7 jan. 1763.

[669] AHU, Rio de Janeiro, cx. 65, doc. 6166. Rio de Janeiro, 7 jan. 1763.

A capitulação fora tão vergonhosa que, em suas palavras, "até o próprio inimigo lhe chasqueou a fraqueza".[670]

Para se apurar a responsabilidade pela perda daquela praça, foi aberta uma devassa – a chamada "devassa da capitulação e entrega da praça da Colônia" –, ordenada pela junta que governava o Rio de Janeiro, e sob a responsabilidade do desembargador Agostinho Félix dos Santos Capelo.[671] O brigadeiro Fonseca, preso e recolhido à Ilha das Cobras assim que chegou ao Rio de Janeiro, seguiria para Lisboa, em abril de 1763, vindo a morrer nove anos depois na prisão do Limoeiro.[672] Seu filho, que também havia sido encarcerado na cidade fluminense, foi inocentado ao final da devassa.[673] Para Camilo Castelo Branco, um aspecto que pesou decisivamente na incriminação do brigadeiro Fonseca foram os rumores de que ele havia abandonado a Colônia do Sacramento, por sugestão de jesuítas portugueses que se encontravam refugiados em território espanhol. Menos que a covardia, teria sido a simpatia aos jesuítas que decretou a sua condenação.[674]

---

[670] CASTELO BRANCO. *Perfil do Marquez de Pombal*, p. 234.

[671] AHU, Nova Colônia do Sacramento, cx. 8, doc. 655. Requerimento do capitão Pedro da Silva da Fonseca, filho do ex-governador da Nova Colônia do Sacramento, Vicente da Silva da Fonseca, à rainha D. Maria I, solicitando ordem para o ministro e secretário de estado da Marinha e Ultramar, Martinho de Melo e Castro, apresentar a consulta sobre a sua reintegração no regimento do coronel Martinho de Sousa de Albuquerque. Rio da Prata, maio 1762. AHU, Rio de Janeiro, cx. 103, doc. 8781. Requerimento do capitão de Infantaria, Pedro da Silva da Fonseca, ao rei [D. José], solicitando que o autorizassem a ingressar num dos Regimentos do Reino, tal como ficara estipulado, quando de sua partida para servir no Rio de Janeiro. Ant. 22 jul. 1777.

[672] KUHN; COMISSOLI; SILVA. Trajetórias sociais e práticas políticas nas franjas do Império, p. 50.

[673] AHU, Rio de Janeiro, cx. 139, doc. 23. Certidão do conselheiro do Conselho Ultramarino, e ex-chanceler da Relação do Rio de Janeiro, João Alberto de Castelo Branco, declarando que na devassa tirada na altura da capitulação e entrega da praça da Colônia do Sacramento, o filho do governador, brigadeiro Vicente da Silva da Fonseca, capitão Pedro da Silva da Fonseca, foi considerado sem culpa, tendo sendo sido solto da prisão e obtido licença para se recolher ao Reino, recebendo os soldos vencidos; indicando que tal devassa foi tirada por ordem da junta que governava o Rio de Janeiro, da qual fazia parte. AHU, Rio de Janeiro, cx. 139, doc. 23. Lisboa, post. 7 fev. 1789.

[674] CASTELO BRANCO. *Perfil do Marquez de Pombal*, p. 234.

No ano seguinte, seria a vez de outro protegido do conde de Bobadela: Inácio Elói Madureira, que tomou posse do governo da recém-criada capitania do Rio Grande de São Pedro, separada da de Santa Catarina, em 1761. Dois anos depois, novamente sob o comando do vice-rei do Rio da Prata, D. Pedro de Cevallos Cortés y Calderón, as tropas castelhanas marcharam sobre o Forte de Santa Tereza. A reação dos soldados do forte foi patética: desertaram de seus postos e abandonaram o lugar, não sem antes saquear e pilhar a vila, espalhando ali o caos e a violência. Com a porta aberta, Cevallos entrou com as suas tropas na vila do Rio Grande de São Pedro. Surpreendentemente, o governador Madureira, responsável pela defesa das possessões portuguesas na região, também se retirou da vila, não se dando nem mesmo ao trabalho de organizar a resistência, ou oferecer à população acuada um plano de fuga. De forma covarde, preparou uma nau e, em companhia de seus subordinados mais imediatos, se pôs a salvo no norte do continente. Entregues à própria sorte, os moradores tentaram fugir atravessando, em desespero, a Barra do Rio Grande. Em poucas horas, a vila viria a assistir a uma nova onda de saques, estupros e mortes, da qual não escapou nem sequer a igreja matriz de São Pedro, que teve suas peças roubadas. Enquanto isso, segundo Guilhermino César, "a soldadesca embriagada só pensava em fugir, nas poucas canoas existentes, para se porem a salvo nas barrancas de São José do Norte".[675] Das 700 famílias que viviam no Rio Grande, 156 permaneceram sob o domínio castelhano.[676]

Pouco depois, instaurou-se uma devassa – conhecida como "Devassa sobre a entrega do Rio Grande às tropas castelhanas" – para averiguar os motivos da rendição do comandante do Forte de Santa Tereza, Thomás Luiz Osório, e as circunstâncias da fuga do governador da vila, Inácio Eloy de Madureira. O longo inquérito, com um rol de 15 perguntas, colheu o testemunho de 58 pessoas; ao final, ficou comprovada a culpa de todos os envolvidos.[677] A sentença foi a prisão

---

[675] TORRES. O poente e o nascente do projeto luso-brasileiro (1763-1777), p. 21.

[676] MARQUES. *Por cima da carne seca*: hierarquia e estratégias sociais no Rio Grande do Sul (c. 1750-1820), p. 50.

[677] ANRJ, códice 105: Devassa sobre a entrega da Vila do Rio Grande às tropas castelhanas, 1764.

de alguns soldados portugueses, e o confisco de bens e morte por enforcamento de Thomás Luiz Osório, por crime de desobediência.[678] Colhido pela morte em 1764, Madureira escapou da punição capital a que Osório fora condenado.[679]

As fronteiras do Sul, em estado permanente de "guerra viva", assistiriam ainda a outros fiascos militares memoráveis, ampliando a galeria dos governadores castigados por covardia e incapacidade. Assim aconteceu com José Custódio de Sá e Faria, governador interino da capitania do Rio Grande de São Pedro, entre 1764 e 1769, a quem se imputaria a perda da Ilha de Santa Catarina, conquistada pela expedição castelhana liderada por Pedro de Cevallos. Na ocasião, já não era mais governador, tendo sido chamado para cuidar da defesa da fortificação da ilha, na condição de engenheiro militar. Preso pelos espanhóis, não hesitou em negociar a rendição portuguesa, e, para fugir aos rigores da execução ordenada por Pombal a todos os oficiais portugueses que se rendessem, Sá e Faria preferiu desertar e bater às portas dos espanhóis, a quem ofereceu seus serviços.[680] Radicou-se então em Buenos Aires, onde passaria o resto de seus dias servindo ao monarca espanhol como brigadeiro, a mesma patente que detinha no Brasil desde 1771.[681] Seus bens foram confiscados e vendidos em hasta pública, mas isso não o impediu de se tornar o arquiteto militar mais importante do Prata,

---

[678] KUHN; COMISSOLI; SILVA. Trajetórias sociais e práticas políticas nas franjas do Império, p. 57. AHU, Rio de Janeiro, cx. 86, doc. 7594. Ofício do [vice-rei do Estado do Brasil], conde de Azambuja, [D. Antônio Rolim de Moura Tavares], ao [secretário de estado da Marinha e Ultramar], Francisco Xavier de Mendonça Furtado, informando as averiguações realizadas para descobrir o paradeiro dos bens confiscos de Inácio Elói de Madureira, a pedido de Manoel de Araújo Gomes, remetendo requerimento e documentos referentes ao caso. Rio de Janeiro, 30 set. 1768.

[679] "Por causa de haver fallecido o governador d'esses districtos, coronel Ignacio Eloy de Madureira mando succeder-lhe no lugar (emquanto Sua Magestade não manda o contrário) o coronel José Custodio de Sá e Faria; a este reconhecerá Vmcê por seu governador, e lhe obedecerá em tudo o que elle mandar, pertencente ao serviço do mesmo senhor" (Carta do Conde da Cunha, vice-rei, ao provedor da Fazenda Real do Rio Grande de São Pedro. Rio de Janeiro, 24 fev. 1764. *Revista do Instituto Histórico e Geográfico Brasileiro*, Rio de Janeiro, t. XL, parte primeira, 1877, p. 230-231).

[680] ESCOBAR. Engenharia portuguesa no Rio da Prata.

[681] GOLIN. Quando as fronteiras do Mercosul separavam inimigos

desenvolvendo estudos cartográficos e cuidando da urbanização de Buenos Aires, Montevidéu, Colônia do Sacramento, Maldonado, etc.[682]

Último governador da Colônia do Sacramento, Francisco José da Rocha também pagaria um alto preço pelo fracasso diante da invasão espanhola de 1777: acabaria seus dias em Angola, para onde fora degredado pelo crime de capitulação.[683]

Atropelos de jurisdição

Conflitos de jurisdição faziam parte, como dito anteriormente, da rotina da administração colonial. Poucos, todavia, tiveram o desfecho inusitado do conflito que opôs Manuel Rolim de Moura, então governador do Maranhão, ao ouvidor Miguel Monteiro Bravo. Formado em Cânones na Universidade de Coimbra, tendo estado no governo das armas da província do Alentejo, Rolim de Moura exibia uma extensa folha de serviços prestados à Coroa, dos quais se destacava a participação em armadas contra piratas africanos, além do cerco à praça de Ceuta – não era ele, portanto, um homem inexperiente ou incauto.[684] Tomou posse em São Luís, perante o Senado da Câmara, em 8 de julho de 1702, e, em agosto, já se encontrava no Pará. Mal chegado ali se engalfinhou com o ouvidor-geral e provedor da Fazenda Real, Miguel Monteiro Bravo, a quem intimou a comparecer à sua presença, para esclarecer a suspeita de irregularidades nos contratos. O ouvidor, fazendo jus ao nome, se recusou a atendê-lo, ao que o governador reagiu, suspendendo-o de todos os cargos. Percebendo o erro – pois não tinha autoridade para destituí-lo –, Rolim, arrependido,

---

[682] ESCOBAR. Engenharia portuguesa no Rio da Prata.

[683] LAMEGO. O último governador da Colônia do Sacramento: Francisco José da Rocha.

[684] "D. Manuel Rolim de Moura nasceu em 1668, filho natural de D. Francisco Rolim de Moura, senhor de Azambuja, recebeu esmerada educação, formou-se em cânones na Universidade de Coimbra, e seguiu depois a carreira das armas, merecendo pelos seus dotes e circunspeção a incumbência de diversas e honrosas comissões. Em 1702 achava-se no governo das armas da província do Alentejo, quando foi despachado governador do Estado do Maranhão, e deixando a sua administração em 1705, foi depois nomeado governador e capitão-general de Mazagão. Nomeado governador de Pernambuco, obteve como mercê especial, pela Provisão de 23 de maio de 1721 [...]". Disponível em: <www.liber.ufpe.br>.

ofereceu-lhe a reintegração nos postos. O ouvidor não só recusou como também embarcou para Lisboa – "contra as ordens expressas do governador, não levando passaporte, e nem licença por escrito, como era então de costume"[685] – para se queixar diretamente ao rei. D. Catarina de Bragança, na ausência de D. Pedro II, que se encontrava na guerra contra Castela, convencida pela retórica indignada do ouvidor, enviou ofício a Rolim de Moura, demitindo-o do cargo e exigindo que entregasse o governo a João de Velasco Molina, então capitão-mor do Pará – o que, segundo Berredo, aconteceu em 1705, "com universal mágoa daqueles moradores".[686] O Conselho Ultramarino também se posicionou contra Rolim de Moura, chamando a atenção para o "abuso" "que se continua tanto nos governos das conquistas", que era "o de suspenderem os ministros de letras, rompendo as leis de seus próprios regimentos, em desserviço de V. Majestade", a exemplo do que ocorrera "nos governos de São Tomé, Índia, Angola e Maranhão, o que convinha dar uma demonstração pública como exemplo".[687]

Rolim de Moura não se deu por vencido. Tendo João de Velasco Molina assumido o governo interino do Maranhão, em 13 de setembro de 1705, ele encabeçou uma conspiração para derrubá-lo, visando ser restituído ao cargo.[688] Para reprimir os conjurados, Molina seguiu para o Maranhão, em companhia do ouvidor Antônio da Costa Coelho, que abriu devassa sobre a conjura e mandou encarcerar, carregadas de ferros, muitas pessoas da elite local, como o ouvidor-geral e provedor-

---

[685] MARQUES. *Dicionário histórico-geográfico da Província do Maranhão*, p. 327.

[686] BERREDO. *Anais históricos do Estado do Maranhão*, p. 357. Segundo Berredo, sobre a demissão do governador: "mas como a suspensão do ouvidor geral Miguel Monteiro Bravo não merecia tanta severidade, com hum governador, que com razão tinha grangeado a aceitação dos povos, lhes foi a eles tão sensível, que todas as pessoas da sua primeira representação aconselharam a D. Manuel conservasse o governo até a positiva resolução de El Rei depois de informado: porém ele, que na resignação da sua obediência procurava mostrar, que lhe não faltava esta grande virtude, cumprio a ordem em 13 de setembro com universal mágoa daqueles moradores".

[687] AHU, Maranhão, cx. 10, doc. 1069. Consulta do Conselho Ultramarino ao rei D. Pedro II, sobre os procedimentos do governador do Maranhão, D. Manuel Rolim de Moura, no exercício das suas funções. Lisboa, 7 maio 1704.

[688] DIAS. *Os "verdadeiros conservadores" do estado do Maranhão*: poder local, redes de clientela e cultura política na Amazônia colonial (primeira metade do século XVIII), p. 100.

mor da Fazenda, Manuel da Silva Pereira. A prisão deste último causou escândalo, porque foi executada pelos criados e parentes do governador, "com ignomínia e desacato ao respeito que se devia a um ministro de Sua Majestade".[689] A repressão conduzida por Molina suscitou duras críticas por parte dos oficiais da Câmara de São Luís, que o acusaram de "destruir os privilégios dos cidadãos desta capitania, que eram iguais aos do Porto", pois ordenara a prisão em "pública e estreita enxovia fechada" de autoridades locais, como juízes ordinários e o juiz de órfãos, "tudo por ódio e caprichos particulares".[690] Confiante na aprovação da corte, Molina foi surpreendido, porém, com a chegada de novo governador, Cristóvão da Costa Freire, o senhor de Pancas.[691] Curiosamente, porém, coube a D. Manuel Rolim passar o cargo ao novo governador – o que o cronista Bernardo Pereira de Berredo interpretou como uma demonstração, por parte do rei, do seu descontentamento pela deposição dele.

Por outro lado, os atos de Velasco Molina foram objeto de devassa, ficando comprovada a improcedência das acusações feitas aos homens presos por ele.[692] Em 1706, o ouvidor-geral do Pará, Antônio da Costa Coelho, tirou-lhe a residência, com um parecer bastante favorável, em que se elogiava a atuação na defesa militar da região, notando que não constavam quaisquer queixas contra ele.[693] Esses resultados comprometiam Rolim de Moura, que, sob o pretexto de irregularidades, havia liderado uma conspiração para destituí-lo. Mas, em vez de ser castigado por sua atuação, ele foi nomeado governador de Mazagão e depois de Pernambuco, permanecendo à frente dessa capitania entre 1722 e 1727. Também o seu adversário, o ex-governador

---

[689] MARQUES. *Dicionário histórico-geográfico da Província do Maranhão*, p. 328

[690] Ofício da Câmara de São Luís ao Rei. São Luís, 5 mar. 1709. Citado por LIMA. *História do Maranhão*: colônia, v. 1 (Colônia), p. 412.

[691] LIMA. *História do Maranhão*: colônia, v. 1 (Colônia), p. 413.

[692] BERREDO. *Annaes históricos do Estado do Maranhão*: em que se dá notícia do seu descobrimento, e tudo mais que nele tem sucedido desde o ano em que foi descuberto até o de 1718, p. 666-668.

[693] AHU, Pará, cx. 5, doc. 420. Carta do ouvidor-geral da capitania do Pará, Antônio da Costa Coelho, para o rei [D. Pedro II], sobre a residência que tirou ao governador e capitão-general do Estado do Maranhão, D. Manuel Rolim de Moura. Belém do Pará, 28 ago. 1706.

João de Velasco Molina, apesar de todos os excessos, seria premiado com um novo posto: o de capitão-mor da capitania do Espírito Santo, no período entre 1716 e 1721, posto que ele já havia ocupado entre 1689 e 1694.[694]

Como todos os delitos e crimes, as infrações cometidas pelos governadores durante o exercício do cargo eram passíveis de perdão ou comutação de pena. Nos casos de culpas apuradas em residências, um alvará régio, de 1607, estabeleceu que o despacho de petição de perdão de culpas de residência deveria passar antes pelas mãos do rei, a quem cabia deliberar sobre a matéria.[695] Tratava-se de depositar nas mãos régias a faculdade de conceder o perdão aos infratores, o que, na cultura do Antigo Regime, equivalia a uma das formas de expressão da graça régia, que o rei, como juiz supremo do Reino, podia conceder aos seus vassalos.[696] Segundo António Hespanha, "a mesma mão que ameaçava com castigos impiedosos, prodigalizava, chegado o momento, as medidas de graça".[697] Como um pai amoroso, o monarca se inclinava sobre os condenados para agraciá-los com a sua misericórdia – contra-pondo-se assim à figura do justiceiro implacável.

Por essa razão, não era incomum que um governador deposto pela população, sob a acusação de tirania e roubo, tivesse a sua residência

---

[694] ANTT. Registro Geral de Mercês, Mercês de D. João V, livro 7, fl. 435-435v. João Velasco e Molina. Carta. Capitão-mor da capitania do Espírito Santo, no Brasil, por 3 anos. Lisboa, 13 nov. 1715.

[695] Alvará de 13 de janeiro de 1607. Em culpas de residência não se conceda Perdão: "Ordena que no Desembargo do Paço e qualquer outro Tribunal não se despa-chem nem tomem petição de perdão de culpas de residência, ou de ofícios de vice-rei, governadores, capitães ou de quaisquer outros oficiais de Guerra, Justiça e Fazenda, das partes ultramarinas, e que havendo alguns casos particulares, ou que concorrem tais razões, que seja necessário tratar deles, se me consultará, com o parecer da pessoa ou pessoas que estiverem no governo deste Reino de Portugal, para mandar sobre isso o que mais houver por meu serviço; e outrossim, mando que qualquer alvará ou perdão que em contrário desta Ordem se passar, seja nulo e de nenhum vigor: posto que por mim seja assignado. E este Alvará se registrará na Casa de Suplicação, e na da Relação do Porto, aonde se costumam registrar semelhantes Alvarás, para em todo o tempo se saber...". Lisboa, 13 jan. 1607. Disponível em: <http://www.iuslusitaniae.fcsh.unl.pt>.

[696] BRAGA. O Brasil e o perdão régio (1640-1706).

[697] HESPANHA. A punição e a graça, p. 248.

aprovada e voltasse a exercer um cargo ainda mais elevado na governança do Império. Foi o que aconteceu com Tristão da Cunha, governador e capitão-general de Angola. Pouco depois de assumir o governo, em 1666, contra ele se levantaram os soldados da infantaria de Luanda, que o expulsaram do palácio e o obrigaram a fugir, em companhia de seus criados, para o Forte de Santo Amaro. Desconsolado, o governador se queixou ao rei de que, enquanto os seus antecessores haviam distribuído honras e postos, conquistando o aplauso dos moradores, ele, cumprindo à risca as ordens régias, "reformando postos, recenseando contas, cortando soldos, não pagando os atrasados, que se estão devendo há dois anos", havia caído em desgraça. Na versão dos amotinados, porém, a deposição do governador foi motivada por uma série de abusos, como tirania, nepotismo e venalidade, a exemplo da prisão arbitrária de oficiais e da apropriação indevida dos lucros de uma expedição ao sertão.

Acuado e ameaçado pelos rebeldes – que alegaram, em capítulos, "que por se não perder o reino [de Angola] convinha que se embarcasse" –, Tristão da Cunha não teve outra alternativa senão regressar a Lisboa.[698] Sua deposição revoltou o Conselho Ultramarino, que tratou logo de investigar o episódio.[699] A residência tirada depois concluiria que "o sindicado procedeu com muita limpeza e desinteresse fazendo justiça às partes, e bom tratamento a seus Ministros. Também se prova que mostrava grande zelo no serviço de Vossa Majestade e era executivo em suas Reais Ordens, de que lhe resultou (malquistar-se) com alguns moradores [...] que se amotinaram para o expulsar".[700] Em face disso, os conselheiros régios recomendaram que lhe fosse concedido

---

[698] FIGUEIREDO. O Império em apuros: notas para o estudo das alterações ultramarinas e das práticas políticas no Império Colonial Português séculos XVII e XVIII, p. 210-211.

[699] Sobre a deposição de Tristão da Cunha, ver FERRONHA. Angola: a revolta de Luanda em 1667 e a expulsão do governador-geral Tristão da Cunha.

[700] Citado por FIGUEIREDO. O império em apuros: notas para o estudo das alterações ultramarinas e das práticas políticas no Império Colonial Português séculos XVII e XVIII, p. 211. AHU, Pernambuco, cx. 9, doc. 818. Carta de André Vidal de Negreiros, ao rei [D. Afonso VI], sobre o envio de ajuda em artilharia e pessoas para Angola, e também acerca da deposição do governador de Angola, Tristão da Cunha, bem como seu retorno para Portugal. Pernambuco, 28 maio 1667.

um posto à altura, como recompensa para que não "haja de ficar como delinquente", sendo agraciado com a patente de mestre de campo general e governador das armas da província de Trás-os-Montes.[701]

Negócios ilícitos e punição

Apodrecer nas enxovias do Reino, sob acusação de praticar negócios ilícitos, foi, para alguns, o destino trágico depois de anos de governança nas conquistas ultramarinas. Um dos primeiros a inaugurar a seleta galeria dos condenados pela ambição desmedida foi Matias de Albuquerque, vice-rei da Índia entre 1598 e 1604. Preso sob a suspeita de ter se apropriado ilicitamente de recursos da Fazenda Real, foi depois absolvido por uma devassa, como se vê num documento, de 1605, em que o rei dava notícia de que o vice-rei ainda se encontrava preso, mas que a sentença, proferida em segunda instância pela Mesa da Consciência e Ordens, havia concluído que "procedeu no cargo de vice-rei como convinha a meu serviço, e sua obrigação, porque assim o esperei e sempre confiei dele".[702] Contemporâneos de Matias de Albuquerque atribuíram as acusações às manobras dos adversários, e, escrevendo sobre ele, Manuel de Faria e Sousa garantiu não só que deixara vultosos recursos na Fazenda Real, mas também que "coxeava de um pé mas não coxeava de costumes".[703]

A complacência da Coroa diante das denúncias contra seus representantes fica evidente no fato de que, antes mesmo de as culpas

---

[701] FIGUEIREDO. O império em apuros: notas para o estudo das alterações ultramarinas e das práticas políticas no Império Colonial Português séculos XVII e XVIII, p. 247.

[702] Carta régia de 21 de julho de 1605. Sentença de residência de um vice-rei da Índia: "Vi a cópia da sentença que em segunda instância se tem dado, na Mesa da Consciência e Ordens, sobre o caso porque Mathias d'Albuquerque está preso: e folguei que se julgasse que procedeu no cargo de Viso-rei como convinha a meu serviço e sua obrigação, porque assim o esperei e confiei sempre dele; e por estar bem inteirado disso pelas sentenças dadas, e se ter satisfação à justiça, conformando-me com a lembrança que me fazeis, hei por bem que, sem tratar de terceira instância, se publique e execute a dita sentença; e vos recomendo que ordeneis assim se faça logo" Disponível em: <http://www.iuslusitaniae.fcsh.unl.pt>. Acesso em: 20 nov. 2013.

[703] SANTA. Matias de Albuquerque, [s.p.].

de Matias de Albuquerque serem apuradas, seu nome chegou a ser cogitado para suceder a Aires de Saldanha no governo da Índia. Em sessão de 1603, os conselheiros ponderaram, no entanto, que não era uma boa escolha, porque ainda não estava concluída a devassa, e porque "tão cedo não devia tornar aquele cargo, porque terá lá muitos amigos e inimigos a que dariam causa as devassas e acusação e disso nascerão muitos inconvenientes".[704]

Frequentemente, as acusações ocultavam motivos mais profundos, servindo assim como pretexto para a perseguição política. Esse foi o caso do primeiro conde da Ega, Manuel de Saldanha de Albuquerque e Castro, vice-rei da Índia.[705] Ainda que executasse com rigor as ordens recebidas de Pombal, tendo, inclusive, mandado prender e enviado para Portugal mais de 230 padres que se encontravam na Índia, ele acabou sendo acusado de usurpação dos recursos da Fazenda Real, durante o processo de sequestro dos bens dos jesuítas. Denúncias davam conta de que o vice-rei havia criado uma corte de luxo e ostentação em Pangim, praticando violências e atos de despotismo contra os moradores. Quando essas notícias chegaram a Lisboa, ele foi exonerado do cargo, sendo substituído pelo conde da Lousã; depois de deixar o governo, foi preso em companhia de seu secretário, e juntos embarcaram no navio *Senhora de Brotas*, rumo a Portugal.[706] Ali chegando, o conde da Ega foi encarcerado na Torre do Outão, em Setúbal, enquanto o juiz procurador fiscal da fazenda do Ultramar preparava um libelo acusatório com 138 artigos, baseados nas denúncias dos governadores que o sucederam. Os artigos

---

[704] CUNHA. Redes sociais e decisão política no recrutamento dos governantes das conquistas, 1580-1640, p. 135.

[705] Segundo Cunha e Monteiro, "a partir da segunda metade do Quinhentos, uma clara e autorreconhecida clivagem no interior do grupo que servia na Índia. A fixação de fidalgos no Oriente – os indiáticos, 'casados' e, até mesmo, os 'fidalgos antigos da Índia' – suscitava desconfiança no Reino (para não o referir mesmo como sinal de desqualificação social) sendo sempre acusados de servir menos o rei que a si próprios" (CUNHA; MONTEIRO. Vice-reis, governadores e conselheiros de governo do Estado da Índia (1505-1834): recrutamento e caracterização social, p. 102).

[706] PORTUGAL: dicionário histórico, corográfico, heráldico, biográfico, bibliográfico, numismático e artístico, v. 3, p. 112.

versavam sobre questões como abuso de autoridade, desrespeito às leis e ordens régias, má administração dos recursos da Fazenda Real, usurpação dos bens sequestrados aos jesuítas, entre outros.[707] Havia também referência à "prática de atividades mercantis ilícitas" – que o próprio vice-rei havia confessado, em carta ao marquês de Pombal, aludindo à remessa de carregações para Portugal, muito antes de ser alvo de incriminação: "é verdade que, se as remessas que fiz para Lisboa produzirem alguma coisa, pagarei o que devo e ficarei com alguma coisa [...] dou-vos esta conta porque, se lá se disser que o Vice-rei faz grandes carregamentos, estejais instruído de que para aquelas que tomei dinheiro emprestado e tudo o que nelas é meu não passa de seis mil pardaus, e que se faço este negócio é porque S. Majestade mo permite".[708]

Permaneceria preso por mais de dois anos, sendo 20 meses no mais rigoroso segredo. No cárcere, contraiu uma gravíssima infecção nos olhos, que o deixaria quase cego. Por causa disso, foi libertado em 1768, recolhendo-se à sua casa, na Junqueira, onde morreu pouco depois. Sua esposa, D. Ana Ludovina de Almada, buscou a todo custo a reabilitação da memória do marido, "alcançando, pelo decreto de 27 de maio de 1777, a nomeação de novo juiz relator do processo acusatório, podendo provar a improcedência de todos os seus cento e trinta e oito artigos". Uma sentença da Relação de Lisboa, passada em 1779, atestou a improcedência daquelas acusações e a idoneidade dos procedimentos do conde da Ega durante o exercício do cargo de vice-rei da Índia. Segundo Nuno Monteiro, a reabilitação póstuma baseou-se no "argumento de que as práticas a que confessadamente se dedicou, cabiam dentro dos limites concedidos aos vice-reis".[709] Para alguns autores, por trás da perseguição movida ao conde da Ega

---

[707] SALDANHA. *História de Goa*: (política e arqueológica), p. 220.

[708] MONTEIRO. Trajetórias sociais e governo das conquistas: notas preliminares sobre os vice-reis e governadores-gerais do Brasil e da Índia nos séculos XVII e XVIII, p. 275-276.

[709] MONTEIRO. Trajetórias sociais e governo das conquistas: notas preliminares sobre os vice-reis e governadores-gerais do Brasil e da Índia nos séculos XVII e XVIII, p. 275. Segundo Monteiro, o Conde da Ega "seria preso quando da sua chegada a Portugal sob diversas acusações expressas entre as quais a prática de atividades mercantis ilícitas".

estaria a vingança de Pombal contra o irmão dele, o cardeal Saldanha, por este ter se oposto, no Conselho de Estado, à morte dos meninos de Palhavã.[710]

Comparada à fortuna Nababesca falsamente atribuída ao vice-rei, muito modesta foi a quantia desviada pela junta que assumiu o governo-geral do Brasil, em 1641, por ocasião da deposição de Jorge de Mascarenhas, o marquês de Montalvão. Formada pelo bispo Pedro da Silva Sampaio, Luiz Barbalho Bezerra e Lourenço de Brito, a junta motivaria um escândalo financeiro: com a chegada do novo governador-geral, Antônio Teles da Silva, em 1642, ela seria acusada de espoliar a Fazenda Real, apropriando-se indevidamente dos recursos destinados ao pagamento dos próprios salários. O soldo anual do governador-geral estava estipulado em 1.500 cruzados – valor que deveria ser dividido entre os três ocupantes do cargo. No entanto, o que eles fizeram foi retirar cada um o valor integral, somando a quantia de 4.500 cruzados. Além disso, agindo de má-fé, tomaram para si o salário relativo a todo o ano 1642, quando, na verdade, só haviam permanecido no cargo até maio daquele ano. O resultado foi um rombo de nove mil cruzados nos cofres régios, o equivalente a um terço do total da folha anual da Bahia. Coube ao novo governador-geral tomar a iniciativa de delatá-los, notificando "ao bispo, e os mais, que entregassem o dinheiro. O bispo entregou: os mais o não tem feito".[711] Diante da recusa de Barbalho e Brito de restituírem o dinheiro, eles foram presos e remetidos a Lisboa, onde seriam, depois, absolvidos. Passado apenas um ano, Barbalho seria nomeado para o governo do Rio de Janeiro.[712]

---

[710] PORTUGAL: dicionário histórico, corográfico, heráldico, biográfico, bibliográfico, numismático e artístico, v.3, p. 112.

[711] MAGALHÃES. *Equus Rusus*: a Igreja Católica e as Guerras Neerlandesas na Bahia (1624-1654), v. 1, p. 208.

[712] SANTANA. *Lourenço de Brito Correa*: o sujeito mais perverso e escandaloso. Conflitos e suspeitas de motim no segundo vice-reinado do Conde de Óbidos. (Bahia 1663-1667), p. 37. Segundo Southey, "Barbalho e Brito foram, por conseguinte, presos para o Reino; o primeiro foi perdoado, imputando-se-lhe a falta de juízo os erros, o segundo jazeu muitos annos na enxovia comum de Lisboa, e o bispo escapou com pena mais leve, tendo apenas de repor os emolumentos recebidos durante a sua administração (SOUTHEY. *História do Brasil*, t. III, p. 28).

Ostracismo e desvalimento

Na sociedade do Antigo Regime, havia duas categorias de morte: a morte física, para a qual se encaminham todos os homens, e a morte social. O ostracismo significava o desterro da corte, o afastamento compulsório de tudo aquilo que dava sentido e significado à vida. Máxima desonra, os que incorriam nele perdiam a reputação e o reconhecimento de toda a sociedade, por isso mesmo o ostracismo se convertia numa sanção mais dolorosa do que a própria morte. Ser afastado da corte implicava também ser excluído da graça e da mercê régia, pois, como dizia frei Luís de Sousa, para alcançá-las, era necessário estar próximo ao "bafo do rei".[713] Longe da corte, perdia-se a proteção e o valimento do monarca.[714]

Um dos rituais mais importantes da vida de um governador ultramarino consistia na cerimônia do beija-mão, quando se era recebido publicamente pelo rei, como sinal do reconhecimento pela qualidade dos serviços prestados à monarquia. É por essa razão que o regresso à corte inspirava temor e apreensão nos governadores, que mal podiam imaginar como seriam recebidos. Em mais de uma ocasião, o morgado de Mateus expressou a sua insegurança quanto à recepção que encontraria junto ao rei. Em carta de 1774, o cunhado, D. Francisco Inocêncio de Sousa Coutinho, alertou-o de que ele não escaparia da fama de rico, tão comum aos governantes ultramarinos, depois de ter estado "tantos anos em um País de sertão, e de Minas, onde as despesas são extremamente moderadas".[715] Regressar ao Reino exigia um elaborado e intrincado plano para que se pudesse assegurar uma "volta honrosa e ativa à Corte", e, com esse propósito, acionava-se a rede de protetores, amigos e familiares, cujo prestígio e influência pudessem ser mobilizados em favor de uma boa acolhida – precisamente esse era o tom da correspondência entre o morgado de Mateus e seu cunhado, a partir de 1774.[716]

---

[713] SOUSA. *Anais de D. João III*, v. 2, p. 157.

[714] VALIDO. In: BLUTEAU. *Dicionario portuguez & latino*, v. 3, p. 180.

[715] Citado por BELLOTTO. *Autoridade e conflito no Brasil colonial*: o governo do Morgado de Mateus em São Paulo (1765-1775), p. 285.

[716] BELLOTTO. *Autoridade e conflito no Brasil colonial*: o governo do Morgado de Mateus em São Paulo (1765-1775), p. 285.

O morgado de Mateus ilustra bem o caso dos governadores que, mesmo tendo sido recebidos no beija-mão e tido suas residências postas ao corrente, foram veladamente punidos por meio do bloqueio às mercês. Quando ele retornou a Lisboa, pairavam sérias suspeitas sobre a sua atuação à frente do governo da capitania de São Paulo, entre 1765 e 1775. Segundo Heloísa Bellotto, contra ele havia "acusações de nepotismo, de usurpação de objetos eclesiásticos ou de proveito próprio dos dinheiros públicos". Um dos seus maiores desafetos, José Honório de Valadares e Aboim, provedor da Fazenda Real na vila de Santos, denunciou-o ao rei, em 1774, por favorecer a Manuel José Gomes na arrematação do contrato dos dízimos, preterindo Manuel de Oliveira Cardoso, que dera o lance mais alto, e em cujo poder o contrato estivera por 15 anos. Afirmava Aboim que o governador não só confessara a manobra, mas também a justificara, dizendo que era necessário mudar de contratador, mostrando-se disposto a pagar do próprio bolso os eventuais prejuízos à Fazenda Real. Mais tarde, Aboim seria afastado da Provedoria, acusado de falsificar a contabilidade da Fazenda Real enviada a Lisboa – o que ele atribuiu a um conluio entre o morgado de Mateus e Bonifácio José de Andrada, a quem o provedor havia mandado sequestrar parte dos bens, para cobrir os prejuízos causados à Fazenda Real. Em sua defesa, Aboim argumentou que havia incorrido no ódio do governador, porque, em razão de seu zelo, "não consentia que tirassem da Fazenda Real cousa alguma", glosando "despesas inúteis". Acusava-o de ter ordenado que se fizessem "contas falsas sobre as expedições ao Tibaji e Iguatemi", destinadas a conter o avanço espanhol do Paraguai, cujo resultado fora um fracasso retumbante, pois visavam, na verdade, "afugentar as gentes", abrindo espaço para que os amigos do governador fossem buscar diamantes "desde a mina de Guaraíba até Furnas". Ainda segundo o provedor, o governador possuía em sua casa uma "oficina com materiais que pertenciam à Fazenda Real, o que se praticou por muitos anos". E quanto à conduta moral do adversário, revelou que o ouvidor José Gomes Pinto de Morais costumava levar mulheres para o palácio do morgado de Mateus, "sob pretexto de depoimento" – sendo que o próprio ouvidor "andava amancebado com uma mulher cujo marido era seu associado em negócios".[717]

---

[717] Todas as denúncias feitas por Aboim foram extraídas do artigo: GONÇALVES. Para evitar desordens futuras, [s.p.].

Outro desafeto do governador, o bispo frei Manuel da Ressurreição, não mediu as palavras para descrevê-lo: "um General o mais despótico e absoluto infrator das leis régias, que passou a esta América, que cego de uma negra ambição fez única barreira de todas as suas disposições o seu próprio e particular interesse". O bispo contou ainda que ele arrematava contratos em proveito próprio, interferia nos negócios da justiça, emitia certidões falsas e lapidava diamantes para uso pessoal.

De volta a Lisboa, o morgado de Mateus sonhava com a promoção à patente de brigadeiro, estimada por ele como "o sinal público de que estava reintegrada a sua conduta, e caráter perante a sua Majestade".[718] Longo, no entanto, seria o calvário que teria de percorrer até o ambicionado prêmio. Não tardou para perceber que havia caído em desgraça na corte e que sobre ele existiam fortes suspeitas da prática de ilicitudes. Preparou então a própria defesa: um volumoso auto de justificação, composto por 19 itens, em que negava todas as acusações, anexando provas, certidões, devassas, depoimentos de testemunhas, tudo com o propósito de comprovar a idoneidade de suas ações. Assim principiava o cabeçalho: "aos reais pés de Vossa Majestade protesto e afirmo que me não acusa a consciência em matéria grave contra o seu Real Serviço: a prontidão, o zelo, a eficácia, e o desengano com que me empenhei para distinguir-me são incompatíveis com as notas do delito". A isso se seguia um longo protesto de conduta reta e íntegra, onde repelia, com veemência, as suspeitas de práticas econômicas ilícitas: "porque eu nunca fiz extravios nem compras nem cousas proibidas, nem prejudiquei aos reais interesses, em que tenho trabalhado com tanto desvelo para os melhorar. Não me passou nunca pelo pensamento buscar diamantes, nem os tenho". As suas riquezas – a mulher e os filhos –, ele as havia deixado em Portugal, "tudo pelo Real Serviço", que abraçara movido unicamente por amor à Coroa. Quanto à ambição, declarava-se um homem simples e despojado, infenso à atração do dinheiro: "não levei intento de riquezas, porque essas ajuntaria melhor do que em São Paulo, no retiro de Matheus".[719]

---

[718] BELLOTTO. *Autoridade e conflito no Brasil colonial*: o governo do Morgado de Mateus em São Paulo (1765-1775), p. 279-280, 305.

[719] AHU, São Paulo, cx. 7, doc. 17. Auto de Justificação apresentado pelo ex-governador e capitão general da capitania de São Paulo, Morgado de Mateus, D. Luís

Contrariando a praxe, a residência do morgado só seria tirada sete anos depois de ele ter concluído o seu tempo à frente do governo, e isso por força de uma provisão régia de 1781. Apesar do volume e da gravidade das denúncias, os autos de residência – tirados em São Paulo, em 1782 – atestaram a sua inocência. Todos os depoentes foram unânimes em asseverar a sua "limpeza de mãos, inteireza e honra", e o acórdão da Relação referendaria tal juízo, observando que ele havia servido com "inteireza e préstimo". De posse dessa sentença, o morgado deu início então a uma longa jornada em busca da remuneração tão sonhada. Mas a sua absolvição não alterou a humilhação que vinha experimentando desde o retorno à corte. E, em 1786, ele ainda pleiteava as mercês, reiterando "o zelo que tivera nos dez anos em São Paulo e o fato de estar há outros dez em Portugal, sem poder galgar à primeira plana na Corte". Desconsolado, escreveu à Rainha, não sem antes buscar o apoio de poderosos, como o bispo de Beja, o duque de Lafões e o conde de Tarouca. Confessou-lhes que se encontrava numa "situação desonrosa", que interpretava como expressão do descontentamento régio pelos seus serviços; e, inconformado com o ostracismo, desabafava: "não busco o real serviço pelas utilidades e honras que dele podem resultar-me, porque a minha filosofia se acomoda perfeitamente com a tranquilidade em que me acho, busco sim a Vossa Excelência para que me tire desta inação, pois me é pesado o viver quando passe o tempo sem ser útil ao Real Serviço e a minha Pátria".[720]

Foi somente no final da vida que ele, já velho e doente, alcançaria o posto de brigadeiro, mas em circunstâncias bem diferentes daquelas que almejara: a promoção vinha acompanhada da reforma. Para Bellotto, a reabilitação apenas fora concedida em razão do seu tempo de serviço e das precárias condições de saúde, como fica manifesto no texto da patente: "concedendo a reforma no posto de brigadeiro, em atenção às suas moléstias, anos de serviço, e avançada idade, ao coronel

---

Antônio de Sousa Botelho Mourão, à rainha [D. Maria I] por meio de Martinho de Melo e Castro, secretário da Marinha e Ultramar, em 19 itens que abordam vários aspectos de seu governo e acusações que lhe foram feitas, seguindo-se, para cada um deles, as respectivas provas, certidões, devassas, declarações de testemunhas, atestados etc. 5 set. 1777.

[720] BELLOTTO. *Autoridade e conflito no Brasil colonial*: o governo do Morgado de Mateus em São Paulo (1765-1775), p. 305-306.

de infantaria D. Luís Antônio de Souza Botelho". Nem a patente nem a reforma alterariam o curso triste da velhice do ex-governador, que, acometido de reumatismo e insônia, abandonou a administração de suas propriedades, relegando tudo a um estado de total "desarranjo".

Como explicar o sombrio desprestígio do morgado, se ele pusera a corrente a sua residência, afastando todas as suspeitas que havia contra si? Segundo Bellotto, de todas as acusações, a mais grave era a de desobediência às ordens de Lisboa – ele, obcecado com a construção do Forte de Iguatemi, ignorou as sucessivas instruções sobre a necessidade de socorro ao Sul, abstendo-se de elaborar uma estratégia para conter o avanço das tropas castelhanas.[721] Essa falta a Coroa jamais lhe perdoou.

Nem sempre, porém, o ostracismo tinha um caráter definitivo. Para alguns, era possível alcançar a redenção depois de um longo e doloroso desterro. E, para outros, nada impedia que se reincidisse nele. Esse foi o caso do conde de Assumar, que teve o infortúnio de sofrer dois ostracismos, um dos quais o acompanharia até a morte.

Ao retornar a Lisboa, em 1721, depois de ter governado por três anos a capitania de São Paulo e Minas do Ouro, ele foi impedido de se apresentar ao beija-mão no Paço. Anos mais tarde, o filho comentaria o episódio, atribuindo a desgraça paterna às intrigas dos adversários das Minas, que haviam se oposto à instalação das casas de fundição – "com este serviço granjeou o marquês inimigos poderosos, que o malquistaram na presença de Sua Majestade". A desfeita do rei o obrigou a se recolher à sua casa, onde permaneceu durante anos no mais absoluto ostracismo. Mais tarde, graças ao seu empenho pessoal, os autos de residência foram tirados e aprovados. Mas ele sabia que isso não reverteria a situação em que se encontrava. E, por essa razão, jamais deixou de protestar inocência. Convencido de que a razão do desagrado do rei era o "excesso de jurisdição" com que se houvera na repressão da revolta de 1720, defendeu-se alegando que "alguma ação mais severa do seu governo tinha sido posta em prática em virtude da sentença das Câmaras convocadas, e autorizadas pela necessidade extrema do Estado".[722]

---

[721] BELLOTTO. *Autoridade e conflito no Brasil colonial*: o governo do Morgado de Mateus em São Paulo (1765-1775), p. 307, p. 283.

[722] "Em 1717 foi o marquês nomeado Governador de S. Paulo, e Minas, e sendo-lhe mandado estabelecer n'esse governo a casa de Fundição, e Quintos, essa ordem

De acordo com Marcos Aurélio Pereira, a reconciliação só aconteceria em 1732, quando alcançou o perdão, sendo finalmente admitido à cerimônia do beija-mão.[723] Reintegrado ao serviço régio, foi nomeado vice-rei da Índia em 1744, tendo sido escolhido "pela necessidade de que tem o Estado da Índia de um sujeito que a governe, e em quem concorram as partes de prudência, valor e limpeza de mãos".[724] A contragosto, pressionado pelos negócios domésticos e pela saúde precária da mulher, o conde de Assumar, feito então marquês de Alorna, embarcou para a Índia, permanecendo ali por longos oito anos.

De volta a Lisboa, foi surpreendido por uma carta assinada pelo secretário de Estado da Marinha e Ultramar, Diogo de Mendonça Corte-Real, recomendando-lhe que não fosse ao Paço para o beija-mão, pois não seria recebido pelo rei. Sem entender as razões de tal atitude, o marquês escreveu ao rei, evocando a relevância dos serviços prestados em Goa e inquirindo-o sobre o fundamento das acusações que haviam contra ele, para que pudesse preparar a própria defesa. Também escreveu à rainha, indagando-lhe, num misto de indignação e veemência: "este é, Senhora, o galardão de quem venceu a violência que lhe fazia a viagem da Índia? Este é o prêmio de quem expôs

---

junta com outras, que desagradarão à pessoas absolutas, ocasionou uma revolta, que durou por alguns meses, e que custou muito a aplacar. Sem embargo da falta de tropas, e da insolência de um grande número de levantados, o marquês na força dos maiores perigos soube conservar o respeito da Coroa, e as ordens Régias tiverão a sua perfeita execução. Com este serviço granjeou o marquês inimigos poderosos, que o malquistarão na presença de S. Majestade. Por essa razão esteve detido alguns anos à sua residência, e vencidos essa dificuldade a rogos seus foi sentenciada a seu favor a dita residência. Apesar d'isso continuou a desgraça do marquês, imaginando S.Majestade que da sua parte tinha havido algum excesso de jurisdição; mas, mostrando o mesmo marquês que alguma ação mais severa do seu governo tinha sido posta em prática em virtude da sentença das Câmaras convocadas, e autorizadas pela necessidade extrema do Estado, S. Majestade se mostrou persuadido do bom procedimento do marquês, e o admitio na sua Real presença" (ANTT. Ministério do reino. Petição de D. João de Almeida, segundo marquês de Alorna junto a rainha de Portugal, maço 214, doc. 17. Citado por PEREIRA. *Vivendo entre cafres*: vida e política do conde de Assumar no ultramar, 1688-1756, p. 257).

[723] PEREIRA. *Vivendo entre cafres*: vida e política do conde de Assumar no ultramar, 1688-1756, p. 129.

[724] Citado por NORTON. *D. Pedro Miguel de Almeida Portugal*, p. 88.

tantas vezes a vida; sem forças, sem meios, e sem outro cabedal mais que o do valor e o do zelo ardente de restituir às Armas Portuguesas o crédito reduzido do último abatimento? Esta é a recompensa de fazer com o meu braço temido, e respeito, o sagrado nome de El Rei meu Senhor entre os Potentados da Ásia?".[725] De acordo com Manuel Artur Norton, o monarca respondeu-lhe verbalmente, explicando que, como o inquérito ainda estava em andamento, não podia detalhar a natureza das suas culpas. E, apesar das insistentes petições dirigidas ao rei e aos seus ministros, implorando pelo direito de defesa, permaneceu o silêncio sepulcral sobre as culpas do vice-rei. Desesperado, ele novamente se dirigiu ao rei: "se ainda não há culpa, de que me possa dar vista, como se me antecipa a pena com um castigo público, que tanto ofende o meu crédito, e a minha reputação [...]".

Para Norton, a queda em desgraça do marquês de Alorna teve princípio ainda em 1746, quando alguns negociantes de Goa escreveram ao rei, acusando o vice-rei de vender e estancar os lucros do comércio, com grande prejuízo aos homens de negócio. Na ocasião, Alexandre de Gusmão relatou o ocorrido ao próprio vice-rei, numa carta bastante dura, com o seguinte teor: "À Sua Majestade se queixaram vários negociantes gentios, vassalos e moradores desse Estado, que Vossa Excelência vendia e estancava os lucros do comércio com prejuízo evidente dos sobreditos, isto ao mesmo tempo que chegou a Sua Majestade a notícia das heroicas ações que Vossa Excelência obrara na Guerra em honra e defesa do Estado". Concluía com uma advertência: "manda lembrar a Vossa Excelência que não abuse da bondade com que agora procede em todo o referido, e também que se não esqueça de ter presente que a vil e torpe ambição de Sobieski [rei da Polônia, eleito em 1673] escureceu na estimação das gentes as grandes e heroicas ações que havia obrado na Guerra".[726] É de se notar que jamais foi instaurada devassa para apurar essas denúncias.

---

[725] Citado por NORTON. *D. Pedro Miguel de Almeida Portugal*, p. 188.

[726] Carta de Alexandre de Gusmão a D. Pedro de Almeida, Lisboa, 6 mar. 1747: "A sua Majestade se queixaram vários negociantes gentios, vassalos e moradores desse Estado, que V. Excelência vendia, e estancava os lucros do comercio com prejuízo evidente dos sobreditos [...] Manda lembrar a V. Excelência que não abuse da bondade com que agora procede em todo o referido, e também que se não esqueça de ter presente que a vil, e torpe ambição de Sobieski a escureceu

E tampouco o marquês de Alorna alcançaria o perdão: viveu seus últimos dias em Cascais, para onde se retirou, vindo a morrer obscuramente em 1756.[727]

O direito de defesa

Nas cartas que escreveu ao rei e à rainha, o marquês de Alorna implorou pelo direito de defesa, argumentando que se pudesse conhecer o teor das culpas, teria então condições de mandar vir de Goa todos os documentos, provas e certidões que pudessem dissipá-las, além de providenciar o testemunho das pessoas envolvidas. Tudo em vão. E o fato é que a inexistência de devassa ou formalização das denúncias o impediu de se defender – como ele bem notou, foi condenado sem que pudesse sequer conhecer a natureza daquilo que se lhe imputavam.

Um dos itens mais importantes dos chamados autos de justificação, com que os governantes se defendiam na corte, consistia na aprovação formal, por parte dos vassalos e das instituições locais, principalmente das Câmaras, quanto à atuação deles durante o exercício do posto. E, de fato, na longa defesa que encaminhou ao rei, o morgado de Mateus, por exemplo, anexou uma série de certidões e testemunhos dessa natureza. Assim também o fizera Diogo Botelho, governador-geral acusado na devassa instaurada por Belchior de Amaral: para provar a sua inocência, recorreu às Câmaras de Olinda e Salvador, que expressaram formalmente a satisfação com o seu governo e com a qualidade dos seus serviços, assegurando que "em tudo procedeu como muito leal vassalo de Sua Majestade e mui zeloso do bem comum, e como mui animoso e valoroso capitão e governador". Tais testemunhos não impediram, contudo, a condenação na sentença final dos autos de residência, conduzidos pelo magistrado Afonso Garcia, nem o confisco dos seus bens.[728]

---

na estimação das gentes as grandes, e heroicas ações que havia obrado na Guerra" (citado por NORTON. *D. Pedro Miguel de Almeida Portugal*, p. 254).

[727] NORTON. *D. Pedro Miguel de Almeida Portugal*, p. 193; SOUZA. *O sol e a sombra*: política e administração na América portuguesa do século XVIII, p. 223.

[728] ANTT, Corpo Cronológico, maço 115. Carta de D. Diogo de Meneses, governador do Brasil, para D. Filipe II a acusar a recepção da provisão que ordenava que Afonso Garcia tomasse residência a Diogo Botelho e a Antônio Sequeira, em

Uma estratégia informal de defesa – visto que não se desenrolava no âmbito de um processo judicial, mas nos seus bastidores – consistia em acionar as poderosas redes que emanavam da pessoa do rei: mobilizar os amigos influentes, rogar pela intercessão dos familiares, neutralizar a influência dos desafetos, aproximar-se dos centros de decisão política, enfim, construir um sólido anteparo à maledicência e à crítica dos adversários e vassalos descontentes. Aquilo que se falava na corte – a reputação ou o conceito – podia ser mais decisivo do que as próprias ações – assim o admitiu o conde de Assumar, referindo-se às intrigas de seus inimigos para "alterar o justo conceito que Sua Majestade tem formado".[729]

Para além da opinião dos vassalos, das câmaras e do Conselho Ultramarino, os governadores tinham ainda de enfrentar o juízo crítico de seus sucessores, que se valiam dos defeitos dos antecessores para enaltecer as próprias qualidades, apontando, aqui e ali, os erros e as falhas que teriam de corrigir. E, para exagerar as dificuldades impostas pelo cargo, costumavam pintar um cenário de catástrofe administrativa, que atribuíam, não raro, a defeitos de caráter e aos vícios. Em 1774, D. Francisco Inocêncio de Sousa Coutinho, governador de Luanda, discorreu sobre o tema, com aguda perspicácia, em carta ao cunhado, morgado de Mateus: "seja quem for, há de ser de diversíssimo parecer do de V. Excelência, há de atropelar e pisar os pés, tudo o que V. Excelência tiver devido mais cuidado, e mais trabalho, e há de procurar somente fazer se uma rota nova de que ele seja Autor". E, de fato, apenas 15 dias depois de tomar posse, o sucessor do morgado de Mateus, Martim Lopes, escreveu ao vice-rei para informá-lo de

---

Pernambuco. Bahia, 8 maio 1610. BONCIANI. *O dominium sobre os indígenas e africanos e a especificidade da soberania régia no Atlântico*: da colonização das ilhas à política ultramarina de Felipe III (1493-1615), p. 237.

[729] "Tudo quanto V E. tem obrado achou nesta Corte comum aprovação, efeito igualmente produzido do seu acerto e da sua reputação, e nesta parte pode estar certo que não chega a oposição a alterar o justo conceito que S. Majestade tem formado do merecimento de V Excelência confirmado pela experiência do bem que o serve e com as novas comissões que lhe encarrega do seu Real Serviço, as quais entreterão a V. Excelência ainda este ano para o que vem se poderá cuidar em restituir a sua casa, como V. Excelência com muita razão apetece" (citado por PEREIRA. *Vivendo entre cafres*: vida e política do conde de Assumar no ultramar, 1688-1756, p. 100).

que em São Paulo tudo estava em "verdadeiro e último estado que somente aponto da decadência em que achei tudo...".[730] Mesmo um administrador tão discreto e pouco dado aos arroubos da paixão como o marquês de Lavradio não se furtou a tecer comentários depreciativos sobre a situação em que encontrara a Bahia. Cuidadoso, porém, eximiu-se de declinar nomes ou associar tal ruína a determinados governantes, preferindo assumir um tom mais evasivo: em suas palavras, "a desordem em que estava esta Capitania tinha raízes já tão fundas, que havendo já um ano que eu trabalho em arrancá-las, ainda de todo o não tenho podido conseguir, mas é certo que já hoje por cá se não vive em tanta confusão".[731]

Ao contrário da fleuma do marquês de Lavradio, homem acostumado aos refinamentos da corte, o governador do Rio Grande, Sebastião Xavier Veiga Cabral, se mostraria implacável com o antecessor, José Marcelino de Figueiredo, que desfrutava de um prestígio excepcional junto à Coroa. Para alfinetá-lo, Veiga Cabral não poupou palavras, assegurando que, além de se envolver em negócios particulares, o antecessor negligenciava as obrigações do cargo, mais preocupado em exigir o respeito e a obediência dos vassalos. Por causa desse comportamento, dizia Veiga Cabral, "vim achar este continente no miserável, e crítico estado, a que o tinha reduzido o fogo das parcialidades que ardia sem cessar entre todas as classes de indivíduos".[732]

Acusações como essa, encaminhadas ao Conselho Ultramarino ou ao próprio rei e, por isso, protegidas pelo sigilo, mal se comparavam ao caráter verdadeiramente ferino e agressivo da correspondência trocada entre os próprios governadores, que, por vezes, desandava num bate-boca interminável, recheado de injúrias e ofensas recíprocas. A esse respeito, poucos foram tão malévolos quanto Jerônimo de Mendonça Furtado, o célebre Xumbergas, que se atracou numa disputa sem precedentes com o vice-rei, o conde de Óbidos, valen-

---

[730] BELLOTTO. *Autoridade e conflito no Brasil colonial*: o governo do Morgado de Mateus em São Paulo (1765-1775), p. 287.

[731] Carta do marquês de Lavradio ao Conde de São Vicente. Salvador, 1 maio 1769. In: LAVRADIO. *Cartas da Bahia, 1768-1769*, p. 162.

[732] Citado por COMISSOLI. *Os "homens bons" e a Câmara de Porto Alegre (1767-1808)*, p. 183.

do-se da palavra como uma espada das mais afiadas – aliás, tamanha liberdade verbal lhe custaria o cargo de governador, do qual seria deposto por uma conspiração articulada pelo adversário, em represália a sua verborragia ofensiva. Comentando a nomeação do ouvidor Manuel de Freitas Reis pelo conde de Óbidos, o Xumbergas expressou, em carta, a sua aprovação, não sem antes dizer que o fazia "porque como só procuro que se não falte à justiça, não me inclino às pessoas, porque se assim fora acomodara os meus criados, sem o receio de se me estranhar, pois nisso imitava a Vossa Senhoria". Ou, em outra ocasião, quando se referiu aos " estancos que Vossa Senhoria aqui mandou pôr para se venderem os seus vinhos ou vinagres". Em outra ocasião, insinuou que o vice-rei desembarcara na Bahia com carregamentos – "quando vim, não trouxe carregações nem coisa de negócio que seja meu". Nada, porém, se compara à ironia com que atingiu o ponto mais fraco do adversário, que havia sido deposto em Goa de forma constrangedora e humilhante: para justificar a deportação do ouvidor Diniz para o Reino, defendeu-se dizendo que assim o fizera para que o ouvidor não fizesse o mesmo com ele, "e mais estando eu escarmentado pelo que à Vossa Senhoria sucedeu na Índia".[733]

A quem serviam os governadores?

Em 1769, escrevendo ao tio, o marquês do Lavradio conjecturou sobre o que pensavam os vassalos a respeito do seu governo: "no meu governo vou continuando a trabalhar, não ouço que hajam ainda descontentes, porém mais tarde, ou mais cedo, não pode deixar de havê-los, porque quem governa, principalmente semelhante casta de gente, como a que tenho por meus súditos, é impossível poder contentar, e satisfazer a todos".[734] Ele não parecia particularmente interessado em cair nas graças da população local – cuja índole não tinha em alta conta. Poucos meses antes, ele havia relatado os esforços realizados

---

[733] Citado por MELLO. *A fronda dos mazombos*: nobres contra mascates, Pernambuco, 1666-1715, p. 30, 32, 33, 43, 33.

[734] Carta do marquês de Lavradio ao tio Principal Almeida. Salvador, 1 maio 1769. In: LAVRADIO. *Cartas da Bahia, 1768-1769*, p. 157.

para regularizar a arrecadação da Fazenda Real, reconhecendo que as medidas haviam causado desaprovação: "eu confesso a verdade que ainda que discorro sobre o mesmo perigo [incorrer no desgosto], não me atrevi a deixar de me expor a ele, fazendo-me mais peso a utilidade do serviço de Sua Majestade (que eu devo sempre preferir a tudo) que o incontingente desgosto a que me exponho...".[735] Assim, entre agradar aos vassalos e agradar ao rei, optava por este último, por mais impopular que isso pudesse ser aos olhos dos primeiros. E, com efeito, uma das ideias centrais dos seus escritos sobre a "arte da governança" é precisamente a convicção de que o que estava em jogo era, acima de tudo, "a utilidade do serviço de Sua Majestade" – o que justificava não só a sua impopularidade, mas também o sacrifício pessoal que o cargo lhe impunha.

É por essa razão que epítetos como "ladrão", "régulo" ou "voluntário" – "indignos epítetos com que batizam os miseráveis Governadores" – pouco lhe importavam se estivessem na "boca desse povo", reiterando que tudo o que fazia era segundo "o que me parecer mais conforme à minha honra, e à utilidade do serviço do Amo".[736]

A indiferença pela opinião do "povo" também era partilhada pelo morgado de Mateus. Em março de 1767, em carta aos camaristas da vila de Paranaguá, que lhe faziam franca e tenaz oposição, ele não hesitou em submetê-los à sua autoridade, explicando, sem titubeio, por que assim o fazia:

> é muito preciso dizer a Vossas mercês que Sua Majestade que Deus guarde, quando é servido nomear um Capitão General para esta ou aquela Capitania, sabe muito bem o que faz, e quem escolhe para lhe fiar a direção dos mais graves negócios de Sua Coroa, e ao mesmo tempo que o encarrega do Governo e da defesa dos seus Estados, o isenta também de dar razão a ninguém daquilo que obra se não imediatamente à Sua Real Pessoa e ao seu sábio ministério, por ser o que deve aprovar ou desaprovar as suas ações; em cujos termos,

---

[735] Carta do marquês do Lavradio ao conde de São Vicente. Salvador, 1 fev. 1769. In: LAVRADIO. *Cartas da Bahia, 1768-1769*, p. 107.

[736] Carta do marquês do Lavradio ao Conde de São Vicente. 21 jul. 1768. In: LAVRADIO. *Cartas da Bahia, 1768-1769*, p. 39-40.

sem embargo de dúvida, cumpram Vossas mercês logo todas as ordens que por mim lhes são determinadas.[737]

Noutras palavras, ele não se sentia obrigado a dar satisfação sobre as próprias ações a não ser ao rei e a seus ministros, restando aos vassalos, ainda que fossem camaristas, somente obedecer-lhe. Em suma, governava para o rei. Em outra ocasião, o morgado de Mateus já exprimira idêntica opinião: quando veio à luz uma série de pasquins e sátiras, com "versos ofensivos" à sua pessoa, chamando-o de "fidalgo de aldeã e de meia tigela", ele se limitara a comentar: "eu não temo tanto do que me podem cá fazer; temo-me de que na presença de V. Excelência representem a mim alguma queixa com que V. Excelência venha a pôr em dúvida o meu procedimento".[738]

A posição desse governador afinava-se com as concepções sobre o poder vigentes na cultura política do seu tempo, na qual estava ausente a ideia de que o funcionário deveria ter por objetivo último servir ao Estado, entendido como uma instituição baseada em relações impessoais e submetidas a um rigoroso conjunto de normas. No Antigo Regime, ao contrário, o funcionário servia ao rei e aos propósitos da Monarquia, numa relação pautada pela lógica do serviço régio, orientada pela noção de fidelidade pessoal ao monarca.[739]

Apesar de obrigados a responder somente ao monarca, os governantes não desconheciam o fato de que os seus atos eram passíveis de avaliação por parte dos vassalos – e o marquês do Lavradio é particularmente explícito a esse respeito. Havia, porém, duas categorias de queixa ou insatisfação. A queixa legítima era aquela que seguia os canais oficiais de representação, originada do direito de petição ao rei, direito de que gozavam não só as câmaras, mas também todos os vassalos. Como já foi dito, escrever ao rei para manifestar o descontentamento em face da atuação das autoridades locais, por exemplo, constituía uma prática altamente valorizada – e até mesmo incentivada – que

---

[737] Ofício do Morgado de Mateus à Câmara de Paranaguá. São Paulo, 31 mar. 1767. Citado por BELLOTTO. *Autoridade e conflito no Brasil colonial*: o governo do Morgado de Mateus em São Paulo (1765-1775), p. 93-94.

[738] BELLOTTO. *Autoridade e conflito no Brasil colonial*: o governo do Morgado de Mateus em São Paulo (1765-1775), p. 217-218.

[739] VICENS VIVES. *Coyuntura económica y reformismo burguês*, p. 133-134.

funcionava, por parte da Coroa, como mecanismo de controle sobre os ministros e agentes. No parecer do Conselho Ultramarino, citado anteriormente, é bem clara essa percepção: "não convinha a seu serviço limitar a seus vassalos a via por donde lhe podiam dar notícia dos procedimentos de seus ministros, e que quando eles excedessem, a Vossa Majestade ficava lugar de os castigar".[740] Por essa razão, as representações, fossem elas emanadas das câmaras ou dos próprios vassalos, não só eram lidas e examinadas, mas também podiam, muitas vezes, desencadear procedimentos de investigação que resultavam, por sua vez, na condenação dos denunciados.

O mesmo não acontecia, porém, no caso da queixa destituída de valor, à qual não se dava o menor crédito, pois não se formalizava em representação ou petição. Reclamações dessa natureza caracterizavam o que se entendia por "murmuração" – palavra que Bluteau define como "queixa secreta que se faz com alguém da pessoa, que nos tem agravado ou escandalizado".[741] Segundo Guilherme Pereira das Neves, a murmuração consistia num comportamento típico do Antigo Regime, característico de uma cultura marcadamente oral: as pessoas murmuravam contra o estado geral das coisas, contra os governantes, os ministros do Rei e até o próprio rei.[742] Para o conde de Assumar, por exemplo, esse era um hábito particularmente disseminado entre os mineiros, transmitido a eles pelos paulistas, e que explicava, em sua opinião, o gosto daquela gente por rebeliões e motins.[743]

Ao mesmo tempo, o ato de murmurar contra os governadores e as autoridades em geral não pertencia autenticamente à esfera do governo, mas à subversão e à desordem, carecendo, portanto, de relevância política, uma vez que o governo era, por definição, um

---

[740] AHU, Bahia, LF, cx. 10, doc. 1128. Consulta do Conselho Ultramarino sobre a queixa que faz o licenciado Manuel Pereira Franco, ouvidor geral do Brasil, contra o governador Antônio Telles da Silva, que o suspendeu e prendeu, a mesma queixa fazem os oficiais da Câmara da Bahia. 25 jul. 1645.

[741] MURMURAÇÃO. In: BLUTEAU. *Dicionario portuguez & latino*, v. 5, p. 642.

[742] NEVES. Murmuração. In: VAINFAS (Dir.). *Dicionário do Brasil Colonial (1500-1808)*, p. 416-417.

[743] DISCURSO histórico e político sobre a sublevação que nas Minas houve no ano de 1720, p. 63.

âmbito secreto.⁷⁴⁴ Assim, a murmuração, que, por ser pública, ficava fora da esfera do governo, não gozava de legitimidade no universo da política, sendo, ao contrário, vista como maledicência do vulgo ou do povo. Não se tratava do povo entendido como a totalidade do corpo político, formado pelo conjunto dos vassalos, dotado de direitos e privilégios, segundo a visão medieval da sociedade,⁷⁴⁵ ou seja, como argumenta Hespanha, segundo a tradição corporativa ibérica, como um integrante de uma ordem universal, orientada para um destino místico comum.⁷⁴⁶

Não é a esse povo que se refere Bluteau quando escreve: "o povo se queixa e murmura". Tratava-se da acepção do povo como vulgo – ou, ainda, seus sinônimos, isto é, "plebe" e "arraia-miúda". Sobre o vulgo dizia Bluteau: "tudo o que o vulgo cuida, é vão; o que louva, falso; o que condena, bom; o que aprova, mau; o que engrandece, indigno; e o que faz, é tudo loucura".⁷⁴⁷ Idêntica noção de povo se encontra, por exemplo, no *Discurso histórico e político*, atribuído ao conde de Assumar, quando discorre sobre o "enganado povo", que, como ovelhas mansas, deixava-se governar, durante a revolta, por uma força oculta, "como vemos que sucede nos miseráveis corpos a quem ocupa e oprime a paixão de espírito maligno e rebelde".⁷⁴⁸ Ou, ainda, quando alude à natureza do vulgo, que "para se alegrar e folgar com o seu próprio mal, basta ser novidade e sem razão".⁷⁴⁹ Como observa Luísa Rauter Pereira, nos escritos produzidos no período colonial, a exemplo do próprio conde de Assumar e de Domingos Loreto Couto, outra característica do vulgo é que ele não tem iniciativa ou motivação própria, sendo guiado por poucos homens. Para Loreto Couto, a plebe

---

⁷⁴⁴ NEVES. Rebeldia, intriga e temor no Rio de Janeiro de 1794, [s.p.].

⁷⁴⁵ LYRA. *Arranjar a memória que ofereço por defesa*: cultura política e jurídica nos discursos de defesa dos rebeldes pernambucanos de 1817, p. 142. Ver também PEREIRA. Os conceitos de povo e plebe no mundo luso-brasileiro setecentista.

⁷⁴⁶ HESPANHA; XAVIER. A representação da sociedade e do poder: paradigmas políticos e tradições literárias.

⁷⁴⁷ VULGO. In: BLUTEAU. *Dicionario portuguez & latino*, v. 8, p. 605.

⁷⁴⁸ DISCURSO histórico e político sobre a sublevação que nas Minas houve no ano de 1720, p. 106.

⁷⁴⁹ DISCURSO histórico e político sobre a sublevação que nas Minas houve no ano de 1720, p. 84.

ou o vulgo é incapaz de governar a si próprio, tal qual os carneiros que seguem o pastor, e o mar que muda conforme os ventos.[750]

É por essa razão que o vulgo – como entidade coletiva – não tinha direito de expressar suas opiniões, ainda que isso pudesse acontecer cotidianamente, em espaços como a praça, o mercado, as igrejas, as estradas, as estalagens... Como aponta Castro Ibaseta, o "único diálogo político legítimo era o que se estabelecia entre o rei e os vassalos: os súditos não podiam falar entre eles sobre o governo; este tipo de discussão política não levava mais que à confusão, e por extensão, ao tumulto". Da mesma forma, não existiam condições para um diálogo legítimo entre o rei e o vulgo, uma vez que este era uma massa irracional, confusa, o que fazia com que a interlocução fosse impossível – exceto se o vulgo cedesse lugar à voz individual dos vassalos. Porque o vulgo era, por definição, uma agregação apolítica, a própria negação da política.[751] É também por essa razão que a opinião do vulgo não poderia converter-se em fator da política – nas palavras de Castro Ibaseta, "o gosto ou desgosto popular era um ruído de fundo do labor do governante, como o rumor das ondas, e nunca devia condicionar a política. O rei ou o ministro não deviam desperdiçar seu tempo nem em perseguir o vão aplauso popular, nem muito menos responder ou castigar as maledicências".[752]

Se a opinião do vulgo pouco importava na esfera da política, havia, porém, outra dimensão do exercício do poder que o fazia depender desse mesmo vulgo. Trata-se do princípio segundo o qual era fundamental manter o acatamento e o respeito públicos – numa palavra, a autoridade. Atitudes que expressassem falta de respeito ou reconhecimento eram tidas pelas ameaças mais graves a que um governante estava exposto, dado que "a reputação do poder é poder, e o exercício da autoridade é, antes de tudo, um processo ritualizado".[753]

---

[750] PEREIRA. *Os conceitos de povo e plebe no mundo luso-brasileiro setecentista*, p. 112.

[751] CASTRO IBASETA. *Monarquía satírica*: poética de la caida del conde duque de Olivares, p. 103-106.

[752] CASTRO IBASETA. *Monarquía satírica*: poética de la caida del conde duque de Olivares, p. 504.

[753] RIVERO RODRÍGUEZ. *La edad de oro de los virreyes*: el virreinato en la Monarquía Hispánica durante los siglos XVI y XVII, p. 198.

Daí a preocupação com os ritos e as cerimônias, as regras protocolares, os aspectos exteriores da distinção e do estatuto social, como instrumentos de expressão da autoridade, decisivos para a soberania, e que, ao mesmo tempo, ofereciam-se como um código normativo sobre a ordem em que se assentava a sociedade. Havia um limite muito tênue entre a autoridade e a sua ausência – e não foram poucos os que ultrapassaram esse limite, incorrendo no desrespeito e no constrangimento público. É dessa perspectiva, por exemplo, que devem ser entendidos os conflitos de precedência, a quebra das hierarquias, a falta de cortesia, as disputas de jurisdição: numa sociedade altamente ritualizada, essas regras funcionavam como instrumentos de reconhecimento do espaço próprio e do alheio; a sua transgressão implicava uma mudança de estatuto social e a erosão da autoridade.[754]

Considerações finais

Os casos estudados aqui remetem a duas ordens de questionamento. O que se denuncia? Por que se denuncia? A resposta à primeira indagação é bastante clara: os delitos que despertavam a indignação dos vassalos do Brasil tinham natureza bastante variada. Compreendiam o prejuízo à Fazenda Real e aos vassalos – que resultava de comportamentos como o contrabando e a apropriação ilícita dos recursos pertencentes à Coroa, o enriquecimento ilícito, mediante o prejuízo aos cofres régios, e a extorsão dos vassalos –; a conduta tirânica, que se expressava pelo tratamento dispensado aos vassalos, às câmaras e aos oficiais da administração; os abusos de jurisdição; o crime de lesa-majestade; desrespeito aos preceitos cristãos; falta de amor ao rei e à monarquia; descumprimento das ordens régias; favorecimento de amigos e parentes; entre outros. Como se percebe, aquilo que se entendia por conduta delituosa não se restringia apenas à esfera econômica ou à obtenção de ganhos ilícitos, mas, ao contrário, recobria um universo bastante amplo, envolvendo aspectos mais propriamente morais e religiosos – como as pernas cruzadas "à francesia" do governador D. Luís da Cunha Meneses ou a caridade aos pobres de D. Luís

---

[754] RIVERO RODRÍGUEZ. *La edad de oro de los virreyes*: el virreinato en la Monarquía Hispánica durante los siglos XVI y XVII, p. 201.

José Correia de Sá. Na verdade, todos esses aspectos se fundiam na imagem do bom governante, concebido como aquele que governa de acordo com os preceitos cristãos, à semelhança das noções recorrentes nos espelhos de príncipe da Época Moderna, as quais integravam uma espécie de economia moral da governança. A influência avassaladora da moralidade cristã, com a sua grelha de vícios e virtudes, tendia a esvaziar o ato de governar de toda especificidade, reduzindo-o ao tipo de comportamento que todo cristão deveria seguir. Um exemplo dessa indistinção é a noção de limpeza de mãos, tida por uma virtude imprescindível a todo aquele que tivesse, sob a sua responsabilidade, a administração dos bens financeiros de outrem, incluindo aí os governantes, mas também a todo bom cristão, já que o furto era um dos pecados capitais, pois tinha a sua origem na avareza.[755]

É esse repertório das virtudes necessárias ao governante que rejeita, de uma vez por todas, a interpretação muito disseminada nos estudos sobre a administração daquele período, segundo a qual a natureza de mercê ou dádiva dos cargos e postos teria resultado numa percepção do ofício como um benefício, do qual se podia gozar e desfrutar livremente, sem que se incorresse em delito ou infração. Não foi essa a realidade. Sobre os ombros dos governantes pesava uma série de constrangimentos normativos, baseados em noções de integridade moral que impunham limites entre o lícito e o ilícito. Afinal, mesmo as relações baseadas nos afetos – como o amor e a amizade – implicavam obrigações rigorosas, pois se baseavam em confiança mútua, sujeitando-as a uma série de limitações estreitas, das quais não se podia escapar. É bem verdade que tais limites nem sempre foram claros, permanecendo por vezes numa zona cinzenta, na qual as interdições legais tendiam a ser apropriadas – e até mesmo negadas – de acordo com as particularidades do contexto histórico, ou ainda suplantadas por concepções morais mais estreitamente vinculadas ao ambiente cultural das populações.

---

[755] A limpeza de mãos era, por exemplo, uma exigência àquele que desempenhava a função de secretário na Ordem Terceira de São Francisco, em Mariana, conforme rezam os estatutos: devia ser "muito inteligente, e versado em contas, E de muito segredo prudência e atividade, E limpeza de mãos porque desta pende todo o crédito de nossa Ordem" (citado por BARBOSA. *Poderes locais, devoção e hierarquias sociais*: a Ordem Terceira de São Francisco de Mariana no século XVIII, p. 127).

E isso nos remete à segunda questão levantada pelas fontes: por que, afinal, se denunciava? É um tanto ingênuo supor que as acusações refletiriam necessariamente o comportamento dos governadores ultramarinos. Afinal, denúncias tendem a ser, por sua natureza, exageradas ou politicamente orientadas – e, por essa razão, não podem ser tomadas de princípio como verdadeiras ou críveis. A sua eficácia para uma investigação da cultura política na América portuguesa reside, antes, no fato de apontarem para a existência de noções sobre o certo e o errado, o justo e o iníquo, o aceitável e o inaceitável – isto é, a grelha de apreensão e avaliação do ato de governar – que conformavam o horizonte das normas morais, pondo em evidência, ao mesmo tempo, as margens de tolerância da sociedade colonial em relação a práticas como abuso de poder, desrespeito a direitos e privilégios, atropelo de jurisdições, contrabando, má administração dos fundos públicos, fraude fiscal, favorecimento, extorsão, suborno, entre outras. Na medida em que as fontes permitem captar aquilo que se reputava ser objeto de denúncia, elas expõem, em contraste, o sistema dos valores morais socialmente aceitos, com os seus modelos de ação política, a natureza normativa de suas expectativas, que, de diferentes formas, os denunciados haviam transgredido e frustrado.

Por outro lado, também é ingênuo supor que o ato de denunciar implicaria a adesão incondicional a esses valores, pois nem sempre o horizonte das normas e das expectativas da comunidade se sobrepunha necessariamente aos conteúdos dos marcos jurídicos que, a partir de meados do século XVI, refletiram o esforço normativo-legal para estabelecer os padrões de atuação dos funcionários régios, do qual resultou a multiplicação de regras e dos dispositivos de controle. Mesmo esses padrões jurídicos estavam longe de constituir um *corpus* legal fechado e indisponível, imobilizado numa rigidez estática, tendo, ao contrário, uma natureza mais permeável e lábil, prestando-se a diferentes interpretações de acordo com ponderações de natureza casuística. Ou ainda a força dos costumes locais, enraizados ao longo do tempo, tendia a preencher os espaços vazios dos textos legais, favorecendo apropriações que, por vezes, desvirtuavam e mesmo subvertiam as suas intenções.[756]

---

[756] PERUSSET VERAS. Comportamientos al margen de la ley: contrabando y sociedad en Buenos Aires en el siglo XVII, p. 158-185.

Há que se relativizar ainda centralidade dos textos jurídicos como referência ético-moral para os comportamentos, pois eles disputavam espaço com sistemas normativos concorrentes, arraigados em tradições e costumes locais e imersos em realidades onde aqueles ainda não haviam se inserido. Pode-se também indagar em que medida os quadros de referência da cultura jurídica foram esgarçados ou mesmo suspensos nas regiões longínquas do Império português, em decorrência da crença, bastante disseminada, de que a distância concorria para o afrouxamento das regras morais, o que, na prática, acabou por legitimar, na periferia, condutas reprovadas no centro.

O hiato entre o discurso jurídico e o sistema de valores e práticas informais, partilhado pela "voz comum", produziu um fenômeno muito corriqueiro no cotidiano colonial: a condenação de determinados comportamentos por parte dos textos jurídicos, e a aceitação – ou mesmo o incentivo – desses mesmos comportamentos no funcionamento das instituições. Um bom exemplo disso é o contrabando, que, apesar da fúria dos legisladores, foi, sem dúvida, a prática ilícita mais disseminada no mundo colonial. Outro exemplo esclarecedor diz respeito a um tema particularmente sensível da administração do Império português, pois tinha sérias implicações não só nos rendimentos da Fazenda Real, mas também na autoridade dos principais representantes régios. A atitude da Coroa portuguesa em relação ao envolvimento dos governadores ultramarinos em negócios locais foi errática e antagônica, oscilando da aprovação à proibição. Se em alguns momentos tal permissão foi revogada, com o objetivo de evitar abusos e prejuízos à Fazenda Real, na prática, porém, o sistema de remuneração então vigente previa expressamente uma espécie de compensação aos baixos soldos, por meio da obtenção de ganhos advindos de atividades econômicas. Ou seja, ainda que proibido por meio de alvará régio, o envolvimento dos governadores em atividades lucrativas inseria-se na lógica daquilo que Boxer chamou de *spoils system*, sem o qual o serviço régio estaria inviabilizado.[757] A distância entre a letra da lei e as práticas efetivas agravou-se ainda mais com a atitude oscilante da Coroa, que favoreceu interpretações ambíguas e contraditórias sobre as noções de enriquecimento lícito

---

[757] BOXER. *O império marítimo português*: 1415-1825, p. 311-312.

e ilícito, assumindo tais comportamentos uma dimensão estrutural na sociedade colonial.

A possibilidade de existência de uma "defasagem" entre as noções prescritas nos textos jurídicos e aquelas que orientavam efetiva e informalmente a cultura política local coloca outro problema: o fato de que tais limites dependiam de outras instâncias de atuação desses mesmos governadores, adquirindo, em razão disso, grande flexibilidade. Ou seja, determinadas práticas, toleradas no cotidiano, diante das quais se faziam "vistas grossas", tornavam-se alvo de denúncia em função dos conflitos locais. E, em razão disso, o ato de denunciar funcionava como um dispositivo estratégico contra governantes que, pelos motivos mais variados, haviam incorrido no ódio de determinados setores da sociedade. Como notou Pietschmann, os diferentes grupos sociais tendem a recorrer a diferentes sistemas de valores e normas, de acordo com os seus interesses de grupos, aderindo por assim dizer a normas que lhes são mais convenientes.[758] Numa sociedade organizada em torno das relações pessoais, tanto em linha horizontal – como família, compadrio, confrarias e irmandades – quanto em linha vertical – como clientelismo, paternalismo e laços de vassalagem –,[759] o que importava era, sobretudo, a garantia de fidelidade do indivíduo a suas redes. Quando, por alguma razão, tal fidelidade era posta em xeque, os integrantes do grupo acionavam um sistema de valores para desqualificá-lo socialmente. Daí a eficácia política de tais acusações: por meio delas, maculava-se a reputação, lançava-se em desgraça, abriam-se inquéritos e devassas, destituíam-se os maus governantes.

O fato de que as acusações pudessem ser estrategicamente manipuladas no campo das disputas políticas, refletindo unicamente os valores morais consumados nos textos jurídicos, as invalidaria como fonte para acessar a "voz comum" dos vassalos da América portuguesa? É pouco verosímil que a longa coleção de acusações reunidas aqui fosse politicamente orientada ou exagerada, com o propósito de incriminar os acusados; do mesmo modo, é pouco verosímil que refletissem com

---

[758] PIETSCHMANN. Estado colonial y mentalidad social: el ejercicio del poder frente a distinctos sistemas de valores, siglo XVIII, p. 439.

[759] PIETSCHMANN. Corrupción en las Indias españolas: revisión de un debate en la historiografía sobre Hispanoamérica colonial, p. 48.

precisão a forma plástica como essa moralidade podia ser efetivamente vivenciada no cotidiano colonial, ajustando-se ao sabor das circunstâncias, fosse para reduzir, fosse para ampliar os seus níveis de tolerância.

De qualquer modo, a mera possibilidade de ser alvo de denúncia funcionou como um freio à conduta dos governadores, que não desconheciam o fato de que, muitas vezes, bastavam os rumores e a murmuração, cujos ecos repercutiam na corte distante, para que reputações fossem destruídas e autoridades fossem destituídas. Bem o intuiu o marquês do Lavradio, para quem "o caso não está em ser gentil-homem, o ponto está que a todos assim pareçam".[760]

---

[760] Carta do 2º. marquês do Lavradio a Tomás de Almeida. Rio de Janeiro, 23 dez. 1770. Citado por CONCEIÇÃO. *Sentir, escrever e governar*: a prática epistolar e as cartas de D. Luís de Almeida, 2º marquês do Lavradio (1768-1779), p. 329.

CAPÍTULO 4

A fortuna de um governador das Minas Gerais: testamento e inventário de D. Lourenço de Almeida

Foi Charles Boxer quem primeiro lançou sobre o governador D. Lourenço de Almeida a suspeita de enriquecimento ilícito. Até então, o homem que governara a capitania de Minas Gerais entre 1720 e 1731 figurava nos livros de história como modelo de bom governante, impoluto e pacificador, tal como o descreveu Diogo de Vasconcelos. Para esse autor, ele havia sido o responsável por um período de paz e tranquilidade, desfrutando das conquistas do conde de Assumar, que amainara o caminho e removera os obstáculos, viabilizando, por exemplo, a instalação das casas de fundição. A esse respeito, Vasconcelos sustentou que o estabelecimento da nova forma de cobrança dos quintos havia apressado a imposição de um regime legal, colocando fim à anarquia então prevalecente, evento que teria se iniciado no "tempo do governo pacífico de D. Lourenço de Almeida, por achar o território desbravado".[761]

Em seu livro *The Golden Age of Brazil*, Charles Boxer colocou sob suspeita a idoneidade do governador, em razão do atraso com que ele havia comunicado à Coroa a descoberta de diamantes no Serro, cujos indícios o levaram também a especular sobre a participação dele na quadrilha do célebre Inácio de Sousa Ferreira. Para o historiador inglês, repetindo uma versão corrente nas fontes, o governador teria se aproveitado da ingenuidade dos mineradores para coletar diamantes que seriam depois contrabandeados para fora da capitania.[762]

---

[761] VASCONCELOS. *História média de Minas Gerais*, p. 64.

[762] BOXER. *The Golden Age of Brazil, 1695-1750*: growing pains of a colonial society, p. 206, 187.

Na verdade, Boxer não tinha muita ilusão quanto à moralidade dos funcionários régios em geral. Leitor entusiasmado da obra de Diogo do Couto, a quem dedicou dois trabalhos,[763] reputava por verdadeiras as observações do Soldado Prático, notando que ele fora "um crítico cáustico, mas bem informado" da administração portuguesa no Oriente.[764] Não resta dúvida quanto à influência, sobre os seus estudos, das descrições de Diogo do Couto a respeito da corrupção reinante nos domínios ultramarinos: de modo geral, as formulações de Boxer desenham um quadro pouco edificante do Império português, dilacerado pela cobiça desenfreada e carcomido até a raiz pela podridão moral dos administradores. Nesse panorama desolador, longe de ser a exceção, D. Lourenço terá sido apenas mais um governante disposto a encher os bolsos às custas da Coroa e dos vassalos.[765]

Hoje, parece haver consenso entre os historiadores quanto ao fato de D. Lourenço ter acumulado, durante os quase 12 anos em que governou a capitania de Minas Gerais, uma fortuna considerável, valendo-se para isso de uma série de práticas ilegais. Apesar da inexistência de estudos sobre o assunto, alguns indícios parecem corroborar tal suspeita. Em primeiro lugar, a omissão quanto à descoberta dos diamantes no Serro do Frio, o que se comprova pelas fontes, particularmente a carta em que o rei o acusa de sonegar uma informação gravíssima, condenando o "atraso e negligência com que se houvera" diante de uma "novidade de tanta importância".[766] Em segundo, o envolvimento na fábrica de moeda falsa, liderada por Inácio de Sousa Ferreira, em Paraopeba, cujas evidências, ainda que fragmentárias, não só confirmam, mas ainda sugerem a participação dele no contrabando de diamantes – outro dos negócios encabeçado por Inácio e seus sócios.

Esta última tese, proposta primeiramente por Boxer, foi também reforçada em artigo de minha autoria, à luz de documentação inédita

---

[763] BOXER. *Three historians of Portuguese Asia*: Barros, Couto and Bocarro; BOXER. *Camões e Diogo do Couto*: irmãos em armas e nas letras.

[764] BOXER. *O império marítimo português*, p. 337.

[765] Sobre o interesse de Boxer pela obra de Diogo do Couto, ver: MARTINS. *Em torno de Diogo do Couto*.

[766] Carta de D. João V a D. Lourenço de Almeida. Lisboa, 8 fev. 1730. *RAPM*, v. 6, jan./mar. 1901, p. 141.

encontrada no Arquivo da Torre do Tombo, composta pelos papéis relativos às ações do grupo de Paraopeba, nos quais o governador é explicitamente acusado de conluio com os falsários e contrabandistas.[767]

Mais recentemente, André Guimarães não só endossou a ideia, como também trouxe um argumento novo à questão. Segundo ele, a mudança de opinião do governador, de forma tão repentina e aparentemente inexplicável, em relação à instalação das casas de fundição, a que, num primeiro momento, opusera-se com firmeza, seria um indício de que ele teria percebido nelas a possibilidade de ganho ilegal, surgindo nesse momento o projeto de criação de uma fábrica de moeda falsa, em cumplicidade com a quadrilha do Paraopeba. Para Guimarães, "essa conjuntura aponta como o governador já se relacionava, naquele momento, com vários dos homens que se envolveriam nos descaminhos do ouro através das barras e moedas falsas".[768]

Avançando em sua hipótese, Guimarães chega mesmo a relacionar a queda significativa na arrecadação do quinto, entre os anos 1728 e 1731, ao funcionamento da fábrica de Inácio de Sousa Ferreira, com base em dados consultados por Friedrich Renger sobre a entrada dos quintos na Casa de Fundição, durante esse período.[769] O declínio – atribuído por D. Lourenço à falta de solimão para a fundição – seria o resultado dos descaminhos que então se praticavam – e mesmo a falta de solimão parece indicar o desvio desse material para as atividades da fábrica de Paraopeba.[770]

Muito antes de Boxer, porém, a integridade moral de D. Lourenço de Almeida havia sido questionada por seus contemporâneos, por vezes em privado, por vezes de forma pública. Ainda nos tempos em que governava a capitania, um dos seus maiores desafetos, o conde de Sabugosa, manifestou, em mais de uma ocasião, a desconfiança quanto à licitude de sua conduta. Comentando o alastramento dos descaminhos

---

[767] ROMEIRO. Confissões de um falsário: as relações perigosas de um governador nas Minas.

[768] GUIMARÃES. *Inácio de Souza e os falsários do Paraopeba*: Minas Gerais nas redes mundializadas do século XVIII, p. 132.

[769] RENGER. O quinto do ouro no regime tributário nas Minas Gerais.

[770] GUIMARÃES. *Inácio de Souza e os falsários do Paraopeba*: Minas Gerais nas redes mundializadas do século XVIII, p. 90.

do ouro, Sabugosa não hesitou em pôr a culpa no governador: "Dom Lourenço de Almeida foi o único móvel, e causa total, dos desconcertos dessas Minas, tanto no prejuízo da Fazenda Real, como na má administração da justiça, e por descuido, ou cuidado seu continuaram as fraudes, e descaminhos".[771] Também expressou ceticismo quanto à suposta ignorância alegada por D. Lourenço para justificar o fato de não ter identificado diamantes verdadeiros nas pedrinhas brancas do Serro Frio. A respeito disso, observou que era praticamente impossível que alguém que havia estado por 17 anos na Índia não soubesse reconhecê-los. E, cáustico, contou que o outro não só conhecia bem o assunto como também retornara de lá "trazendo o seu dote e cabedal que adquiriu com a sua boa economia empregado nelas".[772]

Outra autoridade que não poupou duras críticas a D. Lourenço de Almeida, chegando mesmo a chamá-lo de velhaco, foi Luís Vahia Monteiro, governador do Rio de Janeiro à mesma época. Convencido do seu envolvimento nos descaminhos do ouro, insinuou a cumplicidade do colega na fábrica de moeda falsa do Paraopeba, admirando-se de que nada soubesse dela: "não o tivessem sabido tantas pessoas que tinham obrigação, e nem depois de eu lhe mostrar há mais de um ano, que das mesmas minas vinham barras falsamente fundidas, e cunhadas, porque tanto tempo há, que eu sei desta fábrica, e por estes, e outros motivos, não deixo de suspeitar algum mistério".[773]

Em abril de 1733, quando D. Lourenço finalmente regressou ao Reino, a *Gazeta de Lisboa* noticiou que ele havia sido alvo, em Vila Rica, de pasquins satíricos que o acusavam de oprimir e espoliar os povos; e, endossando o teor das sátiras, o periódico reforçou a suspeita da prática de ilicitudes, informando que o governador voltava rico. Em tom galhofeiro, relatou que ele havia declarado na Alfândega menos de

---

[771] ANTT. Manuscritos do Brasil, livro 7, fl. 4-7. Carta do conde de Sabugosa a Martinho de Mendonça de Pina e Proença. Bahia, 22 dez. 1734.

[772] ANTT. Manuscritos do Brasil, livro 7, fl. 4-7. Carta do conde de Sabugosa a Martinho de Mendonça de Pina e Proença. Bahia, 22 dez. 1734. Citado por BOXER. *The Golden Age of Brazil, 1695-1750*: growing pains of a colonial society, p. 406.

[773] ANRJ. Correspondência dos governadores do Rio de Janeiro. Códice 84, v. 4, fl. 103-105v. Carta de Luís Vahia Monteiro ao vice-rei, Vasco Fernandes César de Meneses, conde de Sabugosa. Rio de Janeiro, 11 abr. 1731.

oito mil cruzados, embora um dos seus criados tivesse trazido consigo um diamante fabuloso. Nos dias que se seguiram, a *Gazeta* ironizou o fato de que, quando perguntado sobre a fortuna trazida das conquistas, o recém-chegado retrucava dizendo que tinha "muito para comprar, um pouco para dar, e nada para emprestar".[774]

O enxovalhamento da fama de D. Lourenço alcançaria o seu ápice no famoso beija-mão – ritual em que os governadores ultramarinos eram recebidos pelo rei, em sinal de aprovação pelos serviços prestados. Dizia-se em Lisboa que apesar de tê-lo recebido, o rei não teria mostrado "bom semblante", e que só o aceitara no Paço por força do parentesco com o poderoso Diogo de Mendonça Corte Real.[775] E, de fato, o ostracismo a que esteve condenado dali em diante, privado de receber a remuneração pelos longos anos de governança, constitui prova inequívoca de que regressava na condição de desvalido.

Afinal, teria D. Lourenço enriquecido durante a sua passagem pelas Minas, confirmando assim juízos tão depreciativos, ou, ao contrário, teria sido ele vítima das maquinações da corte, das disputas entre autoridades coloniais e da murmuração maledicente do povo – vício vergonhoso que, segundo o conde de Assumar, os mineiros haviam herdado dos paulistas?[776]

Para responder a essa pergunta, é preciso antes discutir em que medida o enriquecimento dos governadores podia ser considerado lícito ou ilícito. A posição da Coroa oscilou muito em relação ao assunto. Em 1678, por exemplo, um alvará régio proibiu-lhes todo tipo de comércio, à exceção dos que servissem em Angola, em razão da impossibilidade de a população local arcar com o pagamento dos soldos.[777] Justificava-se a introdução da proibição evocando-se o "grande dano" causado à "boa administração da Justiça, e melhor governo da

---

[774] Citado por BOXER. *The Golden Age of Brazil, 1695-1750*: growing pains of a colonial society, p. 369. LISBOA; MIRANDA; OLIVAL (Coord.). *Gazetas Manuscritas da Biblioteca Pública de Évora*, v. 2 (1732-1734).

[775] Notícias de Lisboa, fl. 118v-120v. In: LISBOA; MIRANDA; OLIVAL (Coord.). *Gazetas Manuscritas da Biblioteca Pública de Évora*, v. 2 (1732-1734), p. 225.

[776] DISCURSO histórico e político sobre a sublevação que nas Minas houve no ano de 1720, p. 62-63.

[777] A referência à exceção aos governadores de Angola está na Biblioteca Nacional de Portugal, Arquivo Casa Tarouca, Parecer de um ministro do Conselho Ultramarino

minha Fazenda", notando que a participação nos contratos régios não só os desviava "da principal obrigação de seus ofícios", mas também se chocava com os interesses da Coroa, minando a autoridade inerente ao cargo. A partir de então, ficavam impedidos todos os ministros, oficiais de justiça, fazenda e qualquer outro ministro semelhante de arrematar contratos régios "por si ou por interpostas pessoas, pública ou ocultamente". Em caso de transgressão, os contratos seriam declarados nulos, os bens seriam perdidos em dobro para a Câmara Real, indo a metade para o denunciante, e o infrator seria punido com a pena de perjúrio, a perda dos postos e cargos e o degredo para a África.[778] Na verdade, a proibição já constava nas leis do Reino, visto que o título 15 do livro 4 das *Ordenações filipinas*, referido nesse alvará, impedia desde 1603 a todos os funcionários de construir casas, comprar, aforar, negociar e receber em doação bens de raiz e rendas.[779]

Em 1709, a proibição foi revogada. Em 1720, contudo, a situação se alteraria, e um novo alvará régio interditou novamente todo tipo de comércio, com a justificativa de que "mostrou a experiência ser muito prejudicial aquela permissão e resultarem dela grandes inconvenientes contra o serviço de Deus e meu". A partir de então, vice-reis, governadores, ministros e oficiais da fazenda, justiça e guerra, com patente acima da de capitão, ficavam expressamente proibidos de "comerciar por si, nem por outrem em lojas abertas, assim em suas próprias casas como fora delas, nem atravessar fazendas algumas, nem pôr estanque nelas, nem nos frutos da terra, nem intrometer-se em lanços de contratos de minhas reais fazendas e donativos das Câmaras, nem desencaminhar os direitos nem lançar nos bens que vão à praça".[780] A proibição vinha

---

sobre se é lícito ou não o comércio feito pelos governadores ultramarinos. Lisboa, 12 ago. 1711, cota 185.

[778] Alvará régio de 10 de janeiro de 1678. *Collecção Chronologica da Legislação Portugueza*: 1620-1627. Disponível em: <http://www.iuslusitaniae.fcsh.unl.pt>. Acesso em 5 maio 2012.

[779] Ordenações filipinas, livro 4, título 15: "Que os corregedores das comarcas e outros oficiais temporais não comprem bens de raiz, nem façam outros contratos nos lugares onde são oficiais" (Disponível em: <https://goo.gl/oRNjMu>. Acesso em: 14 abr. 2013).

[780] Provisão régia de 21 de agosto de 1720. In: DOCUMENTOS históricos, v. 80, p. 271. A respeito da legislação sobre a participação dos governadores nos negócios

acompanhada de um aumento geral, porém modesto, das tabelas de salários de todas as categorias afetadas pela reforma, como forma de compensação à perda dos privilégios comerciais. As reações negativas não tardaram: para o duque de Cadaval, a interdição de todo tipo de comércio dificultaria encontrar candidatos para os postos administrativos, porque "não havia qualquer móbil que os levasse a prestar serviço em climas insalubres e em regiões perigosas".[781]

Assim, entre 1709 e 1720 não havia nenhum impedimento formal para que os governadores se lançassem nos negócios coloniais, obtendo lucros e acumulando fortuna. Infelizmente, pouco se sabe sobre a natureza e o volume dos lucros alcançados nessas atividades. Raríssimos são os casos documentados, a exemplo do de Henrique de Figueiredo de Alarcão, que governou Angola entre 1716 e 1722, quando alcançou rendimentos extraordinários, movimentando um capital de 107:660$968[782] nos negócios de transporte de gado e de venda de escravos e aguardente entre Angola e a Bahia, contando, inclusive, com um navio de sua propriedade – o *Nossa Senhora da Encarnação*.[783]

Outro exemplo relativamente bem documentado é o do conde de Assumar, que, antes mesmo de chegar às Minas, criou uma sociedade com os familiares e com um agente espanhol em Lisboa, para a qual tomou empréstimos de ricos comerciantes da praça do Rio de Janeiro. Quando tomou posse do governo, levava consigo "uma carregação de fazendas de importância de vinte e dois contos, quinhentos e noventa e quatro mil, duzentos e sessenta e um réis". Além de remeter carregamentos do Reino para a região mineradora, o novo governador

coloniais, ver ROMEIRO. Governadores-mercadores: considerações sobre o enriquecimento ilícito na América portuguesa.

[781] BOXER. *O império marítimo português*: 1415-1825, p. 313.

[782] No presente capítulo, foram utilizadas duas referências para valores monetários: real (réis, no plural) e cruzado. Sempre que aparecer $, a moeda é real. Um exemplo: 4:000$000, que equivale a quatro milhões de réis, ou quatro contos de réis. Cumpre lembrar que um milhão de réis corresponde a um conto de réis. Na documentação consultada, aparecem tanto o real quanto o cruzado. Quando necessário – e possível –, as moedas sofreram conversão, na proporção constante nas fontes documentais: 1 cruzado = 400 réis.

[783] SOUSA. A linhagem dos Figueiredos e o Império Português (séculos XVI-XVIII), p. 16.

também despachou um lote de escravos da Costa da Mina para o Rio de Janeiro. Nas Minas, em sociedade com negociantes locais, comprou casas, terras, lavras e escravos.[784] Mais tarde, regressando da Índia, onde havia servido como vice-rei, desembarcaria em Lisboa com mercadorias avaliadas em 16:500$000, que seriam depois vendidas a um comerciante local. À beira da falência, a família esperava ansiosamente a volta dele, e o filho confessaria: "meu pai virá com cabedal capaz de aliviar as dívidas de nossa Casa".[785]

Apesar da permissão para o envolvimento em atividades econômicas, nem todas as formas de ganho podiam ser consideradas lícitas. Havia, é claro, uma linha entre o lícito e o ilícito – ainda que o entendimento dessas categorias não coincidisse sempre, existindo níveis diferentes de tolerância, por parte tanto da Coroa quanto da sociedade local. Ao que tudo indica, os moradores tendiam a aceitar o fato de os governadores necessitarem de outros rendimentos além do soldo, para que pudessem regressar a Portugal com alguma fortuna – desde que o fizessem, porém, sem prejudicar os interesses locais, de modo a não concorrer, por exemplo, com os comerciantes, ou humilhar os povos com uma ambição ilimitada.[786] Ainda que consideradas ilegais pela Coroa, certas práticas gozavam de grande margem de tolerância, e nas Minas, desde o início, os governadores não se esquivaram de

---

[784] PEREIRA. *Vivendo entre cafres*: vida e política do conde de Assumar no ultramar, 1688-1756, p. 77-80, 12, 123-130.

[785] NORTON. *D. Pedro Miguel de Almeida Portugal*, p. 217. Norton ainda cita uma carta do filho de D. Pedro, D. João, em que este, diante da situação ruína da família, diz: "meu pai vira com cabedal capaz de aliviar as dívidas de nossa Casa" (p. 218).

[786] Sobre o problema da corrupção no período colonial, ver ROMEIRO. A corrupção na sociedade colonial: uma aproximação. Sobre a tolerância dos comerciantes locais às práticas de enriquecimento das autoridades, Nuria Sala i Vila apresenta um documento, escrito em Lima, em 1709, em que o autor relaciona os diferentes mecanismos de enriquecimento levados a cabo pelos vice-reis no Peru. Segundo esse documento, os negócios privados dos vice-reis eram vistos como um "grão de mostarda" no cabedal de recursos que circulavam na economia local. Ademais, como afirma Nuria Sala i Vila, "se tratava de um acordo tácito entre partes, um certo mecanismo de reciprocidade entre os setores comerciais estabelecidos e a autoridade vicerreinal", ou seja, os vice-reis deviam voltar à Espanha com alguma fortuna (MORENO CEBRIÁN; SALA I VILA. *El "premio" de ser virrey*: los intereses públicos y privados del gobierno virreinal en el Peru de Felipe V, p. 106).

participar das mais variadas transações econômicas. Possuíam datas minerais, compradas ou adquiridas em leilões, nas quais empregavam mão de obra escrava; formavam sociedade com os mineradores locais, ocultando assim a sua participação direta nos negócios; atuavam no comércio de escravos – comprados nos portos do Rio de Janeiro e da Bahia, para serem depois revendidos na zona aurífera; arrematavam os lucrativos contratos por meio de terceiros; operavam no abastecimento e na comercialização de gêneros; enfim, havia inúmeras possibilidades de enriquecimento às quais eles podiam se dedicar, valendo-se do peso estratégico da própria autoridade. E, por um longo período, tais operações foram consideradas lícitas pela Coroa, sendo praticadas cotidianamente, sem que suscitassem escândalo ou indignação. Mesmo quando interditadas, sempre era possível burlar a vigilância, recorrendo-se a testas de ferro – uma prática disseminada também na América espanhola, onde, segundo Alfredo Moreno Cebrián, era a fórmula mais empregada para se adentrar no mundo da corrupção institucionalizada.[787]

Havia ainda formas de se ganhar dinheiro tidas publicamente como ilícitas, que se revestiam de uma natureza mais vergonhosa, sendo consideradas iníquas e, por essa razão, condenadas pela opinião geral. Tratava-se daquelas que não envolviam diretamente negócios ou atividades econômicas, mas que resultavam do uso abusivo do cargo como meio de obtenção de vantagens, como a venda de despachos e mercês, a interferência na justiça, com o objetivo de venda das sentenças, cobrança de propina aos arrematantes dos contratos, suborno aos credores da Fazenda Real, apropriação indevida de produtos e mercadorias confiscadas, e, talvez uma das mais reprovadas, o favorecimento de validos e amigos para a prática de extorsão e furto.

Se, do ponto de vista da Coroa, todas essas condutas incorriam igualmente em delito e mereciam, por isso, reprovação – sendo proibida, a partir de 1720, a prática do comércio –, à população a segunda modalidade parecia causar mais escândalo e indignação. Nesses casos, já não se tratava apenas do envolvimento das autoridades em atividades orientadas para o ganho econômico, o que, embora tendesse a esfumaçar

---

[787] MORENO CEBRIÁN; SALA I VILA. *El "premio" de ser virrey*: los intereses públicos y privados del gobierno virreinal en el Peru de Felipe V, p. 233-234.

as fronteiras entre governo e mercado, contava com a leniência dos vassalos. Era algo muito mais grave, pois implicava o recurso à autoridade e à reputação inerentes ao cargo para oprimir e espoliar os vassalos, desvirtuando assim a natureza do ato de governar, o que, além de ser moralmente inaceitável, configurava uma situação de tirania.

Na prática, o problema estava longe de apresentar os contornos muito nítidos da letra da lei. Se o espírito desta última visava assegurar o afastamento das autoridades de todo tipo de transação econômica, impedindo que os interesses particulares contaminassem o exercício das funções políticas ou corrompessem a autoridade que representavam, o fato é que a própria Coroa tendia a ver com bons olhos o enriquecimento de seus agentes, concebendo a participação deles nos negócios como uma forma de compensação à baixa remuneração. Desde que não causassem prejuízo à Fazenda Real ou vexassem os vassalos, bem entendido.

Voltemos à questão central deste capítulo: teria, de fato, D. Lourenço enriquecido de forma ilegal quando governou as Minas? Talvez seja necessário, antes de tudo, descobrir se ele de fato enriqueceu, para então indagar se o teria feito de forma lícita ou não. E aqui um problema se impõe: como mensurar os ganhos obtidos durante a sua passagem pela capitania? Que pistas perseguir ou que fontes privilegiar para uma investigação desse tipo?

No Arquivo da Torre do Tombo está depositado um interessante conjunto de documentos relacionados à herança de D. Lourenço, que fazem parte da ação cível impetrada por sua viúva, D. Isabel Catarina Henriques, contra o filho e herdeiro do governador, D. Manuel Caetano Lourenço de Almeida. Na ação, a viúva reivindica o pagamento da pensão que o marido lhe destinou em testamento, e que o herdeiro se recusava então a pagar, sob a alegação de que tais valores deveriam ser subtraídos da terça do pai, e não do montante total da herança. Uma longa disputa judicial se sucedeu, com a penhora de bens do falecido e a sentença final favorável à viúva. A essa ação cível somou-se outra: a da viúva de D. Luís de Almeida – filho primogênito de D. Lourenço –, que reivindicava a devolução do seu dote e o pagamento da pensão anual prometida na escritura de casamento.

Esse *corpus* documental de quase 800 fólios contém, além dos papéis relativos à disputa judicial, o testamento de D. Lourenço, o inventário parcial dos seus bens, o inventário completo feito por ocasião da morte da primeira esposa, D. Maria Rosa de Portugal, a escritura de casamento com D. Isabel Catarina Henriques, a escritura de casamento do filho, D. Luís de Almeida, com D. Luísa Romualda, o rol de dívidas do falecido, além de uma série de documentos relativos à partilha dos bens de D. Lourenço, por ocasião tanto da morte da primeira esposa, em 1712, quanto do seu falecimento, em 1750. Essas fontes permitem assim reconstruir o montante do patrimônio do ex-governador em dois momentos distintos: em 1712, isto é, nove anos antes de assumir o governo das Minas Gerais; e em 1750, 18 anos depois de ter retornado a Portugal.

Questões de método

Estudos sobre o enriquecimento ilícito das autoridades coloniais constituem, na historiografia hispano-americana, um campo de investigação dos mais fecundos. Ao contrário da historiografia luso-brasileira, em que são raríssimos os estudos desse tipo, o interesse sobre a atuação dos administradores da Monarquia hispânica caminhou, passo a passo, com uma reflexão sobre a problemática da corrupção, inaugurando um campo de pesquisa que se consolidou definitivamente nos últimos anos.[788] Desde os estudos clássicos de Jacob van Klaveren, na década de 1960, o primeiro autor a tratar da corrupção colonial de forma sistemática,[789] uma série de estudos veio à luz, muitos deles inspirados

---

[788] Exemplos desse tipo de investigação: ANDRIEN. *Corruption, inefficiency and imperial decline in the seventeenth century viceroyalty of Peru*; ANDRIEN, Kenneth. *El corregidor de indios, la corrupción y el estado virreinal en Perú (1580-1630)*; SAGUIER. *La corrupción administrativa como mecanismo de acumulación y engendrador de una burguesía comercial local*; LATASA. *Negociar en red: familia, amistad y paisanaje. El virrey Superunda y sus agentes en Lima y Cádiz (1745-1761)*; MADRAZO. *Estado débil y ladrones poderosos en la España del siglo XVII: historia de un peculado en el reinado de Felipe V*; SANZ TAPIA. *¿Corrupción o necesidad?: la venta de cargos de gobierno americanos bajo Carlos II*; PERUSSET VERAS. *Conductas y procedimientos fuera de la ley: comercio ilícito, líderes y prácticas*; TORRES ARANCIVIA. *Corte de virreyes: el entorno del poder en el Perú del siglo XVII*; ANDÚJAR CASTILLO. *El sonido del dinero: monarquía, ejército y venalidad en la España del siglo XVIII*.

[789] KLAVEREN. *The concept of corruption*; KLAVEREN. *Corruption as a historical phenomenon*.

pelas linhas de investigação abertas depois por John Leddy Phelan[790] e Horst Pietschmann.[791]

No caso particular da historiografia portuguesa, a ênfase excessiva no sistema das mercês ou na chamada "economia do dom" – cuja premissa repousa sobre a ideia de que o principal benefício do serviço régio teria consistido na remuneração concedida pelo monarca sob a forma de mercês – acabou por ofuscar o peso importante da remuneração informal, advinda dos lucros proporcionados pelos negócios coloniais. Embora não neguem totalmente o peso dos interesses privados na governança, os estudos tendem a subestimar o fenômeno das ilicitudes como expressão da autonomia dos quadros administrativos do Império português, preferindo, ao contrário, sublinhar o caráter centrípeto do sistema de mercês.

A questão do enriquecimento ilícito dos governadores no Império português foi primeiramente enfrentada por Virgínia Rau, num estudo apresentado no IV Colóquio Internacional de Estudos Luso-Brasileiros, em 1959. Na ocasião, ela chamou a atenção para o fato de que "os cargos ultramarinos foram sempre apetecidos pela melhor nobreza portuguesa, não só porque no seu desempenho se alcançavam honras e mercês públicas, como também se granjeavam, e rapidamente, boas fortunas". Para corroborar essa tese, ela examinou a ascensão econômica vertiginosa do governador-geral Antônio Teles da Silva, com base nos testamentos ditados por ele em momentos diferentes, nos quais pôde constatar um aumento extraordinário de patrimônio, incompatível com os soldos recebidos pelo exercício do cargo. Foram esses testamentos que permitiram a Rau reconstituir um pouco das intensas atividades econômicas que o governador-geral manteve ao longo de sua permanência no Brasil.

Nesse estudo, ela chegou a duas conclusões importantes: em primeiro lugar, a prática muito comum entre os governantes de lançar mão dos "homens de negócios" para "vender e comprar mercadorias,

---

[790] PHELAN. Authority and flexibility in the Spanish imperial bureaucracy; PHELAN. *El Reino de Quito en el siglo XVII*: la política burocrática en el Imperio español.

[791] PIETSCHMANN. Burocracia y corrupción en Hispanoamérica colonial: una aproximación tentativa; PIETSCHMANN. Los principios rectores de la organización estatal en las Indias.

aceitar e passar letras, e emprestar dinheiro a juros", como forma de contornar os imperativos sobre a limpeza de mãos. Em segundo, a peculiaridade da nobreza portuguesa em relação às da Inglaterra e da Holanda: ao contrário destas, que fizeram circular e movimentar os capitais, aquela preferiu aplicar os seus ganhos em rendas fixas e morgados, tendendo à imobilização perpétua dos recursos econômicos. Em suas palavras, "com cada fortuna vinculada se interrompia um circuito; o capital nobre fixado de vez não voltava a movimentar futuras transações comerciais, mas somente assegurava a proeminência econômico-social da estirpe". Inovadora e original, Rau abria assim caminho para duas frentes correlatas de investigação histórica – ou seja, a atuação econômica dos governantes ultramarinos e o caráter conservador dos seus investimentos –, e se é verdade que esta última frutificou, sendo hoje um lugar-comum atribuir à nobreza portuguesa um comportamento econômico afeito aos valores do Antigo Regime, pouco se escreveu a respeito da primeira vertente.[792]

O recurso a fontes como testamento e inventário para quantificar a evolução patrimonial da nobreza na Época Moderna, ensaiado por Rau, apresenta-se hoje como um método bem-estabelecido entre os estudiosos, a exemplo da obra recentemente publicada por Alfredo Moreno Cebrián e Nuria Sala i Vila. Moreno Cebrián, interessado em "avaliar devidamente as riquezas que alguns vice-reis peruanos do século XVIII obtiveram durante seus períodos de governo", para entender o significado da expressão então corrente *hacerse su Perú*, investigou a evolução do patrimônio de José de Armendáriz, o marquês de Castelfuerte, vice-rei do Peru entre 1723 e 1736 – por coincidência, um período muito próximo ao governo de D. Lourenço de Almeida nas Minas.[793] Ao contrário deste último, porém, o marquês de Castelfuerte era tido

---

[792] RAU. Fortunas ultramarinas e a nobreza portuguesa no século XVII. In: *Estudos sobre história econômica e social do Antigo Regime*, p. 35.

[793] MORENO CEBRIÁN. Acumulación y blanqueo de capitales de Marques de Castelfuerte. In: MORENO CEBRIÁN; SALA I VILA. *El "premio" de ser virrey: los intereses públicos y privados del gobierno virreinal en el Peru de Felipe V*, p. 13. Nas palavras do autor: *"calibrar debidamente las riquezas que algunos virreyes peruanos del siglo XVIII obtuvieron durante sus períodos de gobierno. Nuestra meta consistía en cifrar y en contextualizar el significado práctico del 'premio' que conllevó ser virrey de esa amplísima demarcación americana en varios momentos del ese siglo, además de averiguar*

pelos contemporâneos como um modelo irretocável de honestidade e retidão. Para colocar à prova as propaladas qualidades morais do vice-rei, Moreno Cebrián empreendeu uma pesquisa combinada das mais variadas fontes: desde o testamento, passando pelo destino dos bens após a morte do vice-rei, até um levantamento minucioso dos seus rendimentos no Peru, incluindo também o montante dos seus gastos e despesas. O método consistiu, basicamente, em comparar o valor total da remuneração, o montante declarado na Casa da Contratação, em seu retorno à Espanha, e o patrimônio efetivamente transferido para esse país.

Um dos pontos altos do estudo reside na desconstrução das estratégias postas em ação pelo vice-rei e seus herdeiros para ocultar o capital adquirido de forma ilícita durante a passagem pelo Peru. Prudente, o marquês tomou todas as precauções para dissimular, em seu testamento público, a verdadeira dimensão de sua fortuna – artifício seguido também pelos herdeiros. Um dos morgados perpétuos fundados a pedido dele tinha em sua origem recursos ilícitos e não declarados em testamento, os quais haviam permanecido no Peru, sendo despachados para a Espanha logo depois de sua morte. Segundo Moreno Cebrián, tal medida tinha por propósito reservar algum dinheiro para o suborno de juízes e testemunhas durante a realização do juízo de residência; e também salvaguardar a avultada fortuna, de modo a não expô-la ao risco da navegação, "ainda que houvesse deixado bem amarrado, e com instruções preciosas, como e a quem devia vir dirigido tamanho cabedal".[794]

Não resta dúvida de que o denso e rigoroso estudo de Moreno Cebrián, assentado em teorias sobre evolução patrimonial, só foi possível graças à localização de uma documentação farta e heterogênea, composta, em sua maioria, por fontes cartoriais, suficientemente minuciosas para sinalizar a movimentação financeira do marquês, permitindo ao pesquisador mapear também o percurso do dinheiro expatriado do Peru para a Espanha. No centro do seu argumento está a constatação

---

qué medios utilizaron los ocupantes del solio virreinal limeño para, usando una expresión coloquial, 'harcerse' su Perú" (p. 13).

[794] MORENO CEBRIÁN. Acumulación y blanqueo de capitales de Marques de Castelfuerte, p. 221.

de uma defasagem entre o patrimônio da família, que ele identifica entre os bens deixados em testamento, e os bens adquiridos depois para a constituição do morgado. Apesar disso, o propósito de um estudo comparativo entre a situação econômica do marquês antes e depois de sua ida para o Peru fica um pouco comprometido pelo fato de Moreno Cebrián não dispor de dados anteriores à chegada dele a Lima, o que o obriga a recorrer a "evidências circunstanciais".[795]

Em outro ensaio do livro, Nuria Sala i Vila investiga as finanças do marquês de Castelldosrius, vice-rei do Peru, entre 1707 e 1710, alvo de uma série de graves e variadas denúncias, que iam desde o envolvimento em negócios ilegais, passando pela "desafeição ao rei" e por conduta moral dissoluta, até a prática de contrabando com os franceses. O descontentamento gerado pelas suas ações atingiu tamanha proporção que, pelas ruas de Lima, os súditos se queixavam de que ele pretendia arruinar o Peru, enquanto o "palácio [vice-reinal] se achava reduzido a um bordel".[796]

Em razão dessas acusações, o vice-rei acabou por ser destituído do cargo em 1709, sendo reconduzido em seguida, depois do pagamento de um donativo à Coroa, como forma de compensação aos prejuízos causados à Fazenda Real. No ano seguinte, seria novamente destituído – àquela altura, porém, já se encontrava morto. Mais tarde, o juízo de residência *post mortem* concluiria pela sua inocência, absolvendo-o de todas as culpas que lhe haviam sido imputadas.

Com base em volumosa documentação, da qual fazem parte os autos do juízo de residência, o livro de contas, o testamento e o inventário, além das contas apresentadas pelos herdeiros, todos eles cruzados com informações extraídas de fontes notariais, Sala i Vila consegue reconstruir com grande rigor o universo das finanças pessoais do vice-rei. Fonte valiosa, o livro de contas permite à autora, por exemplo, calcular com segurança os rendimentos pessoais, os gastos

---

[795] MORENO CEBRIÁN. Acumulación y blanqueo de capitales de Marques de astelfuerte, p. 214.

[796] SALA I VILA. Una corona bien vale un virreinato: el Marqués de Castelldosrius, primer virrey borbónico del Perú. In: MORENO CEBRIÁN; SALA I VILA. *El "premio" de ser virrey*: los intereses públicos y privados del gobierno virreinal en el Peru de Felipe V, p. 53.

e pagamentos efetuados, as dívidas, os empréstimos, o montante de capitais remetidos à Europa, apontando, ao mesmo tempo, uma diferença considerável entre a soma dos salários embolsados e os capitais legados aos herdeiros. Além de um inventário público, a herança do vice-rei foi objeto de um inventário particular, em que ficam evidentes os rastros das atividades ilícitas, autorizando Sala i Vila a concluir que Castelldosrius "praticou o que se chamaria hoje de prevaricação e interveio nos negócios ligados à extração de pérolas, à mineração e ao comércio de cacau na América Central".[797] Porém, o que mais causou indignação na sociedade local – dando origem à extraordinária avalanche de denúncias – foi o fato de o vice-rei criar uma empresa destinada a administrar o desembarque de produtos e mercadorias ilegais, no porto de Pisco, dos quais cobrava cerca de 25% de comissão, promovendo publicamente o contrabando.

Ao contrário do volume e da heterogeneidade das fontes consultadas por Moreno Cebrián e Nuria i Sala, o *corpus* documental depositado na Torre do Tombo apresenta sérias limitações, impossibilitando, por exemplo, uma sondagem sobre os capitais sujos de D. Lourenço, ou mesmo a identificação das estratégias para ocultá-los. Por se tratar de documento público registrado em cartório, ele não se presta a uma investigação a contrapelo, tal como fizeram esses autores. De qualquer modo, mesmo que oficiais, essas fontes podem ser reveladoras, e isso por uma razão especial: apesar do seu caráter fragmentário e incompleto[798] – pois se perdeu uma série de apensos preciosos à sondagem –, é possível estimar o patrimônio de D. Lourenço de Almeida em dois momentos distintos: em 1712, por ocasião do falecimento da primeira esposa, e antes, portanto, de sua nomeação para o governo de Minas; e em 1750, por ocasião de sua morte. O propósito aqui é,

---

[797] SALA I VILA. Una corona bien vale un virreinato: el Marqués de Castelldosrius, primer virrey borbónico del Perú, p. 123.

[798] De acordo com a informação do Arquivo da Torre do Tombo: "O processo foi entregue, desordenado, na Comissão dos Cartórios dos Juízos Extintos, onde foram numerados os apensos sem ter em conta a ordem natural da tramitação processual. A paginação original apresenta falhas pelo que, após a ordenação do processo, foi repaginado. A quando da entrega na referida comissão já não continha folha de rosto" (ANTT. Sentença cível em que é autora D. Isabel Catarina Henriques de Bourbon e réu Manuel Caetano Lourenço de Almeida).

a partir dessas informações e indícios, sondar, ao menos em linhas gerais, a evolução patrimonial ao longo de quase 40 anos, conjecturando sobre o volume dos ganhos obtidos no período de 1720 a 1732, e o seu impacto nas finanças pessoais do governador.

Negócios da Índia

Os dados mais antigos sobre o patrimônio de D. Lourenço remontam ao ano 1709 e constam do testamento de sua primeira mulher. A bem da verdade, o testamento em si pouco esclarece sobre os bens que o casal possuía. Naquela altura, logo depois de dar à luz o filho Manuel Caetano, D. Maria Rosa encontrava-se gravemente doente e, pressentindo a própria morte, cuidou das suas últimas disposições.[799]

No testamento, seco e direto, ela foi extremamente lacônica, delegando ao marido a tarefa de escolher o lugar da sepultura e os sufrágios por intenção de sua alma.[800] Como era comum, destinava a terça parte dos bens ao viúvo, para que cuidasse de instituir um morgado, escolhendo o sucessor que melhor lhe parecesse. Os únicos bens ali citados – e que pertenciam exclusivamente a ela – consistiam em duas aldeias na Índia, recebidas em herança da mãe.[801] A instituição do morgado – que visava à consolidação de uma base material para a ascensão econômica e social da casa[802] – expressava, indubitavelmente, o projeto de D. Lourenço para o futuro da família, visto que assinalava uma etapa importante para a construção de uma identidade nobiliárquica.

---

[799] ANTT. Registro geral de testamentos. Livro 134 (n. 43). Testamento de Maria Rosa de Portugal. Lisboa, 1 maio 1709, fl. 109v.-110.

[800] "[...] e espero dele pelo amor com que sempre o tratei que se lembre da minha alma fazendo escolha do lugar de minha sepultura que lhe parecer e mandando fazer os sufrágios que também lhe parecer e na forma que se costuma as pessoas de minha qualidade" (ANTT. Registro geral de testamentos. Livro 134 (n. 43). Testamento de Maria Rosa de Portugal. Lisboa, 1 maio 1709, fl. 109v.-110).

[801] É curioso notar que Dona Paula é, ainda hoje, uma localidade de Goa, nas vizinhanças de Pangim. Segundo Francisco de Sá, D. Paula herdou de seu pai vastas propriedades em Goa, numa das quais está construída a Fortaleza do Cabo, e seu nome está ligado a esse lugar, desde que o povo, em gratidão a suas ações beneficentes, batizou esse lugar com seu nome, que é preservado ainda hoje (LETTER from Portugal: The Dona Paula legends (by Jorge de Abreu Noronha)).

[802] ROSA. *O morgadio em Portugal*: séculos XIV e XV, p. 50-51.

D. Maria Rosa só viria a morrer três anos mais tarde, depois de dar à luz a única filha do casal que sobreviveria à primeira infância, D. Tomásia Rita. Em agosto de 1712, com poucos mais de 30 anos de idade, ela chegava ao fim da vida, depois de uma série de partos difíceis e complicados – num deles, em 1703, morrera-lhe a filha Isabel[803] –, repetindo, aliás, o padrão prevalecente entre as mulheres da nobreza portuguesa. Deixou cinco filhos menores: Miguel, de 13 anos, Antônio, de 12, Luís, de 5, Manuel Caetano, de 3, e a pequena Tomásia, com apenas 6 meses de idade.

Pouco depois, o testamento foi aberto e deu-se início ao inventário dos bens do casal (Quadro 1). Este contava, então, com um patrimônio significativo. Além das aldeias na Índia, possuía três quintas: a da Lapa, em Alenquer, a do Covão, em Loures, e outra em Frielas, além dos moinhos das Quatro Rodas, em Alenquer. Das quintas, a Lapa havia sido escolhida para receber benfeitorias e investimentos, como olivais e vinhas. Ao todo, esses bens de raiz alcançavam o valor de 31:026$600.

QUADRO 1 - Bens de raiz do casal D. Lourenço de Almeida e D. Maria Rosa de Portugal em 1712

Bens e benfeitorias	Localização	Ano de aquisição	Valor em réis, constante no inventário (1712)
Quinta do Covão	Loures, Portugal	1706	7:130$000
Terras do Pinheiro	Loures, Portugal	1707	110$000
Moinhos das Quatro Rodas	Alenquer, Portugal	1706	6:755$000
Benfeitorias no Moinho das Quatro Rodas	Alenquer, Portugal	?	1:000$000
Quinta de Frielas	Loures, Portugal	1707	2:760$000

[803] SOUSA. *Memórias históricas, e genealógicas dos grandes de Portugal*, p. 260.

Aldeia Falam Volem	Baçaim, Índia	Herança	2:400$000
Quinta da Lapa	Alenquer, Portugal	1706	5:900$000
Benfeitorias na Quinta da Lapa	Alenquer, Portugal	?	4:971$600
Total			31:026$600

Fonte: ANTT. Inventários *post mortem* dos Feitos Findos (1500-1800). Sentença cível em que é autora D. Isabel Catarina Henriques de Bourbon e réu Manuel Caetano Lourenço de Almeida.

Em um rápido exame, chama a atenção o fato de que a maior parte dos bens de raiz foi adquirida entre os anos 1706 e 1707, pouco tempo depois de D. Lourenço e D. Maria Rosa regressarem da Índia. À exceção das aldeias indianas, recebidas em herança, todos os imóveis foram comprados pelo próprio casal, conforme consta no inventário.

O conjunto das posses – entre bens de raiz, bens móveis e de outra natureza – foi avaliado em 59:264$760, o que constituía um patrimônio bastante expressivo à época, indicando que se tratava de um casal muito rico. E, de fato, o inventário revela um padrão de vida luxuoso, típico das classes mais abastadas: D. Lourenço e a família viviam num palácio situado na Bica do Sapato, junto à freguesia de Santa Marinha, em Lisboa; contavam com dois criados a seu serviço; possuíam seges e cavalos, além das quintas nos arredores de Lisboa.

Dos itens arrolados no inventário, destaca-se a quantidade impressionante de peças indianas – indicadas ali com a expressão "obra da Índia" –, particularmente joias, móveis e objetos preciosos. Apesar dos elevados valores obtidos na avaliação, o conjunto dessas peças é bem mais modesto do que o extenso e extraordinário inventário da bagagem trazida da Índia pelo marquês de Alorna, algumas décadas depois.[804] Entre as joias indianas pertencentes a D. Lourenço e sua esposa, havia uma profusão de rubis, diamantes-rosas, esmeraldas e pérolas, das quais se sobressai um fio com 40 pérolas, avaliado em 410 mil réis. Havia também vários anéis de ouro, esmaltados de preto e adornados com diamantes-rosas e rubis – a exemplo de um par de brincos em ouro,

[804] NORTON. *D. Pedro Miguel de Almeida Portugal*, p. 217.

"de três peças cada um, e tem tudo sessenta e seis rubis lavrados, tudo obra da Índia", avaliado em 5:500$000; e uma peça de ouro, com nove pingentes, arrematados com uma flor cravejada com 56 diamantes rosas, avaliada em 280$000. Uma das peças mais caras era, sem dúvida, uma cruz com 94 diamantes-rosas, estimada em 700$000.[805]

Além das joias e da profusão de pedras lavradas, constava do inventário uma infinidade de objetos de decoração e mobiliário tipicamente indianos, como peças de seda, colchas, toalhas, caixões de angelim, tabuleiros de charão, porcelana, espelhos, prataria, lençóis de linho, livros e painéis com mapas. Esses itens, relativamente comuns na bagagem dos que retornavam da Índia, como se depreende do inventário dos bens do marquês de Alorna, põem em evidência a forte influência oriental no gosto da época, refletindo-se na decoração e no mobiliário das casas mais abastadas.[806]

Não foram poucas as ocasiões em que D. Lourenço se referiu ao infortúnio de ser filho secundogênito. Em carta ao rei, dizia: "se lembre Vossa Majestade [...] de que a minha casa é de um filho segundo".[807] Filho terceiro, aliás, nascido no seio da primeira nobreza do Reino, estava excluído da herança dos pais e do título da casa, em favor do irmão, o primogênito da família, D. Luís de Almeida Portugal, a quem seria transmitido o título de conde de Avintes, concedido ao avô em 1664, no decurso da Guerra da Restauração.

Filhos secundogênitos não herdavam o patrimônio dos pais. Os bens, vinculados em morgado, não podiam ser partilhados ou alienados, tendo eles de renunciar ao seu quinhão, em nome do sucessor da casa. Por essa razão, os secundogênitos tendiam a permanecer celibatários, uma vez que não tinham condições financeiras de constituir uma família à altura das exigências de sua posição social. Segundo Mafalda Cunha, corria-se o risco da "desqualificação social e econômica", que só podia

---

[805] ANTT. Inventários *post mortem* dos Feitos Findos (1500-1800). Sentença cível em que é autora D. Isabel Catarina Henriques de Bourbon e réu Manuel Caetano Lourenço de Almeida, fl. 658-666.

[806] Sobre o assunto, ver PINTO. *De Goa a Lisboa*: a arte indo-portuguesa dos séculos XVI a XVIII.

[807] APM. Fundo Secretaria de Governo, SC, códice 23. Sobre o bom serviço que se fez a Sua Majestade no crescimento dos contratos. Vila Rica, 17 set. 1721.

ser evitada caso arranjassem uma casa. E, para fazê-lo, deveriam acumular rendimentos necessários ou contrair casamento com a herdeira de uma casa. Por essa razão, os fidalgos secundogênitos embarcavam nas naus destinadas ao Oriente, buscando ali as chances de aumentar o próprio patrimônio,[808] o que acabou por engendrar "uma espécie de nobreza de serviço, sempre dependente do rei para a redistribuição periódica de favores e cargos", em cujos ombros repousou a expansão portuguesa na Ásia.[809]

Com efeito, os estudos de Nuno Monteiro indicam que os filhos secundogênitos se empregavam no serviço régio, particularmente na carreira ultramarina, movidos pela esperança de alcançar mercês, títulos e riquezas. Outra alternativa costumava ser o ingresso na vida religiosa, um destino bastante comum entre eles.[810] Essa foi, aliás, a primeira escolha de D. Lourenço, que, ainda jovem, matriculou-se no curso de Cânones da Universidade de Coimbra. Abandonou o curso, porém, para abraçar a tradição familiar: a carreira militar. E o fez numa época em que a Índia já não era a principal opção dos secundogênitos das casas titulares, tendo perdido muito do poder de atração do século anterior para outras regiões do Império português, como o Brasil, tido por um destino mais promissor.[811]

---

[808] CUNHA; MONTEIRO. Vice-reis, governadores, conselheiros de governo do Estado da Índia, 1505-1834: recrutamento e caracterização social, p. 109.

[809] THOMAZ. *De Ceuta a Timor*, p. 205-206.

[810] MONTEIRO. Casamento, celibato e reprodução social: a aristocracia portuguesa nos séculos XVII e XVIII, p. 932-933. Segundo Monteiro: "A carreira eclesiástica era concebida desde há muito como o destino normal dos filhos secundogênitos, para tal encaminhados desde a infância e, depois, pela frequência dos dois colégios reais de Coimbra (S. Pedro e S. Paulo), onde a maior parte dos porcionistas eram desde meados de Seiscentos secundogênitos de Grandes e todos filhos da primeira nobreza do reino" (p. 943).

[811] "Tal como se referiu, é provável que esta orientação dominante dos filhos secundogênitos para as carreiras eclesiásticas correspondesse a uma mutação relativamente a uma prática anterior, na qual prevaleceriam as carreiras militares, designadamente na índia. Sem dúvida, desde as primeiras décadas do século XVII os percursos no Oriente passaram a ter um resultado cada vez mais incerto, representando, na maioria dos casos, uma viagem sem retorno" (MONTEIRO. Casamento, celibato e reprodução social: a aristocracia portuguesa nos séculos XVII e XVIII, p. 943).

Seguindo os passos do tio paterno, D. Miguel de Almeida, que fora governador da Índia entre 1690 e 1691, D. Lourenço embarcou para lá como capitão de infantaria de uma companhia, em março de 1697.[812] Em estudo recente, Teresa Lacerda reconstituiu o perfil social dos capitães das armadas da Índia, no século XVI, observando que a grande maioria se compunha de filhos secundogênitos que tinham parentes que serviam à Coroa nos espaços ultramarinos, o que mostra a persistência dessa tradição em fins do século XVII.[813]

Desde o século XVI, os militares que partiam para a Índia gozavam de péssima fama. Diogo do Couto reproduz a fala de um capitão de fortaleza, dirigida a um padre: "Padre meu, eu hei de fazer o que os outros capitães fizeram; se eles foram ao inferno, lá lhe hei de ir ser companheiro; porque eu não vou à minha Fortaleza senão para vir rico".[814] Na *Reformação da milícia e governo do Estado da Índia oriental*, os capitães são descritos como indivíduos particularmente viciosos, movidos pela cobiça e pelo desejo de enriquecimento rápido, empregando todo o seu tempo em "namorar, tratar com alcoviteiros e aparar largamente aos dados".[815]

A Índia foi, nesse sentido, exemplar: ali as denúncias de rapacidade alcançaram proporções inauditas, alimentando um imaginário em que as dificuldades inerentes ao serviço régio estimulavam a expectativa de ganhos elevados e ilícitos. Não é por acaso que, desde o

---

[812] ANTT. Chancelaria de D. Pedro II, Carta de capitão de Infantaria para a Índia. Lisboa, 17 mar. 1697, livro 24, fl. 2. Mais tarde, ao apresentar os seus serviços, em busca de remuneração, D. Lourenço diria que na Índia, servira por "seis anos, nove meses e dezesseis dias, nos postos de capitão de Infantaria, capitão de mar e guerra, fiscal de armada, capitão-mor da costa do Norte e governador das fragatas, que foram ao sul". ANTT. Ministério do Reino. Decretos (1745 a 1800). Pasta 28, n. 83. Decreto concedendo-lhe em satisfação dos serviços de seu sogro, D. Lourenço de Almeida e do seu marido, D. Manuel Caetano Lourenço de Almeida, a comenda de São Miguel de Borba de Godim, 200.000 de tença efetiva, para a sua filha D. Maria José Juliana Lourenço de Almeida, e uma vida mais nas ditas comenda e tença para quem lhe suceder na casa depois de seu falecimento. Ajuda, 23 abr. 1778.

[813] LACERDA. *Os capitães das armadas da Índia no reinado de D. Manuel I*: uma análise social, p. 143.

[814] COUTO. *O soldado prático*, p. 14.

[815] REFORMAÇÃO da milícia e governo do Estado da Índia Oriental, p. XXXIII.

século XVI, a Índia figura nas fontes e crônicas como terra dominada pela corrupção e negligência dos governantes, completamente fora do controle da Coroa.

D. Lourenço permaneceria na Índia por "seis anos, nove meses e dezesseis dias", ocupando os postos de "capitão de Infantaria, capitão de mar e guerra, fiscal de armada, capitão-mor da costa do Norte e governador das fragatas".[816] Ali se casaria com a prima, D. Maria Rosa de Portugal, filha de seu tio paterno, falecido em 1691, e D. Paula Iria Corte Real.[817] O casamento entre primos seguia, mais uma vez, o modelo endogâmico predominante no seio da nobreza portuguesa, confirmando o padrão identificado por Nuno Monteiro, que combinava a homogamia social com uma rigorosa endogamia familiar.[818] Aliás, parece correto supor que ele tivesse ido para lá logo depois da morte do tio, com o propósito de prestar assistência à família, tencionando também contrair núpcias com a prima órfã.

Refletindo sobre a trajetória social dos que serviam na Índia, Joaquim Romero Magalhães observou que muitos conseguiram êxito não só em adquirir riquezas, mas também em alcançar uma transferência vantajosa para o Reino, por meio da promoção a postos superiores da administração. Foi esse o caso de D. Lourenço, a julgar pelo patrimônio descrito no inventário, e pela sua nomeação para o Regimento da Armada Real, assim que regressou à corte.[819]

Com a morte da esposa, em 1712, os bens do casal – avaliados em 59:264$760 – foram distribuídos entre os herdeiros da seguinte forma: depois de divididos em duas partes iguais, uma delas ficou para

---

[816] ANTT. Chancelaria de D. Pedro II, livro 24, fl. 2. Carta de capitão de Infantaria para a Índia; Registro Geral de mercês, D. João V, Livro 7, fl. 72.

[817] D. Miguel de Almeida era o segundo filho segundogênito do conde de Avintes (CUNHA; MONTEIRO. Vice-reis, governadores, conselheiros de governo do Estado da Índia, 1505-1834: recrutamento e caracterização social, p. 109).

[818] MONTEIRO. Casamento, celibato e reprodução social: a aristocracia portuguesa nos séculos XVII e XVIII, p. 934.

[819] ANTT. Ministério do Reino. Decretos (1745 a 1800). Pasta 28, n. 83. Decreto concedendo-lhe em satisfação dos serviços de seu sogro, D. Lourenço de Almeida e do seu marido, D. Manuel Caetano Lourenço de Almeida, a comenda de São Miguel de Borba de Godim, 200.000 de tença efetiva, para a sua filha D. Maria José Juliana Lourenço de Almeida, e uma vida mais nas ditas comenda e tença para quem lhe suceder na casa depois de seu falecimento. Ajuda, 23 abr. 1778.

o viúvo, e a outra foi repartida em três. Um quinhão, a terça, destinou-se ao viúvo, e os outros dois restantes foram distribuídos entre os herdeiros (Quadro 2).[820]

Atendendo a uma determinação expressa no testamento da esposa, a D. Lourenço coube a terça, que se destinava à instituição de um futuro morgado. Os cinco filhos, ainda pequenos, com idade entre 6 meses e 13 anos, receberiam, cada um, a quantia de 3:950$984. O viúvo herdou a maior parte, 29:632$389, além da terça, no valor de 9:877$460, totalizando a quantia de 39:509$840.

QUADRO 2 - Partilha dos bens do casal D. Lourenço de Almeida e D. Maria Rosa de Portugal

Herdeiro (a)	Quinhão (réis)
D. Lourenço de Almeida	29:632$380 + 9:877$460 = 39:509$840
Miguel de Almeida	3:950$984
Antônio de Almeida	3:950$984
Luís de Almeida	3:950$984
Manuel Caetano de Almeida	3:950$984
Rita Tomásia de Almeida	3:950$984
Total	59:264$760

Fonte: ANTT. Inventários *post mortem* dos Feitos Findos (1500-1800). Sentença cível em que é autora D. Isabel Catarina Henriques de Bourbon e réu Manuel Caetano Lourenço de Almeida.

O governo das conquistas: Pernambuco e Minas Gerais

Viúvo, com filhos menores, D. Lourenço tratou, nos anos que se seguiram, de aumentar o patrimônio da família. Disposto a abraçar de uma vez por todas a carreira ultramarina, partiu para Pernambuco em 1715, com a nomeação de governador, cujo soldo lhe renderia a quantia de 1.800 réis anuais[821] – valor considerado muito modesto pelo seu antecessor, D. Félix Machado, que, em 1712, queixou-se ao rei

---

[820] Sobre as práticas de sucessão vigentes em Portugal na Época Moderna, ver DURÃES. Filhos e enteados: práticas sucessórias e hereditárias no mundo rural: Braga (séculos XVIII-XIX).

[821] ANTT. Registro Geral de Mercês, D. João V. Livro 7, fl. 72. Lisboa, 23 jan. 1715.

alegando que era necessário um aumento "para poder conservar o respeito de seu cargo, bem como para poder se sustentar". Argumentava ele que com remuneração tão irrisória os governadores que tivessem "estado, e família, que requer o respeito do seu lugar, não poderiam remediar-se, sem se valeram de outro cabedal".[822]

Três anos depois, D. Lourenço dava por encerrada a passagem por Pernambuco. Regressou a Lisboa, onde permaneceu até 1720, quando então se dirigiu às Minas como governador da capitania. Por quase 12 anos, recebeu o soldo de 10 mil cruzados anuais, além de uma ajuda de custo de quatro mil cruzados,[823] somando tudo 124 mil cruzados, o que correspondia, em réis, à quantia de 49:600$000. Como bem notou Tiago Miranda, tratava-se de um soldo "excepcionalmente elevado", que se justificava "pela rudeza do território a defender, pelas distâncias que separavam os seus centros urbanos e, sobretudo, pela escassez de produtos essenciais à sobrevivência, literalmente vendidos a peso de ouro desde a notícia dos primeiros achados".[824] A esse respeito, cumpre notar que a remuneração dos governadores daquela capitania relativiza um pouco a tese de Boxer sobre a relação entre baixos pagamentos e enriquecimento ilícito, segundo a qual as atividades econômicas ilegais, bastante toleradas pela Coroa, proporcionariam uma compensação a proventos insuficientes. Em suas palavras, "o sistema de benefícios dos cargos públicos encorajava o governo desonesto e arbitrário, especialmente nas regiões mais remotas onde a autoridade da Coroa ou do vice-rei só chegava tardia e ineficazmente".[825]

Para além dos soldos e das ajudas de custo, havia outras fontes de rendimento, lícitas e ilícitas, à disposição dos governadores de capitania. Em seu testamento, D. Lourenço menciona, por exemplo, a propina

---

[822] AHU, Pernambuco, cx. 25, doc. 2242. Carta de Félix José Machado [de Mendonça Eça Castro e Vasconcelos], ao rei [D. João V], pedindo aumento de soldo para poder conservar o respeito de seu cargo, bem como para se sustentar. Pernambuco, 4 fev. 1712.

[823] AHU, Minas Gerais, cx. 2, doc. 111, Decreto de D. João V, ordenando que sejam pagos quatro mil cruzados de ajuda de custo a D. Lourenço de Almeida, governador de São Paulo e Minas, Lisboa, 29 mar. 1721.

[824] MIRANDA. Na vizinhança dos grandes, p. 107-118.

[825] BOXER. O império marítimo português, p. 312-313.

exigida aos contratadores em Pernambuco, observando que era prática comum a cobrança de 200 mil réis pelo contrato real dos dízimos, e mais 100 mil réis por outro contrato – do qual ele não se recorda. A arrematação desses três contratos teria então lhe rendido a quantia de 600 mil réis – 200 mil réis de cada um –, como ele confessaria depois, reconhecendo ignorar se se tratava de proventos lícitos ou não.

Depois de servir nas Minas, D. Lourenço voltou a Lisboa, em abril de 1733, com a fama de milionário. Foi então viver na freguesia de Santa Marinha, junto à Santa Apolônia, na Bica do Sapato, onde mantinha residência desde o retorno da Índia. Indiferente aos rumores de ganhos vultosos e suspeitos que o rondavam, ele não se preocupou em manter discrição nos negócios, e, mal chegado, tratou logo de investir na aquisição de imóveis urbanos e rurais. Além disso, destinou uma parte considerável dos recursos para a execução de benfeitorias nas propriedades rurais que já possuía, sobretudo na Quinta do Covão e na Quinta da Lapa – esta última passaria por uma grande e cara reforma.

Em Lisboa, ele adquiriu, pela quantia de 35 mil cruzados, um conjunto de casas em São Lázaro; e também casas no Paraíso, a beira-mar, na freguesia de Santa Engrácia – casas que viriam a desabar em 1736, matando seis pessoas.[826] Foi por essa época que também comprou o palácio na Rua Direita de São Lázaro, depois reformado e transformado em residência oficial, onde viveria até o fim dos seus dias. Ao mesmo tempo, ingressou numa das irmandades mais prestigiosas da corte, a Irmandade dos Passos, onde assumiu o cargo de escrivão. Fundada no Convento da Graça, essa irmandade reunia, entre os seus irmãos, a mais alta nobreza da época, como o duque de Lafões, empossado no cargo de conselheiro.[827]

Além dos investimentos financeiros, D. Lourenço também se dedicou à sucessão da casa que, ao longo de toda a vida, sonhou fundar. Para tanto, arranjou o casamento do seu primogênito, D. Luís de Almeida, com D. Brites de Bourbon, filha de D. Álvaro da Silveira de Albuquerque, que

---

[826] LISBOA; MIRANDA; OLIVAL (Coord.). *Gazetas Manuscritas da Biblioteca Pública de Évora*, v. 3 (1735-1737), p. 167.

[827] LISBOA; MIRANDA; OLIVAL (Coord.). *Gazetas Manuscritas da Biblioteca Pública de Évora*, v. 2 (1732-1734), p. 237.

havia sido governador do Rio de Janeiro. Mantendo a tradição das uniões endogâmicas, a noiva era prima de D. Luís – a mãe dela, D. Teresa de Bourbon, era irmã de D. Lourenço. Àquela altura, o filho primogênito estava em condições de contrair um casamento vantajoso: a noiva era enteada de um dos homens mais poderosos da corte joanina – Diogo de Mendonça Corte Real – e, como dama do paço, desfrutava de rendimentos nos bens da Coroa. Aliás, muito antes de aportar no Reino, D. Lourenço vinha se empenhando com afinco naquela união, como noticia a *Gazeta de Lisboa*, em sua edição de setembro de 1731: "no navio que veio do Rio de Janeiro, chegou carta de D. Lourenço de Almeida em que pediu para casar seu filho D. Luís [com] a sra. Brites Borbon".[828]

As alianças matrimoniais eram estratégias orientadas para a conservação da casa e visavam preservar o patrimônio familiar, manter ou aumentar o estatuto social da família, garantindo a transmissão do "capital simbólico", que era o prestígio familiar.[829] No contrato de casamento consta que D. Luís levou um "dote grande", ou seja, a quantia de 13:931$400, assim distribuídos: oito contos na comenda de São Miguel, com rendimentos de 400 mil réis de tença, e 5:931$400, em peças de ouro, prata e alfaias; a esses valores, somava-se a sua legítima materna, que importava quase 10 mil cruzados.[830]

O casamento, porém, foi interrompido abruptamente. Em 1733, D. Brites de Bourbon veio a morrer em trabalho de parto, depois de ter expelido "uma mola que pesava três arráteis".[831] A filha sobreviveria ao parto, mas faleceria logo depois. Viúvo, D. Luís herdou sozinho o dote da esposa, estimado em mais de vinte mil cruzados.[832]

---

[828] LISBOA; MIRANDA; OLIVAL (Coord.). *Gazetas Manuscritas da Biblioteca Pública de Évora*, v. 1 (1729-1731), p. 146.

[829] RODRIGUES. A casa como modelo organizacional das nobrezas de São Miguel (Açores) no século XVIII, p. 19.

[830] ANTT. Inventários *post mortem* dos Feitos Findos (1500-1800). Sentença cível em que é autora D. Isabel Catarina Henriques de Bourbon e réu Manuel Caetano Lourenço de Almeida, fl. 187-187v.

[831] LISBOA; MIRANDA; OLIVAL (Coord.). *Gazetas Manuscritas da Biblioteca Pública de Évora*, v. 2 (1732-1734), p. 291.

[832] ANTT. Inventários *post mortem* dos Feitos Findos (1500-1800). Sentença cível em que é autora D. Isabel Catarina Henriques de Bourbon e réu Manuel Caetano Lourenço de Almeida, fl. 573v.

Empenhado em fazer do primogênito o seu sucessor, D. Lourenço não abandonou o projeto de assegurar a continuidade da casa, e logo arranjou outra união para D. Luís, dessa vez com D. Luísa Romualda, filha de D. Aleixo de Sousa da Silva e Menezes, segundo conde de Santiago de Beduído. Celebrou-se o contrato de casamento em fevereiro de 1737. Tudo leva a crer que D. Lourenço gozava, naquele momento, de uma confortável situação financeira: ele se comprometeu a dar 50 mil cruzados por mês de alfinetes à noiva – ou seja, uma mesada para cobrir os gastos cotidianos, praxe entre a nobreza[833] –, além de se obrigar a manter os noivos em sua companhia e assegurar ao casal o que "for preciso para o seu decente estado". O contrato ainda previa que caso os noivos quisessem se separar da companhia do ex-governador, este assumiria a responsabilidade de sustentá-los com a quantia de seis mil cruzados por ano, em mesadas de 200 mil réis por mês, além de colocar à disposição deles as casas situadas em São Lázaro, "com os seus paramentos para habitação". A isso se somavam ainda palha e cevada para 10 cavalgaduras. E, por fim, em caso de separação ou viuvez, D. Lourenço ainda prometia à noiva a quantia de 600 mil réis por ano.[834]

O casamento duraria, no entanto, poucos meses. No mesmo ano, D. Luís adoeceu gravemente, diagnosticado com hidropisia de peito. De nada lhe valeu o medicamento feito a partir de uma raiz que o famoso médico espanhol Juan Munõz y Peralta havia enviado de Madrid.[835] Morreu em outubro de 1737, com pouco mais de 30 anos de idade. Apesar da consternação de perder o filho primogênito, D. Lourenço viu o próprio patrimônio aumentar de forma vertiginosa: todos os bens do falecido foram parar em suas mãos.[836]

---

[833] "Existe um outro tipo de doações feitas pelo noivo à sua noiva [...] Trata-se do que é usualmente designado por 'alfinetes', ou seja, certas mesadas que, quase somente nos casamentos nobres, o esposo promete à esposa para os seus gastos quotidianos na constância do matrimônio" (SÁ; FERNANDES. A mulher e a estruturação do patrimônio família, p. 95).

[834] A cláusula em que se prometia à noiva a concessão de uma pensão anual, em caso de morte do cônjuge ou separação, era chamada "arras", e seu objetivo era assegurar à mulher uma viuvez desafogada.

[835] LISBOA; MIRANDA; OLIVAL (Coord.). *Gazetas Manuscritas da Biblioteca Pública de Évora*, v. 3 (1735-1737), p. 276.

[836] ANTT. Inventários *post mortem* dos Feitos Findos (1500-1800), Sentença cível em que é autora D. Isabel Catarina Henriques de Bourbon e réu Manuel Caetano

A morte inesperada do filho mais velho fez com que o pai cuidasse do próprio casamento, tomando para si a responsabilidade da reprodução biológica da casa. E, com efeito, três anos depois da morte súbita de D. Luís, ele se uniu a D. Isabel Catarina Henriques de Bourbon, filha de Jorge Henriques Pereira de Faria, senhor de Alcáçovas. Mais uma vez, repetia-se o padrão das uniões endogâmicas: a noiva era sobrinha do futuro marido, irmão da sogra, D. Madalena de Bourbon. D. Isabel, que se encontrava no estado de viúva, havia protagonizado, na década anterior, um casamento escandaloso com Luís Machado de Mendonça, sétimo senhor de Entre Homem e Cávado. O noivo fora constrangido pelo pai, Félix Machado, o turbulento ex-governador de Pernambuco, a contrair casamento com a moça, e não tardou para que ambos se separassem, voltando para as suas respectivas famílias.[837] Reconciliaram-se depois, tiveram quatro filhos, e, com a morte do marido, D. Isabel regressou definitivamente à casa paterna.

Apesar da idade avançada da noiva, que já beirava os 40 anos, D. Lourenço, na época com quase 60, tinha alguma esperança de garantir a descendência – e assim o admitiu, sem rodeios, na escritura de instituição do vínculo, em 1743. Três anos depois, porém, quando se pôs a redigir o próprio testamento, ele confessaria, com certa decepção, que "até o presente não tenho filhos, nem me parece que os terei". No mercado de pretendentes da época, D. Isabel não podia ser considerada uma opção das mais promissoras. Velha para os padrões do tempo, com limitadas chances de gerar filhos, ela não oferecia ao noivo a contrapartida de um rico dote, nem mesmo um título ou uma casa. Apesar disso, contava a seu favor o prestígio do capital simbólico da família, filha que era do senhor de Alcáçovas, descendente de D. Henrique Henriques, que havia sido conselheiro de D. Sebastião.[838] Pode-se especular se o fato de não ter buscado uma esposa que fosse sucessora de uma casa – uma das

---

Lourenço de Almeida, fl. 187v e fl. 573v.

[837] LISBOA; MIRANDA; OLIVAL (Coord.). *Gazetas Manuscritas da Biblioteca Pública de Évora*, v. 1 (1729-1731), p. 117. Gayo dizia que o moço "casou contra a vontade sua na vida de seu Pai". A *Gazeta* deu a notícia, em março de 1731, de que "Félix Machado está de todo doido, e continua o divórcio que sua nora pretende, ficando está em casa de seu pai, e seu marido assistindo ao seu".

[838] ROSÁRIO. *A Vila de Alcáçovas*: sua história, suas belezas, seu comercio e sua indústria, p. 26.

possibilidades que se abriam aos filhos secundogênitos – seria evidência de que D. Lourenço não tivesse condições de encontrar candidatas dispostas a fazê-lo, no restrito mercado de pretendentes da época. Por outro lado, tal opção pode também sinalizar o intento de criar uma casa própria – hipótese mais factível se se considerar o fato de que, ao longo de sua vida, jamais abdicou desse propósito.

Se D. Isabel não se afigurava como a melhor das opções, D. Lourenço tampouco era o melhor dos partidos: infamado na corte, desprovido de título de casa nobre, só podia proporcionar à noiva uma viuvez abastada e tranquila. Mal podia ela adivinhar, porém, o quanto teria de lutar para conquistá-la.

O casamento foi celebrado com pompa e circunstância, em dezembro de 1740, na casa da noiva, na Calçada do Combro. Na ocasião, o noivo presenteou a futura esposa com um pingente de diamantes-rosas e um par de brincos. Numa das cláusulas do contrato, o noivo se obrigava, em razão do "parentesco tão próximo", a doar à noiva, em caso de vir a falecer, a quantia de "400 mil réis de alimentos, anuais, enquanto estiver no estado de viúva, para se retirar do seu mais bem parado dos rendimentos dos seus bens, de tal sorte que estes sejam tirados e reservados daquelas rendas que a dita Senhora eleger por melhores e mais certos".[839]

D. Lourenço às portas da morte

Foi em fins de 1746 que D. Lourenço começou a se preparar para a morte. Gozava então de boa saúde, mas já se aproximava dos 70 anos de idade. O testamento é um dos raros – talvez o único documento que chegou até nós – em que ele discorre sobre a sua vida pessoal. Devoto de são Lourenço, santo Antônio, são Francisco, são Bento, são Vicente e santa Doroteia, pediu que fosse enterrado na Igreja de Nossa Senhora do Carmo, com o hábito da Ordem Terceira de são Francisco, num caixão de burel, forrado de holandilha. Afetando modéstia e simplicidade, dispensou os ofícios públicos, "porque é mais vaidade do que sufrágio", e ordenou que o caixão fosse levado pelos pobres, acompanhado de seis

---

[839] ANTT. Inventários *post mortem* dos Feitos Findos (1500-1800). Sentença cível em que é autora D. Isabel Catarina Henriques de Bourbon e réu Manuel Caetano Lourenço de Almeida, fl. 490.

padres, depois de celebrado um oficio com a participação de todos os clérigos da freguesia local. Encomendou a sua alma com quase 1.500 missas, reservando "dez missas pela alma do purgatório que estiver mais próxima a ver a Deus, para que lhe rogue que me salve".

Depois de cuidar da salvação da alma, principiou então a dispor de seus bens terrenos (Quadro 3). Contou que dos muitos filhos tidos com a prima D. Maria Rosa de Portugal, restavam-lhe apenas dois: D. Manuel Caetano e D. Tomásia Rita. Admitiu ainda a existência de uma filha natural, que se encontrava enclausurada no convento da Rosa – confirmando os dizeres de Francisco Manuel de Melo sobre os filhos bastardos: "a Índia e a religião costumam dar boa acolhida a este gênero de gente".[840]

À esposa e prima D. Isabel Catarina Henriques legou a quantia de 600 mil réis anuais, além de todas as joias que estivessem em "seu tocador de prata", um "prato e jarro de água às mãos" da sua escolha, e uma "salva de prata das melhores". Em seu poder, deveriam permanecer ainda três escravos do casal, para servi-la durante cinco anos, ao cabo dos quais seriam alforriados para que pudessem "tratar da sua vida como forros e livres".

Talvez a passagem mais reveladora de todo o documento seja aquela em que ele confessa, de forma inequívoca, o sonho que acalentou ao longo de toda a vida: "estabelecer neste Reino uma casa que seja separada da Casa de Avintes, com o maior esplendor que me for possível". Toda a sua existência – os anos de serviço régio, os casamentos, os negócios, o destino dos filhos – resumia-se a esse propósito.[841] E, apesar de todos os seus esforços – a longa permanência na Índia, em Pernambuco e em Minas Gerais, permanência que havia lhe custado imenso sacrifício pessoal e familiar, obrigando-o a viver longe da corte, dos parentes e filhos –, admitia, com desgosto, que falhara estrepitosamente: "como a minha casa formal não foi Deus Nosso Senhor servido que fosse por diante, por seus altos juízos, não importa que fique sem casas materiais".[842]

---

[840] Citado por MONTEIRO. Casamento, celibato e reprodução social: a aristocracia portuguesa nos séculos XVII e XVIII, p. 941.

[841] Sobre a centralidade do conceito de casa no Antigo Regime, ver MONTEIRO. Casa e linhagem: o vocabulário aristocrático em Portugal nos séculos XVII e XVIII.

[842] ANTT. Inventários *post mortem* dos Feitos Findos (1500-1800). Sentença cível em que é autora D. Isabel Catarina Henriques de Bourbon e réu Manuel Caetano

Afinal, mesmo que fidalgo e filho de titular, D. Lourenço não pertencia à primeira nobreza do Reino, formada por titulares, isto é, por detentores de títulos, como duques, marqueses, condes, viscondes e barões, categoria que englobava um grupo fechado de 50 casas. Segundo Nuno Monteiro, "nos finais do século XVII, em geral, quando se fala da nobreza ou da fidalguia como grupo, quer-se designar (e quase só) os titulares"[843] – que, segundo um tratadista da época, eram aqueles que "se cobrem diante d'el Rei e têm assento na capela".[844] Foi nesse seleto grupo que D. Lourenço sonhara ingressar.

Ao único filho varão, D. Manuel Caetano, ele transmitia o seu projeto de vida, incumbindo-o da missão de fundar uma casa. Com tal propósito, instituía um morgado na Quinta da Lapa, deixando-lhe vinculados todos os bens, dos quais o filho seria administrador e herdeiro.[845] E, como observa Nuno Monteiro, o vínculo ou o morgado, que atendia a regras estritas de indivisibilidade, primogenitura e masculinidade, consistia na prática sucessória predominante entre a nobreza portuguesa do Antigo Regime, visando preservar a integridade do patrimônio da casa.[846]

Como único herdeiro, D. Manuel Caetano foi assim nomeado sucessor e administrador dos bens vinculados legados pelo pai, dos quais não poderia dispor ou alienar, mantendo intacto o patrimônio familiar. Uma série de condições lhe foram impostas, como a de se casar

Lourenço de Almeida, fl. 589v-fl. 617.

[843] MONTEIRO. *O crepúsculo dos grandes*: a casa e o patrimônio da aristocracia em Portugal (1750-1832), p. 26.

[844] SAMPAYO, Antônio de Villas Boas e. *Nobiliarchia portuguesa*: tratado da nobreza hereditária, e política. Lisboa Occidental: Officina Ferreyriana, 1727. Citado por MONTEIRO. *O crepúsculo dos grandes*: a casa e o patrimônio da aristocracia em Portugal (1750-1832), p. 26.

[845] ANTT. Inventários *post mortem* dos Feitos Findos (1500-1800). Sentença cível em que é autora D. Isabel Catarina Henriques de Bourbon e réu Manuel Caetano Lourenço de Almeida, fl. 625.

[846] MONTEIRO. Casamento, celibato e reprodução social: a aristocracia portuguesa nos séculos XVII e XVIII, p. 923. Segundo Nuno Monteiro, as elites portuguesas "desenvolviam mecanismos específicos e diferenciados destinados a evitar a partilha de bens entre os filhos e privilegiando um único, o sucessor, por norma, o primogênito varão" (MONTEIRO. Casa, casamento e nome: fragmentos sobre relações familiares e indivíduos, p. 133).

com senhora ilustre, filha ou irmã de familiar do Santo Oficio – uma das provas irrefutáveis de limpeza de sangue, para que "a sua família se conserve sempre limpa e ilustre assim como a conservaram os seus ascendentes". D. Lourenço excluía da sucessão da administração do vínculo os descendentes que seguissem a carreira religiosa, as mulheres e os bastardos. O administrador também estava obrigado a vincular a terça parte de sua legítima materna ao morgado, e deveria adotar sempre o cognome Lourenço de Almeida, bem como as armas da família Almeida, "que sempre foi uma das mais fiéis ao seu rei e a este Reino, e espera em Deus que continuem os seus descendentes e todos os que forem administradores deste morgado na mesma fidelidade".[847]

QUADRO 3 - Bens de raiz arrolados
no testamento de D. Lourenço de Almeida

Palácio e casas da Rua Direita de São Lázaro, Lisboa
Quinta da Lapa, Alenquer
Quinta do Covão, Loures
Quinta de Frielas, Frielas
Casal do Horta, Campo do Valado
Casal do Bacorim, Guimarães
Terras das Bafoas, Azambuja
Moinhos das Quatro Rodas ou Moinhos da Rainha, Alenquer.

[847] Sobre o morgado: "Esse instituto foi introduzido nas Ordenações Manuelinas, coligidas em 1521, e se baseava no direito da primogenitura, pelo qual apenas o primeiro filho homem herdaria o patrimônio paterno. Foi mantido na legislação portuguesa por três séculos, recebendo, contudo, importante modificação no ano de 1770, por obra do marquês de Pombal. A reforma de 1770 fez abolir os morgadios inferiores a duzentos mil-réis, mas permitiu que os comerciantes também adotassem o morgadio em seus testamentos. No Brasil, este instituto jurídico foi aplicado, sobretudo, nas propriedades de senhores de engenho. Finalmente, o morgadio foi suprimido no Brasil na década de 1820" (MELO; MARQUES. A partilha da riqueza na ordem patriarcal, [s.p.]). Sobre a prática de adoção do sobrenome, Flandrin observa que ela se relaciona com o prestígio e a honra do membro da família, cujo nome se quer perpetuar (FLANDRIN. *Famílias*: parentesco, casa e sexualidade na sociedade antiga). As cláusulas impostas por D. Lourenço na escritura de instituição de vínculo obedecem ao padrão corrente à época (LOBÃO. *Tratado prático de morgados*).

Casas às cavalariças, Lisboa
Casas na Rua da Rosa das Partilhas, Lisboa
Casas na Rua das Flores, Lisboa
Casas do Beco do Carvão, Lisboa
Ações da Fábrica de seda
150 mil réis de juro no Almoxarifado do Pescado
3 escravos

Fonte: ANTT. Inventários *post mortem* dos Feitos Findos (1500-1800). Sentença cível em que é autora D. Isabel Catarina Henriques de Bourbon e réu Manuel Caetano Lourenço de Almeida.

"Uma herança muito opulenta"

Em 1750, morria D. Lourenço. Depois de aberto o testamento, teve início o inventário de todos os bens que lhe pertenciam. Cumprindo o seu desejo, a viúva ficou como cabeça do casal, competindo-lhe a posse e a entrega dos haveres para o arrolamento. Inexplicavelmente, porém, pouco depois, ela renunciou a essa função. Da testamentária incumbiu-se D. Luís Henriques, irmão da viúva, primo e cunhado do morto, conforme desejo expresso no testamento: "o que lhe mereço pelo grande amor que lhe tenho [...] porque tudo o que ele obrar nela, dou por bem feito e da sua consciência fio tudo, e que tudo fará com honra e cristandade".[848] Por razões desconhecidas, a viúva assumiu depois o papel de testamenteira.

"Herança muito opulenta" — assim o magistrado responsável pelo inventário descreveu o patrimônio do falecido.[849] Como é sabido, o processo de inventário começava com o levantamento minucioso de todas as posses, classificadas em bens de raiz ou imóveis; bens semoventes, como escravos e animais; bens móveis, distribuídos segundo o tipo de material, como prata, ouro e cobre, roupas pessoais, enxoval,

---

[848] ANTT. Inventários *post mortem* dos Feitos Findos (1500-1800). Sentença cível em que é autora D. Isabel Catarina Henriques de Bourbon e réu Manuel Caetano Lourenço de Almeida, fl. 590v.

[849] ANTT. Inventários *post mortem* dos Feitos Findos (1500-1800). Sentença cível em que é autora D. Isabel Catarina Henriques de Bourbon e réu Manuel Caetano Lourenço de Almeida, fl. 434v.

objetos religiosos e domésticos, mobiliário, instrumentos e ferramentas, livros, etc.; joias; dívidas ativas e passivas; e dinheiro.

Infelizmente, o inventário de D. Lourenço chegou até nós bastante incompleto: apenas uma parte das suas posses encontra-se ali arrolada. Faltam itens importantes, como a relação minuciosa das joias; no entanto, apesar do caráter fragmentário, ele proporciona uma descrição bastante completa de todos os bens de raiz. Além disso, uma parcela significativa dos objetos de prata – como salvas, bandejas, jarros e objetos de devoção – está ali meticulosamente catalogada. O mesmo se aplica aos bens móveis, cujo valor total alcançou a cifra de 2:423$036.

Vejamos no Quadro 4 o conjunto total dos bens de raiz de D. Lourenço.

QUADRO 4 - Relação dos bens imóveis e benfeitorias arrolados no inventário de D. Lourenço de Almeida (1750)

Bem imóvel e/ou benfeitoria	Localização
Quinta do Covão	Loures
Quinta da Lapa	Alenquer
Benfeitorias na Quinta da Lapa	Alenquer
Moinhos das Quatro Rodas	Alenquer
Duas aldeias na Índia	Baçaim, Índia
Quinta de Frielas	Frielas
Palácio e casas de São Lázaro	Lisboa
Reforma do Palácio de São Lázaro	Lisboa
Casal do Horta	Campo do Valado
Casal do Bacorim	Guimarães
Terras das Bafoas	Azambuja
Benfeitorias nas Bafoas	Azambuja
Casas do Cais do Carvão	Lisboa
Casas na Rua das Flores	Lisboa
Casas nas cavalariças	Lisboa
Casas na Rua da Rosa das Partilhas	Lisboa

Fonte: ANTT. Inventários *post mortem* dos Feitos Findos (1500-1800). Sentença cível em que é autora D. Isabel Catarina Henriques de Bourbon e réu Manuel Caetano Lourenço de Almeida.

A evolução patrimonial a partir de 1712 pode ser vista no Quadro 5.

QUADRO 5 - Bens de raiz e benfeitorias acrescentados aos bens arrolados em 1712

Imóvel e/ou benfeitorias	Localização	Valor (réis)
Palácio e casas de São Lázaro	Lisboa	24:000$000
Recheio do Palácio e casas de São Lázaro	Lisboa	1:200$000
Casal do Horta	Campo do Valado	?
Casal do Bacorim	Guimarães	?
Terras e benfeitorias das Bafoas	Azambuja	12:000$000
Casas do Cais do Carvão	Lisboa	6:000$000
Casas na Rua das Flores	Lisboa	5:553$000
Casas nas cavalariças	Lisboa	8:000$000
Casas na Rua da Rosa das Partilhas	Lisboa	?

Fonte: ANTT. Inventários *post mortem* dos Feitos Findos (1500-1800). Sentença cível em que é autora D. Isabel Catarina Henriques de Bourbon e réu Manuel Caetano Lourenço de Almeida.

Comparando-se o patrimônio avaliado em 1712 com o conjunto dos bens inventariados em 1750, o que se constata, afinal? Houve, de fato, um crescimento bastante significativo: àqueles bens somaram-se seis conjuntos de imóveis rurais e urbanos – conjuntos porque formados por armazéns, pátios, quintais, jardins, terras, matos, etc. Além disso, nos imóveis que já pertenciam ao casal, registrou-se um forte investimento sob a forma de benfeitorias, como é o caso da Quinta da Lapa, o que implicou o aumento do seu valor de mercado. Um dos dados mais interessantes revelados pelas fontes diz respeito ao fato de que a evolução patrimonial coincidiu com o período imediatamente posterior à chegada do ex-governador a Lisboa, quando ele, por meio de uma política de investimento imobiliário, ampliou significativamente a posse de bens de raiz. O que é bastante compreensível, tendo em vista que, como apontam os estudos mais recentes, a instituição do morgado exigia, quase que invariavelmente, um projeto bem calculado de expansão do patrimônio, sobretudo através da aquisição de bens fundiários e da renúncia da legítima por parte dos herdeiros.

O patrimônio total de D. Lourenço de Almeida foi estimado, em 1750, em 161:982$356 – uma quantia considerável! Desse valor, contudo, foram descontados mais de 60 contos de réis, de que restaram então 109:992$953 – o montante líquido total da fortuna. Não é possível saber o preço obtido no inventário para cada um dos imóveis, pois alguns são prazos em vida, e outros são bens livres. Há, porém, algumas informações fragmentárias bastante esclarecedoras. O palácio da Rua Direita de São Lázaro havia sido adquirido pelo valor de 36 mil cruzados, e, depois das reformas orçadas em oito mil cruzados, alcançou a cifra de 60 mil cruzados. Quanto ao recheio dele – mobiliário, objetos e utensílios –, foi estimado em torno de três mil cruzados. As casas na Rua das Flores, orçadas em 7:600$000, foram vendidas logo depois por 5:553$000. As casas situadas nas cavalariças, que incluíam cinco sobrados de três andares cada, foram avaliadas em oito contos de réis. Quanto às casas do Cais do Carvão, elas valiam, à época da compra, 15 mil cruzados. As benfeitorias nas terras das Bafoas, necessárias para reparar os prejuízos causados pelas inundações, demandaram a quantia de seis mil cruzados, sendo que as terras e as benfeitorias foram calculadas em 30 mil cruzados. A Quinta do Covão, por sua vez, localizada em Loures, nos arredores de Lisboa, havia sido comprada pelo valor de 16 mil cruzados, e contava com várias casas, adegas, hortas, dois lagares, vinhas, etc.

Não consta nos autos um registro detalhado das dívidas, como era praxe nos inventários, o chamado "rol das dívidas", tanto as passivas quanto as ativas. Há, porém, algumas referências ao valor elevado delas – tanto D. Lourenço quanto o seu herdeiro são unânimes a esse respeito. No testamento, o ex-governador relatou que as dívidas "são muitas", mas, paradoxalmente, o valor total ali citado é inexpressivo.[850] Em seus embargos à partilha dos bens, D. Manuel

---

[850] ANTT. Inventários *post mortem* dos Feitos Findos (1500-1800). Sentença cível em que é autora D. Isabel Catarina Henriques de Bourbon e réu Manuel Caetano Lourenço de Almeida, fl. 618v-620v.

Caetano observa que a herança do pai tinha "muitas dívidas".[851] E, com efeito, uma evidência de que eram consideráveis é o fato de que as casas da Rua das Flores e a mobília das casas da Rua da Rosa das Partilhas foram executadas em leilão público, para pagamento dos credores.[852]

Em lugar do "rol das dívidas", o testamento traz apenas um documento intitulado "lembrança das dívidas", acompanhado pela seguinte observação: "este papel é o que eu digo no meu testamento que hei de deixar dentro nele assinado por mim, que é das dívidas que devo, advertindo que se hão de pagar também todas aquelas que constarem de escritos meus, e as que se justificarem legalmente que eu devo" (Quadro 6).[853] São dívidas modestas, antigas, dispersas em Goa e em Portugal, que somam 48 moedas de ouro e 240 mil réis – quantia irrisória se comparada ao patrimônio total inventariado depois. Resta então a dúvida: seriam apenas essas as dívidas deixadas por D. Lourenço?

QUADRO 6 - Lembrança das dívidas
de D. Lourenço de Almeida, constante em seu testamento

Credor	Local	Valor (réis)
Crisóstomo Lobo, boticário	Goa	60 mil réis
José da Silva	Damão, em Goa	60 mil réis
Pupu Sinay e Seyviam Sinay	Gentios de Goa	120 mil réis
Antônio Guedes Pereira	Lisboa	12 moedas de ouro

[851] ANTT. Inventários *post mortem* dos Feitos Findos (1500-1800). Sentença cível em que é autora D. Isabel Catarina Henriques de Bourbon e réu Manuel Caetano Lourenço de Almeida, fl. 349.

[852] ANTT. Inventários *post mortem* dos Feitos Findos (1500-1800). Sentença cível em que é autora D. Isabel Catarina Henriques de Bourbon e réu Manuel Caetano Lourenço de Almeida, fl. 96.

[853] ANTT. Inventários *post mortem* dos Feitos Findos (1500-1800). Sentença cível em que é autora D. Isabel Catarina Henriques de Bourbon e réu Manuel Caetano Lourenço de Almeida. Testamento de D. Lourenço de Almeida, fl.618v e fl. 619.

Jorge de Souza	Lisboa	7 moedas de ouro
Jerônimo Barreto e D. Diogo de Souza	Lisboa	7 moedas de ouro
Herdeiros de F. de Souza	Lisboa	7 moedas de ouro
D. João Antônio	Lisboa	5 ou 7 moedas de ouro
José Lourenço	Lisboa	5 moedas de ouro
Jacome Ramplat	Lisboa	10 moedas de ouro
José Ferreira, médico do Conde de Unhão	Lisboa	2 moedas de ouro

Fonte: ANTT. Inventários *post mortem* dos Feitos Findos (1500-1800). Sentença cível em que é autora D. Isabel Catarina Henriques de Bourbon e réu Manuel Caetano Lourenço de Almeida.

Um olhar mais atento permite concluir que a referida "lembrança" listava apenas os pequenos débitos, mais suscetíveis ao esquecimento por parte dos herdeiros, por não constarem em escrituras ou documentos formalizados, e que, contraídos ao longo da vida, jamais haviam sido saldados. É bem possível que as dívidas maiores constassem de um documento feito em separado, depois juntado ao corpo do inventário. Contudo, dado o caráter incompleto dos autos, não se pode identificar com segurança todos os credores de D. Lourenço. Apenas alguns nomes são ali referidos: João da Costa Carneiro, Manuel José Teles, D. João Luiz de Meneses – em poder do qual estavam hipotecados os moinhos de Alenquer[854] –, D. Pedro da Silva e Cunha e D. Jorge Machado. Para o pagamento do credor João da Costa Carneiro, foram executadas as casas da Rua das Flores, arrematadas pelo valor de 5:553$000. A viúva mencionou, a certa altura, que o conjunto dos bens postos em execução para o pagamento dos credores havia alcançado a soma de 12:543$666.[855]

---

[854] ANTT. Inventários *post mortem* dos Feitos Findos (1500-1800). Sentença cível em que é autora D. Isabel Catarina Henriques de Bourbon e réu Manuel Caetano Lourenço de Almeida, fl.96.

[855] ANTT. Inventários *post mortem* dos Feitos Findos (1500-1800). Sentença cível em que é autora D. Isabel Catarina Henriques de Bourbon e réu Manuel Caetano Lourenço de Almeida, fl.179.

Se não há uma relação detalhada dos credores, sabemos, no entanto, o montante exato da dívida: 33:817$408.[856] Numa anotação ao lado de um fólio dos autos, um magistrado registrou que as dívidas do falecido "importam mais de cem mil cruzados", ou seja, o equivalente a 40 contos de réis.[857] Ao que parece, tratava-se de uma mera especulação, ainda que não muito distante da realidade. Há, porém, outro dado que dificulta a análise: como vimos, do total do monte-mor, foram abatidos 51:989$403, um valor altíssimo, que corresponde a 32% do total do patrimônio. Via de regra, os abatimentos se referiam ao conjunto das dívidas passivas, aos legados e aos gastos com o funeral, descontados do monte bruto, isto é, do montante total dos bens. Segundo o título XCVI do livro IV das *Ordenações filipinas*, do patrimônio bruto – como bens de raiz, móveis, dinheiro, objetos de metal precioso, utensílios, animais, escravos e dívidas ativas –, o chamado monte-mor, deveriam ser subtraídas as dívidas, do que resultaria o monte-menor, isto é, o patrimônio líquido.[858] Mas, se no caso de D. Lourenço a dívida girava em torno de 34 contos de réis, por que foram deduzidos quase 52 contos? A que corresponderia esse débito, bastante avultado, de 18 contos de réis? Ao que parece, uma parte desse valor destinou-se à devolução do dote de D. Luísa Romualda, cujo montante ultrapassava os 20 mil cruzados, além da pensão a que ela fazia jus como viúva de D. Luís, conforme determinava o contrato de casamento, e, muito possivelmente, ao pagamento dos oito contos de réis devidos à viúva do inventariado, dos quais seria retirada a pensão anual de 400 mil réis.

Ao longo dos autos, uma das testemunhas declarou que o falecido havia contraído dívidas para arcar com os custos do casamento.[859] E, de

---

[856] ANTT. Inventários *post mortem* dos Feitos Findos (1500-1800). Sentença cível em que é autora D. Isabel Catarina Henriques de Bourbon e réu Manuel Caetano Lourenço de Almeida, fl.222.

[857] ANTT. Inventários *post mortem* dos Feitos Findos (1500-1800). Sentença cível em que é autora D. Isabel Catarina Henriques de Bourbon e réu Manuel Caetano Lourenço de Almeida, fl.229v.

[858] Ordenações filipinas, livro IV, título XCVI: "Como se hão de fazer a partilha entre os herdeiros". SILVA. Alforrias e transmissão de patrimônios em São Paulo (1850-1888).

[859] ANTT. Inventários *post mortem* dos Feitos Findos (1500-1800). Sentença cível em que é autora D. Isabel Catarina Henriques de Bourbon e réu Manuel Caetano Lourenço de Almeida, fl.191.

fato, uma das causas mais frequentes para o endividamento da maior parte das casas aristocráticas, na segunda metade do século XVIII, eram os gastos excessivos com a celebração de bodas – mais uma vez, o ex-governador se encaixava nos padrões comuns à nobreza de seu tempo.[860]

Pode-se conjecturar ainda que nem todas as dívidas estivessem lançadas no inventário: sabemos que os herdeiros de D. Lourenço tiveram de saldar um débito existente com Jorge Pinto de Azeredo, no valor de 120 mil réis, em razão de uma execução judicial interposta pelos herdeiros desse rico homem de negócios, junto ao Juízo de Órfãos.[861]

Dívidas elevadas costumavam ser mais a regra do que a exceção. Os trabalhos de Nuno Monteiro apontam para a situação de endividamento crônico das casas nobiliárquicas – um bom exemplo disso é o montante da dívida deixada pelo marquês de Alorna, o antecessor de D. Lourenço no governo das Minas: 300 mil cruzados, ou 120 contos de réis![862]

O rol daqueles que deviam a D. Lourenço contém poucos nomes, mas totaliza uma quantia considerável: 39.038$918 (Quadro 7). Dos devedores, sabe-se apenas que o maior deles era Manuel Correa da Silva, responsável por um débito altíssimo, uma pequena fortuna de 50 mil cruzados, ou 20 contos. Depois vinha o sobrinho, D. Antônio de Almeida Soares Portugal, conde de Lavradio, com pouco mais de 13 contos de réis. Em terceiro, aparecia o conde de São Miguel, com a quantia de quatro contos de réis. O restante – ao todo, cinco indivíduos – devia somas irrisórias.

QUADRO 7 - Rol dos devedores de D. Lourenço de Almeida (1750)

Devedor	Quantia (réis)
Manuel Correa da Silva	20:000$000
Conde de Lavradio	13:183$918

---

[860] MONTEIRO. O endividamento aristocrático (1750-1832): alguns aspectos, p. 266.

[861] PEREIRA. *Das Minas à corte, de caixeiro a contratador.* Jorge Pinto de Azeredo: atividade mercantil e negócios na primeira metade do século XVIII, p. 240.

[862] Minuta de petição que D. João de Almeida Portugal pretendia dirigir à rainha D. Maria I, na qual escreve uma memória acerca dos bens e do estado da casa de Alorna. ANTT. Fundo Marqueses de Fronteira e Alorna, pasta 126. Citado em ALVES. *D. João de Almeida Portugal e a revisão do processo dos Távoras*: conflitos, intrigas e linguagens políticas em Portugal nos fins do Antigo Regime (1777-1802), p. 308.

D. Gastão José da Câmara Coutinho	1:519$000
Almirante (Luís Inocêncio de Castro)	144$000
D. Manuel da Câmara	192$000
Conde de São Miguel	4:000$000
Total	39:038$918

Fonte: ANTT. Inventários *post mortem* dos Feitos Findos (1500-1800). Sentença cível em que é autora D. Isabel Catarina Henriques de Bourbon e réu Manuel Caetano Lourenço de Almeida.

Antes de examinarmos a evolução patrimonial de D. Lourenço de Almeida entre 1712 e 1750, devemos observar que o que se entende por seu patrimônio em 1712 corresponde ao montante recebido na partilha da herança da esposa. Naquela data, o total dos bens do casal foi avaliado em 59:264$760; na partilha, conforme se viu no Quadro 2, coube a ele a quantia de 39:509$840. Então, para efeito de aferição da evolução patrimonial, é esse o valor que se deve considerar. Assim, comparando-se o patrimônio de D. Lourenço ao longo desse período, temos o seguinte:

QUADRO 8 - Evolução do patrimônio
de D. Lourenço entre 1712 e 1750

Ano	1712	1750	Aumento (réis)
Valor em réis	55:313$776	109:992$953	54:679$177

Fonte: ANTT. Inventários *post mortem* dos Feitos Findos (1500-1800). Sentença cível em que é autora D. Isabel Catarina Henriques de Bourbon e réu Manuel Caetano Lourenço de Almeida.

De acordo com o Quadro 2, o patrimônio do ex-governador estava avaliado, em 1712, em 39:509$840. Em 1750, seus bens somavam a quantia de 109:992$953 – o que significa que, nesse intervalo de tempo, o patrimônio teve um crescimento de 70:483$113, o que representa 178,4%. É preciso, porém, matizar esses números, dado que, com a morte dos filhos, D. Lourenço ficou com o quinhão pertencente a eles na herança materna. Miguel, Antônio e Luís faleceram, deixando, no total, a quantia de 11:852$952. A filha Rita Thomásia ingressou no Mosteiro de Santa Clara, de Lisboa, renunciando à sua parte na herança; em troca, seu pai comprometeu-se a dar-lhe 300 mil réis anuais, além de oferecer uma doação ao mosteiro.[863] O fato de D. Lourenço vincular em testamento as legítimas materna e paterna de sua única filha comprova que D. Rita Tomásia havia mesmo renunciado à herança em favor do irmão, D. Manuel Caetano. Era, aliás, prática corrente que as mulheres destinadas à carreira religiosa renunciassem às suas legítimas em favor do irmão primogênito[864] e, quando ingressassem nos conventos, recebessem uma dotação inicial, instituindo assim uma tença anual.[865]

Nesse caso, podemos considerar que o patrimônio de D. Lourenço compreendia não só o legado obtido na divisão da herança de D. Maria Rosa, mas também os quinhões dos filhos, que, por morte deles, veio a herdar. Assim, seu patrimônio virtual em 1712 correspondia a 55:313$776. A evolução patrimonial aferida até 1750 registra um ganho de 54:680$177, ou seja, 98,85%. Em resumo, no período de menos de 40 anos, ele conseguiu duplicar o patrimônio familiar.

Luxo, ostentação e riqueza

Como dimensionar o montante da fortuna de D. Lourenço? Seria ele, de fato, um homem muito rico, como diziam os contemporâneos? Ou suas posses eram, ao contrário, modestas? Apesar de incompletas, as informações contidas no inventário indicam um estilo de vida luxuoso e padrões de consumo elevados.[866] Junto da esposa e do filho Manuel Caetano, vivia numa "casa nobre", isto é, num palácio com jardins, cisterna, quintal, cavalariças, palheiro, seleiro, cocheira, casa de arreios. Na vizinhança do palácio, localizado na Rua Direita de São Lázaro, na freguesia de Nossa Senhora da

---

[863] ANTT. Inventários *post mortem* dos Feitos Findos (1500-1800). Sentença cível em que é autora D. Isabel Catarina Henriques de Bourbon e réu Manuel Caetano Lourenço de Almeida. Testamento de D. Lourenço, fl.600.

[864] MONTEIRO. *O crepúsculo dos grandes*: a casa e o patrimônio da aristocracia em Portugal (1750-1832), p. 107.

[865] MONTEIRO. Casamento, celibato e reprodução social: a aristocracia portuguesa nos séculos XVII e XVIII, p. 942.

[866] Os conceitos de "estilo de vida" e "padrões de consumo" foram extraídos de Nuno Gonçalo Monteiro, em *O crepúsculo dos grandes* (MONTEIRO. *O crepúsculo dos grandes*: a casa e o patrimônio da aristocracia em Portugal (1750-1832), p. 440).

Pena,[867] erguiam-se várias casas de sua propriedade, utilizadas tanto para abrigar criados e empregados quanto para a locação a terceiros. Por essa breve e sucinta descrição, infere-se que a habitação seguia o padrão dominante das construções palacianas em que vivia a nobreza portuguesa – o que fica evidente pela presença dos jardins, típicos dos palácios dos titulares, e das cavalariças, um inequívoco signo de distinção social, exclusivo dos muito ricos.[868] Além disso, o palácio permaneceu durante muitas décadas como a residência oficial dos descendentes de D. Lourenço, mesmo daqueles cuja riqueza e posição social ultrapassavam as dele, como seria o caso do conde de Peniche.

A julgar pelo depoimento de um dos criados de D. Lourenço, o palácio vivia em constante reforma, destinada a transformá-lo numa "habitação nobre", tendo sido consumidos ali mais de 10 mil cruzados em benfeitorias.[869] Em seu testamento, ele o avaliou em 60 mil cruzados, ou seja, 24 contos de réis, uma quantia altíssima, que comprova que se tratava de uma construção das mais luxuosas. Um bom parâmetro de comparação é o palácio pertencente a Alexandre Metelo de Sousa e Menezes, localizado no Campo de Santa Ana e reputado por um dos edifícios mais suntuosos e elegantes de Lisboa naquela época. Estimava-se o seu valor em 70 mil cruzados – não muito superior ao do palácio de D. Lourenço.[870]

Ricamente mobiliada, a habitação era decorada com tapetes, espelhos, painéis e móveis indianos, o que lhe conferia um ar de refinamento e sofisticação. O "recheio" – como se dizia à época – continha

---

[867] ANTT. Inventários *post mortem* dos Feitos Findos (1500-1800). Sentença cível em que é autora D. Isabel Catarina Henriques de Bourbon e réu Manuel Caetano Lourenço de Almeida, fl. 198v e fl. 199v.

[868] MIGUEL. *Descobrir a dimensão palaciana de Lisboa na primeira metade do século XVIII*: titulares, a corte, vivências e sociabilidades, v. 1, p. 58. Sobre a carruagem como signo de status e prestígio na sociedade do Antigo Regime, ver LÓPEZ ÁLVAREZ. *Poder, lujo y conflicto en la Corte de los Austrias*: coches, carrozas y sillas de mano, 1550-1700.

[869] ANTT. Inventários *post mortem* dos Feitos Findos (1500-1800). Sentença cível em que é autora D. Isabel Catarina Henriques de Bourbon e réu Manuel Caetano Lourenço de Almeida, fl. 198v.

[870] ANTT. Orfanológicos, Letra A, maço 121, n. 1. Inventário dos bens que ficaram pelo falecimento de Alexandre Metelo de Sousa e Menezes (1766-1767).

peças valiosas, como porcelana da Índia e uma série de objetos de prata, como salvas, bandejas, pratos de água, bules e confeiteira. Esses objetos eram mais distintivos socialmente que os de ouro, porque, como observam Nuno Monteiro e Pedro Cardim, os últimos se encontravam disseminados em todos os estratos sociais, mesmo entre os mais pobres, ao contrário da prata, usada em joias e peças de mesa, conforme uma tradição portuguesa de representação social.[871]

Outro fator de distinção eram os criados. E, a julgar pelos viajantes que passaram por lá no século XVIII, Lisboa "era uma cidade de criados".[872] A esse respeito, a marquesa de Alorna comentou: "em Portugal há o costume de ter por ostentação um grande número de criados e criadas". Seu número variava muito, podendo chegar, em algumas casas, a mais de 50. De acordo com alguns relatos, havia, por exemplo, no palácio do marquês de Marialva, "cinquenta criados a postos", e no do marquês de Fronteira, "ao todo, entre amos e criados, mais de oitenta pessoas".[873]

O inventário não permite verificar o tamanho da criadagem de D. Lourenço; mas ali são citados, pelo menos, um mordomo, quatro criados graves, além de três escravos. Se comparado aos "grandes de Portugal", era um número bem modesto; no entanto, traduzia um estilo de vida elegante, que buscava imitar, ainda que em escala reduzida, os modelos de luxo e ostentação da nobreza superior do Reino.

O casal possuía ainda outros objetos indicadores de prestígio e status social, como a sege aberta e as ricas joias cravejadas de pedras preciosas, a exemplo do caríssimo hábito da Ordem de Cristo, guarnecido com "48 diamantes rosas, delgados, de vários tamanhos, com cruzes esmaltadas de encarnado e branco", avaliado em quase 20 mil réis.[874]

---

[871] MONTEIRO; CARDIM. A centralidade da periferia: prata, contrabando, diplomacia e guerra na região platina (1680-1806), p. 16.

[872] MONTEIRO. *O crepúsculo dos grandes*: a casa e o patrimônio da aristocracia em Portugal (1750-1832), p. 448.

[873] Citado por FRANCO. *Casas das elites de Lisboa*: objetos, interiores e vivências (1750-1830), p. 111, 123.

[874] ANTT. Inventários *post mortem* dos Feitos Findos (1500-1800). Sentença cível em que é autora D. Isabel Catarina Henriques de Bourbon e réu Manuel Caetano Lourenço de Almeida, fl. 648.

Possuir "uma casa de campo condigna",[875] geralmente uma quinta nos arredores de Lisboa, para onde se podia retirar nos momentos de lazer ou perda de valimento, constituía um padrão comum entre a primeira grandeza do Reino, que se dividia entre o campo e os palácios na corte.[876] D. Lourenço, como vimos, era proprietário da Quinta da Lapa, localizada na freguesia de Santa Ana de Carnota, no termo de Alenquer, a pouca distância da capital. Luxuosa, a quinta compreendia um verdadeiro complexo de construções rurais: duas "casas nobres", quatro casas de criados, quatro casas de feitor, adega, lagares, ermidas, vinhas, olivais, etc.[877] A propriedade parecia ser a menina dos olhos do seu dono: logo depois das bodas, o casal passou ali seis meses, antes de se transferir definitivamente para o palácio da Rua de São Lázaro, então em obras para receber a nova moradora.

Todavia, a questão ainda subsiste: se os valores do inventário apontam um estilo de vida luxuoso, compatível com o da nobreza portuguesa, é plausível concluir então que D. Lourenço foi, de fato, um homem muito rico? Para que possamos dimensionar a sua fortuna, é necessário recorrer a critérios de comparação, capazes de oferecer uma visão mais contextualizada desses valores. A sondagem aqui proposta será realizada a partir de quatro diferentes escalas de cotejo.

A primeira delas consiste na fortuna de um ex-governador das Minas, D. Brás Baltasar da Silveira, que esteve à frente da capitania entre 1712 e 1717. Num artigo instigante, Tiago dos Reis Miranda examinou a sua situação financeira em dois momentos distintos:

---

[875] Segundo Monteiro, "do padrão de vida da 'primeira grandeza da corte' fazia parte uma residência apalaçada em Lisboa e, eventualmente, uma casa de campo condigna" (MONTEIRO. *O crepúsculo dos grandes*: a casa e o patrimônio da aristocracia em Portugal (1750-1832), p. 440).

[876] Segundo Nuno Monteiro, "em meados do século XVIII a quinta nos arredores de Lisboa era um elemento essencial do modelo de vida dos cortesãos, para onde, como rezam as crônicas, se retiravam quando perdiam o valimento e se afastamento do paço" (MONTEIRO. *O crepúsculo dos grandes*: a casa e o patrimônio da aristocracia em Portugal (1750-1832), p. 439).

[877] ANTT. Inventários *post mortem* dos Feitos Findos (1500-1800). Sentença cível em que é autora D. Isabel Catarina Henriques de Bourbon e réu Manuel Caetano Lourenço de Almeida, fl.712v.

pouco antes de assumir o governo e depois do regresso a Lisboa. As conclusões a que chegou são impressionantes: tendo saído do Reino com poucos recursos, ele voltaria, cinco anos depois, muito, muito rico – e o próprio D. Brás reconheceria a súbita mudança de fortuna, ao registrar, numa escritura notarial, que "se achava com muitos bens adquiridos nos postos militares especialmente no governo das Minas do Rio de Janeiro". Em Lisboa, uma de suas primeiras providências foi estabelecer o vínculo de parte dos bens, um dos quais era um padrão assentado na Casa da Índia, que ele havia comprado ao rei pela quantia de mais de 300 mil cruzados; outro bem era um conjunto de joias avaliado em mais de seis mil cruzados. Segundo Miranda, D. Brás Baltasar investiu grande parte dos recursos na aquisição de propriedades urbanas e rurais: ao morrer, possuía 25 imóveis em Lisboa, além de "marinhas em Alcochete, uma lezíria à beira do Tejo, um prazo na ilha de Santa Maria, reguengos em Gondomar e terras em Benavente, Santarém, Sintra e Ribeira da Canha, entre outras". Instituído o morgado, ele tratou de se casar e, para isso, ajustou um contrato de dote no valor fabuloso de 35 mil cruzados.

É de se notar que o valor de um único bem de D. Baltasar ultrapassa todo o montante da fortuna de D. Lourenço: o padrão adquirido por 300 mil cruzados, o equivalente a 120 contos – muito superior aos quase 110 contos desse último. Também o número de imóveis rurais e urbanos de que era proprietário supera o conjunto de bens de raiz de D. Lourenço. Como conclui Tiago Miranda, não há dúvida de que D. Brás se tornou um homem riquíssimo em sua passagem pelas Minas – e essa fortuna não pode ser explicada pelos seus vencimentos, uma vez que, entre soldo e ajuda de custo, ele embolsou a quantia modesta de 50 mil cruzados – ou 20 contos.[878]

O antecessor de D. Lourenço, o conde de Assumar, pôde, graças à passagem pela capitania, saldar as dívidas da família, sanar as finanças da casa e adquirir uma quinta em Almeirim. A esse respeito, são esclarecedoras as conclusões de Marcos Aurélio Pereira, que teve acesso ao inventário do pai dele, cujos dados comprovam que a origem dos recursos provinha das operações financeiras realizadas

---

[878] MIRANDA. Na vizinhança dos grandes, p. 107-118.

nas Minas, inclusive o comércio de escravos. Ele ainda liquidou as dívidas da casa de seu pai e as próprias, adquiriu o morgado e as terras próximas ao Campo de Monção.[879] As informações não permitem estimar com precisão o montante da fortuna constituída nas Minas, mas o fato de ter quitado todas as contas e adquirido diversos bens é, por si só, muito revelador. Basta considerar a quantia paga pela quinta de Monção: 55 mil cruzados, ou 22 contos de réis! Se essa era apenas uma parte dos investimentos feitos por ele, parece legítimo especular que o seu patrimônio tivesse ultrapassado a casa dos 100 contos de réis.

Como explicar esse enriquecimento vertiginoso no período de apenas quatro anos? Segundo Marcos Aurélio Pereira, o conde de Assumar, por meio de seu procurador, Domingos Rodrigues Cobra, dedicou-se ao negócio de compra e venda de terras, lavras e escravos, realizando uma série de transações financeiras bastante lucrativas. De acordo com o documento de compra das terras do Monção, por exemplo, os recursos para o pagamento dessa transação provinham das remessas feitas pelos sócios estabelecidos na região mineradora – o que significa que tais atividades econômicas lhe renderam, pelo menos, a quantia de 55 mil cruzados. Ainda nesse documento, o conde de Assumar informava que estava à espera do dinheiro das Minas, comprometendo-se a desembolsar "além de 22 mil cruzados pela escritura, os juros de 5% até a conclusão de todos os pagamentos, pois, argumentava: poderá ser maior a quantia e o resto de toda ela o satisfará na chegada da frota próxima do Rio de Janeiro".[880]

Durante o período em que D. Brás Baltasar e o conde de Assumar estiveram à frente da capitania, não vigorava nenhuma proibição formal quanto ao envolvimento dos governadores nos negócios coloniais – quadro que se alteraria em 1720, quando um novo alvará régio passou a proibir todo tipo de comércio por parte dos funcionários locais.[881]

---

[879] PEREIRA. *Vivendo entre cafres*: vida e política do conde de Assumar no ultramar, 1688-1756, p. 77.

[880] PEREIRA. *Vivendo entre cafres*: vida e política do conde de Assumar no ultramar, 1688-1756, p. 125, 129.

[881] Provisão régia de 21 de agosto de 1720. In: DOCUMENTOS históricos, v. 80, p. 271.

Assim, quando D. Lourenço pisou nas Minas, ele se encontrava formalmente proibido de se envolver em operações destinadas à obtenção de lucro, como haviam feito os seus antecessores.

A segunda escala de comparação nos é dada pela fortuna dos comerciantes da praça de Lisboa, na segunda metade do século XVIII. Segundo Jorge Pedreira, é possível hierarquizar tais fortunas a partir dos seguintes valores: um comerciante médio possuía bens avaliados em torno de seis a 65 contos de réis, sendo que a grande maioria ficava em torno dos 20 contos; os grandes magnatas possuíam valores bem mais elevados, a exemplo do barão de Quintela, que, em 1801, vinculou uma parte dos seus bens no valor de 424 contos de réis.[882] A fortuna de D. Lourenço correspondia, portanto, à de um grande comerciante, sem chegar a ser a de um grande magnata. Um exemplo de homem de negócios bem-sucedido é José Rodrigues Lisboa, que, ao morrer, em 1759, legou um patrimônio avaliado em 80 contos de réis. Seus investimentos incluíam 60 contratos de exploração de estancos e cobrança de direitos e tarifas, arrematados desde 1745; ele ainda transportava mercadorias para a Bahia e para o Rio de Janeiro, além de ser acionista em companhias de negócio que atuavam em Bengala, Coromandel e Pernambuco. De acordo com Jorge Pedreira, "aos lucros dos contratos e carregações, às receitas dos fretes, [ele] acrescentava os juros dos empréstimos que fazia, alguns sobre penhores".[883]

A terceira escala de comparação baseia-se na fortuna da primeira nobreza do Reino. Infelizmente, são escassas as informações disponíveis a esse respeito, porque as referências se concentram nos rendimentos – tidos, pelos estudiosos, como mais representativos da situação financeira das casas titulares. Há, porém, um caso mais ou menos bem documentado: o patrimônio da Casa de Aveiro, posto em inventário para sequestro em 1758. Nele não foram arrolados os bens de raiz, mas somente os bens móveis encontrados nas casas de Lisboa, Azeitão, Salvaterra e de Belém. Todos esses itens somaram a quantia

---

[882] PEDREIRA. Os negociantes de Lisboa na segunda metade do século XVIII: padrões de recrutamento e percursos sociais, p. 422.

[883] PEDREIRA. Tratos e contratos: actividades, interesses e orientações dos investimentos dos negociantes da praça de Lisboa (1755-1822), p. 365.

de 106:210$815 – valor bem superior aos quase 110 contos de réis de todo o patrimônio de D. Lourenço.[884]

Outra referência é o inventário das propriedades do conde de Povolide, morto em 1761. Segundo Nuno Monteiro, o patrimônio do casal atingiu o valor de 53:590$775, cuja maior parte se compunha de propriedades de casas em Lisboa e benfeitorias no palácio vinculado.[885] Se a fortuna da Casa de Aveiro era muito superior à de D. Lourenço, esta, por sua vez, era bem maior – mais que o dobro – que a fortuna do conde de Povolide.

Outra referência útil consiste no padrão de riqueza da nobreza de Coimbra, cujo valor médio girava, no final do século XVIII, em torno de 56 contos de réis. Uma das casas mais abastadas do lugar, a Casa dos Cabral de Moura, destacava-se pela opulência: na Quinta de São Silvestre, comprada ao marquês de Marialva pela quantia de 77 mil cruzados, os fidalgos "já se tratavam com 2 escudeiros, 1 capelão, 6 criados de 'escada abaixo' e vários outros, mais de 12 bestas na estrebaria, liteiras, seges, 'pacabotes', 'carruagem a quatro'"... Em 1796, estimava-se o valor dos bens de raiz do morgadio de São Silvestre em 40 mil réis – valor que alcançaria, oito anos depois, a quantia de 67:200$000. Uma das maiores fortunas locais pertencia à família Brito e Castro, avaliada em 100 mil réis em 1796, composta pela Quinta da Portela, três vínculos e vários prazos de olivais, terra, casas e quintas em Coimbra e seu termo.[886] Com um patrimônio estimado em quase 110 contos de réis, D. Lourenço ainda era mais afortunado do que os fidalgos de Coimbra.

A quarta escala de comparação nos é fornecida pelo conjunto de bens dos homens mais ricos de Minas Gerais durante a primeira metade do século XVIII (Quadro 9). Os estudos recentes têm estabelecido como padrão mínimo de riqueza para a região a quantia superior a cinco contos de réis, a exemplo dos trabalhos pioneiros de Karina

---

[884] RODRIGUES. Grandes de Portugal no século XVIII: inventários da Casa de Távora, Atouguia e Aveiro (1758-1759), p. 52.

[885] MONTEIRO. Os rendimentos da aristocracia portuguesa na crise do Antigo Regime, p. 369.

[886] RIBEIRO. O patrimônio da fidalguia provincial da região de Coimbra: o caso da família Garrido (século XVIII), p. 330.

Paranhos da Mata e de Raphael Freitas.[887] De modo geral, as maiores fortunas ultrapassavam os 18 contos de réis. Na Vila do Ribeirão do Carmo e seu termo, entre 1713 e 1750, havia 22 indivíduos que se encaixavam nesse perfil. Um exemplo é o mestre de campo Francisco Ferreira de Sá, proprietário do maior cabedal encontrado naquela vila: no inventário aberto em 1732, seus bens foram avaliados em 58:882$767, distribuídos em investimentos diversificados na mineração e na agricultura, além de um plantel de 120 escravos, cujo valor correspondia a 33% do seu patrimônio.[888]

A fortuna de Francisco Ferreira de Sá era excepcional para os padrões locais, pois, na comarca do Rio das Velhas, Karina Paranhos identificou apenas sete indivíduos cujo monte-mor superava os 18 contos de réis – em todos eles, os escravos compunham a maior parte do patrimônio. Mesmo para os padrões de Lisboa, naturalmente mais elevados do que os das Minas Gerais, os bens de Ferreira de Sá se destacavam pela opulência.

O homem mais rico da comarca do Rio das Velhas, o capitão português Mathias de Crasto Porto, teve seus bens avaliados em 81:287$962. O testamento aberto em 1742 deixa ver o perfil de um homem de negócios que optou, como os demais, pela diversificação dos investimentos, dedicando-se ao comércio, à mineração, à agricultura e à pecuária.

Segundo homem mais rico daquela comarca, o capitão Manuel das Neves Ribeiro possuía um capital avaliado em 67:330$127, formado basicamente por dívidas ativas. Atrás dele, João Ferrcira dos Santos era proprietário de uma fortuna estimada em 50:204$952, cuja maior fatia correspondia a terras – cerca de 62% – e escravos – em torno de 242 indivíduos, perfazendo 32% dos bens acumulados por ele.[889]

Comparada à fortuna de Matias de Crasto Porto – o homem mais rico da comarca do Rio das Velhas, e talvez de toda a capitania

---

[887] SANTOS. *"Devo que pagarei"*: sociedade, mercado e práticas creditícias na Comarca do Rio das Velhas, 1713-1773.

[888] MATA. *Riqueza e representação social nas Minas Gerais*: um perfil dos homens mais ricos (1713-1750), p. 79-82.

[889] MATA. *Riqueza e representação social nas Minas Gerais*: um perfil dos homens mais ricos (1713-1750), p. 87-94.

das Minas Gerais à época –, o montante da fortuna de D. Lourenço é ainda mais impressionante. Ele era muito mais rico do que os mais afortunados da região, e, vale notar, sem que se dedicasse a atividades econômicas regulares, capazes de assegurar uma constante circulação de capitais, necessária à obtenção de lucros avultados – como era o caso desses indivíduos.

QUADRO 9 - Quadro comparativo das fortunas de D. Lourenço e dos homens mais ricos da capitania de Minas Gerais

Testador	Fortuna (em réis)
Lourenço de Almeida	109:992$953
Mathias de Crasto Porto	81:287$962
Francisco Ferreira de Sá	58:882$767
João Ferreira dos Santos	50:204$952

Fonte: ANTT. Inventários *post mortem* dos Feitos Findos (1500-1800). Sentença cível em que é autora D. Isabel Catarina Henriques de Bourbon e réu Manuel Caetano Lourenço de Almeida; MATA. *Riqueza e representação social nas Minas Gerais*: um perfil dos homens mais ricos (1713-1750).

Comparemos a fortuna de D. Lourenço com os números levantados por Carla Almeida, em seu estudo sobre os homens mais ricos da capitania de Minas Gerais, na segunda metade do século XVIII. De todos os inventários compulsados, o de maior monte-mor é o de Domingos Pires, grande negociante e minerador, falecido em 1790, dono de uma fortuna estimada em 88:685$076.[890] Segundo Almeida, o patrimônio dos médios proprietários oscilava entre 1:781$000 e 7:109$780; ao passo que o dos grandes proprietários situava-se acima dessa faixa; raras são as fortunas que excediam o valor de 17:774$451 – a autora só conseguiu localizar 14 inventários com montes superiores. Desses, somente dois atingiram o patamar de 35:548$902: o já citado Domingos Pires e D. Maria Teresa Barbosa, viúva, que, em 1820, deixou um patrimônio avaliado em pouco mais de 40 contos de réis.[891]

---

[890] ALMEIDA. *Homens ricos, homens bons*: produção e hierarquização social em Minas colonial: 1750-1822, p. 170.

[891] ALMEIDA. *Homens ricos, homens bons*: produção e hierarquização social em Minas colonial: 1750-1822, p. 191-192. Os valores, em libras esterlinas, foram convertidos em réis.

Assim, a fortuna de D. Lourenço mantém a sua superioridade diante da fortuna dos mais ricos de Minas Gerais, também na segunda metade do século XVIII. Uma última referência pode contextualizar melhor o significado do patrimônio do ex-governador: em 1781, o português Joaquim Vicente do Reis – que chegou a ser considerado o "mais rico e poderoso vassalo de Portugal no Brasil" – arrematou, em sociedade com um tio e um grande comerciante da Bahia, a Fazenda do Colégio dos jesuítas, situada no Campo dos Goytacases, pela quantia altíssima de 187:953$130.[892] Comparado a ele, os cabedais do ex-governador parecem bem mais módicos.

Como explicar a evolução patrimonial de D. Lourenço ao longo de quase 40 anos? Seriam seus rendimentos lícitos suficientes para justificar o aumento dos bens?

Antes de responder a essas questões, é preciso considerar que as casas nobres desfrutavam de muitas fontes de proventos: soldos, comendas, foros, tenças, aluguéis, juros, entre outros. No caso de D. Lourenço, foram os soldos o seu principal lucro. Como governador de Pernambuco, de 1º de junho de 1715 a 23 de julho de 1718, ele recebeu um salário anual de 1:800$000, ao qual se adicionou uma ajuda de custo no valor de 1:600$000.[893] Somados os soldos e a ajuda de custo, o governador embolsou sete contos de réis.

Em Minas Gerais, onde permaneceu por quase 12 anos, o soldo em vigor era de quatro contos de réis anuais, além de uma ajuda de custo de 1:600$000.[894] Ao longo de todo o período, seus rendimentos chegaram à quantia de 49:600$000. Juntando-se a remuneração relativa aos governos de Pernambuco e Minas Gerais, obtemos a

---

[892] GUGLIELMO. De comerciante ao "mais rico e poderoso vassalo de Portugal no Brasil": a trajetória de ascensão social de Joaquim Vicente dos Reis.

[893] ANTT. Registro geral de mercês, D. João V, Livro 7, fl. 72. Fl. 72: "Hei por bem fazer mercê do cargo de governador das capitanias de Pernambuco para que o sirva por tempo de três anos e o mais enquanto lhe não mandar sucessor". Ordenado de 1.800 réis cada ano. Lisboa, 23 jan. 1715. Em Ordem de 16 de novembro de 1714, o soldo do governador da capitania de Pernambuco passou a ser 12 mil cruzados, sofrendo um reajuste de quatro mil cruzados.

[894] AHU, Minas Gerais, cx. 2, doc. 111. Decreto de D. João V, ordenando que sejam pagos quatro mil cruzados de ajuda de custo a D. Lourenço de Almeida, governador de São Paulo e Minas. Lisboa, 29 mar. 1721.

cifra de 56:600$000 ou 141.500 cruzados – um valor bem elevado (Quadro 10).

QUADRO 10 - Soldos recebidos por D. Lourenço no governo das capitanias de Pernambuco e Minas Gerais

Capitania	Soldo (réis)	Ajuda de custo (réis)	Total
Pernambuco	5:400$000	1:600$000	7:000$000
Minas Gerais	48:000$000	1:600$000	49:600$000
Total	53:400$000	3:200$000	56:600$000

Outra fonte de rendimento eram as tenças. De acordo com Nuno Monteiro, a grande maioria dos proventos das casas titulares emanava dos bens da Coroa, como comendas e bens de vínculo, que, em razão de sua natureza jurídica, não eram objeto de partilha nos inventários.[895]

Desde 1701, D. Lourenço gozava dos rendimentos da comenda de São Miguel de Borba de Godim, da Ordem de Cristo, que lhe proporcionava uma tença anual de 200 réis.[896] Antes dessa data, em 1688, ele havia sido agraciado com o foro de moço fidalgo, com mil réis de moradia por mês, e um alqueire de cevada por dia. Por ocasião da nomeação para a Índia, teve direito ao acrescentamento do foro de fidalgo escudeiro, com 3$900 de moradia, e um alqueire e meio de cevada por mês, que não venceria, porém, enquanto estivesse na Índia.

Como observa Fernanda Olival, era prática corrente acumular comendas de uma mesma ordem.[897] O marquês de Alorna, por exemplo, gozava do rendimento de sete comendas: Santa Maria de Loures, S. Salvador de Souto, Cosme e São Damião, São Julião de Cambres, Santa Maria da Graça e Monforte, São Pedro de Farinha Podre e S. Salvador de Baldreu. Segundo Norton, algumas dessas haviam sido

---

[895] MONTEIRO. Os rendimentos da aristocracia portuguesa na crise do Antigo Regime, p. 369.

[896] ANTT. Registro geral de mercês, D. Pedro II, Livro 4, fl. 464. Lisboa, 30 maio 1701.

[897] OLIVAL. *As ordens militares e o Estado moderno*: honra, mercê e venalidade em Portugal (1641-1789), p. 46.

concedidas a seus antepassados, outras foram obtidas mediante o matrimônio, e havia ainda aquelas recebidas em herança.[898] Ao contrário da profusão de comendas do conde de Assumar, parcimoniosa era a posição de D. Lourenço, com apenas uma comenda.

Esse era o único rendimento nos bens da Coroa de que desfrutava o ex-governador – e se eram esses bens as principais fontes de rendimento da nobreza portuguesa, chegando, muitas vezes, a corresponder a mais da metade dele, muito precária era a situação financeira dele, fragilizada pela escassez de proventos.

Afora a comenda de São Miguel, D. Lourenço desfrutava dos aluguéis provenientes dos imóveis urbanos de que era proprietário. Somavam, ao todo, quatro conjuntos: as casas do Cais do Carvão; da Rua das Flores; das Cavalariças e da Rua da Rosa das Partilhas. Esses imóveis reuniam várias casas, armazéns e lojas: um exemplo são as casas na Rua da Rosa das Partilhas e na Rua do Cais do Carvão, em que viviam, ao todo, cerca de 26 inquilinos.[899]

As fontes não indicam o número exato de domicílios – e, portanto, de locatários –, tampouco o rendimento total desses aluguéis. É possível, porém, especular a partir de uma evidência documental: D. Lourenço alugou "um andar de casas" para um criado seu, pelo período de seis meses, ao preço de 8.500 réis – considerada, à época, uma "quantia módica".[900] Se os dois conjuntos de habitações contavam com 26 inquilinos, não é despropositado conjecturar que todos os imóveis – quatro conjuntos no total – fossem ocupados por cerca de 50 inquilinos, rendendo-lhe uma quantia próxima a um conto de réis por ano – o que, certamente, proporcionava-lhe uma renda segura e estável, ainda que limitada.

Em seus estudos, Nuno Monteiro observa que os únicos bens explorados diretamente pela nobreza principal do Reino eram as

---

[898] NORTON. *D. Pedro Miguel de Almeida Portugal*, p. 323, 213-215.

[899] ANTT. Inventários *post mortem* dos Feitos Findos (1500-1800). Sentença cível em que é autora D. Isabel Catarina Henriques de Bourbon e réu Manuel Caetano Lourenço de Almeida, fl. 370.

[900] ANTT. Inventários *post mortem* dos Feitos Findos (1500-1800). Sentença cível em que é autora D. Isabel Catarina Henriques de Bourbon e réu Manuel Caetano Lourenço de Almeida, fl. 493 e fl. 524, respectivamente.

quintas localizadas nos arredores de Lisboa,[901] sendo a grande maioria dos imóveis rurais posta em arrendamento. Contrariando essa tendência geral, a Quinta da Lapa não estava arrendada, e nela D. Lourenço cultivava vinhedos e produzia vinho; no inventário, são arrolados, por exemplo, 18 tonéis, pipas, gamelas, funis, dornas e uma caldeira grande de cobre.[902] Na quinta, ele também mantinha olivais e fabricava azeite. O único dado disponível sobre a rentabilidade dessa produção menciona a quantia de 563$705, resultante da venda de vinho – e não há elementos suficientes para afirmar se se tratava do montante da produção anual ou de uma produção eventual.[903]

Se considerarmos que os rendimentos médios das casas titulares da nobreza portuguesa, nos finais do Antigo Regime, giravam em torno de 18 a 19 contos, "situando-se a mediana em cerca de 14 contos", enquanto o patamar mínimo de rendimentos não ultrapassava seis contos anuais, fica patente a parcimônia dos proventos de D. Lourenço.[904] Excluído do serviço régio e do acesso aos bens da Coroa, ele não contava com um fluxo constante de entrada de capitais – e, certamente, a aquisição de imóveis urbanos e rurais foi uma tentativa para remediar essa situação.

Mas, afinal, esses ingressos explicariam a sua extraordinária evolução patrimonial? Antes de responder a essa questão, é preciso ponderar sobre os soldos recebidos ao longo de sua carreira como governador, para relativizar um pouco a magnitude desses números. Cumpre lembrar, em primeiro lugar, que o posto de governador demandava uma

---

[901] MONTEIRO. Os rendimentos da aristocracia portuguesa na crise do Antigo Regime, p. 380. Segundo esse autor, "mesmo se era frequente, como se viu, as grandes casas terem morgados no Alentejo, os únicos bens explorados directamente pelas casas estudadas eram algumas das quintas localizadas nos arredores de Lisboa, muitas vezes utilizadas sobretudo como locais de lazer e recreio".

[902] ANTT. Inventários *post mortem* dos Feitos Findos (1500-1800). Sentença cível em que é autora D. Isabel Catarina Henriques de Bourbon e réu Manuel Caetano Lourenço de Almeida, fl. 709v.

[903] ANTT. Inventários *post mortem* dos Feitos Findos (1500-1800). Sentença cível em que é autora D. Isabel Catarina Henriques de Bourbon e réu Manuel Caetano Lourenço de Almeida, fl. 108v.

[904] MONTEIRO. Elites locais e mobilidade social em Portugal nos finais do Antigo Regime, p. 348.

série de despesas, algumas ligadas à sobrevivência material, outras à manutenção do prestígio e ao respeito da autoridade. Uma boa mostra disso é a carta que o governador de Pernambuco, Manuel Rolim de Moura, escreveu ao rei, em 1721, solicitando o reajuste dos vencimentos. Argumentou ele que os soldos dos governadores do Maranhão e de Pernambuco não podiam ser iguais – como havia pretendido outro governador –, pois a capitania do Maranhão "é tão abundante e fértil de mantimentos que custam os víveres quase de graça". Para além das despesas necessárias à subsistência, havia ainda, segundo ele, outra peculiaridade: "o governo de Pernambuco sempre foi de maior predicamento, e teve um 1:800$000 de soldo, e é capitania de muita fidalguia, muitos cabos de guerra, muitos senhores de engenho, que todos se tratam com grande luzimento a cujo respeito necessitam os governadores de mais luzidia casa e numerosa família".[905]

Na realidade, a correspondência dos governadores ultramarinos é particularmente rica em queixas sobre a insuficiência da remuneração diante dos gastos necessários ao prestígio do posto, do que resultavam enormes prejuízos ao desempenho do serviço régio. Assim reclamou o marquês do Lavradio, referindo-se às dificuldades financeiras que o cargo de vice-rei lhe impunha, relatando que o conde da Cunha, "[que] não tendo dado nunca um jantar público ficou devendo 16 mil cruzados". Também o conde de Azambuja ficou reduzido à miséria, tendo sido "obrigado agora na sua retirada a vender até o último guardanapo, e garfo de que se servia, e um destes dias assinou uma escritura de dívida de dez mil, para poder ter com que fizesse a sua torna-viagem". Receava o marquês de Lavradio os prejuízos que teria de assumir, indagando: "em que estado ficarei eu se Sua Majestade não der providência a que os Vice-reis tenham o soldo competente, pois para o servirmos com independência o não podemos fazer totalmente sem arruinarmos as nossas Casas?".[906] Por ocasião de sua transferência

---

[905] AHU, Pernambuco, caixa 29, D. 2626. Requerimento do (nomeado) governador da capitania de Pernambuco, D. Manoel Rolim de Moura, ao rei [D. João V], pedindo acréscimo em seu soldo e uma ajuda de custo. Lisboa, 7 maio 1721.

[906] LAVRADIO, Marquês do. *Cartas da Bahia, 1768-1769*. Rio de Janeiro: Arquivo Nacional, 1972, p. 16. Citado por SANTOS. Mediações entre a fidalguia portuguesa e o marquês de Pombal: o exemplo da Casa de Lavradio.

para o Rio de Janeiro, ele ponderou sobre as vantagens e desvantagens da mudança: "este governo passa de ter mais de seis mil cruzados de soldos que, junto a ser a terra mais barata que o Rio, não deixa de fazer um objeto bastantemente considerável, porém não importa pouco porque o pagará a minha Casa, que já bem costumada está a esta qualidade de despesas".[907]

Outro exemplo de ruína financeira ocasionada pelo serviço régio foram os condes da Ericeira, também marqueses do Louriçal. De acordo com Nuno Monteiro, depois de ter servido como vice-rei da Índia, a casa do quinto conde da Ericeira mergulhou em grandes dificuldades financeiras e elevadas dívidas. O segundo marquês do Louriçal, D. Francisco, assim descreveu, em 1743, os problemas econômicos que enfrentava: "a mesma Casa reduzida a tal consternação e miséria que apenas sabia por um Orçamento que as dívidas hereditárias chegavam a trezentos mil cruzados", sendo "notoriamente constante", segundo relatava mais tarde um ministro informante, "que o Avô e Pai do marquês suplicante contraíram vultados empenhos em ocasiões de empregos no Serviço de Vossa Majestade".[908]

D. Antônio de Noronha, que governou a capitania de Minas, entre 1775 e 1780, também se queixou dos grandes prejuízos acarretados pelo posto. De volta a Portugal, lamentaria a situação, dizendo que os parcos rendimentos não bastavam para "satisfazer as obrigações de um tratamento proporcionado à sua pessoa, e ao posto que exercita sem que, ou faça uma figura indecente, ou se veja nas circunstâncias de acrescentar novos empenhos aos que tem contraído no serviço de Vossa Majestade, os quais nunca poderá pagar".[909]

Diante desse quadro, parece legítimo afirmar que os soldos estavam longe de ser uma fonte de rendimentos suficiente para enriquecer os governadores das conquistas; pelo contrário, mal faziam frente às

---

[907] Carta do marquês do Lavradio a Manuel Francisco Machado, 9 set. 1769. In: LAVRADIO. *Cartas da Bahia, 1768-1769*, p. 274.

[908] Citado por MONTEIRO. O endividamento aristocrático (1750-1832): alguns aspectos, p. 269.

[909] Citado por SOUZA. *O sol e a sombra*: política e administração na América portuguesa do século XVIII, p. 390-391.

necessidades inerentes ao cargo, e este se convertia, para muitos, em fonte de pobreza e ruína, lançando suas casas em dívidas que se arrastavam por gerações e gerações.

Negócios e afetos

As fontes disponíveis não permitem responder se D. Lourenço, depois do regresso a Lisboa, dedicou-se a atividades econômicas, além da exploração comercial das suas quintas e da locação de imóveis. O rol dos devedores e credores fornece, contudo, algumas escassas pistas. Entre os credores, estavam João da Costa Carneiro, Manuel José Telles, D. Pedro da Silva e Cunha, D. Jorge Machado e D. João Luiz de Meneses.[910] O cristão-novo Manuel José Teles era um riquíssimo homem de negócios da praça comercial de Lisboa. Estimava-se a sua fortuna em mais de 400 mil cruzados – um valor exorbitante! Em 1732, ele foi preso pelo Santo Ofício e saiu em auto da fé, três anos depois, em que abjurou *de vehementi*.[911] D. Jorge Machado, por sua vez, era um dos filhos de D. Isabel Catarina Henrique de Bourbon com o seu primeiro marido, D. Luís Carlos Machado de Mendonça e Silva.[912]

Desse rol de credores, destaca-se um nome: João da Costa Carneiro. Amigo de D. Lourenço, ele havia sido o seu procurador no processo de arrematação do Palácio de São Lázaro.[913] Também era sócio da Companhia da Fábrica das Sedas, como o próprio ex-governador, que, em seu testamento, contou possuir 10 mil cruzados em

---

[910] ANTT. Inventários *post mortem* dos Feitos Findos (1500-1800). Sentença cível em que é autora D. Isabel Catarina Henriques de Bourbon e réu Manuel Caetano Lourenço de Almeida, fl. 129v.

[911] ANTT. Tribunal do Santo Ofício. Inquisição de Lisboa, processo n. 811.

[912] LISBOA; MIRANDA; OLIVAL (Coord.). *Gazetas Manuscritas da Biblioteca Pública de Évora*, v. 2 (1732-1734), p. 343.

[913] Em depoimento, ele disse "que foi ele que arrematou o Palácio de São Lázaro para D. Lourenço de Almeida, na qualidade de seu procurador, pela quantia de 36 mil cruzados", fora o laudêmio e as luvas. Disse que, depois das benfeitorias ali feitas, "as ditas casas entende que passam de 50 mil cruzados" (ANTT. Inventários *post mortem* dos Feitos Findos (1500-1800). Sentença cível em que é autora D. Isabel Catarina Henriques de Bourbon e réu Manuel Caetano Lourenço de Almeida, fl. 193v).

ações daquela companhia.[914] A fábrica de seda, fundada em 1734, havia sido resultado do projeto de Roberto Godin; praticamente falida, ela se tornaria, em 1750, propriedade da Real Fazenda.[915]

A amizade de Costa Carneiro com D. Lourenço era muito mais antiga do que a incursão de ambos pelo ramo da seda. Em 1721, ele o havia acompanhado às Minas, na qualidade de secretário particular; ao chegar a Vila Rica, assentou praça de soldado dragão na companhia do capitão José de Moraes Cabral. Cinco anos mais tarde, o governador o proveu no posto de sargento-mor de uma companhia de ordenança do distrito de Cachoeira, termo de Vila Rica.[916] Na patente de concessão do posto, o amigo poderoso lembrou os serviços prestados por Carneiro, a exemplo da "fatura de vários papéis, cartas e mais despachos do real serviço, de que o encarregara o dito governador".[917] É curioso observar que, àquela altura, o secretário oficial do governador era Manuel de Afonseca de Azevedo. Nos papéis satíricos que circularam em Vila Rica, em 1732, Carneiro é fartamente citado como o autor de uma série de graves delitos, como redigir certidões falsas, a pedido do governador, e de se enriquecerem ambos com mais de 200 mil cruzados em negócios ilícitos.[918] Amigo fiel, Carneiro integrou, em

---

[914] ANTT. Inventários *post mortem* dos Feitos Findos (1500-1800). Sentença cível em que é autora D. Isabel Catarina Henriques de Bourbon e réu Manuel Caetano Lourenço de Almeida, fl. 603.

[915] CARVALHO *et al.* Alguns aspectos da contabilidade de manufacturas portuguesas do séc. XVIII: o caso da Companhia da Fábrica das Sedas, 2ª administração 1745-1747. ANTT. Real Fábrica das Sedas. Folha de juros pertencentes aos sócios (1735-1750). MAGALHÃES. *A Real Fábrica das Sedas e o comércio têxtil com o Brasil, 1734-1822*, p. 59.

[916] AHU, Minas Gerais, cx. 9, doc. 27. Requerimento de João da Costa Carneiro, sargento-mor de uma Companhia de Ordenança do distrito da Cachoeira, termo de Vila Rica, solicitando sua confirmação no exercício do referido posto.

[917] ANTT. Registro Geral de mercês, D. João V, livro 18, fl. 53. A patente é confirmada pelo rei em 8 de novembro de 1726.

[918] Biblioteca Geral da Universidade de Coimbra. Códice 674, fl. 94-98: Romance satírico em q'se descrevem as acçõens de hum tam illustre Heroe como he Dom Lourenço de Almeyda, escriptas em dialogo, em que falla o secretário João da Costa Carneyro, o mesmo Dom Lourenço, e o padre Phelippe de Almeyda, reduzindo-o a que faça testamento, interpretando mettaforicamnete a morte pela entrega que faz do governo destas Minas, em que só hé empenho do Autor, dar algum divertimento aos moradores dellas, que ha tantos annos gemem debayxo do captiveiro deste inhumano faraó,

Vila Rica, o fechado círculo de validos do governador, desfrutando das vantagens que a proximidade do poder lhe proporcionava.[919]

De volta a Lisboa, ele se empregou como criado de D. Lourenço. Pleiteou então o hábito da Ordem de Cristo, por renúncia de outra pessoa, mas foi depois reprovado nas provanças – sob a alegação de ser criado e ter servido a dois advogados, em troca de salário.[920] O amigo e patrão intercedeu então junto à Mesa da Consciência e Ordens, apelando para a ascendência nobre de Carneiro: em sua versão, levara-o para as Minas como secretário, por tê-lo achado "de boa capacidade para o ministério, para que o buscava, e desejando que fosse bemnascido, e de bom procedimento [...] filho de pai e avós nobilíssimos como é notório".[921] Graças a essa providencial intercessão, o pleiteante conseguiu a dispensa e pôde se fazer cavaleiro da Ordem de Cristo, com direito à tença de 12 mil réis.

É um tanto desconcertante – e até mesmo paradoxal – que o antigo secretário, sempre numa condição subalterna ao governador, fosse apresentado, nos autos de inventário, como um dos seus maiores credores. Para o pagamento da dívida em seu poder, foram executadas

por cujo motivo o tem tomado por seu Mecenas. Códice 674, fl. 98-98v: Escriptura condicional de Liberdade q' da Dom Lourenço de Almeyda aos moradores das Minas. Códice 674, fl. 100-100v: Obra commica, ou Satirica discripção dos Cannotados indiscretos de Dom Lourenço de Almeyda Governador destas Minas. Códice 674, fl. 102-104v: Segundo Offo. Que mandou fazer Pedro da Costa Guimarães pela Alma de D. Lourenço, reformado pelo mesmo Auttor. Códice 677, fl.432-442: Cópia de húa carta q' o Capittam mor Nicolao Carvalho de Azevedo mandou ao Rio de Janeiro a D. Lourenço de Almeyda governador q' foi destas Minas, q' por grande seu amigo lhe dá pte. de algúas satiras q' se lhe tem feito, e as remete incluzas...

[919] Em 1750, compraria o cargo de tabelião da vila de São José. AHU, Minas Gerais, cx. 57, doc. 6. Requerimento de João da Costa Carneiro, nomeado nos cargos de 1º e 2º tabelião da Vila de São José, solicitando a D. João V a mercê de ordenar lhe não ponham embaraços na passagem de provisão.

[920] ANTT. Habilitação da Ordem de Cristo, Letra J, maço 89, doc. 48. Das provanças, concluiu-se que "o justificante depois de ser escudeiro de Fernando de Mesquita Pimentel foi servente nesta corte de dois advogados por salário, e ultimamente foi criado de D. Lourenço de Almeida com o qual foi para as Minas por seu secretário, e por este impedimento se julgou não estar capaz de entrar na ordem...". Lisboa, 6 maio 1735.

[921] ANTT. Habilitação da Ordem de Cristo, Letra J, maço 89, doc. 48. Certidão de Lourenço de Almeida.

as casas da Rua das Flores, vendidas pela quantia de 5:553$000. Ao que parece, porém, Carneiro estava longe de ser apenas um mero criado ou secretário. Nos registros contidos nos Livros de Manifestos, depositados no arquivo da Casa da Moeda de Lisboa, seu nome aparece inúmeras vezes na condição de procurador, responsável por remessas de ouro das Minas Gerais a agentes privados em Portugal, o que parece sugerir que fosse também um homem de negócios ou, como diziam os papéis satíricos de Vila Rica, testa de ferro do governador nessas transações.[922]

Da lista dos devedores, outro nome conhecido é o de Manuel Correa da Silva, o maior devedor, com a quantia de 20 contos de réis. Velho amigo de D. Lourenço, em cuja companhia havia embarcado para as Minas, Correa da Silva era português, natural de Braga e irmão de Felipe Correa da Silva, oficial da secretaria de Estado, cujos serviços renderiam a ele o hábito da Ordem de Cristo – tendo sido reprovado nas provanças, obteve depois a dispensa para tomar o hábito.[923] Desde os tempos das Minas, era grande aliado e amigo íntimo do governador, a quem os papéis satíricos de Vila Rica acusam de uma série de violências e irregularidades.[924] Segundo a *Gazeta de Lisboa*, ficou "conhecido pelo grande cabedal que trouxe das Minas, se ordenou com a conezia de Braga que lhe renunciou um filho segundo do conde de Unhão".[925]

Graças à proteção do amigo influente, pôde fazer fortuna nas Minas. Nos autos de inquirição para familiar do Santo Ofício, uma testemunha revelou que ele gozava da "geral estimação de todos com um grande cabedal de seu que trouxe das Minas". Outra testemunha contou ainda, nas mesmas inquirições, realizadas em 1731, que ele "vive limpa e abastadamente do cabedal que trouxe das Minas, que se diz foi grande, sabe ler e escrever e representa ter mais de trinta anos".[926]

---

[922] COSTA; ROCHA. Remessas do ouro brasileiro: organização mercantil e problemas de agência em meados do século XVIII, p. 94.

[923] ANTT. Registro Geral de Mercês. Mercês de D. João V, livro 13, fl. 293, 13 jan. 1727.

[924] Biblioteca Geral da Universidade de Coimbra. Ver nota 918.

[925] LISBOA; MIRANDA; OLIVAL (Coord.). *Gazetas Manuscritas da Biblioteca Pública de Évora*, v. 2 (1732-1734), p. 229.

[926] ANTT. Tribunal do Santo Ofício. Conselho Geral. Habilitações. Processo de Habilitação de Manuel Correa da Silva, maço 104, doc. 1921. Segundo uma testemunha, "o pretendente é irmão inteiro de Felipe Correa da Silva familiar da

Em razão de que negócios devia Correia da Silva a quantia de 20 contos de réis a D. Lourenço de Almeida? É difícil responder a essa questão. No entanto, é possível supor que tais negócios remontassem aos tempos das Minas, quando Correia da Silva era apontado, ao lado de Francisco Xavier Soares, como sócio do governador em atividades ilegais, sendo, por essa razão, um dos alvos preferidos dos papéis satíricos que ali circularam em 1732.

A morte como teatro

Os ensaios de Alfredo Moreno Cebrián e Nuria Sala i Vila sobre o patrimônio acumulado pelos vice-reis do Peru, no século XVIII, chamam a atenção para um aspecto bem curioso: as estratégias postas em ação com o propósito de ocultar e lavar os capitais adquiridos de forma ilegal. Uma dessas estratégias consistia em omitir no testamento público a verdadeira dimensão dos bens, de modo a não suscitar a desconfiança de enriquecimento espúrio. Para esses autores, não há dúvida de que o testamento – ao menos o oficial, registrado em cartório e tornado público na abertura do inventário – não pode ser tratado como um documento confiável para o estudo dos patrimônios obtidos de forma ilícita. Poderia ser esse o caso de D. Lourenço de Almeida?

Na verdade, o testamento do ex-governador é algo perturbador. Talvez porque tenha prevalecido, entre os historiadores, a tendência de conceber o testamento da Época Moderna como um instrumento privado, em que se dispunha menos sobre o destino dos legados do que sobre a salvação da alma – a verdadeira motivação dos que testavam. E, como tal, o testamento seria uma espécie de acerto de contas com a própria consciência, pois, diante da iminência da morte, impunha revelar as verdades ocultadas ao longo de toda uma vida.[927] Assim, o que estaria em jogo era, acima de tudo, a salvação da alma – e, nesse

---

Inquisição, com boa capacidade e os mais requisitos para ocupação que pede, que hé solteiro, sem filhos e representa ter quarenta anos de idade, e na geral estimação de todos com um grande cabedal de seu que trouxe das Minas, parece nos digno da mercê que pretende".

[927] Veja-se, por exemplo, a afirmação: "Os testamentos podem ser considerados testemunhos verídicos porque dificilmente alguém tentaria fugir da justiça divina na hora da sua morte" (ALMEIDA. O testamento no âmbito da herança, p. 1).

sentido, o documento assumiria um caráter privado e mais fidedigno. Por essa razão, apesar de o testamento obedecer a uma fórmula sancionada pela tradição, os estudiosos tenderam a caracterizá-lo como um documento autêntico, menos construído socialmente, como a expressão genuína de uma alma dilacerada pelo medo do além, desejosa de acertar contas com o passado.

Não é esse o caso do testamento de D. Lourenço de Almeida. Suas últimas disposições não se dirigem à esfera privada; ao contrário, elas pressupõem o olhar do público, para o qual se voltam, e, ao fazê-lo, já não são mais privadas. Com efeito, um dos seus propósitos é inculcar uma determinada convicção ao leitor, por meio de estratégias discursivas bem articuladas. E não é estranho que assim fosse, afinal, como todas as esferas da vida sob o Antigo Regime, o testamento também ensejava uma representação.

São bem eloquentes as passagens em que ele anuncia o perdão àqueles que o ofenderam com as suspeitas de fraude e roubo: "perdoo os grandes testemunhos que se me levantaram sobre as minhas riquezas de que me não defendi, porque tinha todo um Reino alto abaixo contra mim e como esta falsa opinião certamente me fez grande dano, a todos perdoo para que Deus Nosso Senhor me perdoe". Não buscava ele perdoar os adversários, num gesto necessário à salvação de sua alma. Buscava antes demonstrar a própria inocência, oferecendo como prova cabal a apertada situação financeira em que se encontrava: "agora, na abertura deste testamento, se verá que deixo muitas dívidas, e que não deixo real, e que da minha vida, consta que o não gastava senão muito parcamente". Reiterava o perdão aos detratores, na esperança da reabilitação da sua honra: "de que tudo se segue os temerários juízos que os homens formam em prejuízo das honras dos próximos, o que tudo torno a dizer, que de todo o meu coração, perdoo por amor de Deus, e também a restituirão que talvez se me devia de crédito, honra e fazenda, que tudo perdoo e mais quisera ter que perdoar, por amor a Deus Nosso Senhor".

Para sustentar a versão de uma vida afundada na pobreza, ele evocava o peso das dívidas, cuja pagamento recomendava que se fizesse com a maior brevidade. Sobre o próprio patrimônio, dizia não ter dinheiro algum – "agora pasmarão todos e conhecerão o quanto é falível o juízo dos homens". Num desabafo franco e sincero, talvez o único, lamentava que "a minha casa formal não foi Deus Nosso Senhor servido que fosse por diante, por seus altos juízos". Defrontado com a morte, ele ainda tentava negociar com Deus a própria salvação, visto que já havia pago o preço dela, submetendo-se resignadamente à maledicência e à injustiça. Nada mais justo e certo, então, do que alcançar a misericórdia divina.

Referindo-se à má fama que o perseguia desde os tempos das Minas Gerais, escusava-se de discorrer sobre o assunto, bastando-lhe apenas perdoar os detratores e adversários: "largo assunto tinha para escrever também, com largueza sobre os juízos temerários e mal fundados da nossa corte, e sempre em prejuízo do próximo, porém, não tempo [sic] se não de perdoar e de pedir perdão o que faço com todas as veias [...] do meu coração".[928]

Nessas passagens, D. Lourenço mostra-se preocupado com a repercussão do testamento: é ao público, particularmente aos seus acusadores, que ele se dirige, no derradeiro esforço de comprovar a própria inocência. Ao fazê-lo, ele revela como escolheu morrer – como homem íntegro e servidor leal da Coroa, injustiçado e acusado falsamente de ter se enriquecido por meios espúrios. Como toda encenação, ele constrói o seu papel visando a espectadores, antecipando reações, criando enfim uma... farsa. O testamento é, nessa perspectiva, uma tentativa desesperada – e não a última, como se verá adiante – de reabilitar o nome, limpar a honra, readquirir prestígio. Purificar o nome da família da infâmia era, inegavelmente, o legado mais precioso que ele poderia deixar aos herdeiros – o que redimiria a família do ostracismo em que vivia desde o seu retorno das Minas, ostracismo que truncou os seus planos de ascensão social. Em vez da infâmia, esforçava-se por transmitir aos descendentes a imagem de um homem aviltado pela maledicência alheia, vítima de uma injustiça que o impedira de gozar da justa remuneração pelos seus serviços.

Assim, o testamento é, também, a seu modo, uma declaração de pobreza. Humilde e contrito, D. Lourenço vangloriava-se de não ter "dinheiro nenhum", de se achar afundado em dívidas, de ter uma vida

---

[928] ANTT. Inventários *post mortem* dos Feitos Findos (1500-1800). Sentença cível em que é autora D. Isabel Catarina Henriques de Bourbon e réu Manuel Caetano Lourenço de Almeida, fl. 597 e fl. 599v, respectivamente.

frugal e despojada, de ser tão honesto que delegava a seus herdeiros a missão de vender parte do patrimônio para satisfazer os credores.[929] E, para que não houvesse dúvida, recomendava que seu funeral fosse simples, sob a invocação de são Francisco, renunciando ao luxo e à suntuosidade, tão comuns nas solenidades fúnebres da época.

Tratava-se de uma farsa – e de uma farsa um tanto hipócrita, se se conhece o conteúdo do inventário, que não sustenta, de modo algum, a versão da pobreza franciscana, mas que, ao contrário, revela um homem muito rico. Às vésperas da morte, D. Lourenço ainda tentou dar a sua última cartada: ludibriar a Deus e aos homens. E o fez movido pelo mesmo propósito que o havia animado a vida toda: a fundação de uma casa e uma descendência nobre.

Se ele tentou no testamento construir a imagem do homem pobre e endividado, para contrapô-la à imagem do rico e velhaco ex-governador das Minas, o seu herdeiro também se empenharia em perpetuar essa imagem, dando continuidade à encenação. E o fez com grande realismo. Quem o relata é a viúva, D. Isabel Henriques, indignada ante a precipitação com que parte dos bens foi levada a leilão público para o ressarcimento dos credores. Em seus embargos, ela alegou que tudo fora feito sem que primeiro houvesse penhora dos bens; que, quando foram colocados à venda, ficaram publicamente expostos às portas do Palácio de São Lázaro, durante muitos dias, ao "rigor do tempo".[930]

Além do caráter espetacular do leilão, havia ainda outro fato desconcertante. Em razão dos embargos à partilha dos bens, interpostos pelos herdeiros, sob a alegação de que ela continha uma série de erros, procedeu-se a nova partilha. Para tanto, o desembargador dos agravos, Antônio José de Afonseca Leones, elaborou um longo documento para refutar, uma a uma, as objeções interpostas pelos embargantes.[931] Como

---

[929] ANTT. Inventários *post mortem* dos Feitos Findos (1500-1800). Sentença cível em que é autora D. Isabel Catarina Henriques de Bourbon e réu Manuel Caetano Lourenço de Almeida, fl. 592v.

[930] ANTT. Inventários *post mortem* dos Feitos Findos (1500-1800). Sentença cível em que é autora D. Isabel Catarina Henriques de Bourbon e réu Manuel Caetano Lourenço de Almeida, fl. 190v.

[931] Tratava-se de uma nova partilha, a partir de um novo inventário, elaborado a requerimento da testamenteira e do herdeiro, pois foi apontada uma série de erros no primeiro inventário. Quando acontecia de a avaliação do patrimônio

se tratava de uma revisão, a peça jurídica deveria examinar a natureza dos embargos para acolhê-los ou impugná-los. Em certa passagem, o desembargador se refere a um curioso argumento interposto por um dos herdeiros: a existência de dinheiro nos bancos de Flandres. Em sua resposta, ele observou que não se devia proceder à partilha "das cousas que se dizem estar nos bancos de Flandres porque como não conste de quantia certa nem por nada algum se faça".[932]

Foram três os embargantes da partilha: o filho, D. Manuel Caetano, a viúva, D. Isabel Catarina, e nora, D. Luísa Romualda, viúva de D. Luís de Almeida. Nos embargos apresentados por D. Isabel, não há a menor alusão a dinheiro depositado em contas no exterior. Tampouco é plausível que o filho interpusesse tal recurso, uma vez que, se tal conta existisse, ele certamente teria conhecimento dela; além disso, não seria prudente mencioná-la, dado que entraria para o montante a ser partilhado com os demais herdeiros. Então, parece razoável concluir que foi D. Luísa Romualda a responsável por tal alegação. E por que o fez? Talvez por causa da má fama notória do falecido e dos boatos correntes sobre sua fortuna ostentosa. Com efeito, suspeitas de remessa de dinheiro para fora de Portugal costumavam ser associadas àqueles indivíduos que haviam enriquecido de forma clandestina, apesar de constituir também um hábito disseminado entre os ricos homens de negócio, atraídos pelas altas taxas de juros, como se percebe no processo inquisitorial de Gabriel Antônio de Sousa, datado de 1757.[933] E a prova de que a hipótese aventada por D. Luísa Romualda não era de todo inusitada é o fato de os papéis satíricos de Vila Rica acusarem o governador de semelhante prática: "Vossa Excelência do seu tem já muita parte nos bancos de Flandres".[934]

---

do inventariado ser contestada pelos herdeiros, como no caso de D. Lourenço, procedia-se a uma nova avaliação, estabelecendo-se uma nova partilha entre os herdeiros. Como é uma "emenda", isto é, uma revisão, baseada nos embargos dos herdeiros, ela incorpora os embargos e objeções apresentados por estes.

[932] ANTT. Inventários *post mortem* dos Feitos Findos (1500-1800). Sentença cível em que é autora D. Isabel Catarina Henriques de Bourbon e réu Manuel Caetano Lourenço de Almeida, fl.119.

[933] Citado por BRAGA. *Bens de Hereges*: Inquisição e cultura material. Portugal e Brasil (séculos XVII-XVIII), p. 75.

[934] Biblioteca Nacional de Portugal. Coleção Pombalina, códice 672, fl. 104-109: "Cópia de uma carta escrita de Vila Rica em 15.10.1732".

Trajetória de uma fortuna

Seria possível rastrear o destino do patrimônio de D. Lourenço nas gerações seguintes? Como já foi dito, com a instituição do morgado, registrado em escritura em 1743, os seus bens ficaram inalienáveis e indivisíveis (Quadro 11).

QUADRO 11 - Relação dos bens vinculados do patrimônio de D. Lourenço

Terça de D. Maria Rosa de Portugal
Terça de D. Lourenço de Almeida
Legítima materna de D. Miguel
Legítimas materna e paterna de D. Rita Tomásia
Legítima do sucessor do vínculo
Prazos diversos
Moinhos das quatro rodas
Duas terras livres na Quinta do Covão
Quinta da Lapa
Terras livres da Quinta da Lapa
Benfeitorias da Quinta da Lapa
Palácio e casas de São Lázaro
Prazos de casas de São Lázaro
Terras As Baroas
Prazos da Quinta de Frielas
Prazos do Casal do Horta
Prazos das casas das cavalariças do cais
Prazos das casas da Rua da Rosa das Partilhas
Prazos das casas da Rua das Flores
Prazo das casas do Beco do Carvão
Casal do Bacorim
150 mil réis de juros no Almoxarifado do Pescado

Fonte: ANTT. Inventários *post mortem* dos Feitos Findos (1500-1800). Sentença cível em que é autora D. Isabel Catarina Henriques de Bourbon e réu Manuel Caetano Lourenço de Almeida.

Das heranças paterna e materna ficou excluída a filha D. Rita Tomásia, compensada, porém, com uma pensão anual de 300 mil réis.⁹³⁵ Como D. Lourenço e sua esposa não tiveram filhos, a viúva nada herdou, à exceção da pensão combinada na escritura de dote. Em suma, D. Manuel Caetano veio a se tornar o herdeiro universal de todo o patrimônio vinculado do pai (Quadro 12).

QUADRO 12 - Valor das partes vinculadas da herança de D. Lourenço

Parte	Valor em réis
Legítimas de D. Rita Tomásia	13:332$717
Terça de D. Lourenço	36:664$318
Duas partes livres da legítima de D. Manuel Caetano	27:587$392
Total do vínculo	77:584$427

Fonte: ANTT. Inventários *post mortem* dos Feitos Findos (1500-1800). Sentença cível em que é autora D. Isabel Catarina Henriques de Bourbon e réu Manuel Caetano Lourenço de Almeida.

A vinculação dos bens, assim como a escolha do filho mais velho como sucessor, põe em evidência um comportamento típico das elites sociais do Antigo Regime, sobretudo nos ramos principais da fidalguia, sendo, como afirmam Nuno Monteiro e Mafalda Cunha, "o padrão de comportamento da primeira nobreza do reino".⁹³⁶

---

⁹³⁵ ANTT. Inventários *post mortem* dos Feitos Findos (1500-1800), Sentença cível em que é autora D. Isabel Catarina Henriques de Bourbon e réu Manuel Caetano Lourenço de Almeida, fl. 607v. Para suas filhas ingressar nos conventos e mosteiros, as famílias celebravam um contrato, do qual fazia parte a concessão de um dote e uma pensão anual para cobrir os custos da filha. "Depois de estabelecido o montante do dote, havia que determinar também o montante de outros gastos: alimentos, propinas de entrada e profissão (como a aquisição dos hábitos, o pagamento aos padres que participavam na cerimónia, e, eventualmente, aos músicos), despesas ordinárias da enfermaria, cera para o altar, móveis e enxoval". CONDE, Maria Antônia Marques Fialho Costa. Os contratos de dote no mosteiro cirterciense de S. Bento de Cástris (Évora)) no período moderno. Actas do III Congreso Internacional sobre El Cister em Galicia y Portugal. Tomo 1, Ourense, 2006, p. 349. Sobre a herança destinada às filhas solteiras, ver também MELO, Hildete Pereira de; MARQUES, Teresa Cristina de Novaes. A partilha da riqueza na ordem patriarcal. Revista de Economia contemporânea, Rio de Janeiro, 5(2): 155-179, jul./dez. 2001.

⁹³⁶ MONTEIRO; CUNHA. Aristocracia, poder e família em Portugal, séculos XV-XVIII, p. 50. "O ponto de partida deve ser a centralidade que o modelo

Ao que parece, D. Manuel Caetano teve uma vida bastante discreta e, tendo herdado também o ostracismo a que fora condenado o pai, permaneceu afastado da corte e do serviço régio. Dele não há a menor notícia nos livros da chancelaria régia, nem nas gazetas e noticiários da época.

Pouco depois da morte do pai, em 1752, cumprindo a cláusula do morgado para que se casasse e tivesse descendência, ele se uniu em matrimônio a D. Tereza Xavier Botelho de Lencastre, filha do terceiro conde de São Miguel, reproduzindo, mais uma vez, o padrão das uniões endogâmicas. A noiva não era propriamente uma candidata das mais disputadas no restrito mercado português. A começar pela idade, próxima aos 30 anos, o que fazia dela uma mulher velha para os padrões do seu tempo. Além disso, apesar de filha de uma casa titular, não era sucessora dela. Como observa Nuno Monteiro, a tendência predominante entre os filhos não sucessores das casas titulares era que buscassem se unir a sucessoras de casas titulares, ou a filhas não sucessoras, desde que eles próprios pudessem fundar uma casa, depois de uma carreira bem-sucedida. Incumbido pelo pai de fundar uma casa própria, a D. Manuel Caetano interessava sobretudo uma união que pudesse lhe facultar um rico dote, e não um título de nobreza.[937] Mas tampouco era esse o caso da noiva,

---

reprodutivo vincular vai adquirir, ao longo do século XVI, enquanto comportamento de referência para o conjunto das elites sociais. Nos ramos principais da fidalguia antiga a sua adopção traduzia-se, não apenas na fundação de morgadios, mas ainda no encaminhamento de grande parte das filhas e da maioria dos filhos secundogênitos para as carreiras eclesiásticas. A reprodução alargada da «casa» constituía o desígnio estratégico ao qual se deviam submeter todos os destinos individuais. Era este, desde logo, o padrão de comportamento da primeira nobreza do reino."

[937] Sobre os filhos secundogênitos e, portanto, não sucessores dos Grandes, Nuno Monteira observa que aqueles que escaparam ao celibato, que era a regra até o terceiro quartel do século XVIII, foram buscar casamento "com sucessoras de casas titulares, ou com sucessoras de casas de comendadores e donatários, ou ainda com filhas não sucessoras de outras casas titulares, mas tendo conseguido eles próprios entretanto fundar uma casa (não necessariamente com título, mas com rendimentos autónomos) depois de uma carreira colonial, militar ou diplomática bem sucedida" (MONTEIRO. Casamento, celibato e reprodução social: a aristocracia portuguesa nos séculos XVII e XVIII, p. 937).

porque a situação financeira do terceiro conde de São Miguel era das mais precárias: a casa se via às voltas com dívidas antigas e sucessivas administrações judiciais.[938]

Frustrando o desejo de D. Lourenço por uma sucessão masculina para o morgado, o casal teve uma única filha, Maria José Juliana Lourenço de Almeida. E, apesar da grossa herança paterna, a pequena família enfrentaria tempos particularmente conturbados. Pressionado pelas dificuldades financeiras, D. Manuel teve de solicitar à Coroa a administração judicial do próprio patrimônio. Tratava-se de um expediente a que recorriam as casas titulares que se encontrassem em processo de endividamento; nomeava-se uma comissão administrativa à qual competia distribuir mesadas aos membros das casas, destinando o restante ao pagamento das dívidas.[939] Segundo Nuno Monteiro, "às casas administradas judicialmente era ainda em geral concedido o privilégio de juízo privativo, também conferido a outras instituições, privilégio que permitia julgar numa única instância todos os processos judiciais em que estivessem envolvidas".[940]

Quando D. Manuel Caetano morreu, em 1774, os bens da família ainda continuavam sob administração judicial, sem que se afrouxasse o aperto financeiro da casa. Mas o evento mais decisivo naqueles tempos foi a Viradeira. Com a ascensão de D. Maria ao trono, o caminho encontrava-se

---

[938] MONTEIRO. O endividamento aristocrático (1750-1832): alguns aspectos, p. 275.

[939] Segundo Nuno Monteiro, em face do processo de endividamento das casas titulares, a Coroa passa a usar o seguinte mecanismo para lhe fazer frente: "a nomeação pela Coroa, a pedido dos próprios titulares, de comissões administrativas, que atribuíam mesadas aos membros das casas e do remanescente procuravam pagar as dívidas aos credores. Carece de mais aprofundado estudo a explicação desta tendência. Houve casas que receberam uma administração judicial no reinado de D. João V e que permaneceram nessa situação praticamente até 1834! Em todo ocaso, a referida tendência foi drasticamente acentuada pelas vicissitudes dos finais do século XVIII (lançamento dos impostos da décima sobre o rendimento das comendas e do quinto sobre o dos bens da Coroa) e do princípio do XIX. Às casas administradas judicialmente era ainda em geral concedido o privilégio de juízo privativo, também conferido a outras instituições, privilégio que permitia julgar numa única instância todos os processos judiciais em que estivessem envolvidas" (MONTEIRO. Os rendimentos da aristocracia portuguesa na crise do Antigo Regime, p. 380-381).

[940] MONTEIRO. Os rendimentos da aristocracia portuguesa na crise do Antigo Regime, p. 380-381.

livre para a realização do projeto de D. Lourenço. E foi assim que D. Tereza Xavier apresentou o pedido de remuneração pelos serviços do sogro, em favor da filha, acompanhado de um relato dramático sobre o desamparo em que se encontrava a família. Omitindo cuidadosamente os rumores infamantes do passado, lembrou que as mercês "restituirão o esplendor da mesma sua casa, de forma que possa conservar a memória de um vassalo tão benemérito como D. Lourenço de Almeida".

A petição teve despacho favorável, e, assim, quase 50 anos depois, os serviços de D. Lourenço foram finalmente remunerados com a comenda de São Miguel de Borba de Godim, tença efetiva de 200$000 para a neta, D. Maria José Juliana Lourenço de Almeida, e uma vida a mais na dita comenda para quem lhe sucedesse na casa depois do seu falecimento.[941] De fato, como observa Nuno Monteiro, a concessão de novas comendas ou a supervivência de vidas nas comendas antigas era uma das estratégias de que as casas titulares lançavam mão para fazer frente à sua situação de endividamento crônico.[942]

A remuneração dos serviços do avô não remediaria, porém, os problemas financeiros da família, que continuava sob administração judicial, como se infere de uma petição de D. Maria José Juliana, datada de 1779, para que se nomeasse novo administrador.[943] Talvez com o propósito de aliviar a situação, 10 anos depois, a neta de D. Lourenço seria agraciada com nova comenda – dessa vez, a comenda de Santa Maria da Izeda, da Ordem de Cristo, "em consideração pelos serviços do pai e do avô".[944]

---

[941] ANTT. Ministério do Reino. Decretos (1745-1800). Pasta 28, n. 83. Decreto concedendo-lhe em satisfação dos serviços de seu sogro, D. Lourenço de Almeida e do seu marido, D. Manuel Caetano Lourenço de Almeida, a comenda de São Miguel de Borba de Godim, 200.000 de tença efetiva, para a sua filha D. Maria José Juliana Lourenço de Almeida, e uma vida mais nas ditas comenda e tença para quem lhe suceder na casa depois de seu falecimento. Ajuda, 23 abr. 1778.

[942] MONTEIRO. O endividamento aristocrático (1750-1832): alguns aspectos, p. 270.

[943] ANTT. Ministério do Reino. Decretos (1745-1800). Requerimento para se lhe nomear como juiz administrador da casa de sua filha, D. Maria José Juliana Lourenço de Almeida, o desembargador João Ferreira Ribeiro de Lemos. Passou-se decreto em 16 de setembro de 1779. Pasta 31, n. 39.

[944] ANTT. Ministério do Reino. Decretos (1745-1800). Decreto concedendo-lhe a comenda de Santa Maria da Izeda da Ordem de Cristo pelos serviços de seu pai,

Órfã de pai, vivendo sozinha com a mãe idosa, D. Maria José Juliana era a única descendente viva do avô. Teria ela sucedido ao pai na administração do vínculo, desobedecendo assim à cláusula de que a sucessão da casa devesse ser "sempre de macho e não de fêmea"? Antecipando-se a essa possibilidade, D. Lourenço havia determinado que se D. Manuel Caetano não tivesse descendência, o morgado passaria para o sobrinho, D. Martinho de Almeida, irmão do segundo marquês do Lavradio.[945] Outra cláusula estabelecia ainda que os administradores do morgado ficavam obrigados a adotar o cognome Lourenço de Almeida, e as armas da família, "que sempre foi uma das mais fiéis ao seu rei e a este Reino, e espera em Deus que continuem os seus descendentes e todos os que forem administradores deste morgado na mesma fidelidade".[946]

D. Maria José Juliana adotou o nome do avô, atendendo às suas determinações. A exclusão da descendência feminina na administração do morgado era, na verdade, uma estratégia de D. Lourenço para que a casa ou morgado não fosse incorporado por outra linhagem, levando assim ao desaparecimento do nome da família.[947] Sobre a sucessão dos morgados e vínculos, as *Ordenações filipinas* dispunham que "e concorrendo na sucessão dos Morgados irmãos, varão e fêmea ordenamos

---

D. Manuel Caetano Lourenço de Almeida e de seu avô D. Lourenço de Almeida. Lisboa, 17 jun. 1789. Pasta 45, n. 28. "Tendo consideração a alguns justos motivos, que me foram presentes, por parte de Dona Maria José Juliana Lourenço de Almeida, hei por bem fazer-lhe mercê da comenda de Santa Maria da Izeda, da Ordem de Cristo, no Bispado de Bragança, e Miranda, por equivalente da outra de São Miguel de Borba de Godim, com que foi respondida pelos serviços de seu pai Dom Manuel Caetano Lourenço de Almeida, e do seu avô Dom Lourenço de Almeida, com uma vida mais nela, para quem suceder na sua casa, depois do seu falecimento. Palácio de Lisboa, 17 de junho de 1789."

[945] ANTT. Inventários *post mortem* dos Feitos Findos (1500-1800). Sentença cível em que é autora D. Isabel Catarina Henriques de Bourbon e réu Manuel Caetano Lourenço de Almeida, fl. 625. Martinho Lourenço de Almeida era irmão de D. Luís de Almeida Portugal, quinto conde de Avintes e segundo marquês de Lavradio.

[946] Sobre os nomes na aristocracia portuguesa, ver MONTEIRO. Os nomes de família em Portugal: uma breve perspectiva histórica, p. 50.

[947] MONTEIRO. Casa e linhagem: o vocabulário aristocrático em Portugal nos séculos XVII e XVIII, p. 46.

que sempre o irmão varão suceda no Morgado e bens vinculados, e preceda a sua irmã, posto que seja mais velha".[948] Apesar disso, as cláusulas da escritura de vínculo podiam ser sub-rogadas, caso assim o exigissem circunstâncias especiais ou extraordinárias. Não era incomum, portanto, que mulheres assumissem a administração dos morgados, na ausência de sucessão masculina, principalmente depois de 1770, quando a Lei Mental estabeleceu que, nesses casos, era permitido recorrer à sucessão feminina.[949] As evidências sugerem que, na administração do vínculo de D. Lourenço, foi quebrada a sucessão masculina mediante resolução régia.

Em 1787, D. Maria José Juliana contraiu núpcias com D. Caetano José de Noronha e Albuquerque, rompendo, pela primeira vez, o padrão dos casamentos endogâmicos praticado pelos antepassados. Filho do marquês de Angeja, o noivo era uma das figuras mais ilustres do seu tempo, tendo ocupado uma série de importantes cargos na administração palatina, como veador da rainha D. Carlota, conselheiro do Conselho da Fazenda, provedor das capelas dos reais D. Afonso IV e D. Brites, chanceler da Casa das Rainhas e da Casa do Infantado, deputado da Sereníssima Casa de Bragança, da Junta do Tabaco, inspetor do terreiro público e governador e capitão-mor do Algarve.[950] Tão extensa folha de serviços franqueou-lhe o título de conde de Peniche, com o qual ele pôde inaugurar a sua casa e linhagem, jogando por terra, de uma vez por todas, o plano de ascensão social legado por D. Lourenço aos seus descendentes.

Não deixa de ser irônico notar que o casamento com D. Maria José Juliana contribuiu, de alguma forma, para consolidar a posição social de D. Caetano, visto que proporcionou o título de comendador de Borba de Gondim, na Ordem de Cristo – comenda que se somou às de S. Salvador de Anciães, de Santa Eulália e de São Bartolomeu

---

[948] Ordenações filipinas, livro IV, título 100. Disponível em: <https://goo.gl/14NMCd>.

[949] NEVES; FERREIRA. Estratégias matrimoniais em Guimarães (séculos XVIII e XIX): uma abordagem diferencial, p. 68; ESTEVES. Uma perspectiva do morgadio no feminino em Portugal.

[950] ANRJ, Secretaria de Estado do Ministério do Reino. Negócios de Portugal. Academia Real das Ciências de Lisboa, 16 ago. 1818, fl. 2 a 5v.

do Arrabal.⁹⁵¹ Terceiro filho, D. Caetano também pôde se beneficiar, para a fundação de sua casa, do legado patrimonial do avô da esposa, sobretudo dos bens vinculados em morgado.

Da união de ambos nasceram nove filhos. Apenas o primogênito, D. Manuel Lourenço de Almeida e Noronha, recebeu o título do pai, tornando-se assim o segundo conde de Peniche. Sobre D. Maria José Juliana, a única descrição de que se tem notícia é de autoria da inglesa Clarissa Trant, que registrou em seu diário o estilo de vida incomum da condessa de Peniche: "não tinha qualquer educação e era conhecida pelas suas maneiras rudes e gostos masculinos, levantava-se às 6.30 da manhã, visitava os estábulos e descompunha os estribeiros; prosseguia para o seu oratório à porta do qual, sentada numa arca e acompanhada das filhas e damas de companhia, tomava normalmente o pequeno-almoço, uma côdea de pão seco e uma chávena de café".⁹⁵²

D. Maria José Juliana faleceria em 1819, e, 10 anos depois, seria a vez do marido, o conde de Peniche. O exame do inventário do casal revela um quadro bem diferente da condição financeira precária vivida pela neta de D. Lourenço durante a infância e mocidade. Ambos possuíam um patrimônio opulento, formado por sólidos bens de raiz e bens móveis que surpreendem pela magnificência. Entre estes últimos, impressiona, em especial, a rica coleção de joias, com peças valiosíssimas, como uma gargantilha com 63 diamantes, pesando ao todo seis oitavas e seis grãos, avaliada em 400 mil réis; ou um par de brinco de brilhantes, em forma de meia-lua, com 154 brilhantes, avaliado em 200 mil réis. Uma das joias mais fabulosas era, certamente, uma pluma de brilhantes, descrita minuciosamente no inventário: "com uma meia lua em baixo, é guarnecida com 249 brilhantes de diferentes tamanhos e claros, sendo a maior parte deles forrada de ouro", cujo preço era estimado em 320 mil réis.

Teriam essas joias pertencido a D. Lourenço de Almeida, constando, portanto, dos apensos do inventário que se perderam? Infelizmente, não há pistas a esse respeito. Em seu testamento, o conde de Peniche relatou que a filha mais velha do casal, D. Tereza

---

⁹⁵¹ SARAIVA. *Dicionário de personalidades*.

⁹⁵² Citado por FRANCO. *Casas das elites de Lisboa*: objetos, interiores e vivências (1750-1830), p. 317.

de Noronha, havia herdado a rica coleção de joias da família, sem precisar, contudo, se o era por parte materna ou paterna; com o falecimento dela, em 1823, as peças voltaram às mãos do pai, que as destinou então à futura esposa do neto, D. Caetano de Noronha e Almeida.[953]

O conjunto do espólio deixa ver um padrão de vida luxuoso, provido com todos os requintes à disposição dos muito ricos naquelas primeiras décadas do século XIX. Para ostentar o gosto sofisticado e elegante, o casal parecia não medir esforços: entre os objetos que compunham o serviço de jantar, havia, por exemplo, um refrescador de garrafas em prata, encomendado em Paris a Robert-Joseph Auguste, o ourives predileto do imperador Napoleão.[954]

Apesar da opulência da fortuna dos Peniches, o conde, ao final da vida, queixava-se das dívidas, confessando viver "quase ao desamparo", abandonado com as dificuldades financeiras e assediado pelos familiares, que nada mais faziam do que o "perseguirem por dinheiro".[955]

Ao que tudo indica, por aquela época, os bens de D. Lourenço haviam começado a se dispersar. Dos seus imóveis, aparecem referências apenas às casas da Rua Direita de São Lázaro, ainda em posse da família – "propriedade de casas na rua direita de São Lázaro, juntas ao Palácio do conde de Peniche". Este último era, na verdade, o antigo palácio onde vivera e morrera o ex-governador, e que ostentava então o nome do genro, apagando por completo a memória do seu antigo morador. Apesar de a freguesia de Nossa Senhora da Pena, onde se situava o palácio, ter sido uma das mais atingidas pelo terremoto de 1755, que destruiu ali cerca 20% dos edifícios, o palácio resistiu ao abalo.[956] Em seu testamento, o conde de Peniche registrou que as casas da Rua Direita e o palácio pertenciam ao "morgado" – confirmando, assim, a sucessão de D. Maria José Juliana.

---

[953] ANTT. Feitos Findos. Inventário Letra C, maço 83, n. 6. Inventário dos bens do conde de Peniche, D. Caetano de Noronha, 1830. Testamento do conde de Peniche.

[954] SALEMA. Leilão com 500 lotes de porcelana chinesa.

[955] Citado por FRANCO. *Casas das elites de Lisboa*: objetos, interiores e vivências (1750-1830), p. 104.

[956] SANTOS. *Estudo dos danos ocorridos em Lisboa causados pelo terramoto de 1755*: quantificação e discussão, p. 100.

Das demais casas, não há alusão no inventário. Ali aparecem arrolados apenas os bens de raiz em posse do conde de Peniche, dos quais se destacava, entre os mais caros, "uma casa nobre no Alto da Porcalhota", avaliada em quatro contos de réis, que seria posta à venda, em 1825, conforme anúncio da *Gazeta de Lisboa*.[957] A omissão se deve, certamente, ao fato de o terremoto de 1755 ter destruído as propriedades de D. Lourenço. A Rua da Rosa das Partilhas, onde ele possuía casas, estava localizada na freguesia das Mercês – uma das freguesias mais arruinadas de Lisboa, com cerca de 83% das construções destruídas.[958] Segundo um contemporâneo, naquela freguesia, "padeceram também considerável ruína mais de setenta propriedades de casas dentro dos limites desta paróquia, em cuja destruição perderam a vida mais de 90 pessoas".[959]

As casas do Beco do Carvão e das cavalariças dos cais situavam-se na freguesia de São Paulo, que também fora seriamente afetada pelo terremoto, quando um incêndio destruiu a igreja paroquial e a Igreja das Chagas de Jesus Cristo, tendo o abalo sísmico danificado o Colégio de Nossa Senhora do Rosário e o convento. Segundo os especialistas, o grau de intensidade sísmica atingiu naquela região o grau X na escala de Mercalli.[960]

A Quinta da Lapa – o centro da administração do morgadio, e também a quinta preferida de D. Lourenço – também se encontra ausente do inventário do conde de Peniche. Sabe-se, porém, que a bela propriedade, com seu imponente casarão térreo, coroado com as

---

[957] *Gazeta de Lisboa*, 26 maio 1825: "Vende-se um Palácio no Alto da Porcalhota, à frente da estrada que vai de Benfica para Queluz. Tem um quintal e águas boas. O Palácio tem também entrada nobre, salas grandes, várias casas, cozinha, diversas acomodações, e serventias, com humas terras aonde estão humas cocheiras, cujo terreno é foreiro a Vieira Telles, em 1440, [*sic*], três leitões, com laudêmio de décima. He senhorio do dito palácio o excelentíssimo conde de Peniche, que lhe foi adjudicado em carta de partilha em 20:250$000 réis...".

[958] SANTOS. *Estudo dos danos ocorridos em Lisboa causados pelo terramoto de 1755*: quantificação e discussão, p. 104.

[959] Citado por SANTOS. *Estudo dos danos ocorridos em Lisboa causados pelo terramoto de 1755*: quantificação e discussão, p. 72.

[960] SANTOS. *Estudo dos danos ocorridos em Lisboa causados pelo terramoto de 1755*: quantificação e discussão, p. 116.

armas dos Almeidas, sobreviveu até os nossos dias, permanecendo em posse dos descendentes do ex-governador até 1974.

Quanto à Quinta do Covão, em Loures, ela já não pertencia mais à família desde pelo menos 1826, quando foi adquirida pelo desembargador Antônio Germano da Veiga.[961]

O nome Lourenço de Almeida seria transmitido por D. Maria José Juliana ao filho primogênito, D. Manuel Lourenço de Almeida e Noronha, a quem coube receber também o título de segundo conde de Peniche. Com a sua morte, em 1824, o filho, D. Caetano Gaspar de Almeida Noronha Albuquerque e Sousa, sucedeu-o, somando assim o título de terceiro conde de Peniche ao de oitavo marquês de Angeja. A partir de então, o cognome Lourenço de Almeida desapareceria da família, caindo no mais completo esquecimento. Depois, com a extinção do regime de morgadio, em 1863, as disposições finais do antepassado ilustre haviam caducado.[962]

E, para jogar a última pá de cal no legado material construído por D. Lourenço, na segunda metade do século XIX, o palácio da Rua Direita de São Lázaro, que havia sobrevivido ao terremoto, seria consumido pelo fogo, reduzindo-se a pó.[963]

Considerações finais

A esta altura, algumas conclusões se impõem com clareza. Em primeiro lugar, é certo que as suspeitas de enriquecimento ilícito foram responsáveis pela espécie de "punição velada" sofrida por D. Lourenço, expressa tanto pelo ostracismo quanto pela remuneração tardia dos serviços prestados à Coroa. Em segundo, não há dúvida quanto ao fato de que ele teve grande êxito em constituir um patrimônio considerável durante a passagem pelo governo das Minas Gerais, depois investido na aquisição de imóveis e na execução de benfeitorias. Em terceiro,

---

[961] *Gazeta de Lisboa*, n. 15, 18 jan. 1826.

[962] MONTEIRO. Casa e linhagem: o vocabulário aristocrático em Portugal nos séculos XVII e XVIII, p. 48: "Também se detectam muitos casos em que – quando a sucessão de uma casa caía numa senhora que se casava com um secundogênito de uma outra casa e linhagem – o respectivo filho sucessor usava o apelido de família da mãe – que não era, na verdade – o de sua varonia".

[963] BRANDÃO. *Memórias*.

que esse patrimônio não era compatível com os rendimentos lícitos obtidos ao longo da vida, autorizando-nos a concluir que ele incorreu em práticas ilegais.

Todas essas afirmações se sustentam em fortes evidências empíricas. Há que se lembrar que práticas ilícitas são, por sua natureza, clandestinas e não documentadas, o que obriga o estudioso a recorrer a indícios e pistas esparsos e incompletos. Talvez a maior lacuna do presente estudo seja a ausência de dados mais precisos sobre o montante de bens acumulados clandestinamente, ainda que se possa conjecturar a esse respeito, com alguma segurança, a partir dos investimentos financeiros posteriores. Pode-se ainda objetar em que medida o inventário *post mortem* de 1750 refletiria, com alguma fidedignidade, o capital obtido nas Minas, dado que o longo intervalo de 17 anos – entre o regresso a Portugal e a sua morte – permanece obscuro e praticamente desconhecido. Longe de fragilizar a análise, tal ressalva corrobora o cerne do argumento e autoriza outra inferência: a de que a fortuna acumulada nas Minas fosse ainda maior do que os valores sugeridos pela documentação. E isso por uma razão muito óbvia: durante esse longo período, D. Lourenço se viu compelido a dissipar parte significativa dos próprios recursos para manter a si e à família, uma vez que não dispunha de rendimentos seguros e estáveis. Para um homem de acentuadas pretensões nobiliárquicas, que se obstinou em viver como aqueles que ele almejava ser, a *sustentação* adquiria um sentido muito particular. Por toda a vida, imitou obsessivamente os padrões de existência dos Grandes do Reino, mimetizando-lhes as uniões endogâmicas, o modelo de reprodução social, a vinculação dos bens em morgado, os palácios suntuosos, as quintas de recreio, os sinais de distinção social, os modelos de consumo... Tal propensão era, aliás, comum entre as elites do Antigo Regime, como observou um autor contemporâneo: "são os ânimos dos homens como que arrebatados por impulso oculto para imitarem as ações dos Grandes".[964]

---

[964] ALMEIDA, Teodoro de. *Elogio da ilustríssima e excelentíssima senhora D. Anna Xavier de Assis Mascarenhas, baronesa da Alvito, e condessa de Oriola*. Lisboa: Oficina de Simão Taddeo Ferreira, 1803, p. 3. Citado por MONTEIRO. Elites locais e mobilidade social em Portugal nos finais do Antigo Regime, p. 367.

É precisamente essa obsessão "nobiliárquica" que explica não só a avidez com que se lançou nos negócios coloniais, mas também a redução significativa de seu patrimônio nas últimas décadas de vida até a quase total dilapidação na geração seguinte. E não deixa de ser irônico o fato de que, aqui também, D. Lourenço seguiu à risca o padrão de empobrecimento comum às casas aristocráticas do seu tempo.

A julgar pelos estudos de Nuno Monteiro, os senhores das casas estavam obrigados a padrões de consumo demasiadamente luxuosos, necessários para a sua "decente sustentação", e que, não raro, comprometiam parte considerável dos rendimentos.[965] Aliás, esse consumo de luxo suscitou constantes críticas, a exemplo de D. Luís da Cunha, que censurou aquilo que chamava de "luxo profano", identificando-o como a causa da ruína da nobreza.[966] Contemporâneo dele, Damião de Faria e Castro também sublinhou os prejuízos acarretados pela adoção de padrões de vida muito elevados: "Muitas vezes não terá a família que comer, nem se pagarão as pensões dos morgados por se cumprir com as obrigações da moda, e preceitos da vaidade. Um excesso todo superficialidade só o poderá desculpar a excessiva riqueza. Porém se a do nosso Reino não é a mais copiosa; porque se não há de proporcionar o peso dos gastos com as forças do cabedal?".[967]

Não resta a menor dúvida de que esse era o caso de D. Lourenço – e também de grande parte da nobreza portuguesa, afundada num endividamento crônico em razão daquilo que Nuno Monteiro chama

---

[965] Expressão corrente à época, citada por MONTEIRO. O endividamento aristocrático (1750-1832): alguns aspectos, p. 266.

[966] Defensor das pragmáticas, D. Luís da Cunha indagava: "alguém poderá dizer que o luxo faz o lustre e magnificência da corte, e que por esta razão el-rei de França está tão longe de o proibir, que o provoca, para o que concorrem duas coisas: a 1ª, que tanto mais a nobreza se empobrece, tanto mais fica dependendo das suas graças para o servirem; e a 2ª, porque a França tem em si mesma tudo o que concorre para o fausto; e assim tudo o que nele se despende, nela circula sem sair fora do reino; mas este é um mal epidêmico, que se comunica a todas as cortes, que mal a propósito a quiseram imitar, e mandando a Paris grossas somas, porque de lá emanam as modas" (CUNHA. *Testamento político; ou, carta escrita pelo grande D. Luiz da Cunha ao Senhor Rei D. José I antes do seu governo*...).

[967] CASTRO, Damião A. Faria e. *Política moral* (1743). Citado por MONTEIRO. O endividamento aristocrático (1750-1832): alguns aspectos, p. 263.

de "lógica do consumo de prestígio".[968] E isso nos remete a uma característica importante do modo como essas elites investiam as suas riquezas: a prioridade delas não estava em imobilizar os capitais em bens de raiz – como imóveis rurais ou urbanos –, mas sim em aplicá-los em sua "decente sustentação" –, que, cumpre notar, não se confundia com a mera dissipação, pois, na lógica da sociedade do Antigo Regime, tal prática também constituía uma eficiente forma de investimento.

Essas peculiaridades relativizam um pouco a importância do testamento e do inventário como fontes privilegiadas para o estudo das fortunas da nobreza do Antigo Regime, uma vez que o critério determinante não repousa no montante de bens de raiz, mas nos padrões de consumo – que se refletem, por exemplo, nos itens de mobiliário, decoração e vestuário –, índices mais reveladores da verdadeira condição financeira das casas nobres. Noutras palavras, para a manutenção de um estilo de vida sofisticado e dispendioso, o que importava era, sobretudo, assegurar rendimentos elevados – e nem tanto a posse de bens de raiz. Daí ser legítimo afirmar, como fez Nuno Monteiro, que a nobreza portuguesa do Antigo Regime vivia basicamente de rendimentos, provenientes, em sua maioria, dos bens da Coroa, como tenças, foros, comendas, etc. E esses rendimentos não faziam parte dos bens de raiz nem eram objeto de inventário e partilha sucessória, os quais "incidiam geralmente apenas sobre serviços, benfeitorias em bens de vínculo, roupa, móveis, louça, joias, livros, carruagens e um ou outro bem de raiz".[969]

D. Lourenço, afastado do acesso aos bens da Coroa – que, como vimos, muitas vezes chegavam a representar mais de 50% dos rendimentos das casas titulares[970] –, e, ao mesmo tempo, prisioneiro

---

[968] MONTEIRO. O endividamento aristocrático (1750-1832): alguns aspectos, p. 264.

[969] Segundo Nuno Monteiro, os rendimentos da nobreza titular portuguesa, no final do Antigo Regime, tinham a sua origem "em bens que, pela sua natureza jurídica (comendas, bens da Coroa e bens de vínculo), não eram objeto de partilha sucessória e, por isso, não aparecem nos inventários e partilhas, que incidiam geralmente apenas sobre serviços, benfeitorias em bens de vínculo, roupa, móveis, louça, joias, livros, carruagens e um ou outro bem de raiz" (MONTEIRO. Os rendimentos da aristocracia portuguesa na crise do Antigo Regime, p. 369).

[970] MONTEIRO. Os rendimentos da aristocracia portuguesa na crise do Antigo Regime, p. 379.

de um estilo de vida caro e perdulário, não teve outra alternativa senão desbaratar o próprio patrimônio. Evidência inequívoca de um modo de vista ostentoso é, por exemplo, a dívida contraída para a celebração das bodas com D. Isabel Catarina. Ou, ainda, os gastos altíssimos com o segundo casamento do filho, ocasião em que presenteou a noiva com "um relógio de pedras verdes, guarnecido de diamantes e rubis".[971]

É um tanto paradoxal que um homem excluído da corte, tido publicamente por desvalido do rei, condenado ao ostracismo e à infâmia, tivesse optado por manter a todo custo a imagem de um nobre distinto e opulento, quando o mais comum, nesses casos, fosse o desterro de Lisboa. Tanto quanto a morte, ele também escolheu encenar a própria vida como representação...

Muitos anos depois de regressar a Lisboa, D. Lourenço confessou, em petição ao rei, aquilo que considerava uma justa remuneração pelos constantes serviços prestados à Coroa. E, como sempre, não afetava modéstia: o título de conde, uma comenda de três mil cruzados, um senhorio de terra, uma vida a mais na comenda de São Miguel de Borba de Godim – e solicitava tudo isso com alguma pressa, "por não ser a sua idade para esperar muito tempo".

D. Lourenço fracassou nos objetivos que estabeleceu para si e sua família. Nem seu nome nem seu patrimônio resistiram ao tempo. E o que o impediu, afinal, de realizar o ambicioso projeto de ascensão social a que tanto se dedicou? Talvez o fato de ter nutrido expectativas demasiadamente altas: não era usual que os governantes ultramarinos, em remuneração aos serviços prestados, fossem premiados com um título, de modo a lhes facultar o ingresso na primeira nobreza do Reino. No período entre 1731 a 1760, apenas sete novas casas titulares foram criadas em Portugal. Muito maiores teriam sido as suas chances se tivesse ocupado um vice-reinado na Índia, um dos principais acessos à nobreza depois da Restauração.[972] Ademais, a avidez com que se lançou nos negócios coloniais o fez transgredir a tênue e fluida linha que

---

[971] LISBOA; MIRANDA; OLIVAL (Coord.). *Gazetas Manuscritas da Biblioteca Pública de Évora*, v. 3 (1735-1737), p. 276.

[972] MONTEIRO. *O crepúsculo dos grandes*: a casa e o patrimônio da aristocracia em Portugal (1750-1832), p. 35-39.

separava os comportamentos aceitáveis daqueles tidos por inaceitáveis, e, ainda mais grave, descurou-se da necessária discrição que se esperava nesses casos. Porque, ao contrário da fama pública que o perseguiu, ele não enriqueceu mais do que os seus antecessores, como o conde de Assumar e D. Brás Baltazar da Silveira – donos de um patrimônio muito superior ao dele.

Tal conduta teve por efeito mais nocivo a dissolução dos equilíbrios na complexa e delicada arquitetura política mineira, afetando os interesses tradicionais dos grupos locais, os quais souberam se articular para lhe fazer uma oposição tenaz e implacável. O preço que ele teve de pagar foi elevadíssimo: o truncamento de sua trajetória de ascensão social e o aviltamento da honra – esta, de longe, o bem mais precioso numa sociedade como a do Antigo Regime. Daí a queda em desgraça na corte e o ostracismo que se seguiu.

Apesar disso, D. Lourenço, otimista, apostou na reabilitação futura de sua descendência. Seus projetos, porém, esbarrariam nas circunstâncias da vida, sobre as quais não se pode ter controle. Se ele se empenhou com êxito em garantir um sucessor masculino, na esperança de que um dia seus serviços fossem remunerados com um título de nobreza, o filho não teve a mesma sorte. E se a quebra da descendência masculina na prole de D. Manuel Caetano não foi suficiente para comprometer a sobrevivência do morgado, a união de sua única neta com o conde de Peniche selou para sempre o desaparecimento do seu legado: aos descendentes não interessava manter nem o nome Lourenço de Almeida nem a indivisibilidade do morgado. Afinal, pertenciam então a uma casa titular – a dos condes de Peniche. Esta sim, verdadeira e honrada, é que merecia, para eles, ser preservada...[973]

---

[973] O último a ostentar a comenda de São Miguel de Borba de Godim foi o marido de D. Maria José Juliana, o primeiro conde de Peniche. A comenda de São Miguel de Borba de Godim ficava no termo do Concelho de Celorico de Basto, comarca de Guimarães, arcebispado de Braga: "foi antigamente abadia hoje é reitoria, e hé da comenda da Ordem de Cristo" (ANTT. Memórias paroquiais, v. 7, n. 39, fl. 1).

Fontes e bibliografia

Fontes primárias

ARQUIVO HISTÓRICO ULTRAMARINO (AHU)

AHU, Bahia, LF, cx. 10, doc. 1128.

AHU, Brasil-Limites, cx. 1, doc. 88.

AHU, Maranhão, cx. 10, d. 1069.

AHU, Minas Gerais, cx. 2, doc. 111; cx. 9, doc. 27; cx. 57, doc. 6; cx. 112, doc.: 45; cx. 138, doc. 35.

AHU, Nova Colônia do Sacramento, cx. 8, doc. 655.

AHU, Pará, cx. 5, doc. 420; cx. 19, doc. 1771;

AHU, Pernambuco, cx. 9, d. 811.

AHU, Pernambuco, cx. 11, doc. 1051; cx. 13, doc. 1232; cx. 14, doc. 1375; Cx. 25, doc. 2242; cx. 29, doc. 2626; cx. 42, doc. 3821; cx. 70, doc. 5878; cx. 71, d. 5976; cx. 84, doc. 6991; cx. 85, d. 7014; cx. 189, doc. 13073.

AHU, Rio de Janeiro, Avulsos, cx. 4, doc. 26 e doc. 48; cx. 12, doc. 1370; cx. 13, doc. 134; cx. 43 , doc. 71; cx. 65, d. 6166; cx. 86, doc. 7594; cx. 103, doc. 8781; cx. 139, doc. 23.

AHU, Rio de Janeiro, C.A.; códice 232, fl. 236 e 236v. Resumo feito pelo conselheiro Francisco Dantas Pereira dos arbítrios que se oferecem para o maior aumento do rendimento dos quintos das minas de São Paulo. Lisboa, 26 out. 1706.

AHU, Rio de Janeiro, C.A., docs. 848, 856, 858, 871, 875, 954, 1082, 1252, 1386-1389, 1252, 1463-1464, 1949-1950, 1975-1977, 1994, 2170, 2171, 2172, 2173, 2311, 2425-2426, 2630, 2815, 3315, 7110-7111, 14216-14217, 2990-3015, 6786-6789, 7110-7111.

AHU, São Paulo, cx. 7, doc. 17.

ARQUIVO NACIONAL DA TORRE DO TOMBO

Chancelaria de D. Pedro II, livro 24, fl. 2; livro 7, fl. 72.

Corpo Cronológico: maço 115.

Feitos Findos, Inventário Letra C, maço 83, n. 6.

Fundo Marqueses de Fronteira e Alorna, pasta 126.

Habilitação da Ordem de Cristo, Letra J, maço 89, doc. 48

Inventários *post mortem* dos Feitos Findos (1500-1800). Sentença cível em que é autora D. Isabel Catarina Henriques de Bourbon e réu Manuel Caetano Lourenço de Almeida.

Manuscritos do Brasil, livro 7, fl. 4-7.

Ministério do Reino, maço 214, doc. 17.

Ministério do Reino – Decretos (1745 a 1800): pasta 28, n. 83; pasta 31, n. 39.

Orfanológicos, Letra A, maço 121, n. 1.

Registro Geral de Mercês, Mercês de D. João V, livro 7, fl. 72; fl. 435-435v; livro 18, fl. 53;

Registro geral de mercês, D. Pedro II, Livro 4, fl. 464.

Registro geral de testamentos. Livro 134 (no. 43).

Tribunal do Santo Oficio. Conselho Geral. Habilitações, maço 104, doc. 1921

Tribunal do Santo Oficio, Inquisição de Lisboa, processo n. 811.

ARQUIVO NACIONAL DO RIO DE JANEIRO (ANRJ)

Códice 84, vol. 04, fl. 29; códice 105,

Secretaria de Estado do Ministério do Reino. Negócios de Portugal. Academia Real das Ciências de Lisboa, 16 ago. 1818, fl. 2 a 5v.

ARQUIVO PUBLICO MINEIRO (APM)

Seção Colonial, Fundo Secretaria de Governo, códice 23.

BIBLIOTECA GERAL DA UNIVERSIDADE DE COIMBRA

Códice 674, fl. 94-98: Romance satírico em q'se descrevem as acçõens de hum tam illustre Heroe como he Dom Lourenço de Almeyda, escriptas em dialogo, em que falla o secretário João da Costa Carneyro, o mesmo Dom Lourenço, e o padre Phelippe de Almeyda, reduzindo-o a que faça testamento, interpretando mettaforicamnete a morte pela entrega que faz do governo destas Minas, em que só hé empenho do Autor, dar algum divertimento aos moradores dellas, que ha tantos annos gemem debayxo do captiveiro deste inhumano faraó, por cujo motivo o tem tomado por seu Mecenas.

Códice 674, fl. 98-98v: Escriptura condicional de Liberdade q' da Dom Lourenço de Almeyda aos moradores das Minas.

Códice 674, fl. 100-100v: Obra commica, ou Satirica discripção dos Cannotados indiscretos de Dom Lourenço de Almeyda Governador destas Minas.

Códice 674, fl. 102-104v: Segundo Offo. Que mandou fazer Pedro da Costa Guimarães pela Alma de D. Lourenço, reformado pelo mesmo Auttor.

Códice 677, fl.432-442: Cópia de húa carta q' o Capittam mor Nicolao Carvalho de Azevedo mandou ao Rio de Janeiro a D. Lourenço de Almeyda governador q' foi destas Minas, q' por grande seu amigo lhe dá pte. de algúas satiras q' se lhe tem feito, e as remete incluzas...

BIBLIOTECA NACIONAL DE PORTUGAL (BNP)

Reservados. Arquivo Casa Tarouca, cota 185.

Reservados. Coleção Pombalina, 249, fl. 205-206v.

Fontes impressas

ANAIS da Biblioteca Nacional do Rio de Janeiro. Rio de Janeiro: Biblioteca Nacional, 1905. v. 27.

ANDRADA, Miguel Leitão de. *Miscellanea*. Lisboa: Imprensa Nacional, 1867.

ANTONIL, André João. *Cultura e opulência do Brasil por suas drogas e minas*. Edição bilíngue. Texte de l'édition de 1711. Traduction française et commentaire critique par Andrée Mansuy. Paris: Institut des Hautes Études de l'Amérique Latine, 1968.

ARTE de furtar, espelho de enganos, theatro de verdades, mostrador de horas minguadas, gazua geral dos Reynos de Portugal. Offerecida a ElRey Nosso Senhor D. João IV, composta no anno de 1652, pelo padre Antonio Vieyra, de novo reimpressa e oferecida ao Ilmo. Sr. F.B. Targini, ex-thesoureiro mor do Erário do Rio de Janeiro. Londres: T.C. Hansard, Peterborough-Court, Fleet-Street, 1821.

AUTOS de devassa da Inconfidência Mineira. Brasília; Belo Horizonte: Imprensa Oficial, 1976-2001. 11 v.

BERREDO, Bernardo Pereira de. *Anais históricos do Estado do Maranhão*. 4. ed. Rio de Janeiro: Tipo Editor, 1988.

BERREDO, Bernardo Pereira de. *Annaes históricos do Estado do Maranhão*: em que se dá notícia do seu descobrimento, e tudo mais que nele tem sucedido desde o ano em que foi descuberto até o de 1718. Iquitos: CETA; Abya-Yala; IIAP, 1989.

BLUTEAU, Raphael. *Vocabulario portuguez & latino*. Lisboa: Oficina de Paschoal da Silva, 1712-1728. 8 v.

BOBADILLA, Castillo de. *Politica para corregidores y señores de vasallos, en tiempo de paz, y de guerra, para prelados en lo espiritual, y temporal, entre legos, jueces de comision, regidores, abogados, y otros oficiales públicos*: y de las jurisdicciones, preeminencias, residencias, y salarios de ellos; y de lo tocante a las Ordenes, y Caballeros de ellas. Madrid: Imprensa Real de la Gazeta, 1775.

CAMÕES, Luís de. *Lírica completa*. Prefácio e notas de Maria de Lourdes Saraiva. Lisboa: IN-CM, 1980-1981. 3 v.

CAMÕES, Luís de. *Os Lusíadas*. Leitura, prefácio e notas de Álvaro Júlio da Costa Pimpão. Apresentação de Aníbal Pinto de Castro. Lisboa: Instituto Camões, 2000.

CAMÕES, Luís de. *Rimas*. Texto estabelecido e prefaciado por Álvaro J. da Costa Pimpão. Coimbra: Universidade de Coimbra, 1953.

CARTAS do Padre Antônio Vieira, coordenadas e anotadas por J. Lúcio d'Azevedo. Coimbra: Imprensa da Universidade, 1928. 3 v.

CATÁLOGO dos capitães-mores governadores, capitães generaes, e vice-reis, que tem governado a capitania do Rio de Janeiro, desde sua primeira fundação em 1565, até o presente ano de 1811. *Revista do Instituto Histórico Geográfico Brasileiro*, Rio de Janeiro, n. 5, t. II, abr. 1840.

CERVANTES SAAVEDRA, Miguel de. *Don Quijote de la Mancha*. Ed. del IV Centenario. Madrid: Real Academia Española; Asociación de Academias de la Lengua Española; Alfaguara, 2004.

COLLECÇÃO chronológica de leis extravagantes: posteriores à nova compilação das Ordenações do Reino publicadas em 1603. Tomo 1: Decret, cartt., etc; que compreende os reinados de Filipe II e III, D. Pedro II, e D. João V. Coimbra: Real Imprensa da Universidade, 1819.

CONDE DA ERICEIRA. *História de Portugal restaurado*. Lisboa: Officina de João Galrão, 1679-1698. 2 v.

COVARRUBIAS OROZCO, Sebastián de. *Tesoro de la lengua castellana o española*. Edición de Felipe C. R. Maldonado revisada por Manuel Camarero. Madrid: Castalia, 1995.

COUTO, Diogo do. *Observações sobre as principaes causas da decadência dos portugueses na Ásia, escritas por Diogo do Couto, em forma de diálogo com o título de Soldado Prático, publicadas de ordem da Academia Real das Sciencias de Lisboa por Antonio Caetano do Amaral*. Lisboa: Officina da Academia Real das Sciencias, 1790.

COUTO, Diogo do. *O soldado prático*. Texto restituído, prefácio e notas por Manuel Rodrigues Lapa. Lisboa: Sá da Costa, 1954.

COUTO, Domingos Loreto Couto. *Desagravos do Brasil e glórias de Pernambuco*. Apresentação de José Antônio Gonsalves de Mello. Recife: Secretaria de Educação e Cultura; Fundação de Cultura Cidade do Recife, 1981.

CUNHA, Luís da. *Testamento político; ou, carta escrita pelo grande D. Luiz da Cunha ao Senhor Rei D. José I antes do seu governo...* São Paulo: Alfa-Ômega, 1976.

DECRETO de 2 de junho de 1650. Reforme-se o Regimento das residências dos Ministros, e das Leituras dos Bacharéis. Disponível em: <www.iuslusitaniae.fcsh.unl.pt>. Acesso em: 1 jun. 2017.

DELLON, Charles. *Voyages de M. Dellon, avec sa Relation de l'Inquisition de Goa, augmentée de diverses pièces curieuses et l'Histoire des dieux qu'adorent les gentils des Indes*. Cologne: Les héritiers de P. Marteau, 1709. 3 v.

DISCURSO histórico e político sobre a sublevação que nas Minas houve no ano de 1720. Introdução, notas e estudo crítico de Laura de Mello e Souza. Belo Horizonte: Fundação João Pinheiro, 1994.

DOCUMENTOS históricos. Rio de Janeiro: Biblioteca Nacional, 1928. v. 1.

DOCUMENTOS históricos. Rio de Janeiro: Biblioteca Nacional, 1948. v. 80.

DOCUMENTOS históricos. Rio de Janeiro: Biblioteca Nacional, 1952. v. 96.

DOCUMENTOS interessantes para a história e costumes de São Paulo. São Paulo: Arquivo do Estado de São Paulo, 1929. v. 51.

DOCUMENTOS interessantes para a história e costumes de São Paulo. São Paulo: Arquivo do Estado de São Paulo, 1930. v. 52.

D. DUARTE. *Livro dos conselhos de El-rei D. Duarte (Livro da Cartuxa)*. Editado por João José Alves Dias e de A. H. de Oliveira Marques. Lisboa: Estampa, 1982.

ESCRITOS políticos de São Tomás de Aquino. Petrópolis: Vozes, 1995.

FURETIÈRE, Antoine. *Dictionnaire de l'Académie Française*. Paris: Vve Coignard; J. B. Coignard, 1694. 2 v.

FURIÓ CERIOL, Fadrique. *El concejo y consejeros del príncipe*. Barcelona: Estrategia, 1998.

GÂNDAVO, Pero Magalhães de. *História da Província de Santa Cruz*: tratado da Terra do Brasil. Introdução de Capistrano de Abreu. São Paulo: Obelisco, 1964.

GONZAGA, Tomás Antônio. *Poesias*: Cartas Chilenas. Organização e prefácio de Manuel Rodrigues Lapa. Rio de Janeiro: Instituto Nacional do Livro, 1957.

GUEVARA, Antonio de. *Reloj de príncipes.* In: *Obras completas de fray Antonio de Guevara.* Madrid: Biblioteca Castro; Fundación José Antonio de Castro, 1994. t. II.

LAMEGO, Alberto. *A terra Goytacá à luz de documentos inéditos.* Paris: Edition d'Art, 1913-1947. 8 v.

LAVAL, François Pyrard de. *Voyage de François Pyrard de Laval, contenant sa navigation aux Indes Orientales, aux Moluques et au Brésil*: ses divers accidens, adventures et dangers qui lui sont arrivez en ce voyage en allant et retournant mesme pendant un long séjour, avec la description des païs, moeurs, loix, façons de vivre, police et gouvernement, du trafic et commerce qui s'y fait... Paris: R. Dallin, 1615.

LAVRADIO, Marquês do. *Cartas da Bahia, 1768-1769.* Rio de Janeiro: Arquivo Nacional, 1972.

LEITE, Serafim. *Novas cartas jesuíticas*: de Nóbrega a Vieira. São Paulo: Nacional, 1940.

LINSCHOTEN, Jan Huyghen van. *Description de l'Amérique et des parties d'icelle comme de la Nouvelle France, Floride, des Antilles, Jucaya, Cuba, Jamaica, etc.* Avec une carte géographique de l'Amérique australe. Amsterdam: E. Cloppenburch, 1638.

LISBOA, João Luís; MIRANDA, Tiago C. P. dos Reis; OLIVAL, Fernanda (Coord.). *Gazetas Manuscritas da Biblioteca Pública de Évora.* Lisboa: Colibri, 2002. v. 1 (1729-1731).

LISBOA, João Luís; MIRANDA, Tiago C. P. dos Reis; OLIVAL, Fernanda (Coord.). *Gazetas Manuscritas da Biblioteca Pública de Évora.* Lisboa: Colibri; CIDEHUS; UNL, 2005. v. 2 (1732-1734).

LISBOA, João Luís; MIRANDA, Tiago C. P. dos Reis; OLIVAL, Fernanda (Coord.). *Gazetas Manuscritas da Biblioteca Pública de Évora.* Lisboa: Colibri; CIDEHUS, 2011. v. 3 (1735-1737).

LOBÃO, Manuel de Almeida e Sousa de. *Tratado prático de morgados.* Lisboa: Imprensa Nacional, 1841.

MARIA, Theolbaldo de Jesu. *Agricultor instruido com as prevençoens necessarias para annos futuros, recupilado de graves autores e dividido em tres partes; na primeira se trata das sementeiras, virtudes das sementes, e de como se prezervaraõ da corrupçaõ; na segunda dos arvoredos, e vinhas; Breve tratado da cultura dos jardins; na terceira de todo o gado maior; e menor; e mais animaes domésticos, suas virtudes, e cura de suas infermidades, e das colméas etc.* Lisboa: [s.n.], 1730.

MARIANA, Pe. Juan de. *Obras del Padre Juan de Mariana.* Madrid: Biblioteca de Autores Españoles, 1950. 2 t.

MATOS. Gregório de. *Obra Poética.* 2. ed. Edição James Amado; preparação e notas Emanuel Araújo. Rio de Janeiro: Record, 1990. 2 v.

MENEZES, Sebastião César. *Summa politica*. Amsterdam: Tipographia de Simão Dias Soeiro Luzitano, 1650.

MIRANDA, Sá de. Carta à maneira italiana a d. Fernando de Meneses, em resposta do que lhe escreveu de Sevilha. In: *Obras do celebrado lusitano, o doutor Francisco de Sá de Miranda*. Lisboa: Imprensa Régia, 1804.

MOCQUET, Jean. *Voyages en Afrique, Asie, Indes orientales et occidentales faits par Jean Mocquet*. Rouen: J. Cailloué, 1645.

NICOT, Jean. *Thresor de la langue francoyse, tant ancienne que moderne*. Paris: David Douceur, 1606.

OBRAS completas de São Francisco Xavier. Disponível em: <https://goo.gl/7aHzmQ>. Acesso em: 1 jul. 2017.

OBRAS de Gil Vicente: correctas e emendadas pelo cuidado e diligência de J. V. Barreto Feio e J. G. Monteiro. Hamburgo: Officina Typographica de Langhoff, 1834.

OLIVEIRA, Luís da Silva Pereira. *Privilégios da nobreza, e fidalguia de Portugal*. Lisboa: Officina de João Rodrigues Neves, 1806.

ORDENAÇÕES afonsinas. Disponível em: <http://bit.ly/2sCxqLd>. Acesso em: 13 jun. 2017.

ORDENAÇÕES filipinas *online*. Disponível em: <http://bit.ly/2sLl3g6>. Acesso em: 14 abr. 2013.

PRIMOR e honra da vida soldadesca no Estado da Índia. Livro excellente, antigamente composto nas mesmas partes da Índia Oriental, sem nome de autor, & hora posto em ordem de sair à luz, com hum Elogio sobre elle, pello P.M. Fr. Antonio Freyre... Lisboa: Jorge Rodrigues, 1630.

RAMÍREZ DE PRADO, Lorenzo. *Consejo y consejero de príncipes*. Edição e prólogo de Juan Beneyto Pérez. Madrid: Instituto de Estudios Políticos, 1958.

REFORMAÇÃO da milícia e governo do Estado da Índia Oriental. Transcrição, notas e índice de Benjamim N. Teensma. Introdução histórica de Luís Felipe Barreto, George Davison Winius e Benjamim N. Teensma. Lisboa: Fundação Oriente, 1996.

RESENDE, Garcia de. *Livro das obras de Garcia de Resende (século XVII)*. Edição crítica de Evelina Verdelho. Lisboa: Calouste Gulbenkian, 1994.

REVISTA DO INSTITUTO HISTÓRICO E GEOGRÁFICO BRASILEIRO. Rio de Janeiro, t. XL, parte primeira, 1877.

SAAVEDRA FAJARDO, Diego. *Idea de un príncipe político christiano, representada en cien empresas*. Monaco: por Nicolao Enrico, 1640.

SALVADOR, Frei Vicente do. *História do Brasil, 1500-1627*. Nova edição revista por Capistrano de Abreu. São Paulo; Rio de Janeiro: Weiszflog, 1918.

SANTA MARÍA, Fray Juan de. *Republica y policia christiana para reyes y principes y para los que en el gouierno tienen sus vezes, compuesto por Fray Iuan de Santa Maria, religioso descalço, de la Provincia de San Joseph, de la orden de nuestro glorioso padre San Francisco*. Barcelona: Geronimo Margarit, 1619.

SERMÕES. In: *Obras completas do padre Antônio Vieira*. Prefaciado e revisto pelo reverendo Padre Gonçalo Alves. Porto: Lello & Irmão, 1959. 15 t. 5 v.

SILVA, Antonio de Moraes. *Diccionario da lingua portugueza*: recompilado dos vocabulários impressos até agora, e nesta segunda edição novamente emendado e muito acrescentado. Lisboa: Typographia Lacerdina, 1813.

SILVA, José Veríssimo Álvares da. Memória das verdadeiras cauzas porque o luxo tem sido nocivo aos portugueses. In: MEMÓRIAS econômicas da Academia Real das Sciencias de Lisboa para o adiantamento da agricultura, das artes e da indústria em Portugal e suas conquistas. Lisboa: Officina da Academia Real das Sciencias, 1789.

SOUSA, Antonio Caetano de. *Memórias históricas, e genealógicas dos grandes de Portugal*. Lisboa: Officina de Antonio Isidoro da Fonseca, 1742.

SOUSA, Frei Luís de. *Anais de D. João III*. Lisboa: Sá da Costa, 1938. 2 v.

SUÁREZ, Francisco. *Defensio Fidei III*. Principatus Politicus o la Soberania Popular. Madrid: Consejo Superior de Investigaciones Científicas, 1965.

TAVERNIER, Jean Baptiste. *Les six voyages de Jean Baptiste Tavernier,... en Turquie, en Perse et aux Indes...* Première partie, où il n'est parlé que de la Turquie et de la Perse. Paris: Clouzier et Barbin, 1677.

THESOURO apollineo, galenico, chimico, chirurgico, pharmaceutico ou compendio de remedios para ricos & pobres, por Joam Vigier. Lisboa: Officina Real Deslandesiana, 1714.

TOCQUEVILLE, Alexis de. *L'Ancien Régime et la Révolution*. Paris: Michel Lévy Frères; Libraires-Éditeurs, 1860.

TORRES, J. C. Feo Cardozo de Castello Branco e. *Memórias, oferecidas a S.M. F. o senhor D. João VI, por J. C. Feo Cardozo de Castello Branco e Torres*. Paris: Fantin, 1825.

VASCONCELOS, Luiz Mendes. *Do sítio de Lisboa*: diálogos. Lisboa: Officina de Francisco Luiz Ameno, 1786.

VICENTE, Gil. *Antologia do teatro de Gil Vicente*. Rio de Janeiro: Nova Fronteira, 1984.

VIEIRA, Pe. António. *Obras escolhidas*. Sermões (III), v. 12. Prefácio e notas de António Sérgio e Hernâni Cidade. Lisboa: Sá da Costa, 1954.

VITORIA, Francisco. *La Ley*. Madrid: Tecnos, 1994.

VITÓRIA, Francisco. *Relecciones teológicas del P. Fray Francisco de Vitoria*. Madrid: Librería religiosa Hernández, 1917. t. II.

Bibliografia

ABREU, João Capistrano de. *Capítulos de história colonial (1500-1800)*. 2. ed. Rio de Janeiro: Tipografia Leuzinger, 1928.

ALDEN, Dauril. *Royal government in colonial Brazil*: with special reference to the administration of the Marquis of Lavradio, Viceroy, 1769-1779. Berkeley: University of California Press, 1973.

ALMEIDA, Carla Maria Carvalho de. *Homens ricos, homens bons*: produção e hierarquização social em Minas colonial: 1750-1822. 2001. Tese (Doutorado em História) – Instituto de Ciências Humanas e Filosofia, Universidade Federal Fluminense, Niterói, 2001.

ALMEIDA, Joseph Cesar Ferreira de. O testamento no âmbito da herança. In: ENCONTRO DA ASSOCIAÇÃO BRASILEIRA DE ESTUDOS POPULACIONAIS, 13., 2002, Ouro Preto. Disponível em: <https://goo.gl/Knl5aT>. Acesso em: 12 set. 2013.

ALVES, Patrícia Woolley Cardoso Lins. *D. João de Almeida Portugal e a revisão do processo dos Távoras*: conflitos, intrigas e linguagens políticas em Portugal nos fins do Antigo Regime (1777-1802). 2011. 330 f. Tese (Doutorado em História) – Instituto de Ciências Humanas e Filosofia, Universidade Federal Fluminense, Niterói, 2011.

AMADORI, Arrigo. *Negociando la obediencia*: gestión y reforma de los virreinatos americanos en tiempos del conde-duque de Olivares (1621-1643). Sevilla: Consejo Superior de Investigaciones Científicas, 2013.

ANDRÉ, Carlos Ascenso. *Luz e penumbra na literatura humanista dos Descobrimentos*. Coimbra: Faculdade de Letras da Universidade de Coimbra, 1991.

ANDRIEN, Kenneth. Corruption, inefficiency and imperial decline in the seventeenth century viceroyalty of Peru. *The Americas*, n. 41, p. 1-20, 1984.

ANDRIEN, Kenneth. *Crisis y decadencia*: el virreinato del Perú en el siglo XVII. Lima: Banco Central de Reserva del Perú, 2011.

ANDRIEN, Kenneth. El corregidor de indios, la corrupción y el estado virreinal en Perú (1580-1630). *Revista de Historia Económica*, Madrid, n. 3, p. 493-521, 1986.

ANDÚJAR CASTILLO, Francisco. *Necesidad y venalidad*: España e Indias, 1704-1711. Madrid: Centro de Estudios Políticos y Constitucionales, 2008.

AZEVEDO, J. Lúcio de. *História de António Vieira*. 2 ed. Lisboa: Livraria Clássica Editora, 1931. 2 v.

BARBOSA, Gustavo. *Poderes locais, devoção e hierarquias sociais*: a Ordem Terceira de São Francisco de Mariana no século XVIII. 2015. Tese (Doutorado em História) – Faculdade de Filosofia e Ciências Humanas, Universidade Federal de Minas Gerais, Belo Horizonte, 2015.

BARTH, Fredrik. *O guru, o iniciador e outras variações antropológicas*. Rio de Janeiro: Capa Livraria, 2000.

BEBIANO, Rui. Literatura militar da Restauração. *Penélope: Fazer e Desfazer a História*, Lisboa, n. 9-10, p. 83-98, 1993.

BELLOTTO, Heloísa Liberalli. *Autoridade e conflito no Brasil colonial*: o governo do Morgado de Mateus em São Paulo (1765-1775). São Paulo: Alameda, 2007.

BERRENDERO, José Antonio. Interpretaciones del héroe clásico: la genealogía de la idea de noble/honrado y su desarrollo en la tratadística nobiliaria luso castellana (1556-1640); algunos ejemplos. *Ágora: Estudos Clássicos em Debate*, n. 13, p. 111-143, 2011.

BERTRAND, Michel. *Grandeza y miseria del oficio*: los oficiales de la Real Hacienda de la Nueva España, siglos XVII y XVIII. México: Fondo de Cultura Económica, 2011.

BERTRAND, Michel. Viejas preguntas, nuevos enfoques: la corrupción en la administración colonial española. In: ANDÚJAR CASTILLO, Francisco; FELICES DE LAFUENTE, Maria del Mar (Ed.). *El poder del dinero*: venta de cargos y honores en el Antiguo Régimen. Madrid: Biblioteca Nueva, 2011. p. 46-62.

BICALHO, Maria Fernanda. *A cidade e o império*: o Rio de Janeiro no século XVIII. Rio de Janeiro: Civilização Brasileira, 2003.

BICALHO, Maria Fernanda. As câmaras ultramarinas e o governo do Império. In: FRAGOSO, João; BICALHO, Maria Fernanda; GOUVÊA, Maria de Fátima (Org.). *O Antigo Regime nos trópicos*: a dinâmica imperial portuguesa (séculos XVI-XVIII). Rio de Janeiro: Civilização Brasileira, 2001. p. 189-221.

BISMUT, Roger. La présence de Camões dans l'Arte de Furtar. *Revista da Universidade de Coimbra*, Coimbra, v. 33, p. 379-386, 1985.

BLOCH, Marc. *Introdução à história*. Sintra: Publicações Europa-América, 1974.

BOBBIO, Norberto; PASQUINO, Gianfranco; MATTEUCCI, Nicola. *Dicionário de política I*. Brasília: Universidade de Brasília, 1998.

BOOGAART, Ernst Van Den. *Civil and corrupt Asia*: image and text in the Itinerario and the icones of Jan Huygen Van Linschoten. Chicago: University Chicago Press, 2003.

BORREGO PÉREZ, Manuel. La crítica de una nobleza irresponsable: un aspecto de los Memoriales del Conde Duque. *Criticón*, n. 56, p. 87-101, 1992.

BOXER, Charles. *A Índia Portuguesa em meados do século XVII*. Lisboa: Edições 70, 1982.

BOXER, Charles. Camões e Diogo do Couto: irmãos em armas e nas letras. *Revista Occidente*, Lisboa, p. 25-37, nov. 1972. Número especial.

BOXER, Charles. Diogo do Couto (1543-1616), controversial chronicler of Portuguese Asia. In: GOERTZ, R. O. W. (Ed.). *Iberia*: studies in honor of H. V. Livermore. Calgary: University of Calgary Press, 1985. p. 57-66.

BOXER, Charles. *O império marítimo português*. São Paulo: Companhia das Letras, 2002.

BOXER, Charles. *O império marítimo português*: 1415-1825. Lisboa: Edições 70, [s.d.].

BOXER, Charles. *Salvador de Sá and the struggle for Brazil and Angola*: 1602-1686. London: The Athlone Press, 1952.

BOXER, Charles. *The Golden Age of Brazil, 1695-1750*: growing pains of a colonial society. Berkeley; Los Angeles: University of California Press, 1964.

BOXER, Charles. Three historians of Portuguese Asia: João de Barros, Diogo do Couto and António Bocarro. *Boletim do Instituto Português de Hong Kong*, Macau, n. 1, p. 15-44, jul. 1948.

BRAGA, Isabel M. R. Mendes Drumond. *Bens de hereges*: inquisição e cultura material. Portugal e Brasil (séculos XVII-XVIII). Coimbra: Imprensa da Universidade de Coimbra, 2012.

BRAGA, Paulo Drumond. O Brasil e o perdão régio (1640-1706). In: CONGRESSO INTERNACIONAL ESPAÇO ATLÂNTICO DE ANTIGO REGIME: PODERES E SOCIEDADES, 2005, Lisboa. *Actas*. Disponível em: <https://goo.gl/8XAL5m>. Acesso em: 13 jun. 2017.

BRANDÃO, Raul Germano. *Memórias*. Lisboa: Seara Nova, 1933.

BRENOT, Anne-Marie. L'étude du non pouvoir dans Estado politico del reyno del Peru V. Montero del Aguila, 1742. *Histoire, Économie et Société*, v. 8, n. 2, p. 167-197, 1989.

BRENOT, Anne-Marie. *Pouvoir et profits au Pérou colonial au XVIIIe. siècle*: gouverneurs, clientèles et ventes forcées. Paris: L'Harmattan, 1989.

BRUNKE, José de la Puente. Codicia y bien público: los ministros de la Audiencia en la Lima seiscentista. *Revista de Indias*, Madrid, v. 66, n. 236, p. 133-148, 2006.

CAETANO, Antônio Filipe Pereira. "Os Sás em maus lençóis...": A revolta da cachaça e a revolta de Beckman nas disputas político-econômicas da América Portuguesa (Rio de Janeiro e Estado do Maranhão e Grão-Pará, século XVII). *Mneme: Revista de Humanidades*, Caicó (RN), v. 9, n. 24, set./out. 2008.

CAMÕES, José. *Aclamação de João III*. Lisboa: Quimera, 1990.

CAPPELLI, Guido; RAMOS, Antonio Gómez (Org.). *Tiranía*: aproximaciones a una figura del poder. Madrid: Dykinson, 2008.

CARBIA, Rómulo D. *Historia de la leyenda negra hispano-americana*. Estudio preliminar Miguel Molina Martínez. Madrid: Fundación Carolina; Centro de Estudios Hispánicos e Hispanoamericanos; Marcial Pons Historia, 2004.

CÁRDENAS GUTIÉRREZ, Salvador. La lucha contra la corrupción en la Nueva España según la visión de los Neoestoicos. *Historia Mexicana*, v. 55, n. 3, p. 717-765, enero-marzo 2006.

CARDIM, Pedro. "Administração" e "governo": uma reflexão sobre o vocabulário do Antigo Regime. In: BICALHO, Maria Fernanda; FERLINI, Vera Lúcia Amaral (Org.). *Modos de governar*: ideias e práticas políticas no império português, séculos XVI a XIX. São Paulo: Alameda, 2005. p. 45-68.

CARDIM, Pedro. Amor e amizade na cultura política dos séculos XVI e XVII. *Lusitania Sacra*, 2ª série, n. 11, p. 21-57, 1999.

CARDIM, Pedro. "Governo" e "política" no Portugal do Seiscentos: o olhar do jesuíta Antônio Vieira. *Penélope: Fazer e Desfazer a História*, Lisboa, n. 28, p. 77-82, 2003.

CARDIM, Pedro. O quadro constitucional. Os grandes paradigmas de organização política: a Coroa e a representação do Reino. As cortes. In: MATTOSO, José (Dir.). *História de Portugal*. Coordenação de António Manuel Hespanha. Lisboa: Estampa, 1998. v. 4: O Antigo Regime, 1620-1807. p. 145-155.

CARVALHO, Flávia Maria de. Do undamento ao avassalamento: ritos e cerimônias, alianças e conflitos entre portugueses e sobas do antigo Ndongo. In: SIMPÓSIO NACIONAL DE HISTÓRIA – ANPUH, 26., 2011, São Paulo. *Anais...* Disponível em: <https://goo.gl/yzaXHj>. Acesso em: 13 jun. 2017.

CARVALHO, José Manuel Matos de et al. Alguns aspectos da contabilidade de manufacturas portuguesas do séc. XVIII: o caso da Companhia da Fábrica das Sedas, 2ª administração 1745-1747. *Revista do Tribunal de Contas*, Lisboa, n. 34, p. 457-502, jul./dez. 2000.

CASTELO BRANCO, Camilo. *Perfil do Marquez de Pombal*. Porto: Clavel, 1882.

CASTRO IBASETA, Francisco Javier. *Monarquía satírica*: poética de la caida del Conde Duque de Olivares. 2008. Tesis (Doctorado en Historia) – Universidad Autónoma de Madrid, Madrid, 2008.

CATÃO, Leandro Pena. *Sacrílegas palavras*: Inconfidência e presença jesuítica nas Minas Gerais durante o período pombalino. 2005. 371 f. Tese (Doutorado em História) –Faculdade de Filosofia e Ciências Humanas, Universidade Federal de Minas Gerais, Belo Horizonte, 2005.

CATZ, Rebecca. *Fernão Mendes Pinto*: sátira e anti-cruzada na Peregrinação. Amadora: Livraria Bertrand, 1981.

CAVALCANTE, Jardel Dias. O império marítimo português para aquém da cultura. *Digestivo Cultural*, 31 mar. 2003. Disponível em: <https://goo.gl/cmw6qG>. Acesso em: 13 jun. 2017.

CAVALCANTE, Paulo. *Negócios de trapaça*: caminhos e descaminhos na América Portuguesa (1700-1750). São Paulo: Hucitec, 2006.

CHABOD, Federico. Usi e abusi nell'amministrazione dello Stato di Milano a mezzo il '500. In: STUDICI storici in onore di G. Volpe. Firenze: G. C. Sansoni, 1958. p. 95-194.

CHAUNU, Huguette; CHAUNU, Pierre. *Séville et l'Atlantique (1504-1650)*. Paris: S.E.V.P.E.N., 1955. t. I: Introduction méthodologique.

CHAVES, José Inaldo. *"As duras cadeias de hum governo subordinado"*: história, elites e governabilidade na capitania da Paraíba (1755-1799). 2013. 268 f. Dissertação (Mestrado em História) – Instituto de Ciências Humanas e Filosofia, Universidade Federal Fluminense, Niterói, 2013.

CIARAMITARO, Fernando. Virrey, gobierno virreinal y absolutismo: el caso de la Nueva España y del Reino de Sicilia. *Studia Historica: Historia Moderna*, Salamanca, n. 30, p. 235-271, 2008.

CIDADE, Hernâni. *Padre António Vieira*. Lisboa: Presença, 1985.

CIDADE, Hernâni. *Padre António Vieira*: a obra e o homem. Lisboa: Arcádia, 1964.

CIDADE, Hernâni. *Padre António Vieira: a obra e o homem*. Seleção e ordenação, prefácio e notas por Hernâni Cidade. Lisboa: Agência Geral das Colônias, 1940.

COARACY, Vivaldo. *O Rio de Janeiro no século dezessete*. Rio de Janeiro: José Olympio, 1965.

COMISSOLI, Adriano. *Os "homens bons" e a Câmara de Porto Alegre (1767-1808)*. 2006. 192 f. Dissertação (Mestrado em História) – Instituto de Ciências Humanas e Filosofia, Universidade Federal Fluminense, Niterói, 2006.

CONDE, Maria Antônia Marques Fialho Costa. Os contratos de dote no mosteiro cirterciense de S. Bento de Cástris (Évora) no período moderno. In: CONGRESO INTERNACIONAL SOBRE EL CISTER EM GALICIA Y PORTUGAL, 3., 2006, Ourense. *Actas...* Ourense: Monte Casino, 2006. t. 1. p. 343-373.

COSENTINO, Francisco Carlos. Enobrecimento, trajetórias sociais e remuneração de serviços no império português: a carreira de Gaspar de Sousa, governador geral do Estado do Brasil. *Tempo*, v. 13, n. 26, p. 225-253, 2009.

COSTA, Leonor Freire; ROCHA, Maria Manuela. Remessas do ouro brasileiro: organização mercantil e problemas de agência em meados do século XVIII. *Análise Social*, Lisboa, v. 42, n. 182, p. 77-98, 2007.

COTTA, Francis Albert. Milícias negras na América Portuguesa: defesa territorial, manutenção da ordem e mobilidade social. Disponível em: <https://goo.gl/AHPsWR>. Acesso em: 13 jun. 2017.

CRUZ, Maria Leonor García da Cruz. *Os "fumos da Índia"*: uma leitura crítica da expansão portuguesa. Lisboa: Cosmos, 1998.

CUNHA, Mafalda Soares da. Redes sociais e decisão política no recrutamento dos governantes das conquistas, 1580-1640. In: FRAGOSO, João; GOUVÊA, Maria de Fátima (Org.). *Na trama das redes*: política e negócios no Império português, séculos XVI-XVIII. Rio de Janeiro: Civilização Brasileira, 2010. p. 117-154.

CUNHA, Mafalda Soares da; MONTEIRO, Nuno Gonçalo. Governadores e capitães-mores do império atlântico português nos séculos XVII e XVIII. In: CUNHA, Mafalda Soares da; MONTEIRO, Nuno Gonçalo; CARDIM, Pedro (Org.). *Optima Pars*: elites ibero-americanas do Antigo Regime. Lisboa: ICS, 2005. p. 191-242.

CUNHA, Mafalda Soares da; MONTEIRO, Nuno Gonçalo. *Vice-rei e governadores do Estado da Índia*: uma abordagem prosopográfica (1505-1834). Lisboa: Fundação Oriente, 1994.

CUNHA, Mafalda Soares da; MONTEIRO, Nuno Gonçalo. Vice-reis, governadores e conselheiros de governo no Estado da Índia (1505-1834): recrutamento e caracterização social. *Penélope: Fazer e Desfazer a História*, Lisboa, n. 15, p. 91-120, 1995.

CURTIUS, Ernst Robert. *Literatura européia e Idade Média Latina*. São Paulo: Hucitec, 1996.

CURTO, Diogo Ramada. Uma tipologia compósita do conhecimento imperial. *História*, v. 31, n. 2, p. 26-35, jul./dez. 2012.

DARNTON, Robert. *O diabo na água benta*: ou a arte da calúnia e da difamação de Luís XIV a Napoleão. São Paulo: Companhia das Letras, 2012.

DEDIEU, Jean-Pierre. *Après le roi, essai sur l'effondrement de la monarchie espagnole*. Madrid: Casa de Velázquez, 2010.

DEDIEU, Jean-Pierre; ARTOLA RENEDO, Andoni. Venalidad en contexto: venalidad y convenciones políticas en la España moderna. In: ANDÚJAR CASTILLO, Francisco; FUENTE, María del Mar Felices de la. *El poder del dinero*: ventas de cargos y honores en el Antiguo Régimen. Madrid: Siglo XXI, 2011. p. 29-45.

DIAS, Joel Santos. Os *"verdadeiros conservadores"* do estado do Maranhão: poder local, redes de clientela e cultura política na Amazônia colonial (primeira metade do século XVIII). 2008. 325 f. Dissertação (Mestrado em História) – Instituto de Filosofia e Ciências Humanas, Universidade Federal do Pará, Belém, 2008.

DICKINSON, John. *Death of a republic*: politics and political thought at Rome (59-44 B.C.). London: G. L. Haskins, 1963.

DINES, Alberto. *Vínculos do fogo*: Antônio José da Silva, o Judeu, e outras histórias da Inquisição em Portugal e no Brasil. São Paulo: Companhia das Letras, 1992.

DOMINGUES, Ângela. *Monarcas, ministros e cientistas*: mecanismos de poder, governação e informação no Brasil colonial. Lisboa: CHAM, 2012.

DOMINGUEZ ORTIZ, Antonio. *Las clases privilegiadas en la España del Antiguo Régimen*. Madrid: Istmo, 1973.

DURÃES, Margarida. Filhos e enteados: práticas sucessórias e hereditárias no mundo rural: Braga (séculos XVIII-XIX). *Cadernos do Noroeste*, v. 15, n. 1, p. 175-218, 2001. (Série História 1)

EGIDO, Teófanes. *Sátiras políticas de la España moderna*. Madrid: Alianza, 1973.

ELIAS, Norbert. *A sociedade de corte*. Rio de Janeiro: Zahar, 2001.

EMERY, Bernard. Littérature, morale e politique dans la "Arte de Furtar". *Arquivos do Centro Cultural Português*, Paris, v. 14, p. 225-251, 1979.

ESCOBAR, Marcos Pinho de. Engenharia portuguesa no Rio da Prata. 6 out. 2006. Disponível em: <https://goo.gl/E5whBo>. Acesso em: 13 jun. 2017.

ESTEVES, Judite Maria Nunes. Uma perspectiva do morgadio no feminino em Portugal. Disponível em: <https://goo.gl/sNLsKP>. Acesso em: 10 dez. 2015.

FARIA, Patrícia Souza de. Mais soldados e menos padres: remédios para a preservação do Estado da Índia (1629-1636). *História Unisinos*, v. 16, n. 3, set./dez. 2012.

FERREIRA, Delson Gonçalves. As Cartas Chilenas e a Inconfidência Mineira. *Análise e Conjuntura*, Belo Horizonte, v. 4, n. 2-3, maio-dez. 1989.

FERREIRA, Roquinaldo. "A arte de furtar": redes de comércio ilegal no mercado imperial ultramarino português (1690-1750). In: FRAGOSO, João; GOUVÊA, Maria de Fátima (Org.). *Na trama das redes*: política e negócios no Império português, séculos XVI-XVIII. Rio de Janeiro: Civilização Brasileira, 2010. p. 203-242.

FERREIRA, Roquinaldo. Dinâmica do comércio intracolonial: geribitas, panos asiáticos e guerra no tráfico angolano de escravos (século XVIII). In: FRAGOSO, João; BICALHO, Maria Fernanda; GOUVÊA, Maria de Fátima (Org.). *O Antigo Regime nos trópicos*: a dinâmica imperial portuguesa (séculos XVI-XVIII). Rio de Janeiro: Civilização Brasileira, 2001. p. 339-378.

FERRONHA, Antônio Luís Alves. Angola: a revolta de Luanda em 1667 e a expulsão do governador-geral Tristão da Cunha. In: FURTADO, Júnia Ferreira (Org.). *Diálogos oceânicos*: Minas Gerais e as novas abordagens para uma história do Império Ultramarino Português. Belo Horizonte: Editora UFMG, 2001. p. 255-279.

FIGUEIREDO, Luciano Raposo de Almeida. A corrupção no Brasil Colônia. In: AVRITZER, Leonardo *et al.* (Org.). *Corrupção*: ensaios e críticas. Belo Horizonte: Editora UFMG, 2008. p. 209-2018.

FIGUEIREDO, Luciano Raposo de Almeida. Narrativas das rebeliões: linguagem política e ideias radicais na América Portuguesa moderna. *Revista USP*, São Paulo, n. 57, p. 6-27, mar./maio 2003.

FIGUEIREDO, Luciano Raposo de Almeida. O império em apuros: notas para o estudo das alterações ultramarinas e das práticas políticas no Império Colonial Português séculos XVII e XVIII. In: FURTADO, Júnia Ferreira (Org.). *Diálogos oceânicos*. Belo Horizonte: Editora UFMG, 2001. p. 197-254.

FILGUEIRAS, Fernando. A corrupção na política: perspectivas teóricas e metodológicas. *Boletim CEDES*, Rio de Janeiro: PUC-Rio, v. 5, p. 1-29, abr. 2006.

FILGUEIRAS, Fernando. Montesquieu e a corrupção da República. Disponível em: <http://bit.ly/2rII2DX>. Acesso em: 17 jun. 2016.

FILGUEIRAS, Fernando. O problema da corrupção e a sociologia americana. Disponível em: <http://bit.ly/2tkOQtu>. Acesso em: 14 out. 2013.

FLANDRIN, Jean-Louis. *Famílias*: parentesco, casa e sexualidade na sociedade antiga. Lisboa: Estampa, 1991.

FOSTER, George M. *Las culturas tradicionales y los cambios tecnicos*. México: Fondo de Cultura Económica, 1964.

FOUCAULT, Michel. *Microfísica do poder*. Organização, introdução e revisão técnica de Roberto Machado. 23. ed. Rio de Janeiro: Graal, 2007.

FRAGOSO, João, A formação da economia colonial no Rio de Janeiro e de sua primeira elite senhorial (séculos XVI e XVII). In: FRAGOSO, João; BICALHO, Maria Fernanda; GOUVÊA, Maria de Fátima (Org.). *O Antigo Regime nos trópicos*: a dinâmica imperial portuguesa (séculos XVI-XVIII). Rio de Janeiro: Civilização Brasileira, 2001. p. 29-71.

FRAGOSO, João. A nobreza vive em bandos: a economia política das melhores famílias da terra do Rio de Janeiro, século XVII. *Tempo: Revista do Departamento de História da UFF*, Niterói, v. 8, n. 15, p. 11-35, 2003.

FRAGOSO, João; BICALHO, Maria Fernanda; GOUVÊA, Maria de Fátima (Org.). *O Antigo Regime nos trópicos*: a dinâmica imperial portuguesa (séculos XVI-XVIII). Rio de Janeiro: Civilização Brasileira, 2001.

FRAGOSO, João; BICALHO, Fernanda; GOUVÊA, Maria de Fátima. Uma leitura do Brasil colonial: bases da materialidade e governabilidade no Império. *Penélope: Fazer e Desfazer a História*, Lisboa, n. 23, p. 67-88, 2000.

FRANÇA, Jean Marcel Carvalho (Org.). *O olhar dos viajantes*. São Paulo: Duetto, 2010. 2 v.

FRANCO, Carlos José de Almeida. *Casas das elites de Lisboa*: objectos, interiores e vivências (1750-1830). 2014. 524 f. Tese (Doutorado em Estudos do Património) – Universidade Católica Portuguesa, Lisboa, 2014.

FRANCO, Juan Hernández; CUNHA, Mafalda Soares. *Sociedade, família e poder na Península Ibérica*: elementos para uma história comparativa. Lisboa: Colibri; CIDEHUS; Editum – Serviço de Publicações da Universidade de Múrcia, 2010.

FREIRE, Felisbelo. *História da cidade do Rio de Janeiro*: 1564 a 1800. Rio de Janeiro: Revista dos Tribunais, 1912.

FRIEDRICH, Carl J. Corruption concepts in historical perspective. In: HEIDENHEIMER, Arnold J.; JOHNSTON, Michael; LEVINE, Victor T. (Ed.). *Political corruption*: a handbook. New Brunswick: Transaction, 2009. p. 15-24.

FURMANN, Ivan; ROMANELLI, Sandro L. T. Ballande. Um sentido jurídico para o Antigo Regime (Ancien Régime). 2016. Disponível em: <http://bit.ly/2rrQRmn>. Acesso: 14 maio 2016.

FURTADO, Joaci Pereira. *Uma república de leitores*: história e memória na recepção das Cartas Chilenas (1845-1989). São Paulo: Hucitec, 1997.

GARCIA, Rodolfo. Deposição de Jerônimo de Mendonça Furtado. *Anais da Biblioteca Nacional*, v. 57, 1935.

GARCÍA MARÍN, José. *La burocracia castellana bajo los Austrias*. Madrid: Instituto Nacional de Administración Pública, 1986.

GIACOMONI, Marcello Paniz. *Ecos de uma tradição*: a ideia de decadência na obra *Epitoma Rei Militaris*, de Flavius Vegetius Renatus. 2011. 170 f. Dissertação (Mestrado em História) – Instituto de Filosofia e Ciências Humanas, Universidade Federal do Rio Grande do Sul, Porto Alegre, 2011.

GOLIN, Tau. Quando as fronteiras do Mercosul separavam inimigos: o exemplo de José Custódio de Sá e Faria. In: CLEMENTE, Elvo (Org.). *Integração*: artes, letras e história. Porto Alegre: Edipucrs, 1995. v. 2. p. 107-119.

GÓMEZ ROBLEDO, Antonio. *Fundadores del derecho internacional*: Vitoria, Gentili, Suárez, Grocio. México: Universidad Autónoma de México, 1989.

GONÇALVES, Adelto. Para evitar desordens futuras. *Revista Tripov de Artes, Religiões e Ciências*, nova série, n. 28, jun. 2012. Disponível em: <https://goo.gl/o1Mz1Z>. Acesso em: 13 jun. 2017.

GOUVEA, Maria de Fátima Silva Gouvêa. Trajetórias administrativas e redes governativas no Império Português (1668-1698). In: JORNADA SETECENTISTA, 6., 2006. *Anais...* Disponível em: <https://goo.gl/r3zMNN>. Acesso em: 13 jun. 2017.

GRAFTON, Anthony; MOST, Glenn W.; SETTIS, Salvatore. *The classical tradition*. Cambridge: Harvard University Press, 2010.

GREENE, Jack P. *Negotiated authorities*: essays in colonial political and constitutional history. Charlottesville; London: University Press of Virginia, 1994.

GREENE, Jack P. Tradições de governança consensual na construção da jurisdição do Estado nos impérios europeus da Época Moderna na América. In: FRAGOSO, João; GOUVÊA, Maria de Fátima (Org.). *Na trama das redes*: política e negócios no Império português, séculos XVI-XVIII. Rio de Janeiro: Civilização Brasileira, 2010. p. 95-114.

GUGLIELMO, Mariana Gonçalves. De comerciante ao "mais rico e poderoso vassalo de Portugal no Brasil": a trajetória de ascensão social de Joaquim Vicente dos Reis. In: SIMPÓSIO NACIONAL DA ANPUH, 25., 2009, Fortaleza. *Anais...* Disponível em: <https://goo.gl/YvJKfx>. Acesso em: 13 jun. 2017.

GUIMARÃES, André Rezende. *Inácio de Souza e os falsários do Paraopeba*: Minas Gerais nas redes mundializadas do século XVIII. 2008. 295 f. Dissertação (Mestrado em História) – Faculdade de Filosofia e Ciências Humanas, Universidade Federal de Minas Gerais, Belo Horizonte, 2008.

HANSEN, João Adolfo. *A sátira e o engenho*: Gregório de Matos e a Bahia do século XVII. Campinas: Ateliê Editorial; Editora da Unicamp, 2004.

HANSEN, João Adolfo. Teatro da memória: monumento barroco e retórica. *Revista do IFAC*, Ouro Preto, n. 2, p. 40-54, dez. 1995.

HEIDENHEIMER, Arnold J.; JOHNSTON, Michael; LEVINE, Victor T. (Ed.). *Political corruption*: a handbook. New Brunswick: Transaction, 1999.

HESPANHA, António Manuel. A constituição do Império português: revisão de alguns enviesamentos correntes. In: FRAGOSO, João; BICALHO, Maria Fernanda; GOUVÊA, Maria de Fátima (Org.). *O Antigo Regime nos trópicos*: a dinâmica imperial portuguesa (séculos XVI-XVIII). Rio de Janeiro: Civilização Brasileira, 2001. p. 163-188.

HESPANHA, António Manuel. A nobreza nos tratados jurídicos dos séculos XVI a XVIII. *Penélope: Fazer e Desfazer a História*, Lisboa, n. 12, p. 27-42, 1993.

HESPANHA, António Manuel. A punição e a graça. In: MATTOSO, José (Dir.). *História de Portugal*. Coordenação de António Manuel Hespanha. Lisboa: Estampa, 1993. v. 4: O Antigo Regime, 1620-1807. p. 239-256.

HESPANHA, António Manuel. As estruturas políticas em Portugal na Época Moderna. In: TENGARRINHA José (Org.). *História de Portugal*. São. Paulo: EDUSC-UNESP, 2001. p. 117-182.

HESPANHA, António Manuel. Da "iustitia" à "disciplina": textos, poder e política penal no Antigo Regime. *Anuario de Historia Del Derecho Español*, n. 57, p. 493-578, 1987.

HESPANHA, António Manuel. *História de Portugal moderno político e institucional*. Lisboa: Universidade Aberta, 1995.

HESPANHA, António Manuel. *Imbecillitas*: as bem-aventuranças da inferioridade nas sociedades de Antigo Regime. São Paulo: Annablume, 2010.

HESPANHA, António Manuel. *O direito dos letrados no império português*. Florianópolis: Fundação Boiteux, 2006.

HESPANHA, António Manuel. Por que é que foi "portuguesa" a expansão portuguesa? In: SOUZA, Laura de Mello e; FURTADO, Júnia Ferreira; BICALHO, Maria Fernanda (Org.). *O governo dos povos*. São Paulo: Alameda, 2009. p. 32-62.

HESPANHA, Antônio Manuel; XAVIER, Ângela Barreto. A representação da sociedade e do poder: paradigmas políticos e tradições literárias. In: MATTOSO, José (Dir.). *História de Portugal*. Coordenação de António Manuel Hespanha. Lisboa: Estampa, 1993. v. 4: O Antigo Regime, 1620-1807. p. 121-155.

HESPANHA, António Manuel; XAVIER, Ângela Barreto. As redes clientelares. In: MATTOSO, José (Dir.). *História de Portugal*. Lisboa: Círculo de Leitores, 1997. v. 4: O Antigo Regime, 1620-1807. p. 381-393.

HOLANDA, Sérgio Buarque de. *Visão do paraíso*: os motivos edênicos no descobrimento e colonização do Brasil. São Paulo: Brasiliense, 2000.

JASMIN, Marcelo. Historiografia e liberdade em *L'Ancien Régime et la Révolution*. *Revista Estudos Históricos*, Rio de Janeiro, n. 17, 1996, p. 93-122.

KLAVEREN, Jacob Van. Corruption as a historical phenomenon. In: HEIDENHEIMER, Arnold J.; JOHNSTON, Michael (Ed.). *Political corruption*: concepts and contexts. New Brunswick: Transaction, 1999. p. 83-94

KLAVEREN, Jacob Van. The concept of corruption. In: HEIDENHEIMER, Arnold J.; JOHNSTON, Michael; LEVINE, Victor T. (Ed.). *Political corruption*: a handbook. New Brunswick: Transaction, 1999. p. 25-28.

KÜHN, Fábio. A Gibraltar do Prata: o contrabando de escravos na Colônia do Sacramento (1740-1777). In: NOVALES, Ana Frega *et al*. (Org.). *História, regiões e fronteiras*. Santa Maria: FACOS-UFSM, 2012. p. 105-121.

KÜHN, Fábio. Clandestino e ilegal: o contrabando de escravos na Colônia do Sacramento (1740-1777). In: XAVIER, Regina Célia Lima (Org.). *Escravidão e liberdade*: temas, problemas e perspectivas de análise. São Paulo: Alameda, 2012. v. 1. p. 179-206;

KÜHN, Fábio. Governadores e negociantes nas franjas dos Impérios: a praça mercantil da Colônia do Sacramento (1750-1777). In: ALMEIDA, Suely C. Cordeiro de et al. (Org.). *Políticas e estratégias administrativas no mundo atlântico*. Recife: Editora Universitária UFPE, 2012. v. 1. p. 229-244.

KUHN, Fábio. O poder na aldeia: as elites locais na periferia da América Portuguesa (Viamão, 1763-1773). In: PEREIRA, Magnus Roberto de Mello et al. (Ed.). *VI² Jornada Setecentista*: conferências e comunicações. Curitiba: Aos Quatro Ventos; CEDOPE, 2006. p. 240-249.

KÜHN, Fábio. Os interesses do governador: Luiz Garcia de Bivar e os negociantes da Colônia do Sacramento (1749-1760). *Topoi*, Rio de Janeiro, v. 13, p. 29-42, 2012.

KÜHN, Fábio. Um governador em apuros: a trajetória administrativa de José Marcelino de Figueiredo (Rio Grande de São Pedro, 1769-1780). In: DORÉ, Andréa; SANTOS, Antônio César de Almeida (Org.). *Temas setecentistas*: governos e populações no Império Português. Curitiba: UFPR-SCHLA; Fundação Araucária, 2009. p. 169-180.

KUHN, Fábio; COMISSOLI, Adriano; SILVA, Augusto. Trajetórias sociais e práticas políticas nas franjas do Império. *História, Histórias*, Brasília: Universidade de Brasília, v. l, n. 1, 2013.

LACERDA, Teresa. *Os Capitães das Armadas da Índia no reinado de D. Manuel I*: uma análise social. 2006. Dissertação (Mestrado em História e Arqueologia da Expansão e dos Descobrimentos Portugueses) – Faculdade de Ciências Sociais e Humanas, Universidade Nova de Lisboa, Lisboa, 2006.

LAMEGO, Alberto. O último governador da Colônia do Sacramento: Francisco José da Rocha. *Revista de Philologia e de História*, Rio de Janeiro, II, 1933, p. 212-225.

LAPA, M. Rodrigues. As *"Cartas Chilenas"*: um problema histórico e filológico. Prefácio de Afonso Pena Júnior. Rio de Janeiro: Instituto Nacional do Livro, 1958.

LARA, Silvia Hunold. Conectando historiografias: a escravidão africana e o Antigo Regime na América portuguesa. In: BICALHO, Maria Fernanda; FERLINI, Vera Lúcia A. (Org.). *Modos de governar: ideias e práticas políticas no Império português (séculos XVI a XIX)*. São Paulo: Alameda, 2005, p. 21-38.

LATASA, Pilar. Negociar en red: familia, amistad y paisanaje. El virrey Superunda y sus agentes en Lima y Cádiz (1745-1761). *Anuario de Estudios Americanos*, Sevilla, LX-2, p. 463-492, 2003.

LE GOFF, Jacques. *L'imaginaire médiéval*: essais. Paris: Gallimard, 1985.

LETTER from Portugal: The Dona Paula legends (by Jorge de Abreu Noronha). Disponível em: <https://goo.gl/iiajCn>. Acesso em: 14 nov. 2014.

LIMA, Carlos de. *História do Maranhão*: colônia. São Luís: Instituto Geia, 2006, v. 1: Colônia.

LÓPEZ ÁLVAREZ, Alejandro. *Poder, lujo y conflicto en la Corte de los Austrias*: coches, carrozas y sillas de mano, 1550-1700. Madrid: Polifemo, 2007.

LYRA. Marcelo Dias. *Arranjar a memória que ofereço por defesa*: cultura política e jurídica nos discursos de defesa dos rebeldes pernambucanos de 1817. 2012. 180 f. Dissertação (Mestrado em História) – Instituto de Ciências Humanas e Filosofia, Universidade Federal Fluminense, Niterói, 2012.

MACHADO, Álvaro Manuel. *O mito do Oriente na literatura portuguesa*. Lisboa: ICALP, 1983.

MADRAZO, Santos. *Estado débil y ladrones poderosos en la España del siglo XVIII*: historia de un peculado en el reinado de Felipe V. Madrid: Los Libros de la Catarata, 2000.

MAGALHÃES, Alberto da Conceição. *A Real Fábrica das Sedas e o comércio têxtil com o Brasil, 1734-1822*. 2011. 174 f. Dissertação (Mestrado em História) – Faculdade de Letras, Universidade de Lisboa, Lisboa, 2011.

MAGALHÃES, Diogo Franco. *O reinventar da colônia*: um balanço das interpretações sobre a economia colonial brasileira. 2008. 168 f. Dissertação (Mestrado em Desenvolvimento Econômico) – Instituto de Economia, Universidade Estadual de Campinas, Campinas, 2008.

MAGALHÃES, Pablo Antônio Iglesias. *Equus Rusus*: a Igreja Católica e as Guerras Neerlandesas na Bahia (1624-1654). 2010. Tese (Doutorado em História) – Universidade Federal da Bahia, Salvador, 2010.

MARAVALL, José Antonio. *El humanismo de las armas en don Quijote*. Madrid: Instituto de Estudios Políticos, 1948.

MARAVALL, José Antonio. *Estado moderno y mentalidad social*: siglos XV a XVII. Madrid: Ediciones de la Revista de Occidente, 1972. 2 v.

MARAVALL, José Antonio. *La teoría española del estado en el siglo XVII*. Madrid: Instituto de Estudios Políticos, 1944.

MARAVALL, José Antonio. *Poder, honor y élites en el siglo XVII*. Madrid: Siglo Veintiuno, 1979.

MARQUES, Augusto César. *Dicionário histórico-geográfico da província do Maranhão*. São Luís: SUDEMA, 1970.

MARQUES, João Francisco. A crítica de Vieira ao poder político na escolha de pessoas e concessão de mercês. *Revista de História da Universidade do Porto*, Porto, v. VIII, p. 215-246, 1988.

MARQUES, João Francisco. A crítica sócio-política de Vieira na parénese quaresmal dos sermões dos pretendentes. *Revista Lusófona de Ciência das Religiões*, ano VII, n. 13-14, p. 77-92, 2008.

MARQUES, Rachel dos Santos. *Por cima da carne seca*: hierarquia e estratégias sociais no Rio Grande do Sul (c. 1750-1820). 2011. 173 f. Dissertação (Mestrado em História) – Setor de Ciências Humanas, Letras e Artes, Universidade Federal do Paraná, Curitiba, 2011.

MARTÍNEZ MILLÁN, José. La articulación de la Monarquía Hispana a través del sistema de cortes. *Fundación*, n. 12, p. 32-64, 2014-2015.

MARTÍNEZ MILLÁN, José. La sustitución del "sistema cortesano" por el paradigma "estado nacional" en las investigaciones históricas. *Libros de la Corte.es*, n. 1, 2010.

MARTÍNEZ MILLÁN, José. La vida cotidiana en la corte durante el siglo XVIII. In: SAAVEDRA ALÍAS, Inmaculada Arias de (Coord.). *Vida cotidiana en la España de la Ilustración*. Granada: Universidad de Granada, 2012. p. 81-112.

MARTINS, António Coimbra. *Em torno de Diogo do Couto*. Coimbra: Biblioteca Geral da Universidade de Coimbra, 1985.

MARTINS, António Coimbra. *O primeiro soldado prático*. Introdução e edição do autor. Lisboa: Comissão Nacional para as Comemorações dos Descobrimentos Portugueses, 2001.

MATA, *Karina Paranhos* da. *Riqueza e representação social nas Minas Gerais*: um perfil dos *homens mais ricos* (1713-1750). 2007. 163 f. Dissertação (Mestrado em História) – Faculdade de Filosofia e Ciências Humanas, *Universidade Federal de Minas Gerais*, Belo Horizonte, 2007.

MATOS, Gastão de Melo de. Panfletos do século XVII. *Anais da Academia Portuguesa de História*, v. 10, p. 13-269, 1946.

MAUSS, Marcel. Ensaio sobre a dádiva: forma e razão da troca nas sociedades arcaicas. In: *Sociologia e antropologia*. São Paulo: EDUSP, 1974. v. 2. p. 37-184.

MEIRA, Mário. *A Câmara Municipal do Rio de Janeiro, das invasões corsárias ao governo de Luís Vahia Monteiro (1710 a 1732)*: uma história de conflitos pelo uso do território colonial. 2010. 140 f. Dissertação (Mestrado em História) – Centro de Educação e Humanidades, Universidade do Estado do Rio de Janeiro, São Gonçalo, 2010.

MELLO, Evaldo Cabral. *A fronda dos mazombos*: nobres contra mascates, Pernambuco, 1666-1715. São Paulo: Editora 34, 2003.

MELLO, Evaldo Cabral de. Pernambuco no período colonial. In: AVRITZER, Leonardo *et al*. (Org.). *Corrupção*: ensaios e críticas. Belo Horizonte: Editora UFMG, 2008. p. 219-226.

MELO, Hildete Pereira; MARQUES, Teresa Cristina Novaes. A partilha da riqueza na ordem patriarcal. In: ENCONTRO NACIONAL DE ECONOMIA, 29., 2001, Salvador. *Anais...* Disponível em: <https://goo.gl/UB07OM>. Acesso em: 4 jun. 2017.

MERTON, Robert. *Sociologia*: teoria e estrutura. São Paulo: Mestre Jou, 1970.

MESQUITA, Amílcar. Diogo Lopes Rebelo e o *De Republica gubernanda per regem. Ciudad de Dios: Revista Agustiniana*, v. 217, n. 1, p. 189-209, 2004.

MIGUEL, Pedro Lopes Madureira Silva. *Descobrir a dimensão palaciana de Lisboa na primeira metade do século XVIII*: titulares, a corte, vivências e sociabilidades. 2012. Dissertação (Mestrado em História) – Lisboa, 2012.

MIRANDA, Tiago C. P. dos Reis. Na vizinhança dos grandes. *Revista do Arquivo Público Mineiro*, Belo Horizonte, ano 42, n. 2, p. 107-118, jul.-dez. 2006.

MONTEIRO, Nuno Gonçalo. Casa, casamento e nome: fragmentos sobre relações familiares e indivíduos. In: MATTOSO, José (Coord.). *História da vida privada em Portugal:* a Idade Moderna. Lisboa: Círculo de Leitores, 2011. p. 130-158.

MONTEIRO, Nuno Gonçalo. Casa e linhagem: o vocabulário aristocrático em Portugal nos séculos XVII e XVIII. *Penélope: Fazer e Desfazer a História*, Lisboa, n. 12, p. 43-63, 1993.

MONTEIRO, Nuno Gonçalo. Casamento, celibato e reprodução social: a aristocracia portuguesa nos séculos XVII e XVIII. *Análise Social*, Lisboa, v. 28, n. 123-124, p. 921-950, 1993.

MONTEIRO, Nuno Gonçalo. Elites locais e mobilidade social em Portugal nos finais do Antigo Regime. *Análise Social*, Lisboa, v. 32, n. 141, p. 335-368, 1997.

MONTEIRO, Nuno Gonçalo. *O crepúsculo dos grandes*: a casa e o patrimônio da aristocracia em Portugal (1750-1832). Lisboa: Imprensa Nacional; Casa da Moeda, 1998.

MONTEIRO, Nuno Gonçalo. O endividamento aristocrático (1750-1832): alguns aspectos. *Análise Social*, Lisboa, v. 27, n. 116-117, p. 263-283, 1992.

MONTEIRO, Nuno Gonçalo. Os nomes de família em Portugal: uma breve perspectiva histórica. *Etnográfica*, v. 12, n. 1, p. 45-58, maio 2008.

MONTEIRO, Nuno Gonçalo. Os rendimentos da aristocracia portuguesa na crise do Antigo Regime. *Análise Social*, Lisboa, v. 26, n. 111, p. 361-384, 1991.

MONTEIRO, Nuno Gonçalo. Poder senhorial, estatuto nobiliárquico e aristocracia. In: HESPANHA, Antônio Manuel (Coord.). *História de Portugal*. Lisboa: Editorial Estampa, 1998. v. 4. p. 297-337.

MONTEIRO, Nuno Gonçalo. Trajetórias sociais e governo das conquistas: notas preliminares sobre os vice-reis e governadores-gerais do Brasil e da Índia, nos séculos XVII e XVIII. In: FRAGOSO, João; BICALHO, Maria Fernanda; GOUVÊA, Maria de Fátima (Org.). *O Antigo Regime nos trópicos*: a dinâmica imperial portuguesa (séculos XVI-XVIII). Rio de Janeiro: Civilização Brasileira, 2001. p. 249-283.

MONTEIRO, Nuno Gonçalo; CARDIM, Pedro. A centralidade da periferia: prata, contrabando, diplomacia e guerra na região platina (1680-1806). *Revista História, Histórias*, Brasília, v. 1, n. 1, p. 3-22, 2013.

MONTEIRO, Nuno Gonçalo; CUNHA, Mafalda Soares da. Aristocracia, poder e família em Portugal, séculos XV-XVIII. In: FRANCO, Juan Hernández; CUNHA, Mafalda Soares. *Sociedade, família e poder na Península Ibérica:* elementos para uma história comparativa. Lisboa: Colibri; CIDEHUS; Editum – Serviço de Publicações da Universidade de Múrcia, 2010

MORENO CEBRIÁN, Alfredo; SALA I VILA, Nuria. *El "premio" de ser virrey*: los intereses públicos y privados del gobierno virreinal en el Perú de Felipe V. Madrid: Consejo Superior de Investigaciones Científicas, 2004.

MOTT, Luiz. Sodomia na Bahia: o amor que não ousava dizer o nome. *Inquice: Revista de Cultura*, n. 0, 1999. Disponível em: <https://goo.gl/dZzvAI>. Acesso em: 15 out. 2013.

MOUSNIER, Roland. *La venalité des offices sous Henri IV e et Louis XIII*. Paris: Presses Universitaires de France, 1971.

MOUTOUKIAS, Zacarías. Power, corruption, and commerce: the making of the local administrative structure in seventeenth-century Buenos Aires. *Hispanic American Historical Review*, v. 68, n. 4, p. 771-801, Nov. 1988.

MUNIZ, Márcio Ricardo Coelho. Espelho de conselheiros: um possível gênero da literatura política ibérica. *Floema: Caderno de Teoria e História Literária*, n. 2, 2005.

NEVES, Antônio Amaro das; FERREIRA, Antero. Estratégias matrimoniais em Guimarães (séculos XVIII e XIX): uma abordagem diferencial. In: SANTOS, Carlota (Org.). *Família, espaço e patrimônio*. Porto: Centro de Investigação Transdisciplinar Cultura, Espaço e Memória, 2011. p. 63-74.

NEVES, Guilherme Pereira das. Murmuração. In: VAINFAS, Ronaldo (Dir.). *Dicionário do Brasil Colonial (1500-1808)*. Rio de Janeiro: Objetiva, 2001. p. 416-417.

NEVES, Guilherme Pereira das. Rebeldia, intriga e temor no Rio de Janeiro de 1794. In: REUNIÃO ANUAL DA SOCIEDADE BRASILEIRA DE PESQUISA HISTÓRICA, 24., 2004, Curitiba. *Anais...* Disponível em: <http://www.historia.uff.br/artigos/neves_rebeldia.pdf>. Acesso em: 5 nov. 2012.

NEVES, Walter Luiz de Andrade. *O constitucionalismo no Antigo Regime Ibérico*: um estudo sobre o contratualismo neoescolástico (Espanha – séculos XV-XVII).

2011. 132 f. Dissertação (Mestrado em História) – Instituto de Ciências Humanas e Sociais, Universidade Federal Rural do Rio de Janeiro, Seropédica, 2011.

NORRIS, Alfonso W. Quiroz. Historia de la corrupción en el Perú: ¿es factible su estudio? In: LOHMANN, Guillermo et al. (Ed.). *Félix Denegri Luna*: homenaje. Lima: Pontificia Universidad Católica del Perú; Fondo Editorial, 2000. p. 684-690.

NORTON, Luís. *A dinastia dos Sás no Brasil*: a fundação do Rio de Janeiro e a restauração de Angola. Lisboa: Agência Geral do Ultramar, 1965.

NORTON, Manuel Artur. *D. Pedro Miguel de Almeida Portugal*. Lisboa: Agências Gerais do Ultramar, 1967.

NOVAIS, Fernando. *Portugal e Brasil na crise do antigo sistema colonial (1777-1808)*. São Paulo: Hucitec, 1989.

OESTREICH, Gerhard. *Neostoicism and the early modern State*. Cambridge: Cambridge University Press, 1982.

OLIVAL, Fernanda. *As ordens militares e o Estado moderno*: honra, mercê e venalidade em Portugal (1641-1789). Lisboa: Estar, 2001.

OLIVAL, Fernanda. Mercês, serviços e circuitos documentais no Império português. In: SANTOS, Maria Emília Madeira; LOBATO, Manuel. *O domínio da distância*: comunicação e cartografia. Lisboa: Instituto de Investigação Científica Tropical, 2006. p. 59-70.

OLIVEIRA, Rosa Maria. Problemas morais do homem e da sociedade nos "Tempos de agora" e "Arte de furtar". Dissertação (Licenciatura) – Coimbra, 1965.

OMURA, Roberto Juan Katayama. Estado político del Reyno del Perú (1742), de Vitorino Gonzáles Montero y del Águila. *Logos Latinoamericanos*, año 5, n. 5, 2000.

OTS CAPDEQUÍ, J. M. *El Estado español en las Indias*. México: Fondo de Cultura Económica, 1986.

PASSOS, Alexandre. *O Rio no tempo do Onça*: século XVI ao XVIII. Rio de Janeiro: Livraria São José, 1962.

PEDREIRA, Jorge Miguel. Os negociantes de Lisboa na segunda metade do século XVIII: padrões de recrutamento e percursos sociais. *Análise Social*, Lisboa, v. 27, n. 116-117, p. 407-440, 1992.

PEDREIRA, Jorge Miguel. Tratos e contratos: actividades, interesses e orientações dos investimentos dos negociantes da praça de Lisboa (1755-1822). *Análise Social*, Lisboa, v. 31, n. 136-137, p. 355-379, 1996.

PENA JUNIOR, Afonso. *A Arte de Furtar e o seu autor*. Rio de Janeiro: José Olympio, 1946. 2 v.

PEREIRA, Alexandra Maria. *Das Minas à corte, de caixeiro a contratador*: Jorge Pinto de Azeredo: atividade mercantil e negócios na primeira metade do século XVIII. 2013. 310 f. Tese (Doutorado em História) – Faculdade de Filosofia, Letras e Ciências Humanas, Universidade de São Paulo, São Paulo, 2013.

PEREIRA, Luísa Rauter. Os conceitos de povo e plebe no mundo luso-brasileiro setecentista. *Almanack Braziliense*, São Paulo, n. 11, p. 100-114, maio 2010.

PEREIRA, Marcos Aurélio de Paula. Fortunas e infortúnios ultramarinos: alguns casos de enriquecimento e conflitos políticos. *Varia Historia*, v. 28, n. 47, p. 279-300, 2012.

PEREIRA, Marcos Aurélio de Paula. *Vivendo entre cafres*: vida e política do conde de Assumar no ultramar (1688-1756). 2009. 406 f. Tese (Doutorado em História) – Instituto de Ciências Humanas e Filosofia, Universidade Federal Fluminense, Niterói, 2009.

PÉREZ, Joseph. El Estado moderno y la corrupción. In: JIMÉNEZ, Manuel González et al. *Instituciones y corrupción en la historia*. Valladolid: Universidad de Valladolid, 1998. p. 111-129.

PÉREZ, Manuel Borrego. La crítica de una nobleza irresponsable: un aspecto de los Memoriales del Conde Duque. *Criticón*, n. 56, p. 87-101, 1992.

PERUSSET VERAS, Macarena. Conductas y procedimientos fuera de la ley: comercio ilícito, líderes y prácticas. *Universitas Humanística*, Bogotá: Pontificia Universidad Javeriana, n. 63, p. 203-239, jan.-jun. 2007.

PIETSCHMANN, Horst. Burocracia y corrupción en Hispanoamérica colonial: una aproximación tentativa. *Nova Americana*, Torino, n. 5, p. 11-37, 1982.

PIETSCHMANN, Horst. Corrupción en las Indias españolas: revisión de un debate en la historiografía sobre Hispanoamérica colonial. In: JIMÉNEZ, Manuel González et al. *Instituciones y corrupción en la historia*. Valladolid: Universidad de Valladolid, 1998. p. 31-52.

PIETSCHMANN, Horst. El desarrollo estatal de Hispanoamérica: enfoques metodológicos. *Chronica Nova*, n. 21, p. 469-492, 1993-1994.

PIETSCHMANN, Horst. Estado colonial y mentalidad social: el ejercicio del poder frente a distintos sistemas de valores, siglo XVIII. In: ANNINO, Antonio et al. (Ed.). *America Latina*: dallo stato coloniale allo Stato Nazione. Milan: Franco Angeli Libri, 1987. p. 427-447.

PIETSCHMANN, Horst. Los principios rectores de la organización estatal en las Indias. In: VON DUSEK, Antonio Annino; GUERRA, François-Xavier (Coord.). *Inventando la nación*: Iberoamérica siglo XIX. México: Fondo de Cultura Económica, 2003. p. 47-84

PHELAN, John Leddy. Authority and flexibility in the Spanish imperial bureaucracy. *Administrative Science Quarterly*, v. 5, n. 1, p. 47-65, June 1960.

PHELAN, John Leddy. *El Reino de Quito en el siglo XVII*: la política burocrática en el Imperio Español. Quito: Banco Central del Ecuador, 1995.

PICON, Jacinto Octavio. La caricatura política en España: época de Felipe IV. *Revista Política y Parlamentaria*, Madrid, 1º abr. 1918.

PINTO, Maria Helena Mendes. *De Goa a Lisboa*: a arte indo-portuguesa dos séculos XVI a XVIII. Lisboa: Instituto Português dos Museus, 1992.

PIJNING, Ernst. Contrabando, ilegalidade e medidas políticas no Rio de Janeiro no século XVIII. *Revista Brasileira de História*, v. 21, n. 42, p. 397-414, 2001.

PIJNING, Ernst. *Controlling contraband*: mentality, economy and society in eighteenth-century Rio de Janeiro. Baltimore: John Hopkins University Press, 1997.

POLITO, Ronald. *Um coração maior que o mundo*: Tomás Antônio Gonzaga e o horizonte luso-colonial. São Paulo: Globo, 2004.

POOLE, C. M. Stafford. Institutionalized corruption in the letrado bureaucracy: the case of Pedro Farfán (1568-1588). *Americas*, v. 38, n. 2, p. 149-172, Oct. 1981.

PORTUGAL: Dicionário histórico, corográfico, heráldico, biográfico, bibliográfico, numismático e artístico. Lisboa: João Romano Torres, 1904-1915. v. 3.

PRADO JR., Caio. *Formação do Brasil contemporâneo*. São Paulo: Brasiliense, 1979.

PUJOL, Xavier Gil. Centralismo e localismo? Sobre as relações políticas e culturais entre capital e territórios nas monarquias europeias dos séculos XVI e XVII. *Penélope: Fazer e Desfazer a História*, Lisboa, n. 6, p. 119-144, 1991.

PUNTONI, Pedro. Bernardo Vieira Ravasco, secretário do Estado do Brasil: poder e elites na Bahia do século XVII. *Novos Estudos*, n. 68, p. 107-126, mar. 2004.

QUEIRÓS, Silvio Galvão. *"Pera Espelho de Todollos Uiuos"*: a imagem do Infante D. Henrique na Crônica da Tomada de Ceuta. 1997. 284 f. Dissertação (Mestrado em História) – Instituto de Ciências Humanas e Filosofia, Universidade Federal Fluminense, Niterói, 1997.

RAU, Virginia. *Estudos sobre história econômica e social do Antigo Regime*. Lisboa: Presença, 1984.

REIS, Arthur Cezar Ferreira. O governo de Gomes Freire de Andrade. *Revista Estudos Históricos*, n. 3-4, 1965.

RENGER, Friedrich E. O quinto do ouro no regime tributário nas Minas Gerais. *Revista do Arquivo Público Mineiro*, Belo Horizonte, ano 42, n. 2, 2006, p. 90-105.

RIBEIRO, Ana Isabel. O patrimônio da fidalguia provincial da região de Coimbra: o caso da família Garrido (século XVIII). *Revista Portuguesa de História*, Coimbra, t. 44, p. 327-358, 2013.

RICÚPERO, Rodrigo. *A formação da elite colonial*: Brasil (c. 1530 –c. 1630). São Paulo: Alameda, 2009.

RIVERO RODRÍGUEZ, Manuel. *La edad de oro de los virreyes*: el virreinato en la Monarquía Hispánica durante los siglos XVI y XVII. Madrid: Akal, 2011.

ROCHA, Andrée Crabbé. *Garcia de Resende e o Cancioneiro Geral*. Lisboa: Instituto de Cultura Portuguesa, 1979.

RODRIGUES, Francisco. *O Autor da Arte de Furtar*: resolução de um antigo problema. Porto: [s.n.], 1941.

RODRIGUES, Francisco. O Padre Manuel da Costa, autor da Arte de Furtar. *Separata Brotéria*, Porto, n. 38, 1944.

RODRIGUES, José Damião. A casa como modelo organizacional das nobrezas de São Miguel (Açores) no século XVIII. *História: Questões & Debates*, Curitiba, n. 36, 2002, p. 11-28.

RODRIGUES, Manuel Benavente. Grandes de Portugal no século XVIII: inventários da Casa de Távora, Atouguia e Aveiro (1758-1759). *Pecvnia*, n. 11, p. 27-59, jul.-dic. 2010.

RODRÍGUEZ VALENCIA, María Luisa. *Antología y estudio de sátiras menipeas novohispanas del siglo XVIII*. 2012. 394 f. Tesis (Doctorado) – Universidad de Salamanca, Salamanca, 2012.

ROMEIRO, Adriana. A corrupção na sociedade colonial: uma aproximação. In: DIAS, Renato da Silva (Org.). *Repensando o político*: poder, trabalho e identidades. Montes Claros: Editora Unimontes, 2012. p. 35-56.

ROMEIRO, Adriana. Confissões de um falsário: as relações perigosas de um governador nas Minas. In: SIMPÓSIO NACIONAL DA ANPUH, 20., 1999, Florianópolis. *Anais...* Florianópolis: ANPUH, 1999. v. 1, p. 321-337.

ROMEIRO, Adriana. Governadores-mercadores: considerações sobre o enriquecimento ilícito na América portuguesa. In: LUZ, Guilherme Amaral; ABREU, Jean Neves; NASCIMENTO, Mara Regina (Org.). *Ordem crítica*: a América Portuguesa nas "fronteira" do século XVIII. Belo Horizonte: Fino Traço, 2013. p. 47-70.

ROMEIRO, Adriana. Honra e ressentimento: a trajetória de Garcia Rodrigues Pais em busca das mercês régias. In: SILVEIRA Marco Antônio (Org.). *Dimensões do poder em Minas*. Belo Horizonte: Autêntica, 2012. v. 1, p. 25-47.

ROMEIRO, Adriana. O governo dos povos e o amor ao dinheiro. *Revista do Arquivo Público Mineiro*, ano LI, n. 1, p. 106-120, jan.-jun. 2015.

ROMEIRO, Adriana. *Paulistas e emboabas no coração das Minas*: idéias, práticas e imaginário político no século XVIII. Belo Horizonte: Editora UFMG, 2008.

ROSA, Maria de Lurdes. *O morgadio em Portugal*: séculos XIV e XV. Lisboa: Estampa, 1995.

ROSÁRIO, Mário do. *A Vila de Alcáçovas*: sua história, suas belezas, seu comercio e sua indústria. Lisboa: Sociedade Nacional de Tipografia, 1924.

RUSSELL-WOOD, A. J. R. Centros e periferias no mundo luso-brasileiro, 1500-1808. *Revista Brasileira de História*, v. 18, n. 36, 1998, p. 187-250.

SÁ, Isabel Cristina dos Guimarães Sanches; FERNANDES, Maria Eugenia Matos. A mulher e a estruturação do patrimônio família. In: COLÓQUIO A MULHER NA SOCIEDADE PORTUGUESA: VISÃO HISTÓRICA E PERSPECTIVAS ATUAIS, 1985, Coimbra. *Actas...* Coimbra: Universidade de Coimbra, 1986. v. 1.

SAGUIER, Eduardo. La corrupción administrativa como mecanismo de acumulación y engendrador de una burguesía comercial local. *Anuario de Estudios Americanos*, Sevilla: Escuela de Estudios Hispano-americanos, n. 46, p. 269-303, 1989.

SALDANHA, Manuel José Gabriel. *História de Goa*: (política e arqueológica). Nova Goa: Coelho, 1924-1925.

SALEMA, Isabel. Leilão com 500 lotes de porcelana chinesa. *Jornal Público*, 6 maio 2014. Disponível em: <https://goo.gl/JfnA1V>. Acesso em: 10 dez. 2014.

SANTA, Nuno Vila. Matias de Albuquerque. Disponível em: <https://goo.gl/LbsxIl>. Acesso em: 4 jun. 2017.

SANTANA, Ricardo George Souza. *Lourenço de Brito Correa*: o sujeito mais perverso e escandaloso. Conflitos e suspeitas de motim no segundo vice-reinado do Conde de Óbidos (Bahia 1663-1667). 2012. 145 f. Dissertação (Mestrado em História) – Feira de Santana, Universidade Estadual de Feira de Santana, 2012.

SANTIAGO, Camila Fernanda Guimarães. *A Vila em ricas festas*: celebrações promovidas pela Câmara de Vila Rica (1711-1744). Belo Horizonte: C/Arte, 2003.

SANTOS, Fabiano Vilaça dos. Mediações entre a fidalguia portuguesa e o marquês de Pombal: o exemplo da Casa de Lavradio. *Revista Brasileira de História*, São Paulo, v. 24, n. 48, 2004.

SANTOS, Fábio Lobão Marques dos. *Entre honras, heróis e covardes*: invasões francesas e disputas político-familiares (Rio de Janeiro, século XVIII). Niterói: UFF, 2012.

SANTOS, Marcelo Tadeu. *A majestade do monarca*: justiça e graça nos sermões de Antônio Vieira (1653-1662). 2010. 178 f. Dissertação (Mestrado em História) – Universidade de Brasília, Brasília, 2010.

SANTOS, Maria do Céu Ferreira Mata dos. *Estudo dos danos ocorridos em Lisboa causados pelo terramoto de 1755*: quantificação e discussão. 2008. 162 f. Dissertação (Mestrado em Engenharia Civil) – Universidade de Lisboa, Lisboa, 2008.

SANTOS, Raphael Freitas. *"Devo que pagarei"*: sociedade, mercado e práticas creditícias na Comarca do Rio das Velhas, 1713-1773. 2006. 196 f. Dissertação (Mestrado em História) – Faculdade de Filosofia e Ciências Humanas, Universidade Federal de Minas Gerais, Belo Horizonte, 2006.

SANZ TAPIA, Ángel. *¿Corrupción o necesidad?*: la venta de cargos de gobierno americanos bajo Carlos II (1674-1700). Madrid: Consejo Superior de Investigaciones científicas, 2009.

SARAIVA, Antônio José; LOPES, Óscar. A Arte de Furtar: um texto panfletário. *História e antologia da literatura portuguesa: século XVII*, Lisboa: Fundação Calouste Gulbenkian, n. 34, out. 2005, p. 11-13.

SARAIVA, José Hermano (Coord.). *Dicionário de personalidades*. Porto: QuidNovi, 2004. (História de Portugal, v. XVIII).

SCHAMA, Simon. *O desconforto da riqueza*: a cultura holandesa na época de ouro. São Paulo: Companhia das Letras, 1992.

SCHMIDT, Peer. Neoestoicismo y disciplinamiento social en Iberoamérica colonial (siglo XVII). In: KOHUT, Karl; ROSE, Sonia (Ed.). *Pensamiento europea y cultura colonial*. Frankfurt: Vervuert, 1997. p. 181-204.

SCOTT, James. *Comparative political corruption*. Englewods-Cliffs: Prentice-Hall, 1972.

SCOTT, James C. *Los dominados y el arte de la resistencia*: discursos ocultos. México: Era, 2000.

SCHWARTZ, Stuart B. *Burocracia e sociedade no Brasil colonial*: a Suprema Corte da Bahia e seus juízes (1609-1751). São Paulo: Perspectiva, 1979.

SCHWARTZ, Stuart B. *Sovereignty and society in colonial Brazil*: the high court of Bahia and its judges, 1609-1751. Berkeley: University of California Press, 1973.

SILVA, Augusto da. O trabalho compulsório de homens livres na Ilha de Santa Catarina (século XVIII). In: ENCONTRO ESCRAVIDÃO E LIBERDADE NO BRASIL MERIDIONAL, 5., 2011, Porto Alegre. *Anais...* Disponível em: <https://goo.gl/goCQaL>. Acesso em: 10 nov. 2013.

SILVA, Patrícia Garcia Ernando. Alforrias e transmissão de patrimônios em São Paulo (1850-1888). In: SIMPÓSIO NACIONAL DA ANPUH, 26., 2011, São Paulo. *Anais...* Disponível em: <https://goo.gl/RTjxBD>. Acesso em: 20 nov. 2013.

SILVA, Vitor Aguiar e (Coord.). *Dicionário de Luís de Camões*. Lisboa: Caminho, 2011.

SILVEIRA, Laura Ribeiro da. *O retrato de Catilina em Salústio*. 2003. 81 f. Dissertação (Mestrado) – Faculdade de Letras, Universidade Federal do Rio de Janeiro, Rio de Janeiro, 2003.

SOUSA, Maria João da Câmara Andrade e. A linhagem dos Figueiredos e o Império Português (séculos XVI-XVIII). In: *CONGRESSO INTERNACIONAL PEQUENA NOBREZA NOS IMPÉRIOS IBÉRICOS DE ANTIGO REGIME*, 2011, Lisboa. *Anais...* Disponível em: <https://goo.gl/nZTWrx>. Acesso em: 15 nov. 2013.

SOUSA, Rafaella Caroline Azevedo Ferreira. *O rei, os poderes e a literatura*: virtudes e pecados na prosa civilizadora de D. Duarte e D. Pedro (Portugal, séculos XIV e XV). 2013. 117 f. Dissertação (Mestrado em História) – Instituto de Ciências Humanas e Filosofia, Universidade Federal Fluminense, Niterói, 2013.

SOUTHEY, Robert. *História do Brasil*. Rio de Janeiro: Livraria Garnier, 1862. t. III.

SOUZA, Laura de Mello e. *O sol e a sombra*: política e administração na América portuguesa do século XVIII. São Paulo: Companhia das Letras, 2006.

SUBRAHMANYAM, Sanjay. O efeito *Kagemusha*: as armas de fogo portuguesas e o Estado no sul da Índia no início da Época Moderna. *História: Questões & Debates*, Curitiba, n. 45, p. 129-151, 2006.

TAVARES, Pedro Vilas Boas. Manuel da Costa (S.J.) e as polémicas do seu tempo: para novas leituras da *Arte de Furtar*. *Via Spiritus*, n. 8, p. 255-268, 2001.

TAWNEY, R. H. *La religión en el orto del capitalismo*. Madrid: Editorial Revista de Derecho Privado, 1936.

TERÁN DE LA HERA, María José Collantes de. El Juicio de Residencia en Castilla a través de la doctrina jurídica de la Edad Moderna. *Historia. Instituciones. Documentos*, Sevilla, n. 25, p. 151-184, 1998.

THOMAZ, Luiz Felipe. *De Ceuta a Timor*. Lisboa: DIFEL, 1994.

THOMPSON, E. P. *Costumes em comum*. Estudos sobre a cultura popular tradicional. São Paulo: Companhia das Letras, 1998.

TOLEDO, Cézar de Alencar Arnaut de. Pedagogia e política nos *Tratados de nobreza civil e cristã* de Jerônimo Osório da Fonseca. *Acta Scientiarum: Human and Social Sciences*, v. 28, n. 1, p. 73-79, 2006.

TOMÁS, Maria Isabel. A viagem das palavras. In: MATOS, Artur Teodoro de; LAGES, Mário Ferreira (Coord.). *Portugal*: percursos de interculturalidade. v. III: Matrizes e configurações. Lisboa: ACIDI, 2008. p. 431-458.

TOMÁS Y VALIENTE, Francisco. Las ventas de oficios de regidores y la formación de las oligarquías urbanas en Castilla (siglos XVII y XVIII). In: JORNADAS DE METODOLOGÍA APLICADA DE LAS CIENCIAS HISTÓRICAS, 1., 1975, Santiago de Compostela. *Anais*... Santiago de Compostela: Universidad de Santiago de Compostela, 1975. v. III, p. 551-558.

TORGAL, Luís Reis. *Ideologia política e teoria do Estado na Restauração*. Coimbra: Universidade de Coimbra, 1981. 2 v.

TORRES, Luiz Henrique. O poente e o nascente do projeto luso-brasileiro (1763-1777). *Biblos: Revista do Instituto de Ciências Humanas e da Informação*, Rio Grande, v. 22, n. 2, 2008.

TORRES ARANCIVIA, Eduardo. *Corte de virreyes*: el entorno del poder en el Perú del siglo XVII. Lima: Pontificia Universidad Catolica, 2006.

TORRES ARANCIVIA, Eduardo. El problema historiográfico de la corrupción en el Antiguo Régimen: una tentativa de solución. *Summa Humanitatis*, Lima, v. 1, n. 0, 2007.

VALERO JUAN, Eva Maria. De Valladolid a Chiloé: el viaje hacia la otredad de Alonso de Ercilla. In: MATTALIA, Sonia; CELMA, Pilar; ALONSO, Pilar (Org.). *El viaje en la literatura hispanoamericana*. VII Congreso Internacional de la AEELH. Madrid: Iberoamericana, 2008. p. 199-212.

VASCONCELOS, Diogo de. *História média de Minas Gerais*. 3. ed. Belo Horizonte: Itatiaia; Brasília: Instituto Nacional do Livro, 1974.

VICENS VIVES, Jaime. *Coyuntura económica y reformismo burgués y otros estudios de historia de España*. Barcelona: Ariel, 1968.

VIEIRA, Carlos Alberto Cordovano. *Interpretações da colônia*: leitura do debate brasileiro de inspiração marxista. 2004. 179 f. Dissertação (Mestrado em História Econômica) – Universidade Estadual de Campinas, Campinas, 2004.

VILLALTA, Luiz Carlos. As origens intelectuais e políticas da Inconfidência Mineira. In: VILLALTA, Luiz Carlos; RESENDE, Maria Efigênia Lage de (Org.). *História de Minas Gerais*: as Minas setecentistas. Belo Horizonte: Autêntica, 2007. v. 2. p. 579-607.

VILLALTA, Luiz Carlos. *Reformismo ilustrado, censura e práticas de leitura*: usos do livro na América portuguesa. 1999. 443 f. Tese (Doutorado em História) – Faculdade de Filosofia, Letras e Ciências Humanas, Universidade de São Paulo, São Paulo, 1999.

VILLALTA, Luiz Carlos. *Usos do livro no mundo luso-brasileiro sob as luzes*: reformas, censura e contestações. Belo Horizonte: Fino Traço, 2015.

VILLARI, Rosario. *Elogio della dissimulazione*: la lotta politica nel Seicento. Roma; Bari: Laterza, 2003.

WAQUET, Jean-Claude. *De la corruption*: morale et pouvoir à Florence aux XVIIe. et XVIIIe. siècles. Paris: Fayard, 1984.

WILLIAMS, Rachel Saint. *Nos limites da ética*: Razão de Estado e Neo-estoicismo no discurso político espanhol seiscentista. Rio de Janeiro: UFRJ, 2008. Projeto de Pesquisa de Doutorado.

WINIUS, George Davison. *A lenda negra da Índia portuguesa*: Diogo do Couto, os seus contemporâneos e o Soldado Prático. Lisboa: Antígona, 1994.

YUN CASALILLA, Bartolomé. *Marte contra Minerva*: el precio del Imperio español, c. 1450-1600. Barcelona: Crítica, 2004.

Agradecimentos

Este livro é o resultado de uma investigação desenvolvida no âmbito de um pós-doutorado, realizado na Universidad Autónoma de Madrid, sob a supervisão do professor José Martínez Millán. Graças à bolsa concedida pelo CNPq, tive o privilégio de me dedicar em tempo integral à pesquisa, consultando bibliotecas excepcionais, como a Biblioteca Nacional da Espanha, a biblioteca da Agencia Española de Cooperación Internacional para el Desarrollo (AECID), as bibliotecas da Universidad Complutense e do Consejo Superior de Investigaciones Científicas (CSIC), entre outras. Sou imensamente grata aos funcionários dessas instituições, que me acolheram com generosidade e competência.

Registro aqui os meus agradecimentos ao professor José Martínez Millán, que me permitiu o acesso ao Instituto Universitario "La Corte en Europa" (IULCE), onde participei de seminários, congressos e *workshops*. Ali pude entrar em contato com as mais inovadoras abordagens historiográficas sobre a Época Moderna, e, graças ao diálogo com pesquisadores experientes, ampliei o horizonte de investigação, amadurecendo significativamente o meu entendimento sobre a cultura política do Antigo Regime.

Tive o privilégio de contar com a leitura cuidadosa de Angela Vianna Botelho e Tiago dos Reis Miranda, amigos queridos com quem venho partilhando há anos a paixão pela história. Seus comentários e observações me ajudaram a limar a versão final do texto, e me fizeram relativizar posições demasiado rígidas.

Por fim, agradeço ao meu filho Diogo por ter me acompanhado ao longo dessa jornada. Ele foi – e continua sendo – a minha principal inspiração.

Este livro foi composto com tipografia Bembo e impresso
em papel Off-White 80 g/m² na Formato Artes Gráficas.